**공공부문 비정규직
제로화의 길**

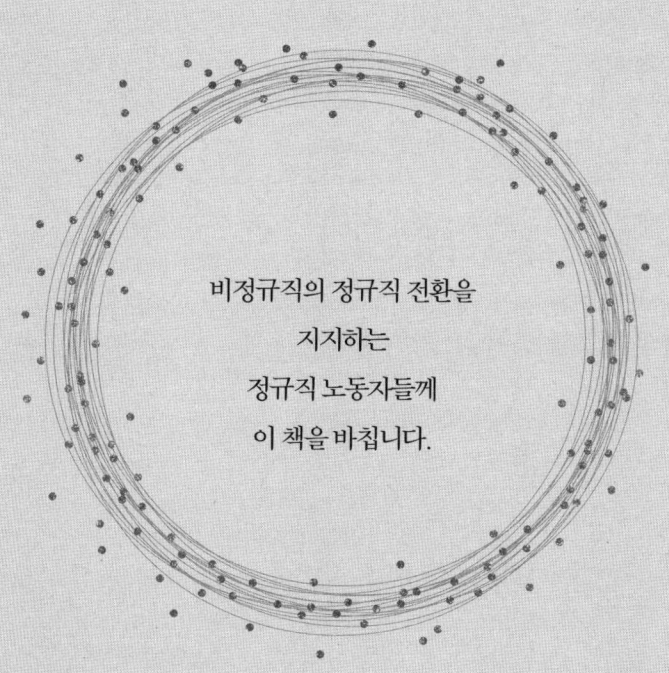

비정규직의 정규직 전환을
지지하는
정규직 노동자들께
이 책을 바칩니다.

책머리에

　비정규직 오·남용은 노동시장 유연성 과잉의 핵심이다. 사회양극화 추세를 심화하고 사회통합을 위협한다. 비정규직 문제에 대한 위기의식은 변화를 갈망하는 촛불민심으로 표출됐다. 문재인 대통령 대선공약에서는 상시적 업무의 직접고용 정규직 채용 원칙과 동일가치노동 동일임금 원칙으로 표현됐다. 문재인 대통령은 취임 직후 첫 공식 방문지인 인천국제공항공사에서 "비정규직 제로 시대"를 선언했다. 비정규직 대선공약 실천의지를 재확인한 것이다. 인천공항이 피고용자의 85%를 간접고용 비정규직으로 사용하는 악명 높은 곳이었다는 점에서 비정규직 제로 선언은 감동 그 자체였다.

　지난해 12월 26일 인천공항은 대통령의 비정규직 제로 선언을 비웃듯이 자회사 방식을 고집하다가 비정규직의 30%만 직접고용 정규직으로 전환하고 나머지 70%는 자회사 방식의 간접고용 비정규직으로 사용하겠다는 계획을 확정해 발표했다. 자회사 방식을 추진하며 상시적 업무 직접고용 정규직 채용 원칙을 무력화하고자 시도하는 공공부문 기관들이 상당수에 이른다. 어쩌다 촛불정부의 감동이 공공부문에서부터 무너지게 됐을까?

새 정부가 출범한 지 두 달밖에 지나지 않은 시점에 '관계부처 합동' 이름으로 "공공부문 비정규직 근로자 정규직 전환 가이드라인"(2017년 7월 20일)이 공개됐다. 정부는 가이드라인에서 간접고용 비정규직의 정규직 전환 방식 중 하나로 자회사 고용 방식을 제시했다. 자회사 고용 방식은 사용자-고용주 불일치로 10년 넘게 불법파견 문제로 노사갈등을 겪고 있는 KTX 여승무원 사례에서 실패한 고용형태임이 입증된 바 있다. 그런 까닭에 가이드라인은 노동시장 적폐청산을 갈망하는 국민 대다수에게 엄청난 충격을 안겨 줬다. 인천공항 같은 비정규직 오·남용 사업장은 상시적 업무 직접고용 정규직 채용 원칙과 대통령의 비정규직 제로 선언을 위반해도 좋다는 잘못된 신호를 보낸 셈이다. 가이드라인은 대선공약과 함께 오래 기억될 역사적(?) 문건임이 분명하다.

정부가 상시적 업무의 직접고용 정규직 채용 원칙에 입각해 일사불란하게 비정규직 정규직 전환 정책을 추진하지 못하는 이유로 재정자원 부족과 정규직 노동자·노동조합의 반대가 지목되고 있다. 현재 정규직 임금이 비정규직 임금의 두 배 이상이라는 점을 고려하면 비정규직의 정규직 전환에 동등처우를 위한 재정자원이 상당 정도 소요될 것임은 자명하다. 정규직 노동자들은 '고용안전판 상실'과 '사업성과 공유'라는 물질적 이해관계 훼손을 우려해 비정규직의 정규직 전환에 반대할 수 있다. 정규직의 거부 행위는 2017년 9월 9일 교육부 교사·강사 정규직 전환 심의위원회의 기간제 교사 정규직화 및 영어회화 전문강사·스포츠강사의 무기계약직화 거부 결정에서 그 위력이 확인됐다.

예산 부족과 정규직 반대 문제는 비정규직 정규직 전환 정책의 피할 수 없는 장애요인으로 충분히 예상됐기 때문에 '준비된 대통령후보'의 대선공약과 '촛불 대통령'의 비정규직 제로 선언이 감동으로 다가왔던 것이다. 촛불민심과 대통령의 대국민 약속이 유연성 과잉 노동시장 정책을 추진했던 행정부처 관료들의 경로의존성(path-dependency)과 비정규직 고용안전판을 고집하는 일부 정규직 기득권 세력의 반대에 포획된 형국이다. 하지만 비정규직 오·남용이라는 노동시장 적폐 청산을 촉구하고 다짐한 촛불민심과 대선공약을 깡그리 무시하고 촛불 이전으로 되돌릴 수는 없다.

임금노동자의 절반 이상을 비정규직으로 팽개쳐 두는 사회는 정상적인 사회가 아니다. 같은 일을 하고 있음에도 비정규직이라는 이유로 정규직의 절반 이하 임금으로 차별하는 사회는 정상적인 사회가 아니다. 비정규직 오·남용 적폐를 청산하고 사회 구성원들이 공존·공생하는 사회통합의 길을 모색해야 한다. 이 책은 그런 노력의 산물이다.

대통령이 선언하고 약속한 공공부문 비정규직 제로화와 모범 사용자 역할은 반드시 실현돼야 한다. 대통령의 대국민 약속을 실천하는 것이 행정부처들의 소임이다. 그 과정을 감시·감독하는 것은 국민의 몫이다. 이를 위해 우리는 2단계의 단계적 접근을 제안한다.

첫 번째 단계에서는 공공부문의 상시적 업무를 담당하는 비정규직 노동자들을 직접고용 무기계약직으로 전환한다.

두 번째 단계에서는 무기계약직의 임금 등 노동조건 개선을 통해 기존 정규직과 동일한 인사관리체계로 통합해 정규직 전환을 완성한다.

공공부문에는 인천공항처럼 자회사 방식으로 대통령을 기만하고 국민을 우롱한 기관들만 있는 것이 아니다. 직접고용된 무기계약직 노동자들도 온전한 정규직으로 전환해 비정규직의 정규직 전환을 완성하는 서울산업진흥원과 서울교통공사 같은 모범 사용자 기관도 있다. 대선공약 이행과 비정규직 오·남용 적폐 청산의 희망은 아직 살아 있다.

서울교통공사는 서울시장의 비정규직 문제 해결 의지와 전국공공운수노조와 산하 노동조합들의 결단이 있었기에 아름다운 역사를 만들 수 있었다. 서울지하철노조는 일부 정규직 노조원들의 극렬한 반대와 노조탈퇴를 감내하면서 서울시와 함께 비정규직 문제 해결의 모범 사례를 만들어 냈다. 그것이 우리가 이 책을 비정규직의 정규직 전환을 지지하는 정규직 노동자들께 바치는 이유다.

이 책은 국가인권위원회와 한국비정규노동센터가 공동으로 기획해 진행한 공공부문 무기계약직에 대한 연구 프로젝트 성과를 토대로 만들어졌다.

　연구활동 재정을 지원하고 연구 성과물의 출판을 허락해 준 국가인권위원회와 관계자들, 전국에 산재한 공공부문 무기계약직·비정규직 노동자들을 대상으로 연구진과 함께 설문조사와 심층면접을 진행한 한국비정규노동센터와 한국비정규노동단체네트워크 구성원들, 그리고 비정규직 문제에 대한 꾸준한 관심과 열정으로 『비정규직 주체형성과 전략적 선택』(2012), 『사라져 버린 사용자 책임 : 간접고용 비정규직 실태와 대안』(2013), 『노동자로 불리지 못하는 노동자 : 특수고용 비정규직 실태와 정책 대안』(2016), 『노동권 사각지대 초단시간 노동자』(2017)에 이어 공공부문 무기계약직·비정규직 연구 성과까지 책으로 만들어 주신 매일노동뉴스 관계자들께 감사를 드린다.

2018년 6월
필자들을 대표해
조돈문 씀

책머리에

1장_ 들어가는 말 (조돈문·정흥준) ... 21
 Ⅰ. 연구의 배경 ... 23
 Ⅱ. 무기계약직과 차별처우 ... 25
 Ⅲ. 책의 구성과 내용 ... 28

2장_ 공공부문 무기계약직 관련 법·제도 분석 (김철) ... 31
 Ⅰ. 정부 정책 개관 및 검토 ... 33
 Ⅱ. 관련 제도 및 규정 검토 ... 38
 Ⅲ. 무기계약직 인사관리의 쟁점 ... 56

3장_ 공공부문 무기계약직 관련 입법 현황과 제도개선 과제 (김근주) ... 69
 Ⅰ. 서론 ... 71
 Ⅱ. 무기계약직 차별 개선 정책 방향 ... 73
 Ⅲ. 공공부문 무기계약직 관련 입법 현황과 쟁점 ... 77
 Ⅳ. 제도개선 과제 ... 99

4장_ 공공부문 무기계약직 및 비정규직 현황 (남우근) ... 105
 Ⅰ. 무기계약직 및 비정규직 규모 ... 107
 Ⅱ. 공공부문 임금 현황 ... 112

5장_ 공공부문 무기계약직 및 비정규직 실태 설문조사 분석 (조돈문) ... 119
 Ⅰ. 자료 소개 ... 121
 Ⅱ. 동일업무 수행 정규직과의 비교 ... 123
 Ⅲ. 임금 등 노동조건 ... 127
 Ⅳ. 무기계약직 전환 방식 ... 132
 Ⅴ. 무기계약직의 차별처우와 불만족 ... 137
 Ⅵ. 공공부문 비정규직 정책 대안 ... 141
 Ⅶ. 소결 ... 144

6장_ 공공부문 기관 유형별 무기계약직 실태 면접조사 분석 149
   Ⅰ. 사례조사의 배경과 개요 (정흥준)   151
   Ⅱ. 공공부문 무기계약직 노동기본권 침해 실태 요약 (정흥준)   155
   Ⅲ. 중앙행정기관 무기계약직의 현황과 차별실태 (정흥준)   163
   Ⅳ. 지방자치단체 무기계약직의 현황과 차별실태 (정흥준)   175
   Ⅴ. 공공기관 무기계약직의 현황과 차별실태 (남우근)   184
   Ⅵ. 지방공기업 무기계약직의 현황과 차별실태 (남우근)   202
   Ⅶ. 교육기관 무기계약직의 현황과 차별실태 (김세진)   214

7장_ 공공부문 비정규직 관련 해외 법·제도 233
   Ⅰ. 독일 사례 (이승협)   235
   Ⅱ. 영국 사례 (이정희)   265
   Ⅲ. 미국 사례 (김주일)   291
   Ⅳ. 캐나다 사례 (노성철)   303
   Ⅴ. 일본 사례 (김직수)   320

8장_ 공공부문 무기계약직 및 비정규직 관련 정책 대안 (조돈문) 345
   Ⅰ. 공공부문 무기계약직의 실태   347
   Ⅱ. 이명박·박근혜 정부의 무기계약직 전환 정책 실패   353
   Ⅲ. 공공부문 가이드라인 자회사 방식의 문제점   358
   Ⅳ. 무기계약직 방식 및 자회사 방식의 폐기   362
   Ⅴ. 정규직 전환의 단계적 접근 방식 : 2단계 전환 과정   366
   Ⅵ. 비정규직 정규직 전환 과정과 사회적 대화   370
   Ⅶ. 정규직의 저항 : 정규직 이기주의와 절차적 공정성   375
   Ⅷ. 정규직 전환 대상 비정규직의 선별 방식   378
   Ⅸ. 인사관리체계 통합 : 정규직 전환의 완성   381

참고문헌 387

색인(INDEX) 393

표 목차

1장 들어가는 말

〈표 1-1〉 역대 정부의 무기계약직 주요 대책 · 26
〈표 1-2〉 공공기관 고용형태별 연봉 현황 · 26
〈표 1-3〉 지방 공공기관(광역단체・교육청・지방공기업) 고용형태별 월평균 임금 · 27
〈표 1-4〉 무기계약직 전환 이후 임금 수준 변화 · 27

2장 공공부문 무기계약직 관련 법・제도 분석

〈표 2-1〉 역대 정부의 공공부문 비정규직 대책 개괄 · 37
〈표 2-2〉 공기업・준정부기관(위탁집행형) 2017년도 경영평가지표 및 가중치 · 40
〈표 2-3〉 총액인건비제와 기준인건비제 비교 · 43
〈표 2-4〉 무기계약직 등 차별해소 및 처우개선 내용 · 46
〈표 2-5〉 공공부문 무기계약직 인건비와 정원관리 및 인건비 예산 · 58

3장 무기계약직 관련 입법안과 차별개선을 위한 제도개선 방안

〈표 3-1〉 무기계약직 전환 및 고용환경 개선 지원 관련 조례 · 77
〈표 3-2〉 무기계약직 및 기간제 규정 분리 운영 사례 · 78
〈표 3-3〉 서울시 공무직・기간제 관리규정 비교 · 79
〈표 3-4〉 무기계약직 지원 및 전보 관련 규정 · 81
〈표 3-5〉 영유아보육법 개정 전후 · 82
〈표 3-6〉 교육기관별 교직원 구분 · 82
〈표 3-7〉 비정규직 교사 구인정보 사례와 급여 지급기관 · 85
〈표 3-8〉 한국직업능력개발원 관련 규칙상 '무기계약 근로자' 용어 정의 · 88
〈표 3-9〉 한국직업능력개발원 관련 규칙상 무기계약 근로자 직렬별・직급별 임용기준 · 88
〈표 3-10〉 한국직업능력개발원 관련 규칙상 승진(승급) 기준 · 90
〈표 3-11〉 공무직 명칭을 사용 중인 지방자치단체 현황 · 97
〈표 3-12〉 상시・지속적 업무 기준 · 99
〈표 3-13〉 개정안 신구 조문 대비(단서 신설) · 100
〈표 3-14〉 개정안 신구 조문 대비(고용형태 추가) · 100
〈표 3-15〉 서울특별시 공무직 관리규정 · 102

4장 공공부문 무기계약직 및 비정규직 실태

〈표 4-1〉 공공부문 기관 현황 … 108
〈표 4-2〉 공공부문 고용 현황(2016년 말) … 109
〈표 4-3〉 자료 수집 방법 … 110
〈표 4-4〉 공공부문 무기계약직 규모 변화 … 111
〈표 4-5〉 무기계약직 전환 실적(2016년과 2017년은 전환계획) … 112
〈표 4-6〉 고용형태별 임금 … 113
〈표 4-7〉 중앙행정기관 무기계약직 임금격차 … 114
〈표 4-8〉 자치단체 무기계약직 임금격차 … 115
〈표 4-9〉 공기업 무기계약직 임금격차 … 116
〈표 4-10〉 지방공기업 무기계약직 임금격차 … 117
〈표 4-11〉 교육기관 무기계약직 임금격차 … 118

5장 무기계약직 및 비정규직 실태 : 설문조사 분석

〈표 5-1〉 표본 사례들의 기관 유형별 분포 … 122
〈표 5-2〉 동일직무 수행 정규직 존재 비율 … 123
〈표 5-3〉 유사업무 수행 정규직과의 비교 … 125
〈표 5-4〉 업무 수행 위해 필요한 실무경험 정도 … 125
〈표 5-5〉 유사조건 정규직과의 노동조건 비교 … 126
〈표 5-6〉 임금 결정 방식 … 127
〈표 5-7〉 유사조건 정규직 대비 임금 수준 … 128
〈표 5-8〉 정규직 대비 임금 수준 … 128
〈표 5-9〉 임금 및 수당 수준 … 129
〈표 5-10〉 복리후생 항목 적용 숫자 … 130
〈표 5-11〉 복리후생 항목 적용 비율 … 130
〈표 5-12〉 4대 사회보험 적용률 … 131
〈표 5-13〉 업무 수행 중 사고 경험 … 132
〈표 5-14〉 사고 발생 시 처리 방식 … 132
〈표 5-15〉 근무 직장의 무기계약직 전환 및 정규직 전환 비율 … 133
〈표 5-16〉 무기계약직 전환 혹은 채용 방식 … 134
〈표 5-17〉 2년 이상 상시·지속업무의 전원 무기계약직 전환 사업장 비율 … 134
〈표 5-18〉 전환 대상자 중 무기계약직 전환 비율 … 135
〈표 5-19〉 무기계약직 전환 과정 … 136

〈표 5-20〉 무기계약직 전환 절차	136
〈표 5-21〉 무기계약직 노동자의 현 직장 입사 후 경력 인정 정도	137
〈표 5-22〉 무기계약직 노동자의 현 직장 입사 전 유사업무 경력 인정 정도	137
〈표 5-23〉 무기계약직 노동자의 무기계약직 전환 당시 경력 인정 정도	138
〈표 5-24〉 무기계약직 노동자의 정규직 인력관리체계 통합 비율	138
〈표 5-25〉 무기계약직 전환 이후 만족도 변화	139
〈표 5-26〉 노동조건 만족도	140
〈표 5-27〉 이직 의향 정도	141
〈표 5-28〉 정부의 무기계약직 정규직 간주 주장에 대한 동의 여부	142
〈표 5-29〉 상시·지속업무 비정규직의 정규직화 방안	143
〈표 5-30〉 자신의 정규직 전환 가능성 전망	144

6장 기관별 무기계약직 인권실태 심층 면접조사 결과

〈표 6-1〉 면접대상자 현황	154
〈표 6-2〉 무기계약직 전환 과정에서의 문제점	156
〈표 6-3〉 무기계약직과 공무원(정규직) 간의 동일업무 및 임금 비교	157
〈표 6-4〉 무기계약직 임금 차별	159
〈표 6-5〉 무기계약직 인사제도	160
〈표 6-6〉 무기계약직이 겪는 차별적 관행	161
〈표 6-7〉 공공부문 무기계약직 규모	164
〈표 6-8〉 중앙행정기관 무기계약직의 주요 직무	164
〈표 6-9〉 보건복지부 고용형태별 수당 지급 여부	169
〈표 6-10〉 공공부문 무기계약직 규모	175
〈표 6-11〉 무기계약직의 주요 직종 및 직무(안산시 사례)	176
〈표 6-12〉 공무직을 도입한 지방자치단체 현황(92곳)	177
〈표 6-13〉 공공기관 현황(2017년)	185
〈표 6-14〉 공공기관 무기계약직 규모 변화	185
〈표 6-15〉 공공기관 고용형태별 인원(2016년 말)	186
〈표 6-16〉 공공기관 무기계약직 전환계획 및 실적(2013~2015년)	187
〈표 6-17〉 공공기관 무기계약직 1인당 평균 연봉	187
〈표 6-18〉 기획재정부 무기계약직 전환 가이드라인(2013년 9월)	188
〈표 6-19〉 I공사 무기계약직 전환 실적	189
〈표 6-20〉 J기관 무기계약직 전환 실적	190

〈표 6-21〉 K공단 무기계약직과 비정규직 현황 　191
〈표 6-22〉 K공단 무기계약직 및 기간제 근로자 운영규칙 　192
〈표 6-23〉 공공기관 무기계약직 전환 이후 임금 수준 변화 　192
〈표 6-24〉 무기계약직 대상 호봉제 적용 여부 　193
〈표 6-25〉 무기계약직 고용관리 현황 　194
〈표 6-26〉 I공사 초임 비교 　195
〈표 6-27〉 I공사 무기계약직 기본급(2017년) 　195
〈표 6-28〉 정규직과의 임금 비교(2016년 연봉) 　196
〈표 6-29〉 직무별 임금 비교(2016년 연봉) 　196
〈표 6-30〉 정규직과의 임금 비교(2016년 연봉) 　197
〈표 6-31〉 I공사 정규직과 무기계약직 임금(연봉 기준) 　198
〈표 6-32〉 정규직 및 무기계약직 연봉 차이 　199
〈표 6-33〉 무기계약직 근속기간 및 근속수당 　199
〈표 6-34〉 J기관 인력 구조조정 현황 　200
〈표 6-35〉 직영·공사·공단의 개념 　203
〈표 6-36〉 지방공기업 무기계약직 규모 변화 　203
〈표 6-37〉 고용형태별 임금 비교 　204
〈표 6-38〉 무기계약직 업무 구분 　204
〈표 6-39〉 O공사 무기계약직 정원 　205
〈표 6-40〉 P공사 무기계약직과 비정규직 현황 　205
〈표 6-41〉 P공사 무기계약직 전환 실적 　207
〈표 6-42〉 정규직과 안전업무직 월임금 비교 　207
〈표 6-43〉 무기계약직과 정규직의 급여 비율 　208
〈표 6-44〉 O공사 자회사 노동자 설문조사 　209
〈표 6-45〉 O공사 인사규정 　210
〈표 6-46〉 공공부문 고용 현황(2016년 말) 　215
〈표 6-47〉 교육기관에서 각 고용형태가 차지하는 비율 　216
〈표 6-48〉 지자체별 무기계약직 근로자 관련 조례 및 규정 제정 현황 　216

7장 공공부문 비정규직 관련 해외 법·제도

〈표 7-1〉 UN 2008 SNA에 따른 공공부문 유형 분류 　236
〈표 7-2〉 독일 공공 분야 고용 현황(2015년 6월 30일) 　239
〈표 7-3〉 독일 공공 분야 여성고용 현황(2015년 6월 30일) 　240

표	제목	쪽
〈표 7-4〉	사업 영역별 공공부문 현황	240
〈표 7-5〉	사업 영역별 공무원 및 비공무원 비중	241
〈표 7-6〉	독일 공공 분야 고용 현황(2015년 6월 30일)	247
〈표 7-7〉	독일 공공 분야 여성고용 현황(2015년 6월 30일)	249
〈표 7-8〉	사업 영역별 공공부문 현황	250
〈표 7-9〉	단순노무 및 기능직무의 임금등급	262
〈표 7-10〉	공공부문 고용 영역별 분류	268
〈표 7-11〉	공공부문 고용 산업별 분류	269
〈표 7-12〉	임금등급에 따른 직무 구분	287
〈표 7-13〉	직무평가를 위한 16가지 요소	287
〈표 7-14〉	직무평가 단계	289
〈표 7-15〉	미국 비정규직 노동자 추이(1995~2015년)	293
〈표 7-16〉	미국 비정규직 노동자 평균 및 인종·학력 비율	294
〈표 7-17〉	캐나다·온타리오주 공공부문 고용 현황(2012년)	305
〈표 7-18〉	캐나다 연방공공서비스 채용 및 계약 규정	313
〈표 7-19〉	연방공공서비스 파견서비스 계약 주요 특징	316
〈표 7-20〉	연방공공서비스 파견서비스 사용 목적	318
〈표 7-21〉	일본 중앙행정기관 상근 직원 및 비상근 직원 현황(2015년)	322
〈표 7-22〉	중앙행정기관 상근 직원과 기간업무직원 노동조건	325
〈표 7-23〉	후생노동성 상근 직원 및 임시·비상근 직원 분류	327
〈표 7-24〉	지방자치단체 임시·비상근 직원 규모(2012년)	330
〈표 7-25〉	홋카이도 지역 광역 및 기초지자체 임시·비상근 직원 현황	332
〈표 7-26〉	아사히카와시 교육·복지·의료부문 임시·비상근 직원 현황	333
〈표 7-27〉	임시·비상근 직원의 현재 직장 계속근무 희망(아사히카와시 및 쿠시로시)	333
〈표 7-28〉	임시·비상근직의 계약해지 및 재고용에 대한 불안(아사히카와시 및 쿠시로시)	334
〈표 7-29〉	임시·비상근직의 보조적이고 간단한 업무 담당 여부(아사히카와시 및 쿠시로시)	334
〈표 7-30〉	쿠시로시 보건의료부문 임시·비상근 직원 급여	335
〈표 7-31〉	쿠시로시 임시·비상근 직원 월급여액 분포(157개 직종 조사 결과)	335
〈표 7-32〉	쿠시로시 임시·비상근 직원의 노동조합에 대한 관심	336
〈표 7-33〉	도쿄도 아라카와구 임시·비상근 직원 직층 구분	340
〈표 7-34〉	도쿄도 아라카와구 임시·비상근 직원 월급여액 예시	340
〈표 7-35〉	도쿄도립학교 시간강사 경험연수별 시급(2012년)	341

8장 공공부문 및 비정규직 관련 정책대안

〈표 8-1〉 공공부문 고용형태별 비중(2016년 말)   348
〈표 8-2〉 공공기관 유형별 무기계약직 인원 규모 변화   349
〈표 8-3〉 공공기관 유형별 고용형태별 임금 현황   350
〈표 8-4〉 정규직 대비 무기계약직 노동자 인력관리체계   350
〈표 8-5〉 노동조건 만족도   351
〈표 8-6〉 공공기관 유형별 무기계약직 평균 연봉 격차 비교   352
〈표 8-7〉 인천공항 정규직과 외주위탁 분야별 인건비 수준 비교(2016년)   360
〈표 8-8〉 공공부문 상시업무 고용형태 구조 변화   363
〈표 8-9〉 공공기관 유형별 비정규직 사용이유(2011년 조사)   364
〈표 8-10〉 공공기관 유형별 민간위탁 이유(2011년 조사)   365
〈표 8-11〉 공공부문 무기계약직 인건비와 정원 관리 및 인건비 예산   368
〈표 8-12〉 공공부문 현행 고용형태별 법적 지위와 무기계약직 법제화 방안   369
〈표 8-13〉 비정규직·무기계약직 정규직화와 인사관리체계 통합(서울산업진흥원)   384

그림 목차

4장 공공부문 무기계약직 및 비정규직 실태
〈그림 4-1〉 무기계약직 증가 추이   111
〈그림 4-2〉 고용형태별 월급여 비교   114

6장 기관별 무기계약직 인권실태 심층 면접조사 결과
〈그림 6-1〉 공공부문 무기계약직 규모 추이   185
〈그림 6-2〉 공공기관 고용형태별 인원 비중(2016년)   186

7장 공공부문 비정규직 관련 해외 법·제도
〈그림 7-1〉 시간제 고용 비중 변화 추이(2000~2015년)   248
〈그림 7-2〉 공공부문 노동자 중 경미고용 비중   253
〈그림 7-3〉 공공부문 기간제 비중   255
〈그림 7-4〉 독일 파견노동자 증가 추이   256
〈그림 7-5〉 파견노동자 협약상 임금표   257
〈그림 7-6〉 연방정부 및 기초지자체(TVöD) 임금표(2017년)   261
〈그림 7-7〉 주정부(TV-L) 임금표(2017년)   261
〈그림 7-8〉 영국 공공부문 고용 추이(1999년 3월~2016년 12월)   267
〈그림 7-9〉 산업별 공공부문 고용변화   270
〈그림 7-10〉 고용형태별 구성   271
〈그림 7-11〉 영국 NHS 일자리 구성 추이   272
〈그림 7-12〉 NHS 비정규직 일자리 구성 추이(2000~2015년)   272
〈그림 7-13〉 영국 공공부문 교육 분야 일자리 구성 추이(2000~2015년)   273
〈그림 7-14〉 영국 공공부문 교육 분야 비정규직 일자리 구성 추이(2000~2015년)   274
〈그림 7-15〉 영국 공공부문 파견노동자 규모 추이(2000~2015년)   274
〈그림 7-16〉 영역별 임시파견 노동자 사용 추이(2000~2015년)   275
〈그림 7-17〉 보건의료 분야 임시파견 노동자 사용 추이(2000~2015년)   276
〈그림 7-18〉 공공교육 분야 일자리 중 임시파견 일자리 비율 추이(2000~2015년)   278
〈그림 7-19〉 노동조합의 대응   285
〈그림 7-20〉 NHS 임금체계(2017~2018년)   286
〈그림 7-21〉 캐나다 공공부문 직접고용 비정규직 비중 변화(1997~2011년)   308
〈그림 7-22〉 연방공공서비스 정규직 규모 변화(2004~2013년)   310
〈그림 7-23〉 연방공공서비스 비정규직 규모 변화(2004~2013년)   311
〈그림 7-24〉 파견서비스 및 인건비 지출규모 변화 비율(1999~2009년 회계연도)   314
〈그림 7-25〉 파견계약 전후 2주 동안 공무원고용법 적용(직접고용) 일자리로의 이동   317

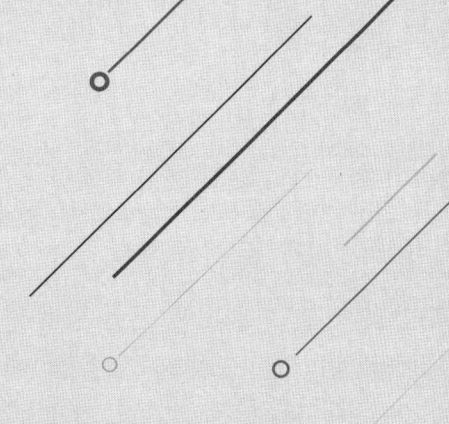

1장

들어가는 말

조돈문 · 정흥준

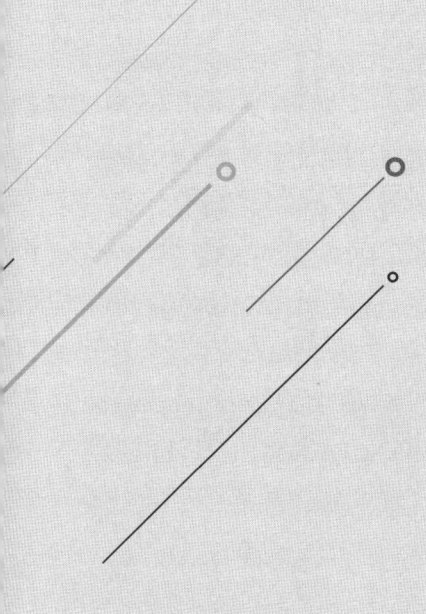

1장 들어가는 말

조돈문_한국비정규노동센터
정흥준_한국노동연구원

Ⅰ. 연구의 배경

정부는 공공부문 비정규직의 심각성을 인식하고 비정규직 문제의 주요한 해법 중 하나로 기간제노동자의 무기계약직 전환을 추진해 왔다. 정부는 무기계약직을 정규직으로 규정한 반면[1] 무기계약직 당사자들은 기간제보다 고용이 다소 안정됐을 뿐 노동조건은 비정규직과 다를 바 없다고 주장한다.[2]

---

1) 본격적으로 공공부문 비정규직 대책을 발표한 2006년 8월 이래로 노무현·이명박·박근혜 정부는 공공부문 기간제의 무기계약직 전환을 '정규직화'라고 표현함.
2) 매일노동뉴스 '민주연합노조, 공공부문 노동자의 처우 개선 촉구' 2014년 6월 24일자 기사

이렇게 무기계약직이 정규직인지, 아니면 비정규직인지는 공공부문 비정규직 문제와 관련해 초미의 화두가 됐다.

무기계약직 노동자에 대한 구체적이고 통합적인 규정은 없다. 무기계약직이 기간의 정함이 없는 근로계약을 의미함은 광범위하게 동의되는 개념이지만 무기계약직의 노동조건에 대한 규정은 없다.[3] '무기계약직'이라는 개념은 근로기준법 16조(계약기간)[4]의 내용인 "근로계약은 기간을 정하지 아니한 것과 일정한 사업의 완료에 필요한 기간을 정한 것 외에는 그 기간은 1년을 초과하지 못한다"에서 연유한다. 근로기준법의 내용을 이어받아 2007년 6월에 시행된 기간제 및 단시간근로자 보호 등에 관한 법률(기간제법) 4조(기간제근로자의 사용) 2항은 "사용자가 1항 단서의 사유가 없거나 소멸됐음에도 불구하고 2년을 초과하여 기간제근로자로 사용하는 경우에는 그 기간제근로자는 기간의 정함이 없는 근로계약을 체결한 근로자로 본다"라고 규정함으로써 무기계약직 개념을 "기간의 정함이 없는 근로계약을 체결한 자"로 정의한다. 결과적으로 무기계약직은 기간의 정함이 없는 근로계약을 의미할 뿐 노동조건에 대해서는 근로기준법이든 기간제법이든 아무런 법적 규정이 없다.

현재 중앙행정기관·지방자치단체·공공기관·지방공기업·교육기관 등 공공부문 무기계약직 규모는 20만 명 이상으로 추산되고 있으나 이들에 대한 인권 실태 연구가 매우 미흡하다. 그동안 정부는 공공부문 비정규직 실태조사를 토대로 대책을 발표할 때 무기계약직 대책은 거의 포함하지 않았다. 무기계약직을 정규직으로 분류했기 때문이다. 결과적으로 정부와 공공부문 무기계약직 당사자 간의 무기계약직 고용형태 의견 불일치를 확인하기 위해서는 무기계약 전환을 통해 무엇이 개선됐고, 정규직과 비교해 무기계약직 근로자들에게 어느 정도의 노동조건이 보장되고 있는지에 관한 구체적인 규명이 필요한 상황이다.

몇몇 선행연구는 무기계약직 임금체계에 주목하기도 했으나 그 대상이 중앙

---
3) 비정규직 고용형태의 범주화 방식에 대해서는 조돈문(2012: 16-20)을 참조할 것.
4) 기간제법 시행에 따라 2007년 6월 30일까지 유효한 조항임.

행정기관에 국한하거나 지방자치단체 무기계약직에 머무는 등 연구 주제나 대상이 매우 제한적이었다. 이에 비해 공공부문 무기계약직 근로자가 기간제에서 무기계약직으로 전환된 이후 어떤 차별을 받고 있으며 구조화된 차별의 원인이 무엇인지는 아직까지 명확하게 알려진 바 없다. 무기계약직의 구조화된 차별을 어떻게 개선할지에 대한 연구도 매우 제한적이다. 공공부문의 비정규직 처우 개선을 논의하기 위해서는 공공부문의 무기계약직에 대한 근로실태 및 차별 정도를 파악하고 대안을 마련할 필요가 있다.

II. 무기계약직과 차별처우

공공부문 무기계약직과 관련한 역대 정부 대책을 살펴보면 아래의 〈표 1〉과 같다. 사실 공공부문 비정규직 대책의 기본 틀은 노무현 정부에서 만들어졌다. 이후 정부들은 노무현 정부 대책을 대체로 승계하고 있다고 평가할 수 있다. 이는 2003년 10월 26일 근로복지공단 비정규직이었던 고 이용석씨 분신자살을 계기로 공공부문 비정규직 실태에 대한 사회적 문제제기가 강하게 일자 노동부가 2004년 5월 19일 공공부문 비정규직 문제 대책을 발표한 것에서 기인한다. 당시 대책은 공공부문 특정 직종 비정규직에 대한 정규직화·무기계약화·처우 개선 등의 내용을 담고 있지만 고용기준을 수립하는 명실상부한 종합대책 성격은 아니었다. 실태조사를 토대로 2006년 8월 발표된 종합대책은 상시·지속 업무에 종사하는 기간제노동자를 무기계약직으로 전환하는 것과 핵심-주변업무 구분에 의한 외주화 대상 업무 선정 원칙 수립, 청소·경비 등 단순노무인력에 대한 시중노임단가 적용 같은 내용을 담고 있었다.

이명박 정부에서는 2차 무기계약직 전환을 추진해 22,069명을 무기계약직으로 전환했다. 박근혜 정부에서도 무기계약직 전환을 꾸준히 추진했다. 이런 정부 정책에 따라 공공기관 무기계약직이 지속적으로 늘어났다. 2016년 현재 공공부문 무기계약직 규모는 공무원이나 공공기관 정규직 대비 13.8%에 이른다.

〈표 1-1〉 역대 정부의 무기계약직 주요 대책

구분	시기	주요 추진 계획
노무현 정부	2006년 8월	공공부문 비정규직 종합대책 확정 및 추진위 구성
	2007년 6월	종합대책 적용 대상기관 10,714개 선정 기간제 206,742명 중 71,861명 무기계약직 전환 소요 비용 1,457억 원 확정
이명박 정부	2008년 7월	2차 무기계약 전환 지침 수립(2007년 전환 제외자)
	2009년	상반기 14,961명 전환 추진 및 추진위 해산(6월 30일)
	2011년 11월	공공부문 비정규직 고용개선 대책 발표
	2012년 1월	공공부문 고용개선 대책 추진지침 발표 및 22,069명 무기계약직 전환
박근혜 정부	2013년	공공부문 비정규직 2015년까지 정규직(무기계약직) 전환(4월) 공공부문 정규직 전환계획 발표(8월)
	2014년 12월	비정규직 종합대책(안) 비정규직 처우개선 및 노동시장 활력 제고방안 발표

선행연구는 공공부문 무기계약직 근로자의 임금이 정규직에 비해 차별적이며 이에 대한 개선방안이 필요함을 반복적으로 제시하고 있다. 예를 들어 김훈 외(2014)에서는 211개 공공기관 및 지방공기업에 대한 설문조사를 통해 임금 현황을 파악했다. 무기계약직 연봉은 평균적으로 정규직 연봉의 57%에 불과했다. 연봉을 기본 월봉으로 환산하면 무기계약직 평균 월임금은 236만 원(남자 247만 원, 여성 225만 원)으로 조사됐다.

〈표 1-2〉 공공기관 고용형태별 연봉 현황

(단위 : 만 원)

구분		정규직			무기계약직		
		전체	남성	여성	전체	남성	여성
전체		4,928 (100%)	5,188	4,111	2,826(57%)	2,958	2,694
공공기관유형	공기업	6,777 (100%)	7,036	5,357	4,113(61%)	4,372	3,859
	준정부 기관	5,610 (100%)	5,942	4,642	3,045(54%)	3,296	2,813
	기타 공공기관	5,339 (100%)	5,753	4,572	3,106(58%)	3,207	3,031
	지방공기업	3,761 (100%)	3,859	3,126	2,381(63%)	2,480	2,263

지방정부와 좋은 일자리위원회(2016)도 비슷한 연구 결과를 내놓았다. 정보공개청구를 통해 광역자치단체(17개 광역시·도), 시·도 교육청(17개) 및 산하 기관(공단·공사) 등 74개 공공기관의 고용형태별 임금을 비교한 자료를 살펴보면 2015년 정규직 임금 대비 무기계약직 임금은 56% 수준이었다.

〈표 1-3〉 지방 공공기관(광역단체·교육청·지방공기업) 고용형태별 월평균 임금

구분	2013년		2015년	
	금액(A)	상대 비율	금액(B)	상대 비율
정규직	4,061,306원	100.0%	4,379,215원	100.0%
무기계약직	2,136,351원	52.6%	2,450,424원	56.0%
기간제	1,770,932원	43.6%	1,956,634원	44.7%

* 지방정부와 좋은 일자리위원회(2016)에서 인용

한편 선행연구는 무기계약직으로 전환하더라도 약 60%는 노동조건 개선이 이뤄지지 않고 있음을 보여준다. 김훈 외(2014)의 공공기관 설문조사 결과에 따르면 응답 기관 중 59% 기관에서는 무기계약직으로 전환된 이후에도 임금 수준에 변화가 없었던 반면 41% 기관에서는 임금 수준이 상승한 것으로 나타났다. 무기계약직으로 전환된 노동자들의 임금이 상승했다고 응답한 기관에 대해서는 상승 정도에 관해 추가적으로 질의했는데, 전환되기 이전보다 평균 15% 정도 임금 수준이 상승한 것으로 확인됐다.

〈표 1-4〉 무기계약직 전환 이후 임금 수준 변화

(단위 : 개, %)

구분		사례 수	변화 없음	상승	임금 상승 정도
전체		143	59.4	40.6	15.2
공공기관 유형	공기업	9	55.6	44.4	9.6
	준정부기관	24	45.8	54.2	13.6
	기타공공기관	51	68.6	31.4	9.5
	지방공기업	59	57.6	42.4	20.7

* 김훈 외(2014)

Ⅲ. 책의 구성과 내용

1. 공공부문 무기계약직 노동자의 실태 파악

공공부문 무기계약직의 전체적인 현황 및 규모를 파악하는 것과 함께 공공부문 무기계약직의 차별처우가 구조화돼 있는지 아닌지를 파악해야 한다. 중앙행정기관·지자체·공공기관·지방공기업·교육기관 등 공공부문의 영역별 인력 현황, 무기계약직 전환 과정, 임금 등 노동조건, 승진·직급체계 등 인사노무 실태, 차별적인 관행, 노동조합의 태도에 대해 세부적으로 분석하고자 한다.

2. 무기계약직 고용형태 관련 법·규정 검토

공공부문 무기계약직은 민간부문과 달리 정부 공공부문 비정규직 대책의 일환으로 추진된 정책의 결과물이다. 기획재정부·행정자치부(행정안전부)·고용노동부 등 중앙정부가 무기계약 전환기준, 전환 후 처우 개선, 인력운영방식에 대해 지침을 전달하고 인력과 예산을 통제하는 등 정부 지침과 제도로 규율하고 있으므로 무기계약직 노동조건을 파악하려면 법·규정을 종합적으로 검토할 필요가 있다.

특정 공공기관에서 무기계약직 노동조건을 개선하기 위한 노력을 하더라도 중앙정부 지침 등에 저촉되면 추진이 어려운 경우가 많다. 중앙행정기관·지자체에 적용하는 기준인건비제, 공공기관과 지방공기업에 적용하는 총액인건비제가 무기계약직 노동조건 개선에 걸림돌이 되는 경우를 꼽을 수 있다.

무기계약직 관리규정을 정규직 관리규정에서 분리해 기간제 관리규정과 함께 운영하는 것도 무기계약직을 비정규직으로 보게 만드는 요인 중 하나다. 무기계약직과 관련한 법·규정을 검토하고 개선방안을 마련해야 한다.

3. 고용형태 간 차별처우 실태 분석

공공부문 무기계약직 노동자 관련 규정은 아예 없거나, 있더라도 지나치게 형식적인 경우가 많다. 대체로 별도 규정을 가지고 있으며 정규직과 임금체계나 직무체계가 통합돼 있지 않다. 직무 평가가 제대로 이뤄지지 않아 정규직과의 차별뿐만 아니라 같은 기관 내에서도 무기계약직 간에 다양한 차별이 발생하고 있다.

직무차이에 따른 임금격차 외에도 승진체계, 교육훈련 기회, 직무 구분 등에서 차별이 많다. 공무원이나 정규직과 달리 차별적인 고용지위로 인해 고용불안을 겪고 있는 것으로 확인되고 있다. 이렇게 무기계약직을 중심으로 공공부문의 정규직·무기계약직·비정규직 사이의 차별처우를 공공부문 유형별로 실태를 분석한다.

4. 해외 공공부문 비정규직 관련 법·제도 검토

해외사례 가운데 우리나라 공공부문 무기계약직과 동일한 유형은 찾기 어렵지만 공공부문에서 비정규직 활용을 제한하는 것은 전 세계 주요 선진국들의 공통된 관심사다. 양질의 일자리가 점점 부족해지는 상황에서 공공부문이 선도적으로 좋은 일자리를 창출해야 하는 과제를 안고 있기 때문이다.

우리나라 공무원 인력규모가 상대적으로 적은 만큼 해외사례가 적지 않은 시사점을 제공할 수 있다. 본 연구에서는 주요 선진국인 독일·영국·미국·캐나다·일본의 공공부문 비정규직 사례를 살펴본다.

5. 공공부문 비정규직 문제 관련 정책 대안 모색

본 연구는 공공부문 무기계약직 노동자에 관한 법·제도 및 정책을 검토하고, 설문조사와 면접조사를 통해 무기계약직 노동자들의 노동조건과 직무만족도 등 실태를 분석한 다음 해외사례 등을 토대로 공공부문 무기계약직 노동자들의 노동인권 보장과 노동조건 개선을 위한 정책 대안을 도출하고자 한다.

무기계약직 고용형태는 공공부문 비정규직 문제의 심각성을 인지하고 고용 안정성 강화를 통해 공공부문 비정규직 노동자들의 노동조건을 개선하는 방안으로 도입됐다. 이런 비정규직의 무기계약직 전환 정책은 이명박·박근혜 정부에 이어 문재인 정부에서도 지속되고 있다.

하지만 무기계약직은 여전히 정규직에 비해 차별처우를 받고 있다는 점에서 공공부문 비정규직 문제의 바람직한 해법으로 보기 어렵다. 따라서 무기계약직 노동자 문제를 전체 공공부문 비정규직 문제의 틀 속에서 분석하고 정책 대안을 모색하는 것이 바람직하다.

본 연구는 공공부문 비정규직 문제를 해결하기 위해 무기계약직을 과도기적 고용형태로 규정하고 상시적 업무를 중심으로 비정규직의 정규직 전환을 추진하되, 비정규직의 무기계약직 전환 과정과 무기계약직의 정규직 전환 과정으로 나눠 2단계로 추진하는 접근법을 제안한다.

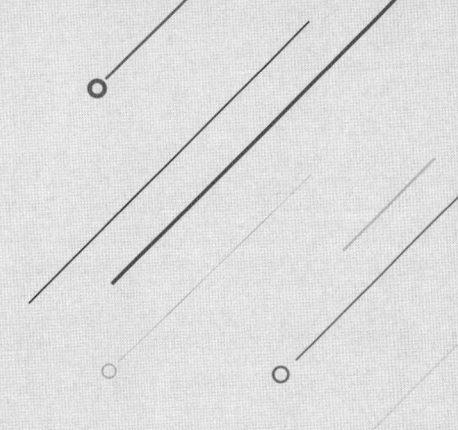

2장

공공부문 무기계약직 관련 법·제도 분석

김 철

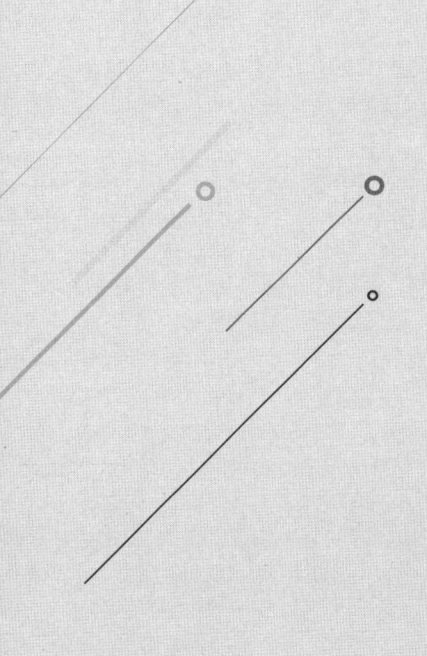

2장

공공부문 무기계약직 관련 법·제도 분석

김 철_사회공공연구원

Ⅰ. 정부 정책 개관 및 검토[5]

2006년 공공부문 비정규직 종합대책은 중앙정부 차원에서 공공부문 전체의 비정규직에 대한 통일된 기준을 마련해 일관되게 추진한 대책이었다. 그러나 2009년 6월 30일 공공부문 비정규직대책 추진위원회와 실무추진단이 해체되면서 2011년 9월 9일 비정규직 종합대책 발표까지 정부 차원의 대책은 별도로 발표되지 않았다. 그리고 2011년 9월 9일 발표된 비정규직 종합대책에서는 오히려 비정규직 문제에 대해 비정규직 사용이 긍정적이고 불가피한 측면이 있다고 전제하면서, 비정규직이 무조건 나쁜 일자리인 것이 아니라 일부 불합리한

---
5) 김철 외(2017)를 중심으로 정리했다.

것을 바로잡으면 된다는 입장을 가지고 비정규직 문제에 접근했다. 이런 취지는 2011년 11월 28일 고용노동부의 공공부문 비정규직 고용개선 대책에 투영돼 "공공부문 행정수요 증가와 효율적인 예산 및 인력운영에 대한 국민적 요구"로 인해 비정규직을 사용할 수밖에 없고, "노사가 양보하고 협력해 정규직·비정규직 간 격차와 불합리한 차별 개선을 위해 노력하자"는 입장을 담은 대책으로 발표된다. 특히 2011년 공공부문 비정규직 대책은 '상시·지속적 업무'와 '2년 이상 계속 근로'라는 무기계약 전환 조건에 더해 평가에 따라 전환 여부를 달리하는 엄격하고 제한적인 기준을 도입했다. 2012년 1월 16일에는 상시·지속적 업무 담당자의 무기계약직 전환기준을 담은 '공공부문 비정규직 고용개선 추진지침'이 발표됐다. 정부는 지침에서 연간 계속되는 업무인지를 파악하는 기준을 제시했다.

박근혜 정부 초기에는 기존 정부 대책에 이어 무기계약 전환 수준을 점검하는 정도에 그쳤다. 2013년 4월 9일 '공공부문 비정규직 고용개선대책 보완지침'에서는 공공부문 상시·지속적 업무에 종사하는 비정규직을 2015년까지 무기계약직으로 전환할 것을 발표하면서, 간접고용 노동자를 직접고용 무기계약직으로 전환할 경우 정부가 지원한다는 내용도 포함됐다. 2013년 9월 5일 국가정책조정회의에서 '2013~2015년 공공부문 비정규직 정규직(무기계약직) 전환계획'을 발표했는데, 이때 810개 공공기관 및 소관부처의 상시·지속적 업무에 종사하는 비정규직 65,711명을 2015년까지 무기계약직으로 전환한다는 계획을 제출했다. 무기계약직으로 전환된 업무에는 앞으로 기간제를 사용하지 않도록 했다.

그런데 2013년 9월 5일 발표된 '2013~2015년 공공부문 비정규직 정규직(무기계약직) 전환계획'은 공공부문 비정규직 사용에 대한 규제가 아니라 일정한 수준에서의 관리대책을 제출한 것으로 볼 수 있다. 전환계획이 제출된 인원인 6만 5천여 명에 대해 무기계약 전환을 시행하고, 정원 5% 범위에서 비정규직 인력을 활용할 수 있도록 하며, 간접고용 활용 여부는 이 비율에서 제외했다.

고용노동부는 '무기계약직 관리규정 표준안'을 마련했다. 기획재정부는 '공공기관 정규직(무기계약직) 전환 가이드라인', 안전행정부는 지방공기업 비정규직의 정규직 전환 기준을 마련해 전환기준과 전환 후 관리방식에 대한 통제를 시도했다. 하지만 '가이드라인'이나 '관리규정 표준안'이라는 형식은 산하기관에 대한 규정력이 없고, 내용도 정규직화에 준하는 고용전환에 턱없이 부족한 것이어서 현장에서 실질적 변화를 이끌어 내지 못했다.

박근혜 정부의 초기 공공부문 비정규직 대책은 이전 정부 정책의 한계를 극복하지 못한 수준에서 무기계약 전환 성과를 드러내는 방식으로 진행됐다. 그러나 노동시장 구조개편 정책이 제출되면서 비정규직 대책은 이전과 다른 방향으로 움직였다. 비정규직을 규제하기보다는 비정규직을 보다 유연하게 사용하기 위한 비정규직 개악안이 제출되기 시작했다. 2014년 12월 29일 발표된 '비정규직 종합대책(안)-비정규직 처우 개선 및 노동시장 활력제고 방안'은 비정규직 처우 개선이나 고용안정을 위한 대책이 아니라 정규직 고용유연화 및 비정규직 확대를 기본 바탕으로 하는 정책이었다. 특히 비정규직 종합대책(안)은 무기계약직 처우 및 보수·관리체계 개선을 제시하면서, 차별을 해소하는 것이 아니라 '합리화'를 명목으로 무기계약직에 대한 차별을 유지하고, 무기계약직에 대해 직무급을 도입하겠다는 계획을 제시했다.

무기계약직 임금체계 개편은 이후 지속적으로 정부 대책에 포함돼 발표된다. 2015년 7월 15일 관계부처 합동 보도자료를 통해 '2013~2014년 공공부문 기간제근로자의 정규직 전환실적과 합리적 고용관행 정착을 위한 향후 과제'가 공개됐다. 여기서는 △공공부문 기간제근로자의 정규직 전환을 확대해 고용구조 개선 선도 △비정규직에 대한 불합리한 차별이 없도록 지도 강화 △무기계약직 근로자의 보수·관리체계 개선 △공공부문 소속 외 근로자(파견·용역·사내하도급 등)의 합리적 인력운영방안 검토를 향후 과제로 제시했다. 이어 정부는 보수·관리 체계 개선, 특히 무기계약직 근로자의 직무중심 인력관리 및 임금체계 개편방안 등을 담은 인력운영 가이드북을 마련하고, 동일·유사 업무 직무분석을 참고해 업무 난이도 및 성격을 반영한 임금가이드를 마련하는 한편 기관별 무기계약직 근로자 근로실태를 조사하겠다는 계획을 내놓았다.

2016년 2월 17일 관계부처 합동 보도자료를 통해 △상시·지속적 업무 무기계약 고용 관행 정착(목표관리제 시행) △불합리한 처우 개선 △무기계약직 근로자의 보수·관리체계 합리적 개선(직무급제 도입) △소속 외 근로자의 합리적인 인력운영방안 검토 △용역근로자 근로조건 보호 강화 등을 주요 내용으로 하는 '공공부문 비정규직 고용개선대책'이 발표됐다. 무기계약직에 대해서는 차별시정제도를 개선하는 것이 아니라 직무에 따른 임금체계 개편을 통해 차별을 합리화하는 조치를 포함하고 있다. 직무특성을 반영한 직무 성과 중심의 임금체계를 공공부문 비정규직 정책에서부터 실현해 가려는 것으로, 직무분석 및 직무가치 평가 과정은 차별적 고용형태로 고착되고 있는 무기계약직 노동의 가치를 복원하는 것이 되기보다는 고용형태에 따른 차별을 합리적인 것으로 포장하는 것이 될 우려가 크다.

문재인 대통령은 19대 대선에서 "비정규직 비율 OECD 평균 수준 감소 로드맵 마련"을 공약했다. 하위항목으로 "공공부문 무기계약직에 대한 불합리한 처우 개선"을 명시했다. 하지만 구체적인 내용은 제시하지 않았다. 그 결과 국정기획자문위원회의 100대 국정과제에는 공공부문 무기계약직에 대한 사항이 빠져 있다. 관계부처 합동으로 2017년 7월 20일 발표한 '공공부문 비정규직 근로자 정규직 전환 추진계획'(공공부문 비정규직 전환 가이드라인)에서도 무기계약직에 대해서는 차별 해소 및 처우 개선만이 언급됐다.

한편 그간 정부의 비정규직 대책은 직접고용 비정규직을 중심으로 전개돼 왔고, 간접고용은 규제 대상으로 포섭되지 않았다. 정부는 오히려 청소용역을 중심으로 한 일부 노동조건이 열악한 일자리의 문제로 봤다. 간접고용이라는 형태는 비정규직 고용 문제가 아니라며 외면했다. 이런 인식 속에서 '공공부문 용역근로자 근로조건 보호지침'을 만들고, 이의 준수 여부를 중심으로 현장을 점검하는 방식이 정부의 간접고용에 대한 정책 전부였다고 해도 틀리지 않는다. 그러나 간접고용화됐다고 하더라도 역시 공공의 업무를 수행하는 노동자들이기에 이들의 노동은 공공서비스에 해당하거나 공공서비스 질 유지에 직결된 업무에 해당한다. 이들이 수행하는 노동에 대해서는 공공기관의 끊임없는 점검이 이뤄지고, 평가와 관리의 대상이 된다. 또한 이들은 공공부문 정책의 영향을 지속적으로, 가장 직접적으로 받아 온 노동자들이기도 하다. 공공부문 구조조정 정책은 계속해서 외주화를 확산했으며, 외주화 이후에도 정부 비용절감에 의해 가장 먼저 노동조건이 축소되고 고용불안을 겪어야 했던 노동자들이 간접고용 노동자들이다.

간접고용 활용에 대한 비판으로 일부 간접고용 노동자들을 직영화하려는 시도가 이뤄지기도 했지만 온전한 정규직화로 이어지는 경우는 보기 어렵다. 대부분 시설관리공단이나 자회사를 통해 여러 개 업체로 흩어져 있던 노동자들을 묶어 관리하는 수준에 그친다. 민간위탁이나 외주용역일 때보다 개선된 형태일 수 있지만 시설관리공단에서 민간으로 위탁이 되거나 직영 노동자를 시설관리공단으로 이관하는 경우가 발생한다. 공공기관의 경우 자회사 고용이 외주화를 확산하는 경로로 기능하기도 한다. 지자체에 만연한 민간위탁은 여전히 비리와 노동권 침해 등 온갖 폐해를 낳고 있지만 직영화 논의는 아직 먼 나라 이야기다. 공공의 업무들이 공공적 목적 달성이라는 취지와 무관하게 비용 논리로 외주화되고 있고, 애초에 분리가 불가능한 업무들이 비용 절감만을 위해 외주화되면서 불법파견 문제까지 야기하고 있다.

〈표 2-1〉 역대 정부의 공공부문 비정규직 대책 개괄

구분	노무현 정부	이명박 정부	박근혜 정부	문재인 정부
발표 대책	- 공공부문 전반 실태조사(2003년 4~10월) - 공공부문 비정규직 대책(2004년 5월 18일) - 공공부문 비정규직 종합대책(2006년 8월)	- 공공부문 비정규직 고용개선 대책(2011년 9월 9일) - 고용형태에 따른 차별개선 가이드라인(2011년 11월 28일) - 공공부문 비정규직 고용개선 추진지침(2012년 1월 16일)	- 공공부문 비정규직 고용개선 대책 보완지침(2013년 4월) - 2013~2015년 공공부문 비정규직 정규직(무기계약직) 전환계획(2013년 9월) - 공공기관 비정규직 정규직(무기계약직) 전환 가이드라인(2013년 8월)/ 지방공기업 비정규직의 정규직 전환 기준(2014년 1월)	- 공공부문 비정규직 근로자 정규직 전환 추진계획(2017년 7월 20일)

주요 특징	- 중앙정부 차원에서 공공부문 전체 비정규직에 대한 통일된 기준을 마련해 일관되게 추진한 최초의 대책 - 상시·지속업무의 무기계약직화 표명 - 합리적 외주화의 원칙이라는 명목으로 모든 업무 외주화 가능성 - 외주업무의 핵심·주변 구분	- "합리적 고용관행 정착"으로 공공부문 비정규직의 안정적 사용구조 창출 의도 - '평가에 따라 전환'여부를 달리하는 엄격하고 제한적인 기준 도입 - 청소용역 등 외주근로자 근로조건 개선 명시	- 공공부문 비정규직 고용개선대책(2016년 2월) - 비정규직 목표관리제 도입 - 학교회계직원 고용안정 및 처우개선 대책 마련 - '용역근로자 근로조건 보호지침'준수 여부 점검 외에 공공부문 간접고용 축소 대책 결여 - 상시·지속업무의 무기계약직 고용관행 정착 - 무기계약직의 직무급제 도입 추진	- 전환대상으로 파견·용역노동자 포함 - 상시·지속업무 기준은 연중 9개월 이상 계속된 업무 중 향후 2년 이상 계속될 것으로 예상되는 업무 - 전환 예외사유 축소 - 무기계약직 처우개선

II. 관련 제도 및 규정 검토

공공부문 무기계약직과 관련해 별도 법령이 제정되지 않았기 때문에 관련 제도로 공공기관과 지방공기업에 적용되는 경영평가와 이에 따른 총인건비제, 중앙행정기관과 교육기관, 그리고 지방자치단체에 적용되는 총액인건비제·기준인건비제를 검토하고, 관련 규정으로 기획재정부 등의 정규직(무기계약직) 전환 가이드라인과 관리규정 표준안을 검토한다.

1. 무기계약직 관련 제도

1) 공공기관 경영평가와 총인건비제

〈내일신문〉이 산업통상자원부 산하 20개 주요 공공기관의 인력현황을 조사한 결과 모두 정원보다 현재 인원이 부족한 것으로 나타났다.[6] 한국전력의 경우 정원은 21,189명인데 현원은 20,369명으로, 주어진 정원보다 820명을 덜 채용하고 있었다. 신입사원 또는 정규직 전환 인턴을 채용 중이거나 채용 예정에 있는 공공기관들의 경우 자연감소분(정년퇴직자)과 임금피크제 시행에 따른 대비책일 뿐 현원이 정원에 근접하지 못하는 경우가 대부분이었다.[7]

예를 들어 공공기관 경영평가 항목 중 '업무효율' 지표의 경우 노동생산성지표(부가가치/평균인원)와 자본생산성지표(부가가치/총자산), 사업수행효율성지표(순사업비/평균인원) 등으로 구성된다. 노동생산성지표와 자본생산성지표 중 분자인 부가가치에는 법인세차감전 순이익, 인건비(정규직+비정규직), 순금융비용, 감가상각비 등이 포함돼 있다. 특히 자본생산성지표는 이런 부가가치가 기준이 되기 때문에 인원이 적어야 높은 점수를 받는 데 유리하다. 상대적으로 순이익 비중 등이 높은 공기업 및 금융·수익형 준정부기관은 비정규직 사용비중이 높을 경우 유리한 평가 결과로 작용하고, 순이익 비중 등이 낮아 인건비 비중이 높은(결국 국고의존 비율이 높고, 자체적으로 규모를 키울 수 있는 여지가 없는) 준정부기관에 불리하게 작용하는 것으로 나타났다(박용석, 2017).

공공기관으로서는 부가가치와 순사업비를 단기적으로 늘리기 쉽지 않기 때문에 인원을 통제하는 방식, 즉 평균인원을 줄여 실적을 올리는 것이 효과적이다. 결국 정규직을 채용하는 것이 아니라 파견업체 등을 이용하게 되는 것이다. 이처럼 공공기관 경영평가를 받는 공공기관들은 경영평가 점수를 잘 받기 위해 사업수행 부족 인원을 계약직·인턴 등의 채용으로 충당해 비정규직 채용을 늘리고 있다. 0.1~0.2점 차이에 따라 평가등급이 갈리는 점을 감안하면 업무효율 평가지표 배점은 절대적인 비중이라 할 수 있으므로, 여기에 사력을 다할 수밖에 없고, 이로 인해 공공기관 경영평가가 공공기관으로 하여금 비정규직 사용을

---

6) 내일신문 '일자리 창출 가로막는 공기업 경영평가' 2016년 3월 24일자 기사
7) 기획재정부는 공공기관 정·현원 차이에 대해 ① 채용관행(상·하반기 정기채용, 채용형인턴의 정규직 전환의 시간차 등) ② 인력운용 여건(육아휴직, 군복무휴직 시 현원 감소) ③ 그 외 수익성 악화 등 경영여건 변화 같은 다양한 요인에 기인하며, 경영평가(노동생산성 지표)에서 비정규직(계약직)도 정규직과 동일하게 평균인원에 포함되므로, 공공기관들이 경영평가 점수를 잘 받기 위해 정규직 대신 비정규직을 채용한다는 것은 사실과 다르다고 밝혔다.

강제하는 결과를 초래한다. 이는 지방공기업도 예외가 아니다.

〈표 2-2〉 공기업·준정부기관(위탁집행형) 2017년도 경영평가지표 및 가중치

평가 범주	평가지표	공기업			준정부기관(위탁집행형)		
		계	비계량	계량	계	비계량	계량
경영 관리	1. 경영전략 및 사회공헌	18	8	10	19	8	11
	- 전략기획 및 사회적 책임	5	5	-	5	5	-
	- 기관 경영혁신	3	3	-	3	3	-
	- 국민평가	2	-	2	2	-	2
	- 열린 혁신	1	-	1	1.5	-	1.5
	- 경영정보공시	1	-	1	1.5	-	1.5
	- 정부권장정책	6	-	6	6	-	6
	2. 업무효율	5	-	5	4	-	4
	3. 조직 및 인적자원관리	4	4	-	4	4	-
	4. 재무예산관리	10	5	5	10	5	5
	- 재무예산관리(관리업무비)	3(1)	3(1)	-	3(1)	3(1)	-
	- 자구노력 이행성과	2	2	-	2	2	-
	- 재무예산성과	5	-	5	5	-	5
	(부채감축달성도)	(1.5)	-	(1.5)	(1.5)	-	(1.5)
	(중장기 재무관리계획)	(1.5)	-	(1.5)	(1.5)	-	(1.5)
	5. 보수 및 복리후생관리	13	10	3	13	10	3
	- 보수 및 복리후생	6	6	-	6	6	-
	- 총인건비관리	3	-	3	3	-	3
	- 노사관계	4	4	-	4	4	-
	소 계	50	27	23	50	27	23
주요 사업	주요 사업 계획·활동·성과를 종합평가	50	18	32	50	18	32
	합 계	100	45	55	100	45	55
일자리 가점	좋은 일자리 창출 및 질 개선 노력	10	-	10	10	-	10
	- 좋은 일자리 창출 및 질 개선을 위한 전사적 노력과 전략 및 계획	3		3	3		3
	- 공공기관의 좋은 일자리 창출 실적	3		3	3		3
	- 민간부문의 좋은 일자리 창출 노력과 실적	2		2	2		2
	- 좋은 일자리 창출 노력과 성과의 혁신성	2		2	2		2

* '2017년도 공공기관 경영평가편람 수정(안)'을 참고해 공공기관 경영평가지표 수정

한편 기획재정부는 공공기관이 먼저 좋은 일자리 창출 및 질 개선에 나서고,

민간부문 일자리 확대로 이어질 수 있도록 2017년 공공기관 경영평가편람을 고용 친화적으로 수정하기로 하고 2017년 7월 31일 개최된 공공기관운영위원회를 통해 '좋은 일자리 창출 및 질 개선 노력'에 가점(10점)을 신설했다. 이 가운데 공공기관의 좋은 일자리 창출 실적 평가항목(3점)에 비정규직·간접고용의 정규직 전환, 정현원 차이의 합리적인 관리, 초과근무시간 단축, 시간선택제 일자리 등을 통한 일자리 나누기 등이 포함돼 공공부문 비정규직 문제 개선의 여지를 남기고 있으나, 그 내용이 명확하지는 않다. 여기서 나아가 2017년 12월 발표된 '공공기관 경영평가제도 개편방안'에서 "본연의 역할과 성과를 국민 눈으로 평가"하도록 평가체계지표·사후관리 등 평가 전 단계를 개편하기로 했는데, 사회적 가치 구현 지표 가운데 비정규직 정규직 전환, 정현원차 관리, 민간일자리 창출 등의 '일자리 창출'을 포함하고 있다.

 무기계약직 인건비와 관련해서는 총인건비에 포함해 관리하며 전환대상 노동자가 기존 사업비 등 예산에 포함된 경우에는 해당 예산을 감액하도록 하고 있다. 전환 시 보수는 기관특성에 따라 임금체계를 적용하되 정체되지 않도록 설계하며, 차별이 발생하지 않도록 운영하는 것이 원칙이다. 그러나 무기계약 전환과 함께 임금체계는 기존 정규직제에 편입되는 것이 아니라 별도 체계로 운영되며, 이 사이에 정규직과 무기계약직의 격차가 존재한다. 기존 기간제 노동이 정규직 직무와 분리된 보조적 직무로 평가 절하되면서 발생한 임금격차가 무기계약 전환과 함께 이런 차별이 해소되는 것이 아니라 유지되고 있음을 보여준다(김철 외, 2017). 공공기관 예산편성지침에서 무기계약직 총인건비를 정규직과 동일한 인상률로 적용하도록 하고 있어, 처우 개선이 사실상 불가능하다고 할 수 있다.

 더구나 평균 임금이 낮은 기관의 경우 추가적인 총인건비 인상률을 부여하고 있으나 무기계약직을 별도로 고려하지는 않는다. 공공기관 경영평가 등에서 무기계약직 처우 개선 시 가점을 주는 등의 방식을 통해 무기계약직 처우 개선을 유도해야 함에도 제대로 반영하지 않고 총인건비 인상률 내에서만 처우 개선이 가능하도록 돼 있는 것이다.

이처럼 정규직과 무기계약직의 인건비를 포괄하고 있는 '총인건비관리' 지표의 경우 기관 특성 및 무기계약직 처우 수준을 고려하지 않고 획일적으로 관리되고 있으며, 무기계약직의 처우 개선 또한 쉽지 않은 상황이다.

2) 기준인건비제와 총액인건비제

기준인건비제는 대통령령인 '지방자치단체의 행정기구와 정원기준 등에 관한 규정'(이하 기구정원규정)에 따라 지방자치단체가 인건비 총액 한도 내에서 조직·정원과 인건비, 예산을 각 기관 특성에 맞게 배분해 자율적으로 운영하도록 한 제도다.

중앙정부가 정원과 기구를 일률적으로 정하던 것을 모든 지방자치단체·교육청이 인건비 한도 내에서 행정기구 설치, 지방공무원 인력 규모 등을 자율적으로 조정·결정할 수 있도록 한 총액인건비제가 2007년 1월 1일부터 시행됐다. 총액인건비제 시행으로 행자부·교육부 장관 권한이던 지방공무원의 직급별 정원 책정권한 같은 중앙통제가 폐지되고 예산 범위에서 자율적으로 지방공무원 총정원과 직급별 정원을 결정해 '과' 단위 행정기구를 설치할 수 있게 됐다.

기간제 노동자의 무기계약직 전환이나 무기계약직 근무조건 개선에서 가장 큰 문제점이 바로 인건비와 관련한 것이다. 지방자치단체가 무기계약직에게 보다 좋은 근무조건(특히 임금관련)을 마련해 주려면 많은 예산이 필요한데, 만일 인건비 등을 올려 줌으로써 총액인건비를 초과 사용하는 경우 다음 해 총액인건비와 지방교부세가 삭감되는 위험이 있었다.

안전행정부는 2014년 2월 14일 대통령 업무보고를 통해 지자체가 제대로 일할 수 있도록 권한과 자율성을 확대하기 위해 총액인건비제를 폐지하고 기준인건비제를 도입하겠다고 발표했다. 같은 해 2월 26일 기준인건비제 도입을 주요 내용으로 하는 기구정원규정 개정령안이 국무회의를 통과했다. 인건비만 관리하게 되므로 지자체가 인력을 늘릴 때마다 행자부 승인을 얻지 않아도 된다. 지자체가 복지·안전 및 지역별 특수한 행정수요에 탄력적으로 대응할 수 있도록 인건비의 추가적인 자율운영 범위를 1~3% 허용해(재정여건 하 1%, 상 3%) 지자체에서는 기준인건비와 자율범위 내에서 행자부의 별도 승인 없이 자율적으로 인력을 운영할 수 있게 한 것이다. 만약 기준인건비를 초과해 사용했을 경우 다음 기준인건비 인상에 제약을 받거나 예산 배정에서 국가로부터 불이익을 받는 반면 절감하면 인센티브를 받게 된다.

〈표 2-3〉 총액인건비제와 기준인건비제 비교

구분	총액인건비제	기준인건비제
개념	· 안전행정부(행정안전부)에서 총정원과 인건비 총액한도를 이중으로 관리	· 안전행정부(행정안전부)에서 기준인건비만 제시하고 지자체별 정원관리를 자율화 · 자율운영범위 1~3% 추가 허용
페널티 부여	· 총액인건비 초과 시 부여 · 총정원 초과 시 부여	· 기준인건비+자율범위 초과 시 부여
교부세 반영 여부	· 총액인건비는 교부세 반영	· 기준인건비는 교부세 반영 · 자율범위 인건비는 교부세 미반영
조직운영에 관한 정보공개	· 지방자치단체장은 조직의 운영상황을 공개할 의무 없음	· 지방자치단체장은 조직운영에 관한 상황을 반드시 공개하도록 의무화 · 안전행정부 장관은 자치단체별로 공개된 상황을 종합해 공개

* 안전행정부 보도자료(2014년 2월 26일) 내용을 참조해 보완

문제는 총액인건비제 문제점들이 기준인건비제로 바뀐 뒤에도 별로 개선되지 않았다는 점이다. 재정여건에 따라 인건비의 추가 자율범위가 1%에서 3%까지 허용되지만, 추가되는 인건비는 정부가 교부세로 지원해 주는 것이 아니라 해당 자치단체가 지방비로 부담해야 하므로 지방자치단체 간 재정력 격차에 따라 공공서비스 격차가 우려된다. 재정력이 좋은 수도권 일부 지자체는 정원을 크게 확대할 수 있고 인건비를 추가 투입해 인력증원에 나서게 됨으로써 보다 질 높은 행정서비스를 제공할 여지가 있는 반면 자체적으로 인건비조차 해결하지 못하는 지자체는 물론 재정상황상 총액인건비를 아껴 다른 사업에 투입한 대부분의 지자체는 자체적으로 인건비를 추가 부담해 인력을 증원하는 것이 쉽지 않은 상황이다(김철, 2016).

기준인건비제하에서도 기준인건비가 정해져 있기 때문에 계속 증가하는 행정수요에도 불구하고 인력을 충원하지 못한다. 업무량이 증가해 인력충원이 필요하지만 기준인건비 초과 운영 시 이듬해 기준인건비 산정에 불이익을 받게 되는 것을 염려하기 때문이다. 총액인건비제하에서도 조직기구 팽창과 상위직 공무원 중심 정원 확대라는 부작용이 야기되고 각종 현장에 대응해야 할 실무인력이 부족해져 주민들이 필요로 하는 행정서비스 제공에 어려움이 발생할 것이라는 우려가 제기된 바 있다(박해욱·최정우, 2013: 196-197). 결국 인력충원을 하지 못하고 하위직 공무원들이 업무과다로 인한 스트레스와 우울증 등으로 사망하는 사례마저 발생했다. 이는 지방정부가 가져야 할 주요한 권한 중 자치조직권을 중앙정부가 사실상 행사하는 셈이다.[8]

한편 학교비정규직의 경우 시·도 교육청을 대상으로 총액인건비제가 2013년부터 전면 시행되고 있다. 종전의 표준정원제를 대체해 교육부가 실시하고 있는 총액인건비제는 교육부가 인건비성 예산총액을 결정하고, 시·도 교육청은 교육부가 산정한 총액인건비를 준수해 인건비 예산을 편성·운영하고, 그 범위 내에서 조직을 관리·운영하도록 하고 있다.

문제는 교육의제 다양화에 따른 교육수요 증가가 지속됨에도 불구하고 총액인건비로의 제도 전환 이전부터 각 교육청 차원에서 고질적 문제였던 인건비 부족이 제도 변화 이후에도 이를 준수하려는 정책적 의지를 제한해 왔다는 점이다. 이런 상황에서 각종 수당 증가에 따라 인건비 총액이 지속적으로 증가하고 있기 때문에 향후 지방교육 재정 부담이 더욱 커지게 될 수밖에 없다. 총액인건비제는 중앙정부가 교부하는 총액인건비에 기초해 시·도 교육청 등 실행기관에 정원 관리 등에 대한 자율성을 부여하는 제도이기는 하나, 이런 자율성은 지자체가 부담해야 하는 재정적 부담에 의해 심각하게 훼손되는 상황을 초래하고 있다(김철 외, 2017).

---

8) 중앙행정기관의 경우 여전히 총액인건비제가 시행되고 있지만 부처 필요성에 따라 행정안전부와의 합의를 거쳐 총액인건비제를 폐지하고, 이에 따라 조정된 인력의 직급도 총액인건비제 시행 이전 상태로 되돌릴 수 있도록 하고 있다.

2. 무기계약직 관련 규정

1) 기획재정부 공공기관 비정규직 정규직(무기계약직) 전환 가이드라인(2013년 9월), 안전행정부 지방공기업 비정규직의 정규직 전환 기준(2014년 1월)

기획재정부는 2013년 8월 '공공기관 비정규직 정규직(무기계약직)전환 가이드라인'을 발표하고, 안전행정부(현 행정안전부)도 이와 유사한 성격의 '지방공기업 비정규직의 정규직 전환 기준'을 2014년 1월 발표했다. 가이드라인의 주요 내용은 다음과 같다.

[전환대상 업무]
- 정부 지침에 따라 연중 계속되는 업무로서 과거 2년 이상 계속돼 왔고 향후에도 계속 지속될 것으로 예상되는 업무

[전환 절차]
- 전환대상 업무의 T/O 확정 및 재원 조달방안 등을 내용으로 하는 2015년까지의 전환계획 수립, 전환기준에 따른 전환대상자 선정
- 고용안정 중심 관점에서 전환을 추진하고 처우 개선 등 추가적인 비용 발생 시 기관 자체재원 활용, 차연도부터는 공공기관 임금인상률 적용

[전환 후 인력관리]
- 전환된 무기계약직 인건비는 총인건비에 포함해 관리하고, 기존 사업비 등에 포함된 비정규직 인건비 예산은 감액
- 공공기관별로 '무기계약직 근로자 관리규정'을 마련해 부서별·직종별 정원관리, 보수·수당·복무관리 등 시행
- 전환시점 기준 비정규직 인원은 동결하고, 단계적으로 축소해 2016년 이후엔 정원의 5% 범위 내에서 운영
- 일시적인 업무량 증가 등을 제외하고는 무기계약직 전환 업무에 대해 다시 비정규직 사용은 원칙적 금지

[전환의 실효성 확보]
- 무기계약직 정원 관리, 비정규직 사용한도 내용의 지침 반영 및 정규직 전환실적 등을 경영평가에 반영

한편 안전행정부의 '전환 기준'은 연중 계속되는 업무로서 과거 2년 이상 계

속돼 왔고, 향후에도 계속 지속될 것으로 예상되는 상시·지속적 업무에 대해 기관별 '2013~2015년 무기계약직 전환계획'을 기초로 업무실적과 직무수행능력·태도 등에 대한 전환평가 결과를 고려해 인사위원회 심의·의결을 거쳐 전환대상자를 최종 선정하도록 했다. 전환 후 인력관리로는 무기계약직 정원을 별도로 신설해 관리하고, 기관별 보수·수당·복무관리 등을 규정한 '무기계약직 근로자 관리규정'을 마련·운영하도록 했으며, 이미 전환된 업무에는 비정규직 고용을 금지했다. 그리고 전환 실효성 확보를 위해 경영평가 시 전환계획 대비 실적우수기관에 가점을 부여하고, 인사운영기준 등 관련 지침을 개정해 제도적 기반을 마련하기로 했다.

2) 공공부문 비정규직 전환 가이드라인(2017년 7월 20일)

관계부처 합동으로 2017년 7월 20일 발표된 '공공부문 비정규직 근로자 정규직 전환 추진계획'(공공부문 비정규직 전환 가이드라인)은 무기계약직 등에 대한 차별 해소 및 처우 개선 방안을 제시하고 있다.

〈표 2-4〉 무기계약직 등 차별해소 및 처우개선 내용

공식적 인사제도 마련	조례·훈령·규정 등을 통해 '무기계약직'에 적합한 명칭을 부여하고, 이에 대한 인사제도(목적·임무·신분증 발급·직군·교육훈련·승급체계 등) 마련 → 조직융화·사기 진작 유도 - 정부에서는 표준관리규정안을 마련·제시(고용노동부)
처우개선	절감되는 용역업체의 이윤·관리운영비 등은 반드시 전환자 처우개선에 활용하고 이전보다 임금이 저하되지 않도록 조치 - 복리후생적 금품은 불합리한 차별 없이 지급하고 휴게공간 확충 및 비품 제공 등 지속 개선 * 복지포인트, 명절상여금, 식비, 출장비, 통근버스·식당·체력단련
채용관행 개선	상시·지속적 업무 신설 또는 결원 시 처음부터 정규직으로 고용하는 원칙 확립 및 감독 강화 - 기간제, 파견·용역 등 비정규직을 채용하는 경우 사전 심사제 운영
전환 제외자 보호	고령이나 업무 특성에 따른 제외자에 대해서도 전환자와의 불합리한 차별 해소 및 처우개선, 고용안정 방안 모색 - '용역근로자 근로조건 보호지침' 이행력 강화, 종합심사낙찰제 정착, 장기계약 모델 확산 및 제도화 병행 추진

가이드라인은 정규직 전환 이후 임금체계와 관련해 직종별 동일가치노동-동일임금 취지가 반영될 수 있도록 설계한다고 명시하고 있다. 전환자뿐 아니라 기존 전환자(무기계약직) 역시 동일한 기준을 적용해 동일가치노동 동일임금, 복리후생 차별 해소, 생활임금 보장, 임금 등 노동조건 하락 방지 같은 원칙을 지켜야 한다.

정규직 동일·유사 업무는 정규직과 동일한 임금체계를 적용해야 하고, 별도 직군이나 직급 신설 시 기존 정규직과 차별 없고 생활임금이 보장 가능한 합리적 제도를 마련해야 한다. 직군별 기본급을 달리하는 경우에도 정규직과 유사하게 근속·경력에 따른 임금상승 등 호봉제적 요소를 반영해야 하는 것이다. 또한 중앙컨설팅단에서는 주요 업종에 대한 임금 수준 및 임금체계와 관련한 가이드라인을 준비 중인데, 초기업적 임금기준 형성 필요성은 인정하지만, 제대로 된 임금기준을 마련하기 위해서는 반드시 초기업적 노사교섭(산별교섭)을 동반하고, 생활임금 보장과 격차 축소, 근속·숙련에 대한 공정한 보상을 고려해야 한다.

복리후생적 금품의 경우 정규직과의 차별 해소를 위해 급여성·비급여성 복리후생비 전체를 대상으로 한다. 복지포인트 연 40만 원, 명절상여금 연 80만~100만 원, 식비 월 14만 원 우선적용 대상 외에도 해당 원칙이 적용되도록 할 필요가 있다. 제대로 된 처우 개선이 되려면 임금뿐 아니라 퇴직급여·노동강도 등 일체의 노동조건이 하락해서는 안 된다.

무기계약직의 차별 해소 및 처우 개선에 필요한 재원은 일차적으로 기관 자체 예산으로 마련하되, 재원 마련이 어려운 기관은 중앙정부가 예산을 지원해야 한다. 그리고 인사관리제도는 정규직과 차별이 없도록 개선할 필요가 있다. 무기계약직 개념을 폐기하고, 별도 직제·직군이 불가피한 경우에 한해 별도로 인사관리하도록 해야 한다.

3) 고용노동부 무기계약 근로자 관리규정 표준안(중앙행정기관·지방자치단체·교육기관용, 중앙공공기관·지방공기업용)(2013년 10월)

　박근혜 정부는 2013년 9월 국가정책조정회의에서 2013~2015년 공공부문 비정규직의 정규직 전환계획을 확정하고, 공공부문 상시·지속 업무에 종사하는 비정규직에 대해 정규직 전환을 추진하겠다고 밝혔다. 당시 방하남 고용노동부 장관은 "우리 사회에 상시·지속 업무에는 정규직을 고용하는 관행이 자리 잡아 나가려면 공공부문부터 솔선수범하는 것이 중요하다"고 강조했다. 2013년 10월 고용노동부는 중앙행정기관·지방자치단체·교육기관용 무기계약직 관리규정 표준안과 중앙공공기관·지방공기업용 무기계약직 관리규정 표준안을 마련했다.
　무기계약직 관리규정 표준안은 공공부문 무기계약직 전환 과정에서의 공정성 및 투명성을 제고하고, 전환 이후 인사관리 과정에서의 갈등 소지를 사전에 방지할 필요가 있어 각 기관별 무기계약직 관리규정(또는 취업규칙)에 포함해야 할 내용을 표준안으로 제시한 것이다.
　예를 들면 지방자치법은 공무원과 무기계약직 모두 지방자치단체 직원으로 명시하고 있지만, 무기계약직 처우는 전국적으로 다르고, 기관마다 다르며 지자체 내에서도 차이가 있었다. 각기 다른 사용자(지방자치단체 장, 공공기관 장)와 협약으로 임금을 정해야 하기 때문이다. 이런 문제점을 해결하기 위해 고용노동부는 2013년 9월 공공기관 무기계약 근로자 관리규정 표준안을 마련해 각 기관에 시달했다. 고용노동부에 따르면 표준안은 공공부문이 인사관리 과정에서 발생하는 제반 사항을 해결하는 방법을 관리규정 형식으로 제시하고 있다. 공공부문에서 고려해야 할 사항을 다각적으로 안내하고 있다. 취업규칙을 운용하지 않는 기관에서 참고할 수 있도록 취업규칙에 필수적으로 명시해야 하는 내용도 표준안에 담겼다.
　표준안은 중앙행정기관·지방자치단체·교육기관용과 중앙공공기관·지방공기업용으로 나뉜다. 중앙행정기관·지방자치단체는 무기계약직 전환 과정 및 평가방법 등을 중심으로 하되, 별도 취업규칙이 마련돼 있지 않은 기관이 많은 점을 감안해 취업규칙 사항도 포함해 상세히 규정한다. 중앙공공기관·지방 공기업은 복무·징계·휴가 및 휴일 등 정규직원과 동등한 대우가 필요한 사항은 기관 취업규칙을 준용하고, 전환 관련 쟁점사항 위주로 간략히 규정하도록 했다. 주요 내용은 다음과 같다.

> [**전환절차**] 인사위원회 등 전환대상자 선정절차, 실적·직무능력·태도 등에 대한 평가 양식을 표준화
> [**채용**] 상시·지속업무에 결원 발생 시 정규직(무기계약직) 채용 원칙 명시
> [**평가 및 보상**] 정기적인 근무평정 실시절차 및 방법을 규정해 성과상여금 지급 등 평가·보상 공정성 제고
> [**해고**] 해고사유와 절차를 근로기준법 및 판례 취지에 맞게 표준화
> [**전보**] 사업예산이 축소 폐지되는 경우 전보를 통해 고용유지 노력
> [**교육훈련**] 업무능력 향상 및 자기계발을 위해 교육훈련 실시 등

3. 무기계약직 관련 제도 및 규정의 문제점

1) 기간제 사용 부추기는 기준인건비제

기준·총액인건비제는 지역별로 다양한 행정수요에 효과적으로 대응할 수 있도록 인력운영의 자율성을 보장한다는 좋은 목적에서 시작됐지만, 각 지자체는 행정자치부가 통제하는 인건비 내에서만 인력을 늘릴 수 있기 때문에 최근에는 이로 인해 비정규직이 양산되는 실정이다. 비정규직이 무기계약직으로 전환된다 하더라도 공무원 정원에는 포함되지 않는 한계가 있기 때문에 인건비 산정에 있어서는 단순히 명칭만 비정규직에서 무기계약직으로 달라지는 것에 불과한 것이다.

정부 대책에 따라 무기계약직 전환을 하면서도 예산과 정원을 확보하지 못해 실질적인 처우 개선에 곤란을 겪거나 심지어는 전체 인원이 축소되는 경우도 있

다. 특히 기준인건비제와 같은 예산 제약은 신규인력 충원이 필요한 분야의 증원을 저해하고, 편법을 유도하며, 무기계약직의 차별적 처우를 개선하는 데 구조적 제약이 되고 있다. 인건비 총액이 제한돼 있는 한도 내에서 무기계약직 충원이나 처우 개선을 이루기 위해서는 그만큼 정규직(공무원)의 규모를 줄이거나 비정규직으로 대체하는 수밖에 없기 때문이다(윤애림, 2013).

공무원의 기준인건비 예산과 무기계약직의 기준인건비 예산은 별도로 운영된다. 그런데 기준인건비에는 일반직 공무원 및 무기계약직 보수가 함께 포함되므로 비정규직을 무기계약직으로라도 전환하려면 공무원 정원을 감축해야 하는 딜레마에 직면하게 된다. 이런 기준인건비 부작용을 우려해 일부 자치단체에서는 행정안전부의 기준인건비에 따른 기준인력보다 적은 인력을 배치해 놓기도 한다. 그렇지 않고 기준인건비를 꽉 채워서 인력을 배치해 놓을 경우 무기계약직 전환과 공무원 정원과의 충돌이 발생해 인력의 합리적 운용이 곤란하기 때문이다(김철, 2015).

원칙적으로 기간제 노동자의 인건비는 기준인건비에 포함되지 않지만 무기계약직 인건비는 기준인건비제에 포함되며, 인건비를 줄인 기관은 줄인 비용만큼 다른 항목으로 예산을 전용할 수 있는 것은 물론이고 그만큼의 추가 인센티브를 받게 되므로, 기관장이 비정규직 문제 해결에 의지를 갖지 않는 한 무기계약직 전환에 소극적인 경우가 많다.[9] 이런 구조적 제약으로 인해 대부분의 지방자치단체들은 기준인건비에 잡히지 않아 예산 정원의 제약이 덜한 기간제 비정규직을 활용하거나 민간위탁·외주화하도록 강제될 수밖에 없다. 하지만 기간제를 무기계약화하면 무기계약직의 인건비는 기준인건비에 포함돼서 통제된다.[10]

---

9) 자치단체장 의지에 따라 각 지자체별로 기준인건비제에 따른 인력(정원·현원) 전환 범위 내에서 직접고용 전환이 가능한 지역이 상당수 있는 것으로 나타났다. 주요 지자체 4곳(서울·인천·경기·광주를 중심으로 2012~2014년 기준인건비 사용(계획 기준, 예산과 집행, 잔액) 현황을 살펴본 결과 일부 시기의 예산(광주 2014년 △500만 원)을 제외하면 무기계약 전환 예산 자체가 부족한 것은 아니었다(김철·이상훈, 2016).
10) 일반적으로 차기연도 기준인건비를 산정할 경우 각 자치단체에서 무기계약직으로 전환될 수요를 예측할 수 없다. 당해 연도에 무기계약직으로 전환된 노동자 수가 많아 전년에 이미 확정된 기준인건비를 넘어섰다 하더라도 해당 자치단체에 책임을 묻거나 페널티를 부여하지 않는다. 지자체가 기간제를 무기계약화할 경우 그에 해당하는 인건비만큼 행정자치부(현 행정안전부)가 기준인건비 규모를 늘려 주고 있으므로 무기계약화로 인한 인건비 압박을 받는 것은 아

이처럼 지방자치단체에 대한 기준인건비제는 각 기관의 인사권에 대한 자율성을 보장하는 듯 보이지만 인건비 총액을 통제하며 집행 결과를 평가해 다음해 인건비에 반영함으로써 기관들이 스스로 인력을 감축하고 외주화를 추진하게 만들고 있으며, 기준인건비에 포함되지 않는 기간제를 사용하도록 부추기는 원인이 되고 있다(남우근, 2016: 32).[11]

2) 학교비정규직의 저임금 양산하는 총액인건비제

교육기관에서 시행되고 있는 총액인건비제는 학교비정규직의 저임금을 양산하는 문제가 있다. 2016년 기준으로 중앙정부가 교육청에 보통 교부금으로 반영하는 기준재정수요에 따르면 학교비정규직에 대한 연간인건비 단가는 약 2,083만 원에 불과하다. 그런데 이 비용은 퇴직금과 사회보험료 기관부담금이 포함된 금액이므로 연봉액 기준으로 보면 약 1,800만 원이다. 연간인건비 단가에서 실제 정부가 교부하는 금액이 차지하는 비중은 더 적다.

2016년 총액인건비 인원 111,969명에 대해 총액인건비를 통한 총 교부금액이 1조 2,600억 원으로, 이를 1인당 연간 금액으로 환산하면 1,130만 원이고, 여기서 퇴직금과 사회보험료 기관부담금을 제외할 경우 연봉액 기준 900만 원 수준이다. 현재 존재하는 무기계약직 현원 대비로 환산하면 전체 인건비 단가의 55% 정도만 교부되고 있는 셈이다. 이렇다 보니 무기계약직을 포함한 학교회계

니다. 또한 공무원의 기준인건비 예산과 무기계약직의 기준인건비 예산은 별도로 운영되기 때문에 공무원 인건비 운영과 무기계약직 인건비 운영이 상호 압박을 주지는 않는다(남우근, 2016). 하지만 무기계약직의 경우에도 기준인건비제가 적용되기 때문에 노조와의 교섭 성패에 따라 공무원의 임금 수준까지 영향을 미치는 경우가 있어 공무원들은 무기계약직 전환에 일반적으로 반대하는 입장을 취하곤 한다(조석주·김병국, 2014). 무기계약직은 호봉 간의 임금 차이가 지방공무원보다 훨씬 적음으로 인해 장기간 근속할수록 정규직 지방공무원과의 임금격차가 발생할 수밖에 없는데, 이에 대해서도 공무원들은 총액인건비제 등으로 인해 예산상 여력이 많지 않기 때문이라고 주장한다. 서울시청·경기도청·광양시청·순천시청 인사담당관들은 인터뷰에서 지방자치단체가 자율적으로 보수 문제 등의 기준을 따로 마련할 수 있도록 하는 것이 효율적이라고 주장했다(김병국·김필두, 2013).

11) 행정안전부는 2017년 12월 27일 지방자치단체의 공무원 정원을 규제해 온 기준인건비 제도를 사실상 폐지하는 내용의 '지방자치단체의 행정기구와 정원기준 등에 관한 규정(대통령령)' 개정령안을 입법예고했다. 지자체가 기준인건비를 초과해 인건비를 집행해도 별도로 제약을 두지 않겠다고 했는데, 기준인건비 범위 내에서 집행된 인건비에 한해서만 보통교부세를 산정해 주겠다는 전제를 달고 있기 때문에 문제가 완전히 해소된 것은 아니라고 할 수 있다.

직의 실질적 인건비는 학교운영비나 각종 사업비에서 충당해야 하는 상황이 발생하게 되며, 이로 인해 학교현장에서 노사 간 갈등이 증폭될 수밖에 없다(김철 외, 2017).

3) 상시·지속적 업무에 대한 임의적 판단

박근혜 정부는 상시·지속적 업무의 정규직 고용관행을 정착시키는 것을 주요 국정과제로 선정했으나, 상시·지속적 업무의 판단 기준을 이전 정부 대책과 마찬가지로 "연중 계속되는 업무로서 과거 2년 이상 계속돼 왔고, 향후에도 계속 지속될 것으로 예상되는 업무"로 협소하게 유지해 무기계약 전환 대상 자체를 축소했다. 이는 2년 기간이 경과한 노동자를 무기계약직으로 '간주'하는 규정을 둔 기간제법보다 무기계약 전환 기준이 후퇴한 것으로, 향후에도 계속 지속될 것으로 예상되는지 여부에 대해서는 기관의 자체적인 주관적 판단에 맡겨져 있기 때문에 얼마든지 무기계약직 전환에서 제외시킬 수 있도록 문을 열어 준 것이다.

중앙행정기관 등의 무기계약직 관리규정 표준안을 중심으로 살펴보면, 3조(용어의 정의) 3호는 상시·지속적 업무를 "연중 계속되는 업무로서 과거 2년 이상 계속돼 왔고, 향후에도 2년 이상 지속될 것으로 예상되는 업무"로 규정하고, 상시·지속적 업무 판단에 있어 일시적으로 기간이 단절되거나, 기간제 노동이 반복 교체 사용되는 경우에는 연중 계속되는 업무로 간주하도록 하면서, 전환대상이 되는 상시·지속적 업무에 대한 판단은 '향후 2년 이상 지속될 것'을 요건으로 하여 강화했다. 하지만 "향후에도 2년 이상 지속될 것으로 예상되는 업무"로 규정한 것은 판단의 임의성이 강할 수밖에 없기 때문에 기획사업 등 업무 자체가 한시적 성격을 갖는 것이 아니라면 과거에 일정 기간 지속됐다는 사실만으로도 상시·지속성을 인정하도록 하는 것이 타당하다.

4) 전환대상자에 대한 추가적 심사

공공기관 비정규직 정규직(무기계약직) 전환 가이드라인(2013)은 전환에 있어서도 상시·지속적 업무에 종사하는 노동자를 무기계약으로 바로 '전환'하는 것이 아니라 '채용 절차'와 유사한 전환절차를 거치게 했다. 기간제법상의 2년 경과 후 무기계약 간주규정과 달리 가이드라인에서는 "근무성적·성실도 등 전환대상자 선정기준을 사전에 설계"한 후 "인사위원회는 전환대상 후보자 중 근무성적 등을 고려해 최종 전환대상자를 선정"하도록 한 것이다.

중앙행정기관 등의 무기계약직 관리규정 표준안도 5조(무기계약 근로자로의 전환)에서 상시·지속적 업무에 종사하는 기간제근로자의 경우 전환평가 및 인사위원회 심의를 거치도록 하여, 전환이 아닌 신규채용과 유사한 절차를 제시하고 있다. 이처럼 전환대상자에 대해 추가적인 평가를 통해 전환 여부를 결정하는 것은 이중의 제약이라 할 수 있기 때문에 전환대상자에 해당하면 이런 절차를 거치지 않고 바로 무기계약직으로 전환하는 것이 타당하다. 일자리 속성에 따라 무기계약으로 전환하는 것이 아니라 해당 노동자에 대한 평가를 토대로 전환 여부를 결정하겠다는 것은 또 하나의 '노동자 길들이기 수단'으로 활용될 것이기 때문이다.

상시·지속적 업무라도 기간제법상 기간제근로자 사용기간 제한의 예외에 해당되는 경우에는 전환할 의무가 없다고 하여 기간제법에 따른 무기계약 전환 예외 사유를 그대로 가져오고 있어 비정규직 해소에 소극적임을 보여주고 있다. 더욱이 전환평가는 직무수행능력과 관련해 업무이해도 외에 의사소통, 책임·성실성, 고객지향성 등 추상적이고 주관적인 지표를 활용하고 있고, 업무실적이나 직무수행태도에 비해 높은 배점을 두고 있어 객관적 평가가 되기 어렵다.

중앙행정기관·지방자치단체·교육기관용 무기계약직 관리규정 표준안 16조와 중앙공공기관·지방공기업용 표준안 8조(근무성적평정)에 따라 정기적으로 실시되는 근무성적평정도 전환평가와 동일하다. 직무수행능력 평가의 평가요소는 업무이해도와 의사소통, 책임·성실성, 고객지향성 같은 주관적인 지표를 활용하고 있다. 여기에 높은 배점을 부여한다. 근무성적 등급별 비율은 수 20%, 우 40%, 양 30%, 가 10% 등 상대평가로 운용한다. 이를 보직관리, 교육훈련 등 각종 인사관리 및 성과상여금 지급 등에 활용할 수 있도록 하고, 중앙행정기관·지방자치단체·교육기관용 표준안 34조, 중앙공공기관·지방공기업용 표준안 13조(성과상여금)는 예산의 범위 내에서 성과상여금을 지급할 수 있다고 규정해 근무성적평정 결과에 따라 차등 지급하는 것을 원칙으로 하고 있다. 이와 같이 무기계약직 인사관리에 관한 사항을 정한 표준안은 추상적이고 주관적인 평가지표와 연동되는 성과상여금을 감안할 때 업무의 공적 성격을 강화하는 데 목적이 있기보다는 무기계약직에 대한 통제와 관리 강화에 초점을 두고 있다고 봐야 한다.

한편 상시·지속적 업무 자체의 무기계약화로 가이드라인에서는 전환된 업무에 대해 다시 비정규직을 사용하는 것을 원칙적으로 금지하고 있지만 이런 취지와 달리 해당 업무에 종사하는 기간제 노동자에 대한 평가절차를 배치함으로써 정규직 고용관행을 정착시키겠다는 국정 취지와 어긋나는 문제가 발생한다. 이런 평가 절차는 기간제 노동이 정규직 전환 이전의 시용기간으로 기능하게 만든다. 현재 시용제도가 존재하지 않는 한국에서 그 자체의 위법 여부를 직접 판단하기는 어려우나 2년이라는 장기간의 시용절차는 "시용 및 연수기간이 합리적이어야 하고 부당하게 장기화돼서는 안 된다"는 취지를 포함한 ILO 158호 협약 및 166호 권고에 위배될 수 있다.

일정 인원을 지속적으로 무기계약으로 전환하고 있지만 여전히 기간제가 줄어들지 않고 있다. 가이드라인의 내용대로라면 기존에 남용되던 기간제가 무기계약으로 전환된 이후에는 더 이상 전환자가 나와서는 안 되고 기간제도 일시적인 업무량 증가 등 객관적 사유가 있을 때만 제한적으로 사용돼야 하는데, 공공부문에 기간제 비율이 여전히 상당하다는 것은 기간제 남용 문제가 개선되지 않고 있다는 것을 의미한다.

5) 노동조건 개선 없는 무기계약 전환

공공기관 비정규직 정규직(무기계약직) 전환 가이드라인(2013)에서는 "고용안정 중심 관점에서 전환을 추진하고 처우 개선 등 추가적인 비용 발생 시 기관 자체재원 활용"이라고 함으로써 무기계약 전환이 고용안정 이외에 처우 개선은 등한시하고 있음을 노골적으로 드러내고 있다.

인건비와 관련해서는 총인건비에 포함해 관리하며 전환대상 노동자가 기존 사업비 등 예산에 포함된 경우에는 해당 예산을 감액하도록 했다. 전환 시 보수는 기관 특성에 따라 임금체계를 적용하되 정체되지 않도록 설계하며, 차별이 발생하지 않도록 운영한다는 것이 원칙이다. 보수 수준이 정체되지 않도록 인건비를 설계하도록 하고 있으나 최저임금 인상에 따라 불가피하게 오르는 기본급과 형식적인 근속수당으로 돼 있는 대부분의 무기계약직 임금실태를 생각해 보면 겉모습은 '정체'돼 있지 않지만 실질적인 근속보상과 임금인상은 없다고 할 수 있다. 무기계약 전환에 따른 처우 개선에 필요한 재원을 자체 재원을 활용해 충당하라는 것은 처우 개선을 하지 마라는 것과 다름없는 얘기다. 아무런 강제력이 없기 때문에 임금체계가 제대로 갖춰진 기관이 드물다.

무기계약 전환과 함께 임금체계는 기존 정규직제에 편입되는 것이 아니라 별도 체계로 운영된다. 정규직과 무기계약직 격차가 존재한다. 기존 기간제 노동이 정규직 직무와 분리된 보조적 직무로 평가 절하되면서 발생한 임금격차가 무기계약 전환과 함께 이런 차별이 해소되는 것이 아니라 유지되는 것으로 볼 수 있다. 또한 무기계약 직종 간에도 업무에 따른 격차가 존재하고, 기간제 노동자 사이 격차는 지속되고 있다. 대다수 업무의 차이를 근거로 한 임금격차에서 '직무 중심' 임금체계로의 이전을 위한 징검다리로 비정규직 고용개선책이 활용되는 측면도 확인할 수 있다.

6) 임금체계(보수표)에 대한 규율 부재

중앙행정기관·지방자치단체·교육기관용 무기계약직 관리규정 표준안 32조, 중앙공공기관·지방공기업용 표준안 11조(보수)는 매년 기관장이 정하는 보수표에 따라 보수를 지급하고 '공공부문 비정규직 고용개선 추진지침(2012년 1월)'에 따라 복지포인트 및 상여금(명절 휴가비 등)을 지급하도록 하고 있다.

기관별로 제대로 된 임금체계가 없이 임의적으로 지급하는 것이나 마찬가지다. 무기계약직 전환 이전에 받았던 임금 수준에 머무르고 있는 것이 현실임에도 불구하고 이를 개선할 수 있는 방안이 결여돼 있는 것이다. 관리규정도 없이 단지 기관에서 시행하는 보수표를 명시하라는 것은 무기계약 전환에 따른 처우개선 문제를 방치한 것에 다름 아니다.

실제 정규직과의 격차는 여전히 존재하고 있다. 무기계약직 노동에 대한 일부 처우 개선을 넘어선 차별 해소로 나아가고 있지는 못하는 실정이다. 무기계약직 내에서도 직무구분에 따른 임금격차·복지포인트·상여금 격차가 존재한다. 직무구분이나 예산 출처 등을 이유로 차별이 존치되는 상황이다.

이런 표준안이 의미가 있다 하더라도 기관별로 운영 방식이 달라 정부 표준안이 제 기능을 발휘하지 못하고 있다.

III. 무기계약직 인사관리의 쟁점

1. 채용 및 고용관리

무기계약직 노동에 대해 업무와 채용 자격기준을 요하는 경우도 있으나 그것이 형식에 지나지 않는 경우도 존재한다. 무엇보다 상시·지속적 업무에 대해 무기계약직을 고용하도록 한 2013년 9월 5일 대책 이전에는 기간제 채용 이후 무기계약으로 전환하는 양상으로 운영됐다. 무기계약직으로의 직접 채용이 흔히 보이지는 않는다. 기간제법 제정 이후 사실상 기간제가 장기간 활용되고 있다. 또한 기간제 노동에 대한 2011년 대책 이후 '상시·지속적 업무'와 '2년 이상 계속 근로'라는 조건에 더해 평가에 따라 전환 여부를 달리하는 엄격하고 제한적인 기준을 도입, 무기계약 전환에 있어 개인별 평가가 도입되게 된다. 근무 실적, 직무수행 능력 및 태도 등을 평가하는 절차를 통해 상시업무를 2년 이상 했다 하더라도 무기계약 전환에서 배제될 수 있도록 구조화했다.

일상적 인력 관리에 있어서 중앙행정기관의 경우 공무원이 아닌 무기계약직 및 기간제 노동자 등은 별도 규정과 기준으로 관리하고 있다. 지방자치단체 무기계약직은 공개모집을 통해 선발 채용하고, 채용예정인원 및 자격기준 등에 관한 사항은 7일 이상 홈페이지 등에 공고하도록 돼 있다. 그러나 실제로는 무기계약직을 공개 채용한 경우는 없었다. 대부분 정보통신망·게시판 등을 활용해 사전에 채용예정인원 및 업무 내용·응시자격 같은 채용조건에 관한 사항을 공지하는 등 정규직 지방공무원 채용과 유사한 절차를 시행하고 있지만, 일부 지방자치단체의 경우 일정한 절차를 밟지 않고 기간제 노동자를 대상으로 우선 채용할 수 있도록 별도 내부 규정을 두고 있다(김병국·김필두, 2013).

무기계약직은 고용상 지위 측면에서는 정규직인 공무원과 비정규직인 기간제 사이에 놓여 있는 중간직이라고 할 수 있으나, 업무상 지위 측면에서는 핵심 업무를 수행하는 공무원과 달리 보조업무를 수행하는 기간제 비정규직과 동일한 위치에 놓여 있다(김훈 외, 2013). 이런 고용상 지위와 업무상 지위의 불일치가 무기계약직의 인력운영에 문제를 야기한다. 무기계약직은 기간제근로자에 비해 고용 안정성이 높은 것처럼 보이지만 반드시 그런 것은 아니다. 무기계약직은 정부의 정원·예산 통제의 직접적 대상이 된다. 맡고 있는 사업이 중단되거나 관련 예산이 감소하는 경우 언제라도 해고 위기에 놓일 수 있다. 이를 감안하면 계약기간까지 고용이 보장되는 기간제와 큰 차이가 나지는 않는다. 김훈 외(2013)에 제시된 공공기관 사례에서 정규직은 예산 항목에 편성된 인건비로 운영될 수 있기 때문에 안정성이 높다. 반면 무기계약직은 사업비에서 인건비를 충당하기 때문에 사업 변경이 고용에 영향을 미친다. 노동조건 등의 처우가 정규직과 동일하더라도 무기계약직들은 이런 고용의 불안정성을 느낄 수밖에 없다.

상시·지속적 업무에 대해 무기계약직으로 고용하도록 정책이 시행되고 있다. 하지만 무기계약직 고용형태 사용기준 자체가 공무원 인력 조정에 대응할 수 있도록 돼 있기 때문에 무기계약직을 정규직 고용형태로 분류하기 어렵다. 이런 점이 별도로 존재하는 관리규정 및 관리규정 내의 사용기준이나 계약해지에 관한 규정에서 드러난다.

노동자들의 요구와 투쟁으로 일부 처우 개선과 직제 정비가 이뤄져 가고 있지만 아직도 무기계약직을 공무원보다 낮은 임금으로 활용할 수 있는 '인력밴드'로 사고하는 측면이 강하다. 임시적인 인력으로 사고되는 경우 처우 개선은 당연히 어려울 수밖에 없다. 업무의 위상, 그로 인한 노동자 자존감 등 전반적인 부분에 영향을 미친다.

한편 무기계약직 인건비와 정원 관리에 대해 살펴보면 대체로 인건비에 무기계약직 인건비를 포함해 관리하고 있으나, 정규직과 분리해 운용하고 있다. 다만 지방공기업의 경우 기존 정원 개념에 포함하는 무기계약직을 제외하고는 총인건비에서 무기계약직 인건비를 제외하며 별도 정원으로 관리한다.

〈표 2-5〉 공공부문 무기계약직 인건비와 정원 관리 및 인건비 예산

구분	인건비·정원 관리	인건비 예산	개선방안
중앙행정기관	인건비에 무기계약직 인건비 포함해 관리	정규직 공무원 인건비 예산과 무기계약직 인건비 예산을 별도로 분리 운영하고, 무기계약직 인건비 항목은 사업비성 예산 항목에 편성	정규직과 임금격차 축소를 위한 추가 인상분을 총인건비에 반영
지방자치단체	기준인건비에 무기계약직 인건비 포함해 관리	공무원 기준인건비 예산과 무기계약직 기준인건비 예산은 별도로 분리 운영	정규직과 임금격차 축소를 위한 추가 인상을 기준인건비에 반영하고 기준인건비 관리대상에서 무기계약직 제외

공공 기관	무기계약직 인건비를 총인건비에 포함해 관리하고 총인건비 관리 지표는 무기계약직 처우 수준을 고려하지 않음	무기계약직 임금체계는 기존 정규직제에 편입되는 것이 아니라 별도 체계로 운영	정규직과 임금격차 축소를 위한 추가 인상분을 총인건비에 반영
지방 공기업	무기계약직 인건비는 총인건비에서 제외하고 무기계약직 정원을 별도 정원으로 관리함(기존 정원 개념에 포함된 무기계약직 제외)	무기계약직 임금체계는 기존 정규직제에 편입되는 것이 아니라 별도 체계로 운영	정규직과 임금격차 축소를 위한 추가 인상분을 총인건비에 반영
교육 기관	총액인건비는 시·도 교육감 소속 지방공무원, 사립학교 행정직원, 학교회계직원 등을 대상별로 나눠 선정	무기계약직 인건비 단가는 전년 평균인원과 평균임금을 고려해 결정	교부액 현실화와 인건비·사업비·운영비 재조정을 통한 왜곡된 인건비 구조 개선

2. 차별적 임금 관리

임금 역시 별도 체계로 운영된다. 호봉제를 취하는 경우에도 정규직과 분리된 별도 호봉체계를 두고 있다. 공무원 또는 기존 공무원이 아닌 정규직 노동자 기준에 미치지 못하는 수준으로 차등화돼 있다. 각종 수당 및 복지 역시 일정한 격차를 두고 있다.

이장원 외(2014)는 무기계약직 임금을 유사한 임금 수준 공무원과 비교하면서, 기관마다 격차가 존재하는 사정을 고려해 평균 연봉의 최솟값인 초임연봉을 월로 환산해 직종별로 살펴보고 있다. 경비원과 방송 및 예술업무 종사자·운전원·연구보조원·전화상담원·전산보조원, 조리사 및 조리보조원, 환경미화원·사무보조원, 사서 및 기록물 정리원, 시설물 청소원·통계조사원 등은 초임 월봉이 130만 원대 미만으로 추정됐다. 2013년 당시 월 최저임금(1,015,740원)을 약간 웃도는 수준이다. 또한 무기계약직들의 평균 연봉을 일반직 공무원 8급 및 9급과 기능직 공무원(현 '관리운영직군'의 일반직 공무원) 9급 및 10급과 비교해 무기계약직 임금 수준을 분석해 본 결과, 무기계약직들의 초임이 일반직 및 기능직 공무원 최하위 직급의 1호봉보다 낮은 수준으로 책정되고 있음을 짐

작해 볼 수 있다(이장원 외, 2014: 45~49).

무기계약직 노동자 처우가 기존 정규직 또는 공무원과 임금격차가 나는 것은 예산과 정원을 확대하는 방식이 아닌 무기계약직을 별도 관리체계로 운영하고 있기 때문이다. 2013년 기획재정부 '공공기관 비정규직 정규직(무기계약직) 전환 가이드라인'에서 총인건비에 무기계약직을 포함해 관리하도록 했으나, 중앙행정기관의 경우 정규직에 해당하는 노동자들이 공무원이기에 공무원과 무기계약직 인건비가 별도로 분리돼 있다. 특히 중앙행정기관의 경우 인건비 항목이 사업비성 예산 항목에 편성돼 부처 및 사업 예산 규모 압박에 의해 무기계약직 차별 해소를 위한 인건비 상승이 억제된다. 이런 사업비성 예산의 인건비 편성 내에서의 처우 개선은 한계를 가질 수밖에 없다. 호봉제를 설계하더라도 이런 예산 제약 탓에 차별적 호봉체계가 불가피하다.

지방자치단체 무기계약직 보수 또한 정규직 지방공무원 임금에 비해 낮고, 특히 기준인건비제로 인해 인건비 상승에 제약이 있다. 지방자치단체별로 예산상 여력이나 자치단체장 의지 등에 따라 보수 차이가 존재한다. 무기계약직은 대부분 단일호봉제를 채택하고 있다. 호봉 간의 임금 상승률이 낮아 실질적인 호봉제 효과가 없고, 임금 차이가 지방공무원보다 훨씬 적다. 장기간 근속할수록 정규직 지방공무원과 임금격차가 발생할 수밖에 없는 상황이다.

중앙행정기관 무기계약직 임금 지급을 보면 각 기관·부서별로 임의적인 적용을 하다 보니 임금의 객관성·합리성·일관성이 보장되지 않고 있다. 지방자치단체는 중앙행정기관에 비해 무기계약직이 수행하는 직무가 훨씬 다양하다. 무기계약직 관리방식에서도 제도화·정형화 정도가 매우 낮아 임금 지급 임의성이 높아진다(남우근, 2016). 물론 무기계약직은 대체로 인건비 예산을 활용하고 있고, 기준인건비 통제를 받기 때문에 기간제보다 상대적으로 임금이 관리되는 편이기는 하다.

이와 같이 지방자치단체 무기계약직 임금체계가 다양하게 나타나고, 임금 지급 임의성이 높아지는 것은 정부가 공공부문 비정규직 대책을 수립할 때 무기계약직 임금체계를 어떻게 할 것인지에 대한 계획 없이 무기계약 전환 자체에만

의미를 뒀기 때문이다. 무기계약화에 따른 처우 개선에 소요되는 예산이 중앙정부 차원에서 마련되지 않다 보니 각 기관별로 예산 여력을 고려해 임의적으로 적용한 결과다(남우근, 2016).

　무기계약직의 경우 분명 상시·지속 업무임에도 지역별로 혹은 지역 내 부서별로 임의적으로 노동력 활용을 요청하고 그것이 예산이 허용하는 범위 내일 경우 자의적 기준에 따라 활용인력을 배치했다. 이처럼 무계획적으로 활용된 무기계약직 임금수준과 노동조건 등은 내적 차이를 보일 수밖에 없다. 무기계약직 임금체계를 통합적으로 구상할 객관적 필요성이 제기됐으나 정부는 효과적인 대응책을 마련하는 데 지속적으로 실패했다.

　무기계약직의 경우 해당 직종의 지위·임금을 비롯한 처우에 대한 통합적이고 합리적인 기준이 마련되지 않고 있다. 공공기관 무기계약직 임금수준 결정 시 가장 중요한 고려사항이 무엇인지에 관한 설문조사 결과 가장 중요한 결정 요인은 공공기관 유사직종(24.8%)이었다. 다음으로 비정규직 임금수준(19.8%), 정규직 초임(18.5%), 직무특성(15.9%), 공무원 보수규정(12.1%), 민간부문 유사직종(3.2%) 순으로 나타났다(김훈·정동관, 2015).

3. 무기계약직 직무성과급제 추진상의 문제[12]

　무기계약직의 임금체계는 근무일수의 차이, 자격증 유무, 그리고 비교집단 존재 유무 등 여러 가지 요인에 따라 다양하다. 부분적으로 연공제로의 변화가 확인되는 가운데 직군에 따른 직무급제로의 변화 또한 나타나고 있다. 직무급제는 직종별로 기본급 차이를 두거나, 특정 직종별로 직무수당을 지급하고 있는 경우 현재까지 불균등한 임금 지급관행이 만연한 상황에서 균일적인 임금체계로 전환되는 과정에서 활용되고 있다(김직수, 2017).

---
12) 김철·이상훈(2016)을 정리한 것임.

성과주의 임금체계에 대해서는 꾸준한 문제제기가 이뤄지고 있지만 무기계약직 임금체계에 대해서도 직무성과급제가 추진된 바 있다. 노동계에서는 무기계약직에 대해서도 호봉제를 도입할 것을 강력히 요구하고 있지만 김훈 외(2013)는 공공부문의 경우 재정 부담이나 경영 효율성 차원에서 특정 기관에 몸담고 있는 모든 노동자를 대상으로 연공서열형의 획일적인 고용관리체제를 적용하고 유지하기에 무리가 있다고 본다. 그래서 제기되는 대안이 실제 맡고 있는 직무 특성이나 가치를 반영한 직무급에 기반을 둔 고용관리체제의 도입 방안이다. 무기계약직에게도 일정한 경력형성 기회를 부여하고, 수행하는 직무에 상응하는 적절한 보상이 이뤄지려면 직무등급제 도입이 필요하다는 것이다.

하지만 직무 특성이나 가치를 반영한 직무급을 도입하는 것이 유일한 대안인 것도 아닐뿐더러 노동계 주장이 연공서열형 호봉제를 획일적으로 도입하자는 것도 아니다. 무기계약직에 대한 직무분석도 제대로 돼 있지 않은 상황에서 바로 직무성과급을 도입하자고 주장하는 것은 지나친 비약이다(김철·이상훈, 2016). 더욱이 직무 가치는 개인적 속성이나 기술적 속성이 아니라 사회적으로 규정된다. 직무 성격과 가치는 전체 사회적인 교육체계·기술체계·제도적 진입 장벽 등에 따라 사회적으로 형성·규정되는 것이다. 직무급을 통해 '중요하지 않은 직무', '가치가 낮은 직무'에 대한 저임금과 임금차별이 정당화될 우려가 있다(김철식 외, 2016).

일단 비정규직들이 무기계약직 형태로 정규직 고용관계 속으로 한 발짝 진입한 이후에는 비정규직과 비정규직 노동조합의 이해관계가 연공급 적용대상인 정규직을 준거집단으로 하여 재구성된다. 정규직 임금체계가 직무급으로 변환하지 않은 상태에서 비정규직 임금체계의 직무급화만으로는 문제가 해결될 수 없다(정승국 외, 2014). 정규직 임금체계가 연공급으로 돼 있는데, 상대적으로 인력 활용 유동성이 높은 무기계약직에게 직무급을 적용하겠다는 것이 현실적이라고 보기 어렵다. 무기계약직에 직무급을 도입하려는 시도는 오히려 논의의 본질을 왜곡할 수 있다(남우근, 2016). 특히 정규직과 비정규직이 동일한 직무를 담당하고 있을 경우 비정규직의 직무급은 시간이 갈수록 동일직무를 맡고 있는 정규직과의 임금차이를 초래할 수 있다.

한편 이장원 외(2014)는 중앙행정기관 무기계약직이 수행하는 직무를 조사해 숙련 향상과 임금 상승을 연계시키고, 무기계약직 임금체계 기본 원리로서 '직군별 직무급'을 적용할 것을 제안한다. 직군별 직무의 난이도·중요도에 따라 기본급을 정한 후 숙련 상승에 따라 기본급을 인상하자는 것이다. 결국 연공급이 가진 임금경직성에 대한 문제의식에 기반을 두고 직무급과 숙련급의 특성을 혼합해 기본급을 결정하고자 한다.

그러나 숙련향상 정도를 객관적으로 확인하기 어려운 상황에서 이를 임금 상승과 결부시키는 것은 설득력을 갖기 어렵다. 공공부문에서 성과 측정이 쉽지 않고, 공정성·객관성 문제가 제기되는 것과 무관하지 않다. 직무급과 관련해 직무평가 객관성을 확보하기가 곤란하기 때문이다. 개인별 숙련 향상 정도를 임금 결정에 반영하겠다는 발상 역시 업무성과 평가가 객관적으로 이뤄진다는 점을 전제로 한 것인데, 이는 노사 간 신뢰가 보장되지 않으면 현실적으로 적용하기 어렵다.

직무급은 직무평가를 기반으로 한다. 자본 입장에서 가치 생산에 크게 기여하는 직무가 상대적으로 높은 평가를 받게 된다. 물론 직무평가 과정에서 노동조합이 개입해 노동강도·작업환경 등 노동자의 노동 생활과 관련한 기준들을 반영할 필요가 있기는 하다. 그러나 직무평가 과정은 고도의 전문적 절차를 거치며, 이미 자본 기준에 맞게 세팅돼 있는 전문 영역이라는 점에서 노동조합 개입을 통해 노동자 기준을 관철하기는 사실상 어렵다(김철식 외, 2016).

무기계약직에 대한 대안적 임금체계를 모색할 때 이상의 문제들 때문에 그동안 노사 간에 시비가 발생하지 않는 연공급이 대체적인 임금결정 요소로 반영돼 왔다는 점을 고려해야 한다. 근속기간이 늘어나면 대체로 일정한 숙련 향상이 뒤따른다. 연공급에는 일정 정도 능력급 요소가 반영돼 있다(남우근, 2016).

4. 평가와 경력관리, 신분보장

대부분의 지방자치단체가 무기계약직에 대해 1년에 1회 근무평가를 한다. 그러나 청원경찰의 경우 성과상여금을 지급하기 때문에 정규직 지방공무원과 똑같은 근무평가를 하고 있지만, 나머지 무기계약직의 경우 성과상여금을 받지 않고 있어 근무평가가 제대로 이뤄지지 않는다는 평가를 받고 있다(김병국·김필두, 2013). 무기계약직에 근무성적평정제도가 없어 관리와 업무 효율성이 떨어진다는 지적도 제기된다. 임금노동자에게 근무성적평정 등 업무실적 평정은 필수 불가결한 요소이므로 건전한 노사관계 정립을 위해서라도 필요하다는 것이다(조석주·김병국, 2014).

하지만 무기계약직 전환과 함께 근무성적평정제도가 도입돼 근무성적평가가 고용 및 노동조건에 반영되는 체계를 갖추게 된 경우가 많다. 문제는 정규직(공무원)의 경우 근무성적평가를 시행해도 그 결과가 보수나 승진에 반영되는 것에 그치는 반면 무기계약직은 계약해지 사유가 될 수 있다는 점이다. 차별 소지가 있을 뿐 아니라 무기계약직 전환자 고용조건을 불안정하게 하는 요인이 되고 있다(윤애림, 2013).

무기계약 전환과 관련해 2013년 10월 고용노동부가 제출한 '무기계약 근로자 관리규정 표준안'은 무기계약직으로의 전환 시 평가와 관련한 내용을 규정 내에 명시하고, 평가지표를 기간제 노동자에게도 정기적으로 시행하는 한편 무기계약으로 전환된 노동자 인사관리 등에 활용하도록 했다. 업무실적 평가 30점, 직무수행능력 평가 60점, 직무수행태도 평가 10점 등 배점지표를 제시하고 있다. 가장 많은 배점을 차지하는 직무수행능력 평가의 경우 △업무 관련 매뉴얼 숙지와 업무 활용 및 개선방안 제시 능력(업무 이해도) △화합을 위한 노력과 부서원의 요구와 건설적 비판 수용(의사소통) △맡은 일에 대한 의무감 및 성실성(책임·성실성) △민원인과 부서원의 요구사항 이해 및 배려하는 자세(고객지향성) 등 객관적 평가지표로 기능하기 어려운 내용을 상당수 포함하고 있다. 이런 평가는 기간제 노동자의 해고 및 무기계약 전환 배제뿐만 아니라 무기계약 노동자의 고용 역시 불안정하게 만드는 기능을 한다(엄진령·이승우, 2014: 24).

경력관리와 관련해 무기계약직은 대부분 단일 직급으로 운영되므로 직급 상승 등의 여지가 존재하지 않는다. 공무원 신분으로의 전환이 원천적으로 불가능하기 때문에 승진이나 직급 상승 가능성은 제한적이다. 근속에 따라 숙련이 쌓이지만, 그에 따라 업무 권한이 확장된다거나 직급이 상승되는 보상이 따르는 경우는 많지 않다. 직급 승진 구조가 있는 경우에도 이는 임금 상승에 영향을 미치는 정도에 국한된다. 승급에 따라 일부 업무 권한이 늘어난다고 하더라도 무기계약직 내부를 관리하는 역할에 한정되며, 해당 업무 전체에 대한 관장력은 부여되지 않는다. 무기계약직 전환 전의 인력 활용 구조가 전환 이후에도 그대로 유지되면서 경력관리라고 할 수 있는 여지가 확보되지 못한 것이다. 오히려 공무원과의 상하관계에 따라 업무 숙련도가 더 높다고 하더라도 공무원 지시를 받아야 하는 경우가 발생하기도 한다.

애초 상시·지속적 업무임에도 불구하고 보조적 인력, 임시적 인력으로 사고하며 인력 활용을 해 왔던 구조가 무기계약 전환 이후 장기간 노동력 사용이 전제된 고용관계에서의 시스템을 구축하지 못했고, 오히려 저비용을 유지하고, 차별을 회피하기 위한 직무 분리 등으로 무기계약직 관리가 전개되면서 경력관리 측면이 크게 고려되지 못했던 것이다.

김훈 외(2014)의 설문조사 결과에 따르면 무기계약직을 위한 승진체계가 따로 존재하는 기관 비율은 15.4%로 낮았다. 무기계약직에게도 직급이 부여되는 기관 비율 또한 35.8%로 비교적 낮게 나타났다. 전환 완료 후 무기계약직 인원을 정규직 정원과 같은 개념의 무기계약직 '정원'으로 관리하고 무기계약직 인건비도 총인건비에 포함해 임금인상률이 결정되는 상황은 무기계약직이 공공기관의 일반적인 고용형태로 자리 잡고 있음을 의미한다. 그럼에도 무기계약직에게 승진기회를 제공하지 않고 직급을 부여하지 않는 기관이 상당수에 이른다는 것은 고용관계의 안정성이나 조직성과 향상 측면에서 상당한 문제의 소지를 안고 있다고 할 수 있다(김직수, 2017).

5. '관리운영직군'의 일반직 공무원(구 기능직 공무원)과의 비교

정규직 공무원과 무기계약직 모두 공공서비스 제공을 담당하고 있다. 무기계약직이 담당하는 직무는 '관리운영직군'의 일반직 공무원(구 기능직 공무원) 직무와 별반 차이가 없다. 그러나 상당수 공무원들은 무기계약직을 조직 일원으로 인정하지 않으려는 경향을 보인다는 점에서 무기계약직들은 차별적인 대우를 받고 있다(박해욱·최정우, 2014). 실제 무기계약직의 이력·업무 내용·노동과정을 살펴본 결과 구 기능직 공무원과 차별 문제가 내재돼 있는 것으로 나타났다(김훈 외, 2013). 원래 기능직 공무원은 철도현업·정보통신현업·토건·전신·기계·화공·선박·농림·보건위생·사무보조·방호 등의 직종에 관한 기본적인 행정업무와 실무지원을 하는 공무원이었다. 단순 사무보조 등 종전 기능직이 담당했던 업무영역이 점차 축소·변경되고, 기능직이 사실상 일반직과 유사한 행정실무를 담당하는 경우가 많아졌다. 이런 행정환경 변화를 반영하고 공무원 인사관리 효율성을 높이기 위해 2012년 11월 국가공무원법·지방공무원법이 개정되면서 기능직·계약직 직종이 폐지돼 일반직으로 통합됐다. 2013년 12월 12일 시행됐다. 무기계약직과 비교되는 사무보조 직군의 기능직 공무원은 필기시험이나 자격증 검증 과정을 거쳐 일반직에 신설되는 '관리운영직군'으로 전환됐다.[13]

김훈 외(2013)에 제시된 중앙행정기관의 경우 무기계약직 사무원에 대한 인터뷰 결과 무기계약직 사무원 가급, 사무원 나급, 기능직 공무원 사이에는 이력 차이가 크지 않았다. 공통적으로 수시 채용을 통해 일용직으로 근무를 시작했다. 다만 일용직으로 근무하는 도중에 자격증 여부나 근무연수 등과 같은 사전에 공지된 기준이나 인사관리 원칙이 아닌 우연한 계기에 따라 나눠졌다는 점이 다를 뿐이었다.

---

[13] 관리운영직군의 직렬에는 토목운영, 건축운영, 통신운영, 전화상담운영, 전기운영, 기계운영, 열관리운영, 화공운영, 가스운영, 기후환경운영, 선박항해운영, 선박기관운영, 농림운영, 사육운영, 보건운영, 사무운영 등이 있다.

교육감 직접고용 무기계약직의 경우에도 28개 직종 가운데 사무실무사와 교무실무사 등 행정직군에 속하는 8개 직종은 무기계약직과 구 기능직 공무원이 공통적으로 수시 채용을 통해 일용직으로 근무를 시작하는 등 이력의 유사성이 나타났다. 이들 직종의 무기계약직과 기능직 공무원은 모두 일용직으로 근무하는 도중 우연한 계기에 따라 별정직 공무원을 거쳐 기능직 공무원으로 혹은 직접 기능직 공무원 내지 무기계약직으로 전환됐다고 한다(김훈 외, 2013).

업무 내용을 살펴보면 김훈 외(2013)에서 사례로 다룬 중앙행정기관은 무기계약직 사무원과 구 기능직 공무원 사이에 큰 차이가 없었다. 국장급 공무원 비서직을 수행하는 무기계약직 사무원과 기능직 공무원 업무에 큰 차이가 없을뿐더러 총괄부서(과)를 제외한 일반부서(과)에서 수행하는 무기계약직 사무원과 기능직 공무원 업무도 유사했다. 모두 해당부서(과)의 회계 입출이나 출장관리 등을 담당했다. 교육감 직접고용 무기계약직은 거의 모든 직종에서 무기계약직과 기능직 공무원, 교원이 수행하는 업무에 큰 차이가 없었다(김훈 외, 2013).

무기계약직은 공무원 신분이 아니기 때문에 공무원연금 대신에 국민연금에 가입돼 있다. 각종 복리수행을 포함한 수당 지급 등에 있어서도 공무원에 비해 차별을 받고 있다. 복리후생이 형식적으로 정규직과 무기계약직에게 동등하게 적용되는 경우에도, 장기 근속자를 위주로 복리후생제도가 설계돼 있다면 상대적으로 근속연수가 짧을 수밖에 없는 무기계약직은 사실상 혜택을 받기 어려운 경우가 있다(윤애림, 2013). 특히 무기계약직과 유사한 직무를 수행하는 관리운영직군 일반직 공무원과 비교할 경우에도 임금과 근로조건에서 차별이 나타난다(강현호, 2012). 무기계약직들이 공무원에게 느끼는 상대적 박탈감은 상당히 큰 편이다.

기능직 공무원에서 전환된 관리운영직군 일반직 공무원들은 호봉제 임금체계를 적용받는다. 근속승진제도를 비롯한 제반 인사관리 제도를 적용받고 있다. 나아가 여성이 다수인 사무보조 직군의 일반직 공무원은 점차 강화된 양성평등 조치를 적용받는다. 이처럼 구 기능직 공무원에 대한 처우와 인사관리 제도가 지속적으로 개선되면서 비교대상이 되는 무기계약직들과 노동조건 격차가 벌어지는 상황이다. 구 기능직 공무원은 일반직으로 전환되면서 보직을 맡을 수 있고, 6급 이상 직급으로 승진할 수도 있다. 개선된 인사제도 혜택을 받는 것이다. 이로 인해 처우와 복지, 그리고 승진에서 관리운영직군 일반직 공무원보다 불리한 여건에 놓이게 되는 무기계약직들이 차별에 민감해질 수밖에 없고, 처우에 대한 불만도 커질 수밖에 없다(김훈 외, 2013).

무기계약직 임금은 거의 대부분 공무원 임금인상률을 적용받는다. 실제로 기준인건비 인상률도 공무원 보수 인상률이다. 정규직 공무원들은 그나마 제도적으로 보수결정에 제한적인 참여를 할 수 있지만 이보다 열악한 처우를 받고 있는 무기계약직들은 보수나 정원에 대한 제도적 보호 장치나 참여구조, 법률적 근거조차 없는 상황이다(주훈, 2015). 2010년부터 공무원 보수정책 수립과 공무원 처우 및 보수제도 개선 등을 심의하기 위해 인사혁신처에 설치된 공무원보수민관심의위원회의 경우 권고안 제시에 그치긴 하지만 공무원노동조합이 참여하는 반면 무기계약직 노동조합은 참여조차 할 수 없고 다른 참여통로도 보장돼 있지 않다.

정규직 공무원들은 무기계약직을 조직 일원으로 인정하지 않으려는 경향을 보이는데, 이는 공무원과 무기계약직의 직무가치에 대한 차이 때문이다. 무기계약직과 관리운영직군의 일반직 공무원은 유사한 업무를 하지만, 후자의 경우 공식적인 권한을 지니고, 더 좋은 대우를 제공받으며, 지속적인 교육훈련을 받고 있다. 무기계약직보다 더 높은 수준의 행정 가치에 대한 중요성을 지니고 있는 셈이다. 나아가 공무원들은 '공무원법'의 적용을 받는 반면 무기계약직은 '근로기준법' 적용을 받기 때문에 공무원들은 무기계약직들을 조직 일원으로 인정하지 않으려 한다. 무기계약 근로자의 역량 부족과 채용 과정에서의 부정 등으로 행정서비스를 제공하는 동반자로 인식하지 않으려는 경향이 강하다고 볼 수 있다. 무기계약직들도 자신의 낮은 처우와 부족한 권한으로 인해 자신의 직무에 대한 책임성이 높지 않으며, 주민에 대한 대응성에 있어서도 큰 관심을 기울이지 않을 가능성이 있다(박해욱 · 최정우, 2014).

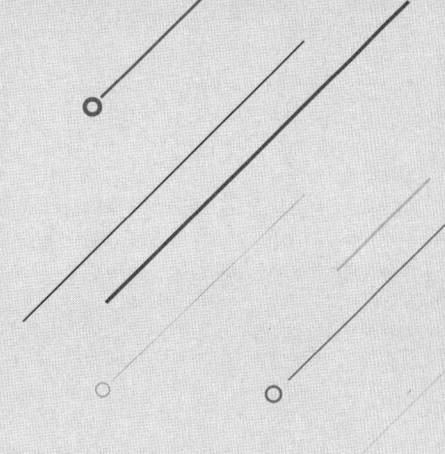

3장

공공부문 무기계약직 관련 입법 현황과 제도개선 과제

김근주

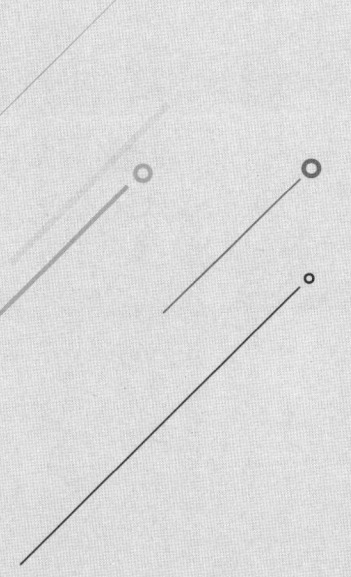

3장

공공부문 무기계약직 관련 입법 현황과 제도개선 과제

김근주_한국노동연구원

Ⅰ. 서론

1997년 외환위기 및 2007년 비정규직법 제·개정을 거치면서 노동시장에서 비정규직 활용이 크게 증가했다. 이에 따라 공공부문이 올바른 비정규직 사용 관행을 정착시켜 민간부문을 선도해 나가고자 2006년 8월 '공공부문 비정규직 종합대책'을 발표하면서, 처음으로 '무기계약 근로자'라는 용어를 공식적으로 사용했다. 해당 종합대책안에서는 "반복적으로 근로계약기간을 갱신해 기간제근로자를 사용하는 상시·지속적 업무"를 "기간의 정함이 없는 근로자(이하, 무기계약 근로자)"가 담당하도록 하면서[14] 현행 무기계약 근로자 정의의 시초를 마련했다.

---

14) 고용노동부(2006), 공공부문 비정규직 종합대책, 2006년 8월 2일 15면

하지만 공공부문에서 선도적으로 무기계약 근로자의 고용불안을 해소하고 근로환경을 정비하겠다는 초기 목적과 달리, 공공부문 무기계약 근로자들은 공무원 및 공공기관의 일반 근로자들과 비교했을 때 승진이나 정년 같은 인사관리와 임금 등 근로조건에서 차별적 처우를 겪는 문제가 발생하고 있다.[15]

차별이란 사용자가 임금 등 근로조건이나 채용과 관련해 합리적인 이유 없이 특정 근로자를 다른 근로자에 비해 달리 조치하거나 불리하게 대우하는 것이다. 차별에 해당하려면 차별을 받았다고 주장하는 자와 그가 비교대상자로 지목하는 자가 본질적으로 동일한 비교집단에 있어야 한다.[16] 그러나 무기계약 근로자는 관련 법령이나 상위법상 법적 개념이 없다는 점, 기간제 및 단시간근로자 보호 등에 관한 법률(이하, 기간제법)상 기간의 정함이 있는 근로자가 아닌 점, 최근 공공기관 및 지방자치단체가 무기계약직 관리규정에서 직종 구분을 통해 업무상 정규직 근로자와 구분을 명확히 하고자 노력하고 있다는 점 등 차별적 처우로 인한 불이익에 대해 시정을 신청하기 어려운 구조에 있다. 또한 승진이나 임금 등 근로조건이 상향되는 명시적 규정이 없음에도 불구하고 근무평가를 시행하거나 지방자치단체의 예산규모를 기반으로 하는 정원관리제도에 따라 무기계약 근로자의 고용불안이 야기되고 있다.

국가인권위원회와 법원은 최근 균등한 대우에 있어 '사회적 신분' 요건에 고용형태를 포함시켜 무기계약 근로자들의 차별적 처우를 시정할 수 있다는 해석을 내놓고 있다. 그러나 아직까지 정원 관리 및 운영에 대한 지방자치단체의 조례

---

15) 이하에서는 공공기관 무기계약 근로자들과의 비교 대상으로 '일반 근로자'라는 표현을 사용한다. 흔히 비정규직 근로자의 상대 개념으로 정규직 근로자가 사용되고 있는데, 정규직 또는 비정규직은 노동관계법령상 개념은 아니고, 주로 현실적인 보호 필요성 때문에 논의되는 개념이다. 비정규직은 일반적으로 정규직이 아닌 자를 의미하는 데 먼저 정규직의 개념을 정리하고 확정하는 것이 필요하다. 일반적으로 정규직으로 판단할 수 있는 기준 사항은 ① 근로자성 인정 ② 기간의 정함이 없는 고용형태 ③ 근기법 50조(근로시간)의 주당 40시간을 근무하는 전일제 근로형태 ④ 근로계약상 사용자로부터 노무제공의 관리 또는 지시를 받을 것 등이 요구된다. 그리고 앞의 ①과 관련해 특수고용형태 종사자 ②와 관련해 기간제근로자 ③과 관련해 단시간 근로자 ④와 관련해 파견근로자 및 수급인의 근로자 등이 문제된다(이하 내용은 박수근, 변형된 분리직군제와 노동법의 적용, 노동법연구 30호, 2011년, 261면 참조). 이런 기준에 비춰 보면 무기계약 근로자들의 경우 정규직 영역에 포섭될 수 있겠지만, 무기계약직의 차별적 처우 문제를 다루고 있는 이 보고서에서 "무기계약직=정규직"이라는 개념적 접근은 타당하지 않으므로, 이하에서는 법적 용어는 아님에도 상대적 개념으로 '일반 근로자'를 사용한다.
16) 대법원 2015. 10. 29. 선고 2013다1051 판결(임금 지급 등)

외에는 무기계약 근로자과 관련한 단일법령이나 단일조항이 없기 때문에 무기계약 근로자의 차별시정의 권리를 보장할 수 있는 명문상 규정이 없는 상황이다.

이런 문제의식에 따라 이하에서는 무기계약 근로자의 차별 개선 현황과 공공부문 무기계약직 관련 입법적 개선 필요성에 대해 살펴보도록 한다. 다음으로 공공부문에서 규정하고 있는 무기계약직 관련 조례 및 규칙의 입법 현황에 대해 확인하고, 무기계약 근로자 관련 내용을 단일법령으로 입법하고자 하는 관련 의원발의안의 주요 내용을 검토하고자 한다. 마지막으로 무기계약직에 대한 차별 개선을 위한 개선 방안에 대해 논하도록 한다.

II. 무기계약직 차별 개선 정책 방향

1. 무기계약직 차별시정 제도 구축

초기 무기계약근로제도를 도입하고자 했던 기본 방향은 비정규직의 합리적 운영 및 임금, 기타 근로조건 등에서 불합리한 차별적 요인의 해소에 있었다.[17] 그러나 기간제근로자로 근로했을 당시의 차별적 요인들이 무기계약직 전환 과정에서 개선되고 있지 않다는 점, 일반 근로자와 무기계약직 간의 격차를 정당화하고자 업무를 보조적이고 부수적인 업무로 분리해 차별판단을 회피하기 용이한 직무 및 직제로 개편하고 있다는 점, 무기계약직에 대한 채용·결격사유·채용해지·근무평가·징계해고 등의 유연한 인력관리방식을 마련하고 있다는 점 등[18] 노동법상 차별적 요소를 피하려는 방향으로 제도가 정비되고 있다는 비판이 존재한다.

---

17) 고용노동부(2006), 공공부문 비정규직 종합대책, 2006년 8월 2일, 14면
18) 국가인권위원회(2008), 2008 인권상황실태조사-무기계약직 근로자 노동인권상황 실태조사, 370면

특히 무기계약직은 기간의 정함이 없는 계약이라는 점에 따라 기간제법상 차별시정을 받기 어려운 구조에 있으며, 근로기준법과 국가인권위원회법상[19] 차별적 처우(행위)에 대해 시정을 주장하기 위해서는 '사회적 신분'에 무기계약직이라는 고용형태가 인정돼야 하는 법해석상의 문제가 존재한다.

최근 무기계약직이라는 고용형태를 사회적 신분으로 인정할 수 있는 지 여부에 대해 2016년 하급심 판결(MBC 무기계약직 차별시정 사건)에서 "직업뿐 아니라 사업장 내의 직종·직위·직급도 상당한 기간 점하는 지위로서 사회적 평가를 수반하거나 사업장 내에서 근로자 자신의 의사나 능력발휘에 의해서 회피할 수 없는 사회적 분류에 해당하는 경우 이를 사회적 신분이라 할 수 있다"라고 판시하면서 소위 중규직으로 불리는 무기계약직 근로자 근로형태를 사회적 신분으로 적극적으로 해석해 근로기준법상 균등대우 조항을 적용한 바 있다.[20] 그러나 해당 사건이 항소심 중이어서 사법상 법리로 정착됐다고 보기에는 어려운 면이 있다.[21]

이처럼 노동법상 근로자의 차별을 금지하고 시정하는 규정이 있음에도 불구하고 현실적으로 무기계약 근로자를 보호할 수 있는 영역이 없으며, 사회적 신분으로서 무기계약직에 대한 차별시정법리를 적용하고자 하더라도, 비교대상 집단에 대한 판단이 남아 있는 등 무기계약 근로자의 차별 개선을 위한 입법적·사법적 법리 구성이 요청되는 상황이다.

---

19) ✓근로기준법 6조(균등한 처우) 사용자는 근로자에 대해 남녀의 성(性)을 이유로 차별적 대우를 하지 못하고, 국적·신앙 또는 사회적 신분을 이유로 근로조건에 대한 차별적 처우를 하지 못한다.
✓국가인권위원회법 2조(정의) 3. "평등권 침해의 차별행위"란 합리적인 이유 없이 성별·종교·장애·나이·사회적 신분·출신 지역(출생지, 등록기준지, 성년이 되기 전의 주된 거주지 등을 말한다), 출신 국가, 출신 민족, 용모 등 신체조건, 기혼·미혼·별거·이혼·사별·재혼·사실혼 등 혼인 여부, 임신 또는 출산, 가족 형태 또는 가족 상황, 인종, 피부색, 사상 또는 정치적 의견, 형의 효력이 실효된 전과(前科), 성적(性的) 지향, 학력, 병력(病歷) 등을 이유로 한 다음 각 목의 어느 하나에 해당하는 행위를 말한다.
20) 대상 판결의 사실관계는 다음과 같다. MBC에서 일하던 기간제(계약직) 근로자들(원고)이 계약만료 시마다 계약갱신을 하다가 업무직 또는 연봉직 근로자로 전환되거나 업무직 근로자로 입사했는데, MBC에서 일반직 근로자들에게는 보수규정 및 일반직 연봉제 보수규정에 따라 주택수당 30만원, 가족수당 16만원, 식대 21만원 등을 지급했으나 원고들에게는 이런 수당을 지급하지 않자, 원고들이 근로기준법상 6조(균등한 처우) 위반임을 주장하며 차별받은 차액 상당의 임금을 청구한 사건이다(심재진, 균등대우조항상 차별금지사유인 '사회적 신분'의 의미와 조항 위반의 사법적 효력-서울남부지방법원 2016. 6. 10. 선고 2014가합3505 판결, 노동판례리뷰2016, 한국노동연구원, 308~313면 참조).
21) 해당 사건은 서울고등법원 항소심(2016나2044835)에서 2018년 1월 16일 조정회부결정에 따라 현재 조정이 진행되고 있다.

2. 공공부문 무기계약직 관련 입법적 개선 필요성

정부의 공공부문 무기계약직 처우 개선에 대한 그간의 논의에도 무기계약 근로자 전환 절차 중 계약기간 만료 또는 채용절차상 낮은 평가점수 등을 이유로 해고를 단행하거나, 근무평가 및 정원관리제도에 따라 고용불안이 야기되는 사례가 나타나고 있다. 부당해고 구제신청 및 해고무효확인을 구하는 사건이 늘어나고 있다.[22] 또한 무기계약직들의 업무가 일반 근로자들의 업무를 보조하고 지원한다는 점을 기관별 인원 관리규정에서 명시하면서도, 무기계약직의 주된 업무가 일반 근로자와 거의 동일하다는 점에 따라 기본급 이외에 차등지급한 수당(정근수당·장기근속수당·초과근무수당 등)의 지급에 대해 소를 제기하는 사례가 발생하고 있다.[23] 그럼에도 불구하고 무기계약 근로자는 채용자 또는 관리자에 의한 근무평가를 받게 되고, 정원관리제도에 따라 고용이 불안정한 상황에 있어 근로조건과 근로환경에서 발생하는 불합리한 차별에 이의를 제기하기 어렵다.

이런 이유에서 현행법상 무기계약 근로자에 대한 차별시정 필요성이 요청되고 있다. 무기계약 근로자 관련 지방자치단체의 법규를 보더라도 일반 공무원과 기간제근로자와는 업무와 직제에 차이를 둬야 한다고 규정하고 있지만 실제 업무 수행에서는 일반 근로자와 구분이 뚜렷하지 않다. 기간제법상 기간제근로자들의 차별시정 사례에서도 해당 사업장의 무기계약직을 비교대상자 근로자로 보고 차별시정을 주장하는 사건이 나타나고 있어,[24] 동종 사업장에서 수행하는 업무를 고용형태별로 직제 및 직종상 명확한 구분을 두기 어렵다는 점을 알 수 있다.

---

22) 서울고등법원 2013. 3. 13. 선고 2012나59376 판결(해고무효확인 등), 서울행정법원 2011. 12. 1. 선고 2011구합25920 판결(부당해고구제재심판정취소).
23) 매일노동뉴스(2017), 마사회 무기계약직 차별 수당 50억 원 지급 집단소송, 2017년 3월 21일자
24) 서울행정법원 2011. 5. 20. 선고 2010구합44146 판결(차별시정재심판정취소).

무기계약 근로자에 대한 차별적 처우와 고용불안정 등을 해소하기 위해 국가인권위원회(2013) 및 국회(2017) 소속 무기계약직 근로자들이 노동조합을 출범하고 기간제근로자들까지 포섭해 동일노동에 대한 동일임금 및 동등대우를 주장하기 위한 집단적 노사관계 움직임이 나타나고 있다. 그러나 시·군 등 지방자치단체에서는 비정규직노조들의 단결권마저 인정하지 않는 사례도 있다.[25] 무기계약직 포함 비정규 근로자들의 단결권 침해로 인한 공공부문 노사관계의 경직이 해소되지 않고 있다.

최근 정부는 '공공부문 비정규직 근로자 정규직 전환 추진계획'(2017년 7월)을 통해 그간 공공부문 정규직 전환 등을 추진했음에도 불구하고 기간제 고용관행은 여전하고, 파견·용역은 증가했으며, 무기계약직 처우도 개선하지 못하고 있다는 점을 지적하면서 공공부문의 비정규직 정규직 전환 정책의 합리적 전환 기준 및 방안 제시에 대한 계획을 발표했다. 조례·훈령·규정 등을 통해 '무기계약직'에 적합한 명칭 부여, 이에 대한 인사제도(목적·임무·신분증 발급·직군·교육훈련·승급체계 등) 마련, 불합리한 차별 해소 및 처우 개선, 고용안정 방안 모색 등 새로운 표준관리규정안을 준비하고 있다.

이런 정책적 대응의 실효성을 확보하기 위해서는 현행 공공기관 및 지방자치단체의 무기계약직(공무직) 관련 규정 사항 중 채용절차·임금·대우·근무평가·징계·해고 등에 대한 차별적 요소의 법리적 검토가 선행돼야 한다. 특히 향후 관련 법령으로 입법하는 과정에서 무기계약직의 법적 정의 규정 마련 및 무기계약 근로자들의 공식적인 차별시정절차를 마련하기 위해서는 일반 근로자 및 기간제근로자와의 업무와 직제상 구분의 필요성 및 타당성에 대한 검토가 필요하다.

---

25) 국제뉴스(2017), 공공연대 노동조합 무기계약직 차별철폐 요구, 2017년 7월 26일자

III. 공공부문 무기계약직 관련 입법 현황과 쟁점

1. 무기계약직 관련 제도 현황

1) 중앙부처·자치단체의 경우

(1) 무기계약직의 운영 및 관리에 관한 조례

중앙행정기관 및 지방자치단체는 비정규직의 무기계약직 전환 및 고용환경 개선 지원에 대한 내용을 별도의 조례로 규정하고 있다. 조례의 명칭은 '행정안전부 무기계약 및 기간제근로자 등 운영규정'과 같이 '무기계약'이라는 명칭을 사용하는 경우도 있지만 최근 고용형태를 직제로 부르는 것에 대한 문제가 제기되면서 '공무직'으로 관련 법규명이 제·개정되고 있다.

〈표 3-1〉 무기계약직 전환 및 고용환경 개선 지원 관련 조례

법규명	공포번호	공포일자
서울특별시 비정규직 근로자의 무기계약직 전환 등 고용환경 개선 지원 조례	제5811호	2015년 1월 2일
경기도 공무직원 권리보호 및 무기계약 전환 등에 관한 조례	제5339호	2016년 9월 29일
전라남도 비정규직 차별해소 및 무기계약직 전환 등에 관한 조례	제3730호	2013년 7월 5일
경기도교육청 교육공무직원 채용 및 무기계약직 전환 등에 관한 조례	제5446호	2016년 12월 16일
파주시 비정규직 차별해소 및 무기계약직 전환 등 고용환경 개선 지원에 관한 조례	제1137호	2013년 12월 30일
익산시 비정규직 근로자의 무기계약직 전환 등 고용환경 개선 지원에 관한 조례	제1347호	2013년 9월 25일
목포시 비정규직 근로자의 무기계약직 전환 등 고용환경 개선 지원에 관한 조례	제2804호	2013년 6월 19일

무기계약직의 구체적인 운영과 관리에 대해서도 별도의 규정을 마련하고 있다. 무기계약직 제도 도입 초기에는 대다수 기관이 무기계약직 및 기간제 노동자에 대한 규정을 하나로 운영하고, 일부 기간제에 대해 적용되는 사항을 명시하는 방식이었으나,[26] 최근에는 이를 분리해 운영하는 사례가 늘어나고 있다.

중앙행정기관 중 고용노동부가 무기계약직과 기간제에 대한 규정을 분리·운영하고 있고, 지방자치단체 가운데 일부가 무기계약과 기간제를 구분해 운영하고 있으며(전라북도·서울시), 전주시의 경우 기간제 및 단시간 노동자에 대한 관리규정을 별도로 운영하고 있다.

〈표 3-2〉 무기계약직 및 기간제 규정 분리 운영 사례

기관명	법규명	공포번호	공포일자
고용노동부	고용노동부 기간제 근로자 관리규정	제119호	2014년 3월 19일
	고용노동부 무기계약 근로자 관리규정	제136호	2014년 12월 31일
전라북도	전라북도 기간제 근로자 관리규정	제1687호	2015년 11월 20일
	전라북도 공무직 근로자 관리규정	제1717호	2017년 6월 30일
서울특별시	서울특별시 기간제 근로자 관리규정	제1000호	2016년 7월 14일
	서울특별시 공무직 관리규정	제9126호	2017년 7월 13일
전주시	전주시 기간제 및 단시간근로자 관리 등에 관한 규정	제1063호	2016년 3월 30일
	전주시 공무직 관리규정	제1053호	2016년 3월 30일

특히 서울시와 같이 무기계약직과 기간제근로자 관리에 대해 통합 운영됐던 규정을 분리해 규정하면서, 무기계약직에 대한 직종의 구분, 정원의 관리, 징계 등의 규정을 마련해 기간제근로자와 차이를 두고 있는 점을 확인할 수 있다.

---

26) 공무직과 기간제근로자에 관한 관리규정을 통합해 운영하는 지방자치단체도 존재한다.
✓ 인천광역시 공무직 근로자와 기간제근로자 관리규정(시행 2017년 8월 28일), 훈령 1172호
✓ 강원도 공무직 및 기간제근로자 등 관리규정(시행 2017년 9월 29일), 훈령 1774호

<표 3-3> 서울시 공무직·기간제 관리규정 비교

구분		공무직 관리규정		기간제 관리규정
총칙	제1장 총칙	제1조 목적 제2조 정의 제3조 적용범위 제4조 직종의 구분	제1장 총칙	제1조 목적 제2조 정의 제3조 적용범위
정원 및 관리	제2장 정원관리	제5조 정원책정요구 제6조 정원책정승인 제7조 정원의 총수 제8조 정원의 관리	제2장 기간제 근로자의 관리 및 사용	제4조 기간제 근로자의 인원·예산관리 제5조 사용원칙 제6조 차별적 처우의 금지 제7조 차별시정 절차의 마련
채용 및 교육	제3장 인사관리	제1절 채용 제9조 채용 제10조 채용결격사유 제11조 채용해지 제12조 대장 등 비치 제13조 신분증 등 제14조 재직·경력증명서의 발급 제2절 근무성적 평가 제15조 근무성적 평가 제16조 근무성적평가 결과의 공개 및 이의신청 제3절 교육 제17조 교육훈련 등 제18조 성희롱 예방교육 및 조치	제3장 채용 및 운용	제8조 채용절차 제9조 근로계약 체결 제10조 증명서 등의 발급 제11조 재정보증 제12조 근로계약의 종료 등 제13조 손해배상 제14조 근로자명부 작성 등 제15조 계약서류 등의 보존
			제5장 교육	제29조 교육훈련 제30조 성희롱 예방 교육 및 조치 제30조의2 직장내 괴롭힘 예방 교육 및 조치
급여 및 사회보험	제4장 급여	제19조 급여 제20조 사회보험의 가입 제21조 공제 제22조 퇴직급여	제6장 보수 및 보험	제31조 보수의 지급 제32조 연장·야간 및 휴일근로 제33조 사회보험가입 및 공제 제34조 공제
복무	제5장 복무	제23조 복무 제24조 의무 제25조 근무시간 제26조 근무상황카드의 관리 제27조 출장 제28조 휴일 제29조 연차유급휴가 제30조 특별 휴가 제31조 육아 시간 제32조 공가	제4장 복무	제16조 법령준수 및 복무의무 제17조 근로시간 제18조 연장근로 제19조 휴게시간 제20조 근무상황 제21조 휴일 제22조 연차 유급휴가 제23조 특별 휴가 제24조 출산휴가 등 제25조 참정권 등의 권리행사

		제33조 병가 제34조 휴가일수의 초과 및 공제		제26조 공가 제27조 병가 제27조의2 휴가일수의 초과 및 공제 제28조 표창
신분 및 권익	제6장 신분 및 권익보장	제35조 근무상한연령 제36조 휴직 제37조 휴직자의 의무 제38조 복직	제7장 안전 및 재해보상	제35조 안전관리 제36조 작업안전용품 제37조 비상사태 발생 시의 조치 제38조 질병자의 근로금지 등 제39조 재해보상
표창 및 징계	제7장 표창 및 징계	제39조 표창 제40조 징계의 종류 및 효력 제41조 징계의결 요구 제42조 징계사유 제43조 징계위원회 구성·운영 등 제44조 징계안건 심의 제45조 징계의결기간 제46조 집행 제47조 재심청구 제48조 공무원 징계와 관련된 경우의 처리 제49조 경고·주의조치		없음
기타	제8장 기타	제50조 손해배상 제51조 자체 운영규정 제정·시행 제52조 다른 법률과의 관계		

 그 밖에 무기계약직과 관련한 규정에는 사안별로 무기계약직의 전환, 자녀 학자금 융자지원, 정원 및 전보에 관한 독자적인 조례나 훈령으로 제정해 운영하는 경우도 있다.

〈표 3-4〉 무기계약직 지원 및 전보 관련 규정

법규명	공포번호	공포일자
용인시 무기계약 근로자 자녀 학자금 융자지원에 관한 조례	제1169호	2011년 11월 3일
용인시 무기계약 근로자 자녀 학자금 융자지원에 관한 조례 시행규칙	제650호	2011년 11월 15일
영주시 무기계약 근로자 자녀 장학금 지급 조례	제915호	2014년 12월 30일
영주시 무기계약 근로자 자녀 장학금 지급 조례 시행규칙	제468호	2014년 12월 30일
강원도 공무직 및 기간제 근로자에 대한 퇴직금 지급 지침	제756호	2014년 6월 20일

(2) 현행법상 무기계약직 관련 규정

무기계약직에 대한 규정은 관련 조례로서 규정되는 경우 외에도, 현행 법령에서 정규직에 지원하던 내용을 무기계약직에 확대 적용하는 개정 사례도 있었다.

2016년 김상희 의원이 대표발의한 '영유아보육법 일부개정법률안'에서는 국가나 지방자치단체에는 공무원뿐만 아니라 무기계약직, 단시간·단기간근로자 등 다양한 형태의 근로자가 종사하고 있다는 점을 고려해 이들을 명시적으로 배제하고 있는 현행법의 규정은 불합리한 차별을 지적하고,[27] '직장어린이집' 정의를 확대해 차별성을 개선하는 입법안을 발의한 바 있으며, 2017년 3월 14일 현행법령으로 개정됐다.[28]

---

27) 영유아보육법 일부개정법률안(김상희 의원 대표발의), 2016년 11월 3일, 의안번호 2003262
28) 영유아보육법(법률 14597호), 2017년 3월 14일, 일부개정

〈표 3-5〉 영유아보육법 개정 전후

개정 전	개정 후
제10조(어린이집의 종류) 어린이집의 종류는 다음 각 호와 같다. 4. 직장어린이집 : 사업주가 사업장의 근로자를 위하여 설치·운영하는 어린이집(국가나 지방자치단체의 장이 소속 공무원을 위하여 설치·운영하는 어린이집을 포함한다)	제10조(어린이집의 종류) ─────── . 4. ─────────────── ─────────────── ─────── 소속 공무원 및 국가나 지방자치단체의 장과 근로계약을 체결한 자로서 공무원이 아닌 자를 ───────────────

2) 교육기관의 경우

교육기관이라 함은 교육공무원법상 유치원, 초·중·고등학교, 특수학교, 각종학교, 대학, 교육공무원 연수기관, 교육연수기관을 일컬으며(2조3항), 동법의 적용을 받는 교육공무원은 교육기관에 근무하는 교원 및 조교, 교육연구관, 교육연구사를 말한다. 그 외에 교육기관의 행정직원의 경우에는 각 교육기관 관련 법령의 '교직원' 정의에 따른다.

〈표 3-6〉 교육기관별 교직원 구분

법령	조문 내용
유아교육법	제20조(교직원의 구분) ① 유치원에는 교원으로 원장·원감·수석교사 및 교사를 두되, 대통령령으로 정하는 일정 규모 이하의 유치원에는 원감을 두지 아니할 수 있다. 〈개정 2010. 3. 24., 2011. 7. 25.〉 ② 유치원에는 교원 외에 촉탁의사, 영양사, 간호사 또는 간호조무사, 행정직원 등을 둘 수 있다. ③ 유치원에 두는 교원과 직원(이하 "교직원"이라 한다)의 정원·배치기준 등에 관하여 필요한 사항은 대통령령으로 정한다.
	제19조(교직원의 구분) ① 학교에는 다음 각 호의 교원을 둔다. 1. 초등학교·중학교·고등학교·공민학교·고등공민학교·고등기술학교 및 특수학교에는 교장·교감·수석교사 및 교사를 둔다. 다만, 학생 수가 100명 이하인 학교나 학급 수가 5학급 이하인 학교 중 대통령령으로 정하는 규모 이하의 학교에는 교감을 두지 아니할 수 있다.

초·중등교육법	2. 각종 학교에는 제1호에 준하여 필요한 교원을 둔다. ② 학교에는 교원 외에 학교 운영에 필요한 행정직원 등 직원을 둔다. ③ 학교에는 원활한 학교 운영을 위하여 교사 중 교무(校務)를 분담하는 보직교사를 둘 수 있다. ④ 학교에 두는 교원과 직원(이하 "교직원"이라 한다)의 정원에 필요한 사항은 대통령령으로 정하고, 학교급별 구체적인 배치기준은 제6조에 따른 지도·감독기관(이하 "관할청"이라 한다)이 정하며, 교육부장관은 교원의 정원에 관한 사항을 매년 국회에 보고하여야 한다.〈개정 2013. 3. 23.〉 [전문개정 2012. 3. 21.]
고등교육법	제14조(교직원의 구분) ① 학교(각종 학교는 제외한다. 이하 이 조에서 같다)에는 학교의 장으로서 총장 또는 학장을 둔다. ② 학교에 두는 교원은 제1항에 따른 총장이나 학장 외에 교수·부교수 및 조교수로 구분한다. ③ 학교에는 학교운영에 필요한 행정직원 등 직원과 조교를 둔다. ④ 각종 학교에는 제1항부터 제3항까지의 규정에 준하여 필요한 교원, 직원 및 조교(이하 "교직원"이라 한다)를 둔다. [전문개정 2011. 7. 21.][29]

반면 학교의 기간제 교원 및 학교 강사들을 무기계약 근로자로 인정하는 경우에는 무기계약 근로자 관리규정을 적용하고 직제를 부여한다. 각 교육기관별로 다른 직제를 부여하고 있다.[30] 이에 "교육공무직원"(예시)으로 칭해 일관된 관리·운영이 필요하다는 입법안이 발의된 바 있다. 그렇지 않을 경우 현행과 같이 각 기관별로 무기계약 전환 근로자의 직제를 새로운 명칭으로 칭하고 각 기관별로 다른 관리규정을 적용하게 된다.[31]

2017년 6월 기준 공공부문 비정규직 특별실태조사 결과에 따르면 중앙부처·자치단체의 경우 기간제근로자 용역 비율이 높게 나타나는 반면, 교육기관의 경우에는 기간제 및 단시간 근로자의 비율이 높게 나타난 것을 확인할 수 있다.[32]

---

29) 고등교육법의 경우 14조의2(강사) 규정이 신설됐다. 2019년 1월 1일 시행 예정이다.
30) 강원도교육감 소속 무기계약 근로자 정원관리규정, 전라북도교육청 무기계약 근로자 전보관리규정 참조
31) 유은혜 의원의 '교육공무직원의 채용 및 처우에 관한 법률' 입법안에 따르면 학교비정규직(학교회계직원)에 대해 '교육공무직'이라고 칭할 것을 제안하고 있다. 학교회계직원은 학교를 통해 직접적으로 급여를 받는 자들로서, 교육청으로부터 직접 급여를 지급받는 기간제 교원과는 차이가 존재한다. 유은혜 의원의 입법안은 철회됐지만, 현재 서울특별시는 교육공무직원의 경우 정원관리규정을 통해 규율하고 있다. 서울시 교육공무직원 정원관리에서도 교육공무직원의 직종에 기간제 강사와 학교강사 등 학생 교육을 담당하는 자를 포함하고 있지 않고 있다.
32) 고용노동부 공공부문 비정규직 고용개선 시스템 홈페이지 참조(http://public.moel.go.kr)

주로 아침 등교 시간, 오후제 근무, 돌봄교사, 과목별 강사 등을 별도의 기간제 교원 또는 학교강사로 채용하는 비율이 크게 늘면서 나타난 결과로 보인다. 이런 이유로 교육기관에서 무기계약직으로 전환되는 교사의 종류가 매우 다양한 것으로 확인되는데, 교육 관련 비정규직에 대한 범주화 문제가 존재한다.

현재 학교에서 교사 업무를 대신하거나 보조하는 업무를 하고 있는 자들에 대해 교육부에서는 다음와 같이 "기간제 교원 및 학교강사 7종"으로 분류하고 있다.

■ 기간제 교원

구분	규모 (국·공립)	법적 근거	계약기간 관련 법령 규정
기간제 교원	32,734명	교육공무원법 32조	• (교육공무원법) 예산범위 내 기간 정하여 임용 • (교육공무원임용령) 1년 이내(3년 범위 내 연장)

■ 학교강사(7종)

구분	규모 (국·공립)	법적 근거	계약기간 관련 법령 규정
영어회화 전문강사	3,255명	초중등교육법 22조	• (초중등교육법 시행령) 1년 이내 임용, 필요 시 계속 4년을 초과하지 않는 범위 내 연장 가능
다문화언어 강사	427명		-
산학겸임교사	404명		-
교과교실제 강사	1,240명		-
초등 스포츠강사	1,983명	학교체육 진흥법 13조	• (학교체육 진흥법 시행령) 1년 단위 계약 임용 가능
유치원 돌봄교실 강사	299명	유아교육법 20조	-
유치원 방과후과정 강사	735명		-
합계	8,343명		

교육부 보도자료(2017), 교육 분야 비정규직 개선 방안 발표, 2017년 9월 11일자

무기계약직 교사에 모든 직종의 교사(강사)를 포함할 수 있는 지 여부를 확인하기 위해 비정규직 교사 구인 사례를 살펴보면, 직종별로 근무기간, 근무시간, 보수, 자격기준, 급여 지급 기관 등에서 차이를 확인할 수 있다.

〈표 3-7〉 비정규직 교사 구인정보 사례와 급여 지급기관

직종별	근무조건	자격증	급여 지급기관
기간제 교사 (정보컴퓨터)	근무일정 2017년 11월 1일~2019년 2월 28일(1년4개월) (계약만료 후 근무평가에 의거 재계약 가능)	중등 2급 정교사 이상 자격증 소지자	교육청
실습실무사 (자동차과)	방학 중 비근무 4대 보험 가입	없음	개별 학교
시간강사 (수학)	총 13시간(시간당 17,000원)	없음	개별 학교
시간강사 (학습부진전담강사)	근무일정 주 4일(월·화·수·금) 오후제 근무 (주당 수업시수 15시간 미만) 시간당 17,000원	없음	개별 학교
시간강사 (수업협력교사[33])	근무일정 12시간 수업보조 시간당 17,000원	없음	개별 학교
아침돌봄사[34]	근무일정 오전 6시30분~9시 (휴게시간 30분 포함) 1일 20,000원 주 15시간 미만으로 퇴직금, 4대 보험, 연차 없음	없음	개별 학교

---

33) 비정규직 교사 구인 사례를 보면 학생들의 활동 위주 수업(놀이·연극 등) 진행 시 전반적인 진행은 교과교사가 담당하고, 협력강사는 적절한 보조적 역할을 수행하는 것으로 나타난다. 예를 들어 모둠활동을 할 때 6모둠이라면 3개 모둠은 교과교사가, 3개 모둠은 협력강사가 학습활동 지도하는 방식이다.
34) 돌봄교실 학생 학습 및 생활지도, 돌봄교실 학생의 이동 및 안전관리, 환경정리 및 청소 등 청결 유지

무기계약직의 고용형태로 학교에 소속돼 학생 교육을 담당하는 기간제 교원과 학교 강사를 관리하는 규정에서 포섭하는 비정규직 교사(강사)의 실제 근로조건과 자격요건, 급여체계 등에 차이가 존재한다. 따라서 무기계약직으로 전환되는 비정규직 교사(강사)의 포섭 범위에 대한 설정이 선행돼야만 무기계약직 교사의 법적 명칭을 검토하고 직렬을 구분할 수 있을 것이다.

3) 공공기관 · 지방공기업의 경우

(1) 공공기관의 무기계약직 관련 규정 현황 분석

공공기관은 국가 · 지방자치단체가 아닌 법인 · 단체 또는 기관으로서, 현행 '공공기관의 운영에 관한 법률'에서는 공공기관을 공기업(시장형 · 준시장형), 준정부기관(기금관리형 · 위탁집행형), 기타공공기관으로 구분하고 있다(4조).

각 공공기관에는 무기계약직 근로자 관리규정을 마련하고 있으며, 이런 규정은 고용노동부에서 2013년 9월 5일 개최된 국가정책조정회의의 결정으로 마련된 공공부문 무기계약 근로자 관리규정 표준안(중앙공공기관 · 지방공기업)에 기초하고 있다.

공무원 및 지자체의 경우에도 2013년 표준안에 기초해 관련 규정을 개정해 나가고 있지만 전반적으로 '무기계약 근로자'를 '공무직 근로자'로 수정하거나, 보수 규정을 수정하는 정도의 노력을 하고 있다. 공공기관의 경우에는 기관별 편차가 큰 것으로 확인된다.

공공기관 경영정보 공개시스템(ALIO)을 통해 공공기관별로 무기계약 근로자 관리규정에 대한 정보를 확인할 수 있었다. 각 기관에서 제정하고 있는 관련 규정의 제 · 개정 현황을 살펴보면 2013년 기준을 그대로 따르는 경우,[35] 2013년

---

35) 한국건강가정진흥원(기타공공기관) 무기계약직 근로자 관리규정(2017년 2월 8일 개정)

기준에 못미치는 경우,[36] 비정규 근로자와 규정을 함께 두고 있는 경우[37] 등 공공기관 무기계약 근로자 관리규정은 대부분 2013년 표준안에 따르고 있다.

다만 기타공공기관은 다른 공공기관에 비해 해당 기관에서 자체적으로 무기계약 근로자 관련 기준을 체계적으로 마련하기 위해 개정 작업을 꾸준히 하는 것으로 확인됐다. 반면 시장형 공기업이나 기금관리형 준정부기관은 관련 규정을 공시하지 않거나, 복리후생비나 노사협의회 의결사항 등에 언급하는 정도에 그쳤다.

(2) 한국직업능력개발원 사례

지금까지 공공부문에서 무기계약직 직제를 세분화해 관리하는 기관으로는 서울특별시 사례가 많이 언급된 바 있다(서울특별시 공무직 관리규정). 한편 공공기관 중 기타공공기관에 해당하는 한국직업능력개발원은 무기계약 근로자의 관리 운영에 대해 기관 특성을 반영해 무기계약 근로자의 직무와 특성에 맞게 직렬과 직무, 승진체계를 마련하고 있다. 공공부문을 통틀어 무기계약직 관련 규정을 가장 상세하게 마련하고 있는 것으로 평가돼 관련 규정의 주요 내용을 소개하고자 한다.

한국직업능력개발원은 '무기계약 근로자 운영 규칙'(2017년 7월 31일 개정)에서 무기계약 근로자 직렬을 사업연구직 · 사업전문직 · 사업행정직 · 사업업무직으로 구분해 용어의 뜻을 규정하고 있다.

---

36) 한국문화예술위원회(준정부기관, 기금관리형), 무기계약직운용규정(2016년 4월 27일 개정)
37) 교통안전공단(준정부기관, 위탁집행형), 무기계약 근로자 및 기간제근로자 관리규정(2017년 8월 23일 개정); 한국수자원공사(공기업, 준시장형), 무기계약 근로자 및 특수직 관리규정(2015년 9월 14일 개정)

〈표 3-8〉 한국직업능력개발원 관련 규칙상 '무기계약 근로자' 용어 정의

제2조(무기계약 근로자의 구분 및 용어 정의)
1. "무기계약 근로자"란 상시적·지속적으로 업무를 보조하기 위하여 기간의 정함이 없는 근로계약을 체결한 자를 말한다.〈개정 2014. 3. 25.〉
2. "사업연구직"이라 함은 기관이 지정하는 연구·사업수행을 지원하는 직렬을 말한다.〈개정 2011. 12. 29., 2014. 3. 25.〉
3. "사업전문직"이라 함은 기관이 지정하는 국제협력업무, 법정위임사업관리업무, 동향데이터분석 관련 정보전산업무, 홍보업무, 기타 기관이 지정하는 전문업무를 담당하는 직렬을 말한다.〈개정 2014. 8. 7.〉
4. "사업행정직"이라 함은 기관이 지정하는 연구·사업 또는 기관운영관련 행정업무를 담당하는 직렬을 말한다.〈개정 2014. 3. 25.〉
5. "사업업무직"이라 함은 기관의 행정업무 또는 전산업무(홈페이지 포함) 운영을 지원하는 직렬을 말한다.〈개정 2014. 3. 25.〉
6. 〈삭제 2014. 3. 25.〉

동 규칙의 제5조(채용권자 및 채용절차)에 무기계약직원의 직급별·직렬별 자격기준을 상세하게 마련하고 있다.

〈표 3-9〉 한국직업능력개발원 관련 규칙상 '무기계약 근로자' 직렬별·직급별 임용기준

[별표 2] (신설 2017.07.31.)

■ 무기계약연구직

직급	자 격 기 준
무기계약 부연구위원	1. 해당 전공 분야 박사학위 소지자 2. 무기계약전문연구원으로 2년 이상 재직한 자로서 박사학위 취득자 3. 해당 전공 분야 기술사자격 소지자 4. 기타 이와 동등한 자격이 있다고 인정되는 자
무기계약 전문연구원	1. 전공 분야 및 논문실적, 어학 등에서 해당 분야 연구 가능자로서 교육훈련 또는 해당 분야 경력 4년 이상인 자 2. 기능장 자격 소지자로서 교육훈련 또는 해당 분야 경력 6년 이상인 자 3. 무기계약연구원으로 4년 이상 재직한 자 또는 연구원으로 2년 이상 재직한 자로서 박사학위 취득자 4. 기타 이와 동등한 자격이 있다고 인정되는 자
무기계약 연구원	1. 전공영역 및 논문실적, 어학 등에서 해당 분야 연구 가능자〈개정 2011. 12. 29.〉 2. 기능장자격 소지자로서 교육훈련 또는 해당 분야 경력 4년 이상인 자 3. 기타 이와 동등한 자격이 있다고 인정되는 자

■ 무기계약전문직

직급	자격 기준
무기계약 선임전문원	(갑) 1. 무기계약선임전문원(을)으로 4년 이상 재직한 자
	(을) 1. 국가공무원 7급 이상 직에 재직한 자 2. 정부출연 또는 투자기관의 선임급 상당 이상 직원으로 재직한 자 3. 무기계약전문원으로 3년 이상 재직한 자 4. 정보처리기사 및 정사서 2급 자격증 소지자 또는 웹마스터 능력을 보유한 자이거나 원어민 수준의 외국어 구사능력을 보유한 자로서 해당 분야 실무경력 5년 이상인 자 5. 기타 이와 동등한 자격이 있다고 인정되는 자
무기계약 전문원	1. 국가공무원 8급 이상 직에 재직 또는 9급 직에 2년 이상 재직한 자 2. 정부출연 또는 투자기관의 전문원급 상당 이상 직원으로 재직한 자 3. 정보처리산업기사 자격증 소지자 또는 준사서 자격증 소지자 또는 웹마스터 능력을 보유한 자이거나 원어민 수준의 외국어 구사능력을 보유한 자로서 해당 분야 근무 가능 자 4. 기타 이와 동등한 자격이 있다고 인정되는 자

■ 무기계약행정직

직급	자격 기준
무기계약 선임행정원	(갑) 1. 무기계약선임행정원(을)으로 4년 이상 재직한 자
	(을) 1. 국가공무원 7급 이상 직에 재직한 자 2. 정부출연 또는 투자기관의 선임급 상당 이상 직원으로 재직한 자 3. 무기계약행정원으로 3년 이상 재직한 자 4. 전공 분야, 자격 등에서 해당 분야 근무 가능자로서 해당 분야 실무경력 5년 이상인 자 5. 기타 이와 동등한 자격이 있다고 인정되는 자
무기계약 행정원	1. 국가공무원 8급 이상 직에 재직 또는 9급 직에 2년 이상 재직한 자 2. 정부출연 또는 투자기관의 5급 상당 이상 직원으로 재직한 자 3. 전공 분야, 자격 등에서 해당 분야 근무 가능자 4. 기타 이와 동등한 자격이 있다고 인정되는 자

■ 무기계약업무직

직급	자격 기준
무기계약 책임업무원	1. 무기계약선임업무원으로 4년 이상 재직한 자 2. 전공 분야, 자격 등에서 해당분야 근무 가능자로서 해당 분야 실무경력 10년 이상인 자 3. 기타 이와 동등한 자격이 있다고 인정되는 자
무기계약 선임업무원	1. 무기계약업무원으로 6년 이상 재직한 자 2. 전공 분야, 자격 등에서 해당 분야 근무 가능자로서 해당 분야 실무경력 6년 이상인 자 3. 기타 이와 동등한 자격이 있다고 인정되는 자
무기계약 업무원	1. 전공 분야 및 자격, 실무경력 등 해당 분야 근무 가능자 2. 해당 전공 분야 고등학교 졸업자 3. 기타 이와 동등한 자격이 있다고 인정되는 자

그 밖에 승진 및 승급에 대한 12조(소요연수) 규정을 통해 무기계약 근로자의 승진(승급) 체계를 마련하고 관련 기준을 명시하고 있다.

〈표 3-10〉 한국직업능력개발원 관련 규칙상 승진(승급) 기준

> **제12조(소요연수)** ① 무기계약직원의 승진(승급 포함)에 필요한 소요연수는 다음 각 호와 같다. 〈신설 2017. 7. 31.〉
> 1. 무기계약부연구위원 : 무기계약전문연구원으로 2년 이상 재직한 자로서 박사학위 취득자
> 2. 무기계약전문연구원 : 무기계약연구원으로 4년 이상 재직한 자 또는 무기계약연구원으로 2년 이상 재직한 자로서 박사학위 취득자
> 3. 무기계약선임전문원(갑) : 무기계약선임전문원(갑)으로의 승급은 무기계약선임전문원(을)으로 4년 이상 재직한 자
> 4. 무기계약선임전문원(을) : 무기계약전문원으로 3년 이상 재직한 자
> 5. 무기계약선임행정원(갑) : 무기계약선임행정원(갑)으로의 승급은 무기계약선임행정원(을)으로 4년 이상 재직한 자
> 6. 무기계약선임행정원(을) : 무기계약행정원으로 3년 이상 재직한 자
> 7. 무기계약책임업무원 : 무기계약선임업무원으로 4년 이상 재직한 자
> 8. 무기계약선임업무원 : 무기계약업무원으로 6년 이상 재직한 자

종합해 볼 때 한국직업능력개발원 사례에서는 무기계약직의 직제 및 직군을 별도로 구분하고 승진 및 승급 체계를 마련해 고용형태가 무기계약직임에도 불구하고 승진과 급여 상승에 차별을 최소화시키는 노력을 하고 있다고 평가된다.

2. 무기계약직 관련 입법 현황

공공부문의 무기계약직 관련 규정으로는 공공기관 또는 지방자치단체별로 무기계약(공무직) 근로자에 대한 관리와 운영에 대해 개별적으로 규율하고 있다. 그러나 기간을 정하지 않은 근로계약을 체결해 상시적·지속적 업무에 종사하는 근로자의 채용절차·근무조건·복무기준 및 근로환경 등 불합리하고

차별적인 처우가 존재한다는 비판이 존재한다. 이에 무기계약직의 정식직제를 마련하고, 고용안정 및 불합리한 차별을 받지 않고 정당한 대우를 받을 수 있는 근로자의 법적 지위를 보장하기 위해 관련 법령으로서 입법안이 발의되고 있다.[38]

특히 단일법령으로 입법안을 발의한 유은혜 의원 대표발의 '교육공무직원의 채용 및 처우에 관한 법률안'(2016)[39]과 진선미 의원 대표발의 '지방자치단체 공무직 근로자에 관한 법률안'(2016)을 중심으로 입법배경 및 주요 내용을 검토한다.

1) '교육공무직원의 채용 및 처우에 관한 법률안'(2016년)[40]

(1) 입법배경

현행법은 교직원 등의 인건비, 학교교육에 직접 사용되는 교육비 등을 집행하기 위해 학교회계를 운영하고 있는데, 학교회계에서 보수를 지급받고 있는 학교비정규직(학교회계직원)은 현재 약 14만 명(2016년 4월 1일 기준)으로, 공공부문 비정규직의 33%가 학교비정규직으로 나타나고 있다. 특히 무기계약 전환대상자가 8,588명에 이른다.

그러나 공공기관 및 지방자치단체의 무기계약 전환대상 제외 사유가 엄격하게 규정됨에 따라 상시·지속적 업무임에도 불구하고 무기계약 전환대상에서 제외되는 직종과 인원이 상당해 시·도 차원에서 교육공무직 조례가 통과돼 운용됨에도 고용불안이 반복되고 있다. 또한 주 15시간 초단시간으로 무기계약을 피하려는 악습이 반복되고 있다. 간접고용과 강사직종 무기계약 전환 제외, 예

---

38) 공공기관 무기계약직 근로자와 관련한 입법안은 아직까지 발의되지 않은 것으로 파악된다.
39) 유은혜 의원의 교육공무원직 법률안은 학교비정규 근로자들의 정규직 채용에 따른 비용부담으로 교육예산이 줄어들거나, 교사 또는 공무원의 채용인원이 줄어들 수 있다는 반대여론에 따라 발의 2주 만에 철회했다(매일노동뉴스, 교사·공무원 지망생 불안이 좌초시킨 교육공무원법, 2016년 12월 19일자).
40) 교육공무직원의 채용 및 처우에 관한 법률(유은혜 의원 등 75인), 2016년 11월 28일, 의안번호 2003899

산 및 사업축소를 이유로 상시·지속 업무자의 무기계약 전환 제외 같은 문제가 지속되고 있다.

동일노동을 하면서도 동일임금 원칙이 적용되지 않고 있는데, 국회·교육부·교육청·관련 단체의 관심과 노력으로 최근 장기근무가산금이 인상되고 명절상여금·정기상여금·급식비 항목이 신설되는 등의 처우 개선이 부분적으로 이뤄지는 변화가 있었다. 그러나 근본적으로 전국 14만 명에 달하는 학교비정규직에 공통적으로 적용되는 임금체계가 없다. 시·도 별로 수당지급 여부, 수당금액, 총 임금액의 차이가 큰 상황이다. 통일적인 보수체계가 없어 해당 문제가 매년 반복되고, 시·도별 갈등이 커지고 있다는 점을 지적하고 있다.

이에 해당 입법안은 학교를 비롯한 교육기관에 교육공무직이라는 새로운 직제를 신설하고, 학교와 교육행정기관의 비정규직 직원을 정규직인 교육공무직원으로 채용하도록 하여 고용을 안정시키고 처우를 개선하는 것을 목적으로 한다.

(2) 주요 내용 검토

입법안은 교육공무직원의 법적 정의와 교육공무직원의 채용, 정원 및 배치기준, 정년, 보수 등 11개 조항을 규정하고 있다.

① 교육공무직원의 정의

> 제2조(정의)
> 3. "교육공무직원"이란 교원 또는 공무원이 아닌 사람으로 학교와 교육행정기관에서 상시·지속적 업무에 종사하는 자를 말한다. "상시·지속적 업무"란 객관적으로 일시적 업무가 아니고 학기 중 계속되는 업무를 말한다.

교육공무직원 정의 조항을 보면 직제는 교원 및 공무원과 다르지만, 학교와 교육행정기관에서 상시적·지속적 업무를 수행하는 자로 규정하면서 일반적인 무기계약직의 정의에 따르고 있다.

다만 '학기 중 계속되는 업무'의 해석에 있어, 방학기간이 존재하는 학교의 경우 상시성과 지속성에 대한 해석상 문제가 생길 수 있다. 법원은 방학 기간에 대해 "갱신되거나 반복 체결된 근로계약 사이에 일부 공백기간이 있다 하더라도 그 기간이 전체 근로계약기간에 비해 길지 아니하고 계절적 요인이나 방학 기간 등 당해 업무의 성격에 기인하거나 대기 기간·재충전을 위한 휴식 기간 등의 사정이 있어 그 기간 중 근로를 제공하지 않거나 임금을 지급하지 않을 상당한 이유가 있다고 인정되는 경우에는 근로관계의 계속성은 그 기간 중에도 유지된다고 봄이 상당하다"고 판시한 바 있다.[41] 입법안에서 '학기 중'이라는 용어 사용이 방학 기간의 업무 지속성이 없음에 따른 임금책정의 변화가 존재할 수 있다는 점을 의미하는지에 대해서는 오해를 불러일으킬 수 있는 소재가 존재하므로 명확히 할 필요가 있다.[42]

② 정원 및 배치기준

> **제6조(교육공무직원의 정원 및 배치기준)**
> 국립학교, 교육부와 그 소속기관에 근무하는 교육공무직원의 정원 및 배치기준 등에 필요한 사항은 교육부령으로, 공립학교, 시·도 교육관서에 근무하는 교육공무직원의 정원 및 배치기준 등에 필요한 사항은 해당 시·도의 교육규칙으로 정한다.

정원 및 배치기준의 경우 해당 시·도의 교육규칙을 기준으로 정하고 있는데, '서울특별시교육청 교육공무직 정원관리규정' 3조2항에 따르면(2016년 기준) 매년 정원조정계획에 따라 교육공무직 정원을 직종별·학교별로 발표하고 있다. 이때 "1. 정원감축사유가 발생하는 경우 2. 교육공무직 정원이 공무원으로 대체

---
41) 대법원 2010. 12. 9. 선고 2010다58490 판결(퇴직금)
42) 학교에서 조리 및 청소 업무 등을 수행하는 공무직 근로자의 경우 방학 중 비정기적으로 출근을 하기 때문에 해당 규정에서 '학기 중'이라는 문구를 사용하는 것으로 보인다. 그러나 교육공무원 역시 방학 중에는 비정기적으로 출근을 한다는 점에서 공무직 근로자와 차이를 둔다는 점에 대해 논의가 필요하다.

되는 경우 3. 조직 진단 및 분석 결과 효율적 인력운영이 필요한 경우"에 대해서는 정원 감축이 가능하도록 규정하고 있다.

③ 보수 등

> **제10조(보수 등)**
> ① 교육공무직원의 보수는 교원 또는 공무원인 행정직원에 준하여 대통령령으로 정하며, 근속기간을 고려하여 정하여야 한다. 다만, 단체협약 등으로 정한 근로조건이 더 유리할 경우 이에 따른다.
> ② 교육부장관, 교육감, 학교법인 또는 사립학교경영자는 방학기간 중에 근무하지 아니하는 교육공무직원에게 대통령령으로 정하는 생활안정대책을 마련하여야 한다.

교육공무직원의 보수는 각 교육청별로 매년 예산편성에 따라 유동적으로 결정된다. '경기도교육청 교육공무직 운영 규정'(2016년 기준)에 따르면 "56조(보수의 지급) ① 보수는 예산부서, 사업부서에서 정한 지침 또는 기준에 의하여 지급한다. ② 임금은 매년 편성되는 예산편성 기본지침 및 기준에 의한 예산서상의 단가로 지급하되 최저임금 이상이 되도록 한다"고 규정하고 있다. 반면 교육공무원법상 교육공무원의 보수는 우대돼야 하고 자격·경력·직무의 곤란성 및 책임의 정도에 따라 결정된다고 하는 보수결정의 원칙(34조)에 따르고 있다. 최저임금 이상 지급을 원칙으로 하는 교육공무직 보수 규정과 임금결정 원칙이 다르다는 점을 확인할 수 있다.

해당 입법안 10조2항의 경우 '방학기간 중에 근무하지 아니하는 교육공무직원'이라는 점을 규정하고 있다. 교육공무직의 정의에서도 지적한 바와 같이 근로관계의 계속성에 대한 명확한 기준이나 해석이 없으면 방학기간에 교육공무직 근로자에 대한 불이익으로 이어질 수 있다. 이와 관련해 법원은 "대학입시학원 종합반 강사들이 매년 계약기간을 2월 중순께부터 그해 11월께까지로 정한 근로계약을 반복해 체결한 경우에 대해 계약기간이 아닌 기간에 강사들이 수능시험 문제 풀이, 논술 강의, 대학 지원자 및 대학 합격자 파악·보고 등의 업무를 수행한 점 등에 비춰 볼 때 계약기간이 아닌 기간도 강의 외 부수업무 수행과 다음 연도 강의를 위한 재충전 및 강의 능력 제고를 위한 연구기간으로서 근로관계가 계속됐다"고 판단했다.[43] 즉 교육공무직에 대한 방학기간 중의 생활안정 대책 마련은 선행적으로 일반 교육직 공무원에 대해서도 방학기간에 대한 예외를 두고 있는지 여부 및 교육공무직의 방학 중 실질적 근로제공 유무에 대한 검토가 필요하다.

2) 지방자치단체 공무직 근로자에 관한 법률안(2016년)[44]

(1) 입법배경

공공기관 및 지방자치단체 규정상 무기계약(공무직) 근로자는 상시적 · 지속적 업무에 종사하며 기간을 정하지 않은 근로계약을 체결한 자를 말한다. 입법안은 "이런 명칭은 법령에 명시된 정식 직제가 아닌 고용의 형태인 무기계약이란 이름 아닌 이름으로 불리며, 신분과 고용 · 처우 등에서 불합리한 차별에 놓여 있는 실정"이라는 점을 지적하고 있다. 특히 현재 각 지방자치단체에서 이 같은 형태의 근로계약을 체결한 인원은 약 40만 명에 이른다. 최근 들어 지방자치단체가 훈령과 조례 제정을 통해 이들에게 '공무직'이란 명칭을 부여하고 있으나 명확한 상위규정이 없고 각 지방자치단체 상황에 따라 그 규율 내용이 제각각이다. 지방자치단체 차원의 훈령으로 안정적인 고용지위를 보장하는 것은 한계가 있다.

이에 무기계약 근로자의 명칭을 공무직으로 변경하고, 정식직제를 부여하는 등 관련 근거 법령을 마련함으로써 신분 · 고용 · 처우 등에서 불합리한 차별을 받지 않고 정당한 처우를 받을 수 있도록 근로자의 법적 지위를 보장하는 것이 해당 입법안의 목적이다.

---

43) 대법원 2006. 12. 7. 선고 2004다29736 판결(퇴직금)
44) 지방자치단체 공무직 근로자에 관한 법률안(진선미 의원 등 36인), 2016년 11월 1일, 의안번호 2003138

(2) 주요 내용 검토

제정안은 공무직 근로자의 정의, 공무직 근로자의 채용 및 정원의 관리, 공무직 근로자인사위원회의 설치·인사·보수 외 급여·산업안전 등 33개의 조항을 담고 있다. 이하에서는 공무직 근로자의 정의 규정과 공무직 근로자인사위원회의 설치에 대해 논하고자 한다.

① 공무직근로자의 정의

> **제2조(정의)**
> 이 법에서 사용하는 용어의 뜻은 다음과 같다.
> 1. "공무직근로자"란 상시적·지속적 업무에 종사하며 기간을 정하지 않은 근로계약을 해당 지방자치단체와 체결한 사람으로서 공무원이 아닌 근로자를 말한다.
> 2. "상시적·지속적 업무"란 업무의 객관적 성격으로 보아 연중 계속되는 업무를 말한다.

제정안은 상시적·지속적 업무에 종사하며 기간을 정하지 않은 근로계약을 지방자치단체와 체결한 사람으로서 공무원이 아닌 근로자를 "공무직 근로자"로 정의하고 있다. 그러나 행정자치부는 '무기계약직'이 2006년부터 관행화돼 국민의 공직 개념에 혼란을 초래할 우려가 있고, 명칭 변경과 사기 진작 사이의 인과관계도 미흡하며, 국가공무원법·지방공무원법상 "직(織)"은 공무원의 직종을 분류할 때에 사용하는 법문표현이기에 사용이 부적절하고, 공무원과 유사한 제3의 신분을 창설하는 효과가 우려되는 외에, 호봉제 도입 등 추가적인 요구가 예상됨을 들어 유보적인 견해를 제시하고 있다.[45]

입법안의 기본 목적인 '근로형태를 직제로 사용한 신분과 고용·처우상 불합리한 차별'과 '기존 공무원과의 직제상 차별성 요구'라는 입장 차이가 존재한다는 점을 알 수 있다.

---

45) 행정안전위원회(2017), 지방자치단체 공무직 근로자에 관한 법률(진선미 의원 등 36인) 검토보고서, 2017년 2월 27일

다만 자체 훈령에 '무기계약 근로자'를 '공무직'으로 명시한 지방자치단체가 2016년 12월 현재 92개로 집계되고 있어,[46] 관련 법령 제정 단계에서 명칭에 대한 합의가 있은 후에는 현행 지방자치단체 조례의 전면적인 개정이 불가피할 것으로 보인다.

〈표 3-11〉 공무직 명칭을 사용 중인 지방자치단체 현황

구 분	해당 지방자치단체
합 계	92개 지방자치단체
서울(7)	본청, 성동구, 성북구, 서대문구, 양천구, 강서구, 구로구
부산(3)	중구, 부산진구, 사하구
대구(0)	없음
인천(11)	본청, 중구, 동구, 남구, 연수구, 남동구, 부평구, 계양구, 서구, 강화군, 옹진군
광주(6)	본청, 동구, 서구, 남구, 북구, 광산구
대전(6)	본청, 동구, 중구, 서구, 유성구, 대덕구
울산(3)	본청, 동구, 북구
세종(1)	본청
경기(11)	본청, 수원, 성남, 안양, 부천, 광명, 과천, 군포, 화성, 양주, 가평
강원(4)	본청, 원주, 삼척, 영월
충북(3)	청주, 충주, 제천
충남(10)	본청, 보령, 논산, 계룡, 당진, 금산, 부여, 서천, 청양, 예산
전북(10)	본청, 전주, 익산, 정읍, 남원, 김제, 완주, 진안, 장수, 고창
전남(2)	목포, 여수
경북(1)	경주
경남(13)	진주, 통영, 사천, 밀양, 거제, 양산, 의령, 함안, 고성, 산청, 함양, 거창, 합천
제주(1)	본청

---

46) 행정자치부, 2016년 12월 31일(전라북도 홈페이지 참조, 공무직노조 공무직법제화 추진현황)

② 공무직 근로자인사위원회의 설치

> **제7조(인사위원회의 설치)**
> ① 공무직근로자의 인사관리에 관한 중요사항을 심의 또는 의결하기 위하여 채용권자[채용권을 위임받은 자는 제외하되, 그중 행정시장·행정구청장(자치시·구가 아닌 시·구의 시장·구청장을 말한다)과 지방자치단체의 장이 필요하다고 인정하는 소속 기관의 장을 포함한다]별로 공무직근로자인사위원회(이하 "인사위원회"라 한다)를 둔다.
> ② 인사위원회는 다음 각 호의 사무를 심의·의결한다.
>   1. 공무직근로자 충원계획의 사전심의
>   2. 기간제 근로자의 공무직근로자로의 전환계획의 사전심의
>   3. 공무직근로자의 전환배치계획의 사전심의
>   4. 채용권자의 요구에 따른 징계 의결
>   5. 채용권자의 요구에 따른 고충심사청구에 관한 사항
>   6. 그 밖에 법령 또는 조례에 따라 인사위원회 업무에 속하는 사항
> ③ 인사위원회의 근로계약 해지의결 및 징계의결에 관한 절차는 따로 해당 지방자치단체의 조례 또는 규칙으로 정한다.
>
> **제8조(인사위원회의 구성)**
> ① 인사위원회는 위원장·부위원장 각 1명을 포함하여 5명 이상 7명 이하의 위원으로 구성한다.
> ② 위원은 해당 지방자치단체의 공무원(국가공무원을 포함한다) 및 다음 각 호에 해당하는 사람 중에서 지방자치단체의 장이 임명 또는 위촉한다.
>   1. 법관·검사 또는 변호사 자격이 있는 사람
>   2. 대학에서 조교수 이상으로 재직하는 사람
>   3. 공무원으로서 20년 이상 근속하고 퇴직한 사람
>   4. 「비영리민간단체 지원법」에 따른 비영리민간단체에서 10년 이상 활동하고 있는 지역단위 조직의 장
>   5. 상장법인의 임원 또는 「공공기관의 운영에 관한 법률」 제5조에 따라 지정된 공기업의 지역단위 조직의 장으로 근무하고 있는 사람
>   6. 그 밖에 인사·노무관리·법률 등에 관한 학식과 경험이 풍부한 사람
> ③ 제2항 각 호에 따라 위촉되는 위원의 임기는 2년으로 하되, 한 번만 연임할 수 있다.
> ④ 위원은 그 직무에 관하여 알게 된 비밀을 누설하여서는 아니 된다.
> ⑤ 위원 중 공무원이 아닌 위원은 그 직무상 행위와 관련하여 「형법」이나 그 밖의 법률에 따른 벌칙을 적용할 때 공무원으로 본다.

공무직 근로자인사위원회 설립안은 공무직 근로자의 채용·전환배치·징계 등에 대한 공정성·객관성·신뢰성을 강화하려는 취지로 규정하고 있다. 한편 국민권익위원회는 인사위원회 구성에 있어 '인사위원회 민간위원 중 직장협의

회 추천 1인 포함'을 제시한 바 있다.[47]

무기계약(공무직) 근로자의 인사위원회인 만큼 무기계약 근로자를 대표할 수 있는 자를 위원으로 구성함으로써 위원회 설립 취지를 강화할 수 있는 방안이다.

IV. 제도개선 과제

정부는 2017년 7월 발표한 '공공부문 비정규직 전환 가이드라인'에서 ① 연중 9개월 이상 계속되는 업무 ② 향후 2년 이상 계속될 것으로 예상되는 업무를 상시·지속적 업무의 기준으로 정했다. 이전 기준(2013)보다 완화된 개선 방안이다.

〈표 3-12〉 상시·지속적 업무 기준

기존	개선안
■ 연중 10~11개월 이상 계속 ■ ① 과거 2년 이상 지속 　② 향후 2년 이상 예상(①+②)	■ 연중 9개월 이상 계속 ■ ① 삭제 　② 향후 2년 이상 예상

그러나 2017년 가이드라인 및 2017년 12월 발표된 '공무직 등 근로자 인사관리규정 표준안'을 살펴보면 무기계약직으로 전환된 근로자에게 발생한 차별에 따른 시정절차가 존재하지 않는다. 즉 무기계약직이 차별시정제도의 적용대상으로서 현행법상 명문화돼 있지 않으며, 사법상 사회적 신분에 대해 고용형태를 적극적으로 해석하고 있지 않아 구체적인 대안이 필요하다.

---

47) 국민권익위원회(2011), 지방공무원 인사제도의 공정성 제고, 2011년 12월

2016년 12월 이용득 의원은 소위 '중규직' 등 무기계약직 근로자의 실질적인 근로조건 개선에 대한 권리를 부여하고, 동일가치노동에 대한 동일임금 실현을 위한 제도적 기반을 마련하고자 근로기준법상 '사회적 신분' 정의에 대한 입법안을 발의한 바 있다.[48]

〈표 3-13〉 개정안 신구 조문 대비(단서 신설)

현행	개정안
제6조(균등한 처우) 사용자는 근로자에 대하여 남녀의 성(性)을 이유로 차별적 대우를 하지 못하고, 국적·신앙 또는 사회적 신분을 이유로 근로조건에 대한 차별적 처우를 하지 못한다. 〈단서 신설〉	제6조(균등한 처우) ―――――――――― ―――――――――――――――――――――― ――――――――――――――. 다만, 사회적 신분에는 사업장 내에서 자신의 의사나 능력발휘에 의하여 회피할 수 없는 조건을 포함한다.

국가인권위원회도 현행 차별시정제도로는 무기계약직 근로자에 대한 누적된 차별의 시정을 요구하기 어려우므로, 근로기준법의 균등처우 규정상 차별사유에 '고용형태'를 포함시키는 방법을 생각해 볼 필요가 있다는 의견을 제시했다.[49] 이와 비슷한 취지에서 2016년 11월 이정미 의원은 균등처우 규정상 사회적 신분 이외에 고용형태에 따른 차별금지를 명시한 입법안을 국회에 제출했다.[50]

〈표 3-14〉 개정안 신구 조문 대비(고용형태 추가)

현행	개정안
제6조(균등한 처우) 사용자는 근로자에 대하여 남녀의 성(性)을 이유로 차별적 대우를 하지 못하고, 국적·신앙 또는 사회적 신분을 이유로 근로조건에 대한 차별적 처우를 하지 못한다.	제6조(균등한 처우) ―――――――――― ――――――――――――――― 신앙·고용형태 또는―――――――― ――――――――.

---

48) 근로기준법 일부개정법률안(이용득 의원 등 15인), 2016년 12월 2일, 의안번호 2004072
49) 국가인권위원회(2009) 무기계약직 근로자 노동인권상황 실태조사, 2009년 3월
50) 근로기준법 일부개정법률안(이정미 의원 등 10인), 2016년 11월 16일, 의안번호 2003638

법원은 MBC 무기계약직 차별시정 사건에서도 "일반직과 업무직·연봉직의 채용절차, 부서장 보직 부여, 직급승진 가능성 등에 차이가 있을 뿐 업무 내용과 범위, 양, 난이도 등의 차이는 없다"고 판시했다.[51] 고용형태에 따른 사회적 신분이 인정되면 비교대상근로자와 비교판단이 가능하다고 해석하고 있다.

그러나 이런 사회적 신분이나 고용형태에서 차별시정의 신청인적격이 인정된다고 하더라도, 무기계약 근로자의 차별시정에 대해 판단하려면 소속된 기관의 동종 또는 유사한 업무에 종사하는 비교대상근로자(일반 근로자)와 비교해 판단할 필요가 있다. 판례는 "비교대상근로자의 업무가 기간제근로자의 업무와 동종 또는 유사한 업무에 해당하는지 여부는 취업규칙이나 근로계약 등에서 정한 업무 내용이 아니라 근로자가 실제 수행하여 온 업무를 기준으로 판단하되, 이들이 수행하는 업무가 서로 완전히 일치하지 않고 업무의 범위나 책임과 권한 등에서 다소 차이가 있더라도 주된 업무의 내용에 본질적인 차이가 없다면, 특별한 사정이 없는 한 이들은 동종 또는 유사한 업무에 종사한다고 보아야 한다"고 명시하고 있다.[52]

한편 서울시를 포함해 지방자치단체에서 무기계약(공무직) 근로자의 직종을 구분하는 규정을 마련하면서 일반 근로자와의 업무 구분을 명시하는 개정작업을 하고 있기 때문에 향후 직종 구분과 상관없이 주된 업무의 본질적 차이가 드러나지 않는 경우를 제외하고 차별시정 비교대상근로자를 선정하기 어려울 것으로 보인다.

---

51) 서울남부지방법원 2016. 6. 10. 선고 2014가합3505 판결(임금)
52) 대법원 2012. 3. 29. 선고 2011두2132 판결(차별시정재심판정취소)

〈표 3-15〉 서울특별시 공무직 관리규정

제4조(직종의 구분)
① 제3조의 적용을 받는 공무직은 다음 각 호의 직종별로 구분 관리하여야 한다.
<개정 2013. 3. 14.>
  1. 사무종사원 : 일반 사무직원의 업무를 지원하는 자로, 문서정리 및 수발, 자료집계, 자료복사, 상담 등 일반적인 업무에 종사하는 공무직
  2. 시설관리원 : 시설물의 관리나 공사작업인부 등 주로 현업업무에 종사하는 인력, 일일근무시 간상 종일 내근을 요하지 아니하는 현장근무 업무에 종사하는 공무직
  3. 공원녹지관리원 : 공원 내 환경정비, 숲가꾸기, 산림병충해 방제, 시설물 유지관리 등 녹지환경관리 분야에 종사하는 공무직
  4. 도로보수원 : 도로시설의 보수·유지·관리업무에 종사하는 공무직
  5. 환경미화원 : 도로·가로청소, 쓰레기폐기물 수거·처리, 청사 내 쓰레기수거 및 청소업무 등 환경미화업무에 종사하는 공무직
  6. 청원경찰 : 「청원경찰법」에 따라 채용된 경비업무에 종사하는 공무직
② 제1항제1호의 사무종사원은 세입·세출, 보상업무, 회계장부관리, 금전취급, 기록검사 등 책임을 요하는 사무 등 공무원이 수행해야 하는 사무에 채용할 수 없다.

 공공부문 무기계약 근로자의 고용안정 및 처우 개선을 위한 입법안이 제시되고 있지만 입법 관련 검토보고서에 따르면 지방자치단체장들이 무기계약직에 대한 관리규정을 법령으로 제정함에 따라 지방자치단체장의 자율성이 약화되고, 예산적 부담이 발생한다는 부정적인 의견들이 적지 않다.[53]
 무기계약 근로자 정원관리규정도 "예산에 따른다"는 관련 규정을 두고 있다. 근무성적평가 결과가 적용되는 부분이다. 승진 규정은 형식적인 내용을 담고 있으면서도 해고 규정에서는 근무성적평가를 해고 사유에 포함하는 등 기간의 정함이 없는 근로자에 대한 고용불안을 야기하고 있다.
 무기계약직 관련 판결은 기간제근로자들의 계약갱신과 재채용 절차 반복에 따른 무기계약 전환 인정 및 부당해고 구제 사례(초등학교 영어회화 전문강

---

53) 행정안전위원회(2017), 지방자치단체 공무직 근로자에 관한 법률안(진선미 의원 등 36인) 검토보고서, 2017년 2월 27일

사)[54], 주 15시간 미만 근로계약서를 체결하도록 하여 무기계약 전환 대상에서 제외한 부당해고 구제 사례(초등학교 보육 전담교사)[55] 등과 같이 기간제근로계약에서 무기계약직으로 전환을 구하는 사건이 대부분이다.

향후에는 민간 분야 무기계약직에 대한 차별적 처우 보상 문제와 더불어 무기계약직의 근무성적 및 정원관리에 따른 부당해고 문제가 예상된다. 아직까지 공공부문 무기계약직 노동 3권에 대한 판례와 행정해석이 없는 상황이다. 근로조건과 근무환경 개선을 요구할 수 있는 방안과 정당한 노동 3권 행사에 대한 구체적인 논의가 필요하다.

고용노동부는 2017년 12월 공공기관이 공통적으로 참고할 수 있는 '공무직 등 근로자 인사관리규정 표준안'을 개정·발표했다. 주요 내용은 무기계약직 명칭을 '공무직'으로 변경하고[56] 공무직 근로자 구분 조항을 통해 적정 직렬명 설정, 비정규직 채용 사전심사제 도입, 블라인드 채용 의무화, 직종별 동일가치노동-동일임금 반영, 승급 규정 마련, 교육훈련 프로그램 마련, 동일형태 신분증 발급, 인트라넷 포함 내·외부망 접근 등이다.

하지만 개정된 표준안에서도 처우 개선, 채용관행 개선, 전환 제외자 보호 등에 대한 사항은 구체적으로 제기하지 않고 있다. 특히 중앙행정기관·자치단체·교육기관용 표준안에서는 '모성보호 제도의 정착'을 이유로 임산부 보호, 태아검진 시간 허용, 육아휴직, 육아기 근로시간 단축 규정을 명시하고 있다.[57]

그러나 중앙공공기관·지방공기업용 표준안에는 모성보호 제도 관련 내용이 없다. 해당 기관 공무직 근로자들의 제도 활용을 명시적으로 보장하지 않고 있다.

---

54) 대전고등법원 2017. 6. 22. 선고 2016누13470 판결(부당해고구제재심판정취소)
55) 서울행정법원 2017. 9. 22. 선고 2017구합52108 판결(부당해고구제재심판정취소)
56) 공공부문 무기계약직의 경우 '공무직 공무원'처럼 업무 내용을 반영해 명명하는 사례를 찾아볼 수 있다(서울특별시 공무직 관리규정, 한국직업능력개발원 무기계약 근로자 운영규칙 등). 학교에서 학생 교육을 담당하는 무기계약직 교사의 직명은 현재 '강사' '교사' '교원'을 혼용하고 있기 때문에 해당 직무 내용이 반영되고 공적인 업무를 수행한다는 의미에서 '교무(敎務)직'이라는 표현을 고려해 볼 만하다.
57) 고용노동부(2017년 12월), 공공부문 비정규직 근로자 정규직 전환 가이드라인(중앙행정기관·자치단체·교육기관용), 18면

공공부문 정규직 전환이 전면적으로 이뤄지는 시점에서 채용·인사·보수 등의 근로조건 외에도, 노동 3권·모성보호 등과 같은 기본적인 권리에 대한 체계적이고 보편적인 대안이 제시되지 않고 있다. 우선적으로는 각 기관별 무기계약 근로자 관리규정(징계·승진·보수·근무성적평가·해고·정원관리)에서 차별적 처우 개선, 차별시정제도 마련, 해고제한 규정 등에 대한 전면적인 개정이 요구된다. 또한 관련 지침 및 입법 논의 단계에서 근로자의 기본적 권리를 보장해 줄 수 있는 규정 마련과 함께 명확성 원칙과 과잉금지 원칙에 반하지 않는지에 대한 검토 역시 수반돼야 한다.

4장

공공부문 무기계약직 및 비정규직 현황

남우근

4장

공공부문 무기계약직 및 비정규직 현황

남우근_한국비정규노동센터

I. 무기계약직 및 비정규직 규모

1. 공공부문 개관

공공부문은 크게 중앙행정기관·자치단체·공공기관·지방공기업·교육기관으로 구분된다. 정부는 공공부문 비정규직 실태를 본격적으로 조사한 2006년부터 공공부문을 5개 영역으로 나눠 규모와 임금실태 등을 파악하고 있다. 기관 수로는 1,099개이고, 교육청 산하 국공립 초중고등학교를 모두 포함하면 1만 개 정도다.

기관별 비정규직 유형은 크게 무기계약직·기간제·단시간·간접고용으로 구분할 수 있다. 지자체 무기계약직은 단체장 훈령에 의해 공무직으로 불리는 경우가 대부분이다. 일부 교육청 산하 학교는 교육공무직으로 부르기도 한다. 간접고용은 모든 기관에 용역 형태로 활용되고 있다. 지자체는 민간위탁 형태로, 공공기관과 지방공기업은 자회사(출자출연기관) 형태로 활용한다.

〈표 4-1〉 공공부문 기관 현황

구분	기관 수	비정규직 유형	비고
중앙행정기관	48개 (중앙부처, 정부위원회 등)	무기계약직, 기간제, 용역	e-나라지표 (www.index.go.kr)
자치단체	245개 (광역, 기초단체)	공무직, 기간제, 단시간 용역, 민간위탁	내고장알리미 (www.laiis.go.kr)
공공기관	332개 (공기업, 준정부기관, 기타공공기관 등 기재부가 매년 지정)	무기계약직, 기간제, 단시간 용역, 자회사	공공기관 경영정보공개시스템 (www.alio.go.kr)
지방공기업	398개 (지자체 산하 직영, 공사, 공단 등)	무기계약직, 기간제, 용역, 자회사	지방공기업 경영정보공개시스템 (www.cleaneye.go.kr)
교육기관	76개 (교육청, 국공립대 등)	교육공무직, 기간제, 단시간, 용역	교육통계서비스 (http://std.kedi.re.kr)

2. 공공부문 비정규직 규모 : 공시자료

정부가 공공부문 비정규직을 포괄적으로 조사한 것은 2006년이 처음이었다. 이후 지속적인 조사 필요성이 제기됨에 따라 동일한 조사표를 활용해 매년 조사를 실시하고 있고, 그 결과를 공개하고 있다.

정부의 실태조사 결과는 고용노동부가 관리하는 '공공부문 비정규직 고용개선시스템'(http://public.moel.go.kr)에 공개된다. 2012년부터 2016년까지 5개 연도 조사 결과가 게재돼 있다. 조사 항목은 기관별 무기계약직 전환실적 및 전환계획, 고용형태별 비정규직 규모, 임금을 포함한 근로실태 등이다. 아쉬운 것은 기관별 무기계약직 규모와 임금이 별도로 구분돼 있지 않다는 것이다. 정부는 무기계약직을 정규직으로 간주하고 있어서 정규직 인원에 포함해서 파악하고 있다.

공공부문 비정규직 고용개선시스템에 게재된 자료와 별도의 고용노동부 무기계약직 자료를 토대로 비정규직 규모를 살펴보면 〈표 4-2〉와 같다. 2016년 기준 공공부문 비정규직은 52만 명이다. 무기계약직이 21만 명, 기간제와 단시간이 19만 명이고, 소속 외 비정규직이 12만 명이다. 무기계약직 인원은 고용노동부가 발표한 공공부문 비정규직 정규직화 가이드라인(2017년 7월 20일)에 있는 내용이다.

〈표 4-2〉 공공부문 고용 현황(2016년 말)

(단위 : 명)

구분	정규직	무기계약직	기관 소속 인력				기관 소속 외 인력		
			소계	단시간	기간제	기타	소계	파견	용역
중앙행정기관 (48개)	269,512	20,582	13,295	723	12,544	28	7,593	10	7,583
자치단체 (245개)	297,698	52,939	40,424	5,124	35,031	269	10,586	71	10,515
공공기관 (323개)	293,897	24,676	40,134	9,832	29,459	843	73,053	8,842	64,211
지방공기업 (143개)	45,963	9,466	8,759	1,664	6,791	304	5,867	343	5,524
교육기관 (76개)	417,645	104,287	88,621	29,446	58,990	185	23,556	97	23,459
소계	1,324,715	211,950	191,233	46,789	142,815	1,629	120,655	9,363	111,292

* 공공부문 비정규직 고용개선시스템, 무기계약직 규모는 고용노동부 가이드라인 자료에서 인용

3. 무기계약직 규모의 변화

공공부문 비정규직 정규직화 가이드라인에 따른 무기계약직 규모는 2016년 말 기준 211,950명이다. 고용노동부 발표자료에는 개별 기관 무기계약직 인원

이 없고, 임금 관련 자료도 없다. 연도별 규모 변화를 알 수도 없다. 따라서 별도의 방법을 통해 기관별 무기계약직 규모와 임금을 파악했다.

공공기관의 무기계약직 규모와 임금은 공공기관 경영정보 공개시스템(알리오)에 공시돼 있다. 지방공기업은 지방공기업 경영정보 공개시스템(클린아이)에 공시한다. 중앙행정기관・지방자치단체・교육기관은 공시돼 있는 자료가 없어 정보공개포털을 통해 기관별 자료를 요청한 뒤 개별 기관이 공개한 자료를 토대로 집계했다. 자료 출처를 구분하면 다음과 같다.

〈표 4-3〉 자료 수집 방법

구분	무기계약직 인원	무기계약직 임금, 근속	정규직 임금, 근속	기간제 임금
중앙행정기관	정보공개 자료	정보공개 자료	정보공개 자료	공공부문 비정규직 고용개선시스템
지방자치단체	정보공개 자료	정보공개 자료	정보공개 자료	공공부문 비정규직 고용개선시스템
공공기관	알리오	알리오	알리오	공공부문 비정규직 고용개선시스템
지방공기업	클린아이	클린아이	클린아이	공공부문 비정규직 고용개선시스템
교육기관	정보공개 자료	정보공개 자료	정보공개 자료	공공부문 비정규직 고용개선시스템

기관별 공시자료 및 정보공개 자료를 집계했을 때 2016년 말 기준 무기계약직은 207,317명이다. 고용노동부가 공공부문 비정규직 정규직화 가이드라인에서 공개한 211,950명과 큰 차이가 없다.

기관 유형별로 보면 교육기관이 무기계약직 인원 중 55%에 해당하는 113,279명으로 가장 많다. 그 다음은 지방자치단체인데, 무기계약직 인원의 20%인 40,702명이다. 무기계약직 규모는 해마다 증가했다. 2012년 대비 2016년 규모는 155%다. 4년 사이에 1.5배로 늘어났다. 기간제를 꾸준히 무기계약직으로 전환한 결과다.

<표 4-4> 공공부문 무기계약직 규모 변화

(단위 : 명)

구분	2012년	2013년	2014년	2015년	2016년
중앙행정기관	7,287	14,399	15,605	16,872	18,231 (9%)
지방자치단체	34,629	36,460	37,929	38,880	40,702 (20%)
공공기관	11,842	15,411	18,866	22,145	23,526 (11%)
지방공기업	8,437	9,163	9,360	9,903	11,579 (6%)
교육기관	71,367	86,852	106,044	109,469	113,279 (55%)
계	133,562	162,285	187,804	197,269	207,317 (100%)

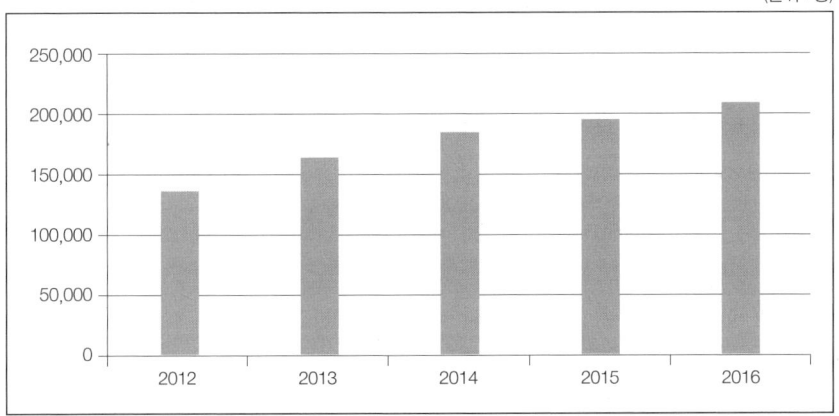

<그림 4-1> 무기계약직 증가 추이

(단위 : 명)

공공부문 비정규직 고용개선시스템에 공시된 기간제의 무기계약직 전환실적은 다음과 같다. 2013년부터 2017년까지 5개년 동안 공개된 전환실적(2016~2017년은 전환계획)을 보면 교육기관이 가장 많은 47,657명의 기간제를 무기계약직으로 전환했다. 자치단체는 17,810명을 무기계약직으로 전환했다.

5개 부문 모두를 합치면 5년 동안 기간제에서 무기계약직으로 전환된 인원은 89,285명이다. 2016년 말 기준 무기계약직 21만 명 중 43%에 해당하는 9만여 명은 최근 5년 동안 기간제에서 전환된 인원이라는 의미다. 나머지 57%는 2013년 이전에 무기계약직으로 전환된 인원이거나 처음부터 무기계약직으로 채용된 인원이다.

〈표 4-5〉 무기계약직 전환 실적(2016년과 2017년은 전환계획)

(단위 : 명)

구분	2013년	2014년	2015년	2016년	2017년	계
중앙부처	3,677	2,282	1,542	950	685	9,136
자치단체	5,726	5,203	4,916	1,532	433	17,810
공공기관	2,727	2,956	1,839	1,625	1,183	10,330
지방공기업	1,166	872	1,090	819	405	4,352
교육기관	18,457	14,148	7,422	5,159	2,471	47,657
계	31,753	25,461	16,809	10,085	5,177	89,285

* 공공부문 비정규직 고용개선시스템

II. 공공부문 임금 현황

1. 전체 임금 현황

공공부문 고용형태별 임금 수준을 비교하면 〈표 4-6〉과 같다. 기간제 임금은 공공부문 비정규직 고용개선시스템에 공시돼 있는 것이고, 무기계약직과 정규직의 임금과 평균 근속기간은 공시자료(공공기관·지방공기업)와 정보공개청구(중앙행정기관·자치단체·교육기관)로 확보한 자료를 집계한 것이다.

무기계약직은 평균 근속기간이 6.9년이고, 월 평균임금은 2,718천 원이다. 정규직은 평균 근속기간 13.4년에 월 평균임금은 4,448천 원이다. 기간제는 근속기간을 파악할 수는 없고, 월 평균임금은 2,078천 원이다. 근속기간을 무시하고 단순비교를 해 보면 정규직 임금을 100%라고 할 때 무기계약직 임금은 61%, 기간제 임금은 47% 수준이다.

기관 유형별 무기계약직 임금은 공공기관이 연봉 39,184천 원으로 가장 높다. 호봉제에 기반을 둔 임금체계를 갖추고 있는 기관이 적지 않다고 추정할 수 있다. 다음으로 임금이 높은 기관은 자치단체다. 평균 근속기간 10.4년에 평균 연봉이 36,300천 원이다. 자치단체는 환경미화원·도로보수원 등 무기계약직이라는 명칭을 사용하기 이전부터 상용직(정원외 상근인력) 형태로 근무하던 노동자들이 존재하고 있었다. 이들이 높은 근속기간으로 높은 임금을 받는 것이 전체 평균을 높였다. 자치단체의 경우도 기간제에서 무기계약직으로 전환된 인원은 기존 상용직에 비해 임금이 상당히 낮은 편이다.

중앙행정기관과 교육기관의 무기계약직은 임금이 상대적으로 낮다. 중앙행정기관은 평균 근속기간 6.6년에 평균 연봉이 28,489천원이고, 교육기관은 평균 근속기간 7.4년에 평균 연봉이 28,306천 원이다. 월급으로 환산하면 230만 원 수준이다. 근속기간을 감안하면 기간제 노동자와 차이가 크지 않다.

〈표 4-6〉 고용형태별 임금

기관 유형	무기계약직		정규직		기간제
	평균 연봉 (천 원)	평균 근속 (년)	평균 연봉 (천 원)	평균 근속 (년)	평균 연봉 (천 원)
중앙행정기관	28,489	6.6	52,468	14.1	21,850
지방자치단체	36,300	10.4	49,572	16.2	19,136
공공기관	39,184	4.3	66,105	10.2	36,498
지방공기업	30,806	5.8	47,356	8.6	22,442
교육기관	28,306	7.4	51,396	18.2	24,742
평균	32,617	6.9	53,379	13.4	24,934
월임금으로 환산 (천 원)	2,718 (61%)	-	4,448 (100%)	-	2,078 (47%)

* 무기계약직과 정규직의 임금과 근속기간은 정보공개 자료를 집계한 것이고, 기간제 임금은 공공부문 비정규직 고용개선시스템 공시 자료임.

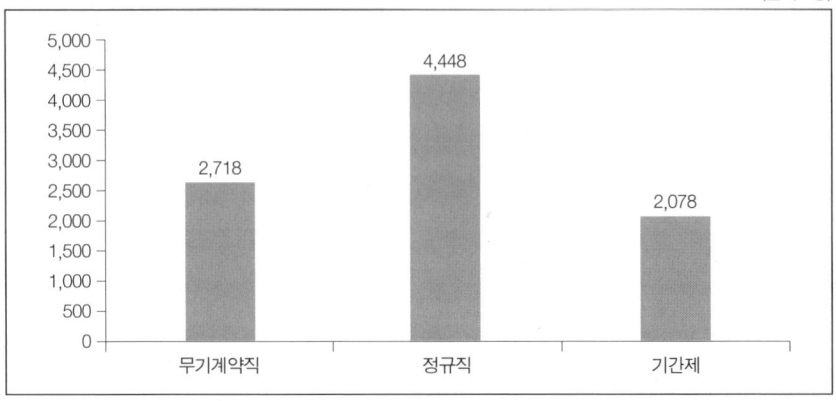

〈그림 4-2〉 고용형태별 월급여 비교

(단위 : 명)

2. 공공부문 기관 유형별 임금 현황

1) 중앙행정기관

중앙행정기관 무기계약직 임금을 상위 5개 기관과 하위 5개 기관으로 나눠 살펴보면 다음과 같다. 수행업무·자격조건·근속기간·근무시간 등에 차이가 있다. 그럼에도 무기계약직이라는 동일한 고용형태라는 점을 감안하면 3배 내외에 달하는 임금격차는 매우 크다고 할 것이다.

〈표 4-7〉 중앙행정기관 무기계약직 임금격차

(단위 : 천 원, 년)

구분	기관명	1인당 평균 연봉	평균 근속기간
임금 상위 5개 기관	국립수산과학원	65,130	14
	포항지방해양수산청	59,110	15
	여수지방해양수산청	58,720	10
	동해지방해양수산청	57,470	15
	군산지방해양수산청	54,220	10

임금 하위 5개 기관	중앙전파관리소	19,368	9
	강원지방기상청	19,140	9
	농촌진흥청	19,003	6
	국립수산물품질관리원	17,330	1
	국립해양측위정보원	14,080	9

* 기관별 정보공개 자료

2) 지방자치단체

자치단체의 무기계약직 간에도 임금격차가 매우 크다. 앞서도 설명했지만, 자치단체 무기계약직 중 기간제에서 전환된 무기계약직과 달리 환경미화원·도로보수원 등 과거 상용직(정원 외 상근인력)으로 근무하던 무기계약직은 근속기간이 매우 길고 임금도 높다. 임금 상위 5개 기관 무기계약직은 연봉이 5천만 원을 상회한다. 이런 노동자들이 자치단체 무기계약직 임금의 평균값을 끌어올리는 역할을 한다. 2천만 원이 안 되는 하위 5개 기관 무기계약직은 기간제와 별 차이가 없는 임금을 받고 있다.

〈표 4-8〉 자치단체 무기계약직 임금격차

(단위 : 천 원, 년)

구분	기관명	1인당 평균 연봉	평균 근속기간
임금 상위 5개 기관	서울특별시 서대문구	68,857	13
	대전광역시 서구	59,095	13
	서울특별시 강서구	56,503	9
	서울특별시 강남구	56,251	18
	부산광역시 상수도사업본부	56,160	23
임금 하위 5개 기관	서울특별시	20,857	8
	부산광역시 북구 의회사무국	19,815	7
	경상북도 청송군	19,780	7
	강원도 영월군	18,733	10
	부산광역시	12,611	-

* 기관별 정보공개 자료

3) 공기업

공기업 무기계약직의 기관별 임금격차는 다른 공공부문보다 크다. 가장 임금이 높은 기관에 비해 가장 임금이 낮은 기관은 25%에 불과하다. 기관마다 무기계약직이 수행하는 업무가 달라 단순비교에 한계가 있지만 직관적으로 봐도 임금격차가 너무 크다.

무기계약직이라는 동일한 고용형태임에도 이렇게 임금 차이가 나는 것에 대해 단지 직무가치에 대한 평가 결과로 해석하기에는 무리가 있다. 〈표 4-9〉는 개인에 대한 임금이 아니라 해당기관에서 일하는 무기계약직 임금의 평균치다. 공기업이 다른 공공부문보다 임금 수준이 높은데, 공기업 내에서도 양극화가 심하다는 것을 알 수 있다. 평균값이 보여주는 착시효과를 경계해야 한다.

〈표 4-9〉 공기업 무기계약직 임금격차

(단위 : 천 원, 년)

구분	기관명	1인당 평균 연봉	평균 근속기간
임금 상위 5개 기관	여수광양항만공사	71,790	3
	한국산업기술진흥원	69,818	10
	한국산업기술평가관리원	64,787	4
	대한무역투자진흥공사	64,771	5
	한국사학진흥재단	64,485	3
임금 하위 5개 기관	국민건강보험공단 서울요양원	21,474	2
	재단법인 국악방송	20,958	2
	우체국시설관리단	20,729	5
	국민연금공단	19,454	1
	한국보육진흥원	17,736	5

* 알리오 시스템

4) 지방공기업

지방공기업 역시 중앙공기업과 마찬가지로 무기계약직 간 임금격차가 4배 이상이다. 각 기관의 무기계약직 임금 평균값이라는 점을 감안하면 도시공사의 무기계약직과 관광공사의 무기계약직이 수행하는 업무가 어떻게 다르길래 임금이 4배 이상 차이가 나는지 이해하기 어렵다. 정규직과 비정규직의 임금격차가 아니라 기관별 무기계약직 간 임금격차라는 점에서 기관별 지불능력이나 직무가치 차이만으로 설명하기 어렵다고 판단되고, 무기계약직 임금이 천차만별임을 알 수 있다.

〈표 4-10〉 지방공기업 무기계약직 임금격차

(단위 : 천 원, 년)

구분	기관명	1인당 평균 연봉	평균 근속기간
임금 상위 5개 기관	여수시도시공사	65,414	5
	전북개발공사	53,302	15
	대전도시공사	52,262	11
	경기관광공사	47,746	6
	속초시시설관리공단	47,649	9
임금 하위 5개 기관	강릉관광개발공사	19,892	4
	인천환경공단	19,884	3
	서울메트로	18,356	4
	부산지방공단스포원	18,011	11
	당진항만관광공사	15,130	4

* 클린아이 시스템

5) 교육기관

〈표 4-11〉은 교육기관 무기계약직의 기관별 임금격차를 보여준다. 다른 공공부문에 비하면 기관별 임금격차가 크지 않은 편이지만, 역시나 임금 상위 기관과 하위 기관의 차이는 2배를 넘는다. 대학교에서 근무하는 무기계약직의 직무

가 학교별로 유사하다는 점을 감안하면 2배 이상의 임금격차 역시 직무가치 차이로 인한 것으로 보기 어렵다. 기관마다 무기계약직 임금체계에 차이가 있고, 근속기간에 대한 보상이 어떻게 이뤄지고 있는지에 따라 임금격차가 발생하고 있다고 판단된다. 모든 기관의 임금을 일률적으로 맞출 수는 없지만 기본적인 임금체계는 유사하게 적용하는 것이 상대적 박탈감을 줄이는 길이다. 정규직과의 임금격차도 문제지만 유사업무를 담당하는 무기계약직 간에도 기관별로 임금 차이가 크다는 것은 사회정의에 부합하지 않는 문제다.

〈표 4-11〉 교육기관 무기계약직 임금격차

(단위 : 천 원, 년)

구분	기관명	1인당 평균 연봉	평균 근속기간
임금 상위 5개 기관	한국해양대학교	43,845	9
	서울대학교	35,510	9
	한국방송통신대학교	35,265	8
	경상대학교	34,843	10
	전남대학교	34,739	7
임금 하위 5개 기관	진주교육대학교	24,557	8
	목포대학교	23,888	9
	세종특별자치시교육청	22,614	4
	한국농수산대학	19,481	5
	춘천교육대학교	19,019	3

* 기관별 정보공개 자료

공공부문 무기계약직 및 비정규직 실태 설문조사 분석

조돈문

5장

공공부문 무기계약직 및 비정규직 실태 설문조사 분석

조돈문_한국비정규노동센터

I. 자료 소개

설문조사는 2017년 8월 7일에서 9월 6일까지 한 달 동안 실시됐다. 설문지는 민주노총 공공운수노조, 공공운수노조 교육공무직본부, 공공서비스노조총연맹, 한국노총 공공노조연맹과 고용노동부지부, 경찰주무관노조, 통계청노조, 국토관리노조, 국민연금공단노조, 한국토지주택공사노조, 노사발전재단노조, 서울지하철공사노조, 대구환경공단노조 등 노동조합 조직들과 대전비정규근로자지원센터, 울산북구비정규직노동자지원센터, 부천시비정규직근로자지원센터, 광주비정규직센터, 안산시비정규직노동자지원센터 등 한국비정규노동단체네트워크 구성 단위들을 통해 배포됐다.

설문지가 배포된 기관들을 유형별로 보면 중앙행정기관으로는 고용노동부·보건복지부·국토교통부(서울지방국토관리청·대전지방국토관리청·부산지방국토관리청·익산지방국토관리청·원주지방국토관리청)·통계청(본청·경인지방통계청·동북지방통계청·호남지방통계청·동남지방통계청·충청지방통계청), 경찰청 등이 포함됐다. 지방자치단체로는 서울특별시청·인천광역시청·대전광역시청·울산광역시청·경기도청·강원도청·경상남도청·제주특별자치도청·대전 중구청·대전 서구청·대전 동구청·대전 유성구청·대전 대덕구청·울산 북구청·울산 남구청·울산 울주군청·울산 동구청·울산 중구청·경기 부천시청 등이 설문조사에 참여했다. 공공기관으로는 국민연금공단·노사발전재단·한국토지주택공사, 지방공기업으로는 서울교통공사·대구환경공단·안산도시공사·광주광역시도시공사·광주환경공단·김대중컨벤션센터·광주광역시도시철도공사 등이 포함됐다. 교육기관으로는 서울특별시교육청·부산광역시교육청·인천광역시교육청·대전광역시교육청·울산광역시교육청·세종특별자치시교육청·경기도교육청·경상남도교육청·경상북도교육청·전라북도교육청·충청남도교육청·충청북도교육청 등에 설문지를 배포했다.

설문지는 총 1,601부를 배포해 1,124부를 회수했다. 응답률은 70.2%를 기록했다. 회수된 응답지 가운데 기관 유형과 고용형태가 확인된 1,115부를 대상으로 분석을 실시했다(〈표 5-1〉 참조).

〈표 5-1〉 표본 사례들의 기관 유형별 분포

(단위 : 개)

구분	고용형태		전체	사례 수
	기간제	무기계약직		
중앙행정기관	18.2%	23.0%	22.1%	246
교육기관	23.2%	26.8%	26.1%	291
지자체	15.0%	23.4%	21.7%	242
공공기관	20.5%	14.1%	15.3%	171
지방공기업	23.2%	12.7%	14.8%	165
합계	100.0%	100.0%	100.0%	-
사례 수	220	895	1,115	1,115

II. 동일업무 수행 정규직과의 비교

사업장 내 동일한 업무를 수행하는 정규직 노동자(무기계약직 제외)가 존재하는 비율이 무기계약직 노동자 사업장의 58.8%인 반면 동일 업무 수행 정규직이 존재하지 않는 비율은 41.2%에 불과한것으로 나타났다(〈표 5-2〉 참조).[58]

〈표 5-2〉 동일직무 수행 정규직 존재 비율

(단위 : %, 개)

@12	동일직무 비율	사례 수
기간제	0.3045	220
무기계약직	0.5877	895
전체	0.5318	1115
〈무기계약직〉		
중앙행정기관	0.6942	206
교육기관	0.4458	240
지자체	0.5837	209
공공기관	0.6746	126
지방공기업	0.6053	114
〈2008 조사〉*		
기간제	0.665	263
무기계약직	0.653	652

* 국가인권위원회(2008: 47)

기간제 노동자 사업장의 경우 동일업무 수행 정규직이 존재하는 비율이 30.5%에 그쳐 기간제 사업장에 비해 무기계약직 사업장의 동일업무 수행 정규직 사업장 비율이 높았다. 이는 상시적 업무의 경우 상대적으로 사업체에 대한 조직적 통합성 정도가 높기 때문에 정규직 업무와의 상호연관성과 업무 내용의 동질성이 높다는 사실을 의미한다. 또한 기간제 노동자들 내에도 상시적 업무

---

[58] 변수명은 숫자 앞에 "@" 혹은 "V"를 붙여 표기하는데, "@"는 원자료 기준, "V"는 조작된 변수를 의미함.

는 비상시적 업무에 비해 상시성 여부뿐만 아니라 업무의 내용에서도 차별성을 지니며, 기간제 노동자들 가운데 상시적 업무의 성격이 강할수록 정규직 노동자와 업무의 내용이 더 비슷하다고 할 수 있다.

무기계약직 가운데 정규직과 동일한 직무를 수행하는 사업장의 비율은 중앙행정기관이 69.4%, 공공기관이 67.5%로 높았다. 가장 비율이 낮은 교육기관도 44.6%로 절반에 육박했다.

2008년 국가인권위 조사에서 동일업무 수행 정규직 존재 비율이 무기계약직 65%, 기간제 67%였다. 무기계약직은 본 조사보다 조금 높게 나타난 반면 기간제는 본 조사보다 두 배나 높았다. 무기계약직 전환에서 배제된 기간제 노동자들의 경우 상대적으로 비상시적 업무에 종사하는 비율이 높기 때문에 상시적 업무 무기계약직 노동자들에 비해 정규직과의 동종업무 종사 비율이 낮을 것으로 추정된다. 2008년 조사 보고서에서는 별다른 설명을 찾기 어렵다.

유사한 업무를 수행하는 정규직과 비교하면 무기계약직은 정규직에 비해 재량권이 적다는 의견이 4.14로 가장 높았다. 그 다음으로 일이 더 힘들다 3.64, 일이 더 많다 3.60으로 뒤를 이었다(〈표 5-3〉 참조). 한편 정규직에 비해 자신이 담당하는 일이 더 위험하다 3.37, 일이 더 어렵다 3.31, 중요도가 더 높다 3.33(덜 중요하다 2.67)로 상대적으로 낮게 나타났지만 중립적 응답(3.0)보다는 높았다.

이처럼 무기계약직 노동자들이 정규직의 경우 일이 더 쉽고, 업무량도 더 적고, 덜 위험하고, 덜 중요한데, 재량권만 많이 지닌다고 보고하는 것은 상대적 공정성이 위배되고 있다는 판단을 표출한 것이다.

기간제도 정규직과의 업무 비교에서 무기계약직과 비슷한 의견을 보였다. 다만 업무 중요도 측면에서만 기간제가 자신의 일이 정규직의 일보다 업무 중요도가 낮다는 데 동의하는 의견이 무기계약직보다 많은 것으로 확인됐다. 무기계약직의 경우 정규직보다 일이 더 많고, 힘들고, 어렵고, 위험하다는 응답은 교육기관에서 가장 높게 나타났다. 지방공기업에서는 상대적으로 더 낮았다.

〈표 5-3〉 유사업무 수행 정규직과의 비교*

@44-@49	일이 더 많다	일이 더 힘들다	일이 더 어렵다	일이 더 위험하다	재량권이 적다	업무 중요도가 낮다
기간제	3.63	3.60	3.29	3.25	4.12	2.89
무기계약직	3.60	3.64	3.31	3.40	4.14	2.61
전체	3.60	3.63	3.31	3.37	4.14	2.67
〈무기계약직〉						
중앙행정기관	3.46	3.36	3.08	3.10	4.14	2.31
교육기관	4.10	4.19	3.79	3.96	4.46	2.75
지자체	3.47	3.54	3.40	3.58	4.04	3.02
공공기관	3.48	3.67	3.02	2.69	4.04	2.16
지방공기업	3.14	3.13	2.87	3.23	3.75	2.70

* 1 전혀 아니다, 3 보통, 5 매우 그렇다

직무 난이도는 무기계약직이 기간제보다 좀 더 높은 것으로 나타났는데(〈표 5-4〉 참조), 상시적 업무가 비상시적 업무에 비해 상대적으로 난이도가 높아서 더 많은 실무경험이 필요하다는 사실을 의미한다.

〈표 5-4〉 업무 수행 위해 필요한 실무경험 정도

@40	기간제	무기계약직	전체
1년 미만	35.9%	21.7%	24.4%
1~3년	30.6%	48.7%	45.2%
3~5년	16.5%	18.8%	18.4%
5~7년	6.3%	3.2%	3.8%
7~10년	1.9%	1.1%	1.3%
10년 이상	1.5%	1.4%	1.4%
모르겠음	7.3%	5.1%	5.5%
합계	100.0%	100.0%	100.0%

근속연수와 업무가 유사한 정규직과 비교할 때 무기계약직은 자신의 노동조건을 저임금, 차별처우, 전반적 불만족, 노동조건 개선 가능성 낮다, 공정한 평가 부재, 자기계발 기회 적음 순으로 평가했다. 모두 1-5 척도에서 4점 이상의 값을 기록해 부정적 평가가 강함을 보여준다(〈표 5-5〉 참조).

한편 동의 수준이 낮은 것은 고용불안감이고 그 다음은 더 많은 업무로 조사됐는데, 두 경우 모두 중립적 응답지보다 강한 동의를 표명했다. 기간제도 유사한 업무 정규직의 노동조건에 비해 열악한 것으로 평가하는 수준이 무기계약직과 동일했다. 무기계약직과의 유일한 차별성은 고용불안감 정도였다. 기간제가 무기계약직보다 고용불안감이 더 높았다.

〈표 5-5〉 유사조건 정규직과의 노동조건 비교*

@50-57	임금 너무 적다	고용 불안감	더 많은 업무	공정한 평가 부재	자기계발 기회 적다	노동조건 개선 가능성 낮다	전반적으로 만족스럽지 않다	차별처우 받고 있다
기간제	4.15	4.38	3.78	4.13	4.14	4.22	4.20	4.22
무기계약직	4.34	3.40	3.61	4.12	4.10	4.21	4.22	4.25
전체	4.30	3.59	3.65	4.12	4.11	4.21	4.21	4.24
〈무기계약직〉								
중앙행정기관	4.49	3.71	3.47	4.20	4.10	4.31	4.37	4.33
교육기관	4.67	3.66	4.06	4.52	4.63	4.58	4.53	4.69
지자체	3.91	3.31	3.52	3.95	4.22	3.97	3.93	3.98
공공기관	4.43	2.71	3.39	4.08	3.57	4.21	4.31	4.18
지방공기업	4.00	3.22	3.34	3.44	3.32	3.61	3.61	3.70

* 1 전혀 아니다, 3 보통, 5 매우 그렇다

III. 임금 등 노동조건

무기계약직과 기간제는 임금이 정부 지침에 의해 결정되는 비율이 각각 33.2%와 37.8%로 높았다. 기간제가 무기계약직보다 조금 더 높았다(〈표 5-6〉 참조). 전반적인 임금 결정 방식에서는 무기계약직과 기간제의 차이가 컸다. 기간제는 사용자가 일방적으로 결정하는 비율이 32.7%로 높은 반면 무기계약직은 노사합의 결정이 42.4%로 높게 나타났다. 이는 무기계약직과 기간제 사이의 교섭력 크기 차이를 반영한다. 무기계약직은 기간제보다 노동조합 가입률이 월등히 높다. 노동조합의 개입에 따른 사용자 상대 영향력 정도가 높은 것으로 해석할 수 있다.

〈표 5-6〉 임금 결정 방식

@17	고용형태		전체
	기간제	무기계약직	
정부 지침	37.8%	33.2%	34.1%
사용자 일방적 결정	32.7%	15.8%	19.2%
노사합의 결정	10.1%	42.4%	36.0%
모르겠음	19.4%	8.6%	10.7%
합계	100.0%	100.0%	100.0%

임금 수준은 근무경력과 업무 내용이 유사한 정규직과 비교했을 때 무기계약직과 기간제의 60.9%가 임금 수준은 정규직의 40~80% 정도라고 응답했다.

무기계약직과 기간제 사이에는 별 차이가 없었다(〈표 5-7〉 참조). 유사조건에 있는 정규직이 없거나 정규직 임금 관련 정보를 모르는 사례를 제외하고 유효 응답을 대상으로 분석하면 무기계약직과 기간제의 임금 수준이 정규직의 40~80% 정도라는 응답은 75.4%였다.

〈표 5-7〉 유사조건 정규직 대비 임금 수준

@18	고용형태		전체
	기간제	무기계약직	
비슷한 임금	6.1%	2.7%	3.3%
80~100%	1.0%	7.2%	6.1%
60~80%	21.9%	30.9%	29.2%
40~60%	26.5%	32.9%	31.7%
20~40%	7.7%	10.0%	9.6%
0~20%	0.0%	1.2%	0.9%
유사조건 정규직 없음	9.7%	4.4%	5.4%
모르겠음	27.0%	10.8%	13.8%
합계	100.0%	100.0%	100.0%

정규직 대비 임금 수준 관련 질문에서 응답지 범주가 구간으로 표시돼 있다. 구간의 중간 값을 해당 범주의 값으로 설정해 유효 응답들을 대상으로 분석하면 무기계약직과 기간제의 임금수준은 정규직의 59.4%에 불과한 것으로 나타났다. 무기계약직과 기간제 사이에는 임금격차가 거의 없는 것으로 확인됐다(〈표 5-8〉 참조). 무기계약직 가운데 지방공기업과 지자체가 가장 높았고 교육기관과 공공기관이 가장 낮았다.

〈표 5-8〉 정규직 대비 임금 수준

(단위 : 개)

무기계약	평균(@18)	사례 수
기간제	60.00%	124
무기계약직	59.36%	730
전체	59.45%	854

"지난달 현재의 직장에서 받은 한 달 급여 총액"은 세금공제 전 기준으로 측정하면, 무기계약직은 200.02만 원으로 기간제의 199.46만 원보다 5,600원 많았다(〈표 5-9〉 참조). 이처럼 무기계약직과 기간제 사이에 임금 차이가 거의 없다는 사실은 무기계약직 전환의 임금 인상 효과가 없었음을 의미한다.

월급여는 지난달 수령한 액수를 답변한 것이다. 연봉으로 환산하면 무기계약직의 경우 각종 수당이 추가돼 무기계약직과 기간제의 임금격차는 더 커질 것으로 판단된다. 명절상여금과 선택적 복지비를 받고 있을 경우 정규직의 해당 수당 대비 비율은 무기계약직이 각각 53.1%와 61.5%로 나타난 반면 기간제는 각각 19.6%와 25.0%로 무기계약직의 절반 수준에도 못 미치는 것으로 확인됐다. 이를 금액으로 환산하면 무기계약직이 기간제보다 연 단위로 명절상여금은 57.1만 원, 선택적 복지비는 40.3만 원을 더 받는 것으로 나타났다. 이처럼 부정기적으로 지급되는 명절상여금과 선택적 복지비 등 각종 수당을 포함하면 무기계약직과 기간제 사이의 임금격차가 커진다.

명절상여금과 선택적 복지비를 포함한 복리후생 항목들의 혜택 정도를 보면, 13개 복리후생 항목 가운데 무기계약직은 3.91항목의 혜택을 받고, 기간제는 1.62개 항목의 혜택을 받았다. 무기계약직이 기간제보다 2.29개 항목의 혜택을 더 받고 있었다(〈표 5-10〉 참조). 물론 동일 복리후생 항목의 적용을 받는 경우에도 해당 항목의 액수는 무기계약직이 기간제보다 클 수 있다. 명절상여금과 선택적 복지비처럼 무기계약직이 기간제보다 두 배 이상의 액수를 받을 것으로 추정된다. 하지만 13개 복리후생 항목이 정규직의 경우 거의 모두 주어진다는 점을 고려하면, 무기계약직의 3.91개 항목 혜택은 정규직보다 기간제의 1.62개 항목에 가깝다는 점에서 무기계약직의 복지 수준은 정규직보다 기간제에 가깝다고 할 수 있다.

〈표 5-9〉 임금 및 수당 수준

@11, @19-@21	세전 월급여 총액(만 원)	명절 상여금 (만원)	선택적 복지비 (만 원)	명절상여금 정규직 대비(%)	선택적 복지비 정규직 대비(%)
기간제	199.46	30.55	21.39	19.63	24.95
무기계약직	200.02	87.69	61.68	53.12	61.49
전체	199.91	79.14	56.52	48.87	57.15
무기계약-기간제	0.56	57.14	40.29	33.49	36.54

〈표 5-10〉 복리후생 항목 적용 숫자*

고용형태	평균	사례 수
기간제	1.6227	220
무기계약직	3.9084	895
합계	3.4574	1115
무기계약-기간제	2.2857	-

* @23-@35 : 0 항목, 13항목

　복리후생 항목 13개 가운데 무기계약직와 기간제의 적용률이 10% 이상 차이 나는 것들을 살펴보면, 명절상여금이 40.5%, 선택적 복지비가 38.2%로 가장 높았다(〈표 5-11〉 참조). 다음으로 자녀학자금 28.2%, 교통비 23.8%, 급식보조비 23.4%, 육아휴직 22.7%로 20%대의 차이를 보여줬다. 10%대에는 출산전후휴가 17.7%, 의료비 10.9%, 경조사비 10.1%가 있는 것으로 조사됐다. 반면 자기계발비 · 개인연금 지원 · 휴가비 · 주택자금 금융지원 등 네 항목은 10% 미만의 차이를 나타냈다.

〈표 5-11〉 복리후생 항목 적용 비율*

v23-v35	명절상여금	선택적 복지비	교통비	급식보조비	주택자금 금융지원	자녀학자금
기간제	0.3682	0.2227	0.2409	0.4273	0.0000	0.0455
무기계약직	0.7732	0.6045	0.4793	0.6615	0.0179	0.3274
전체	0.6933	0.5291	0.4323	0.6152	0.0143	0.2717
무기계약-기간제	0.4050	0.3817	0.2384	0.2342	0.0179	0.2819

v23-v35	개인연금 지원	의료비	경조사비	출산전후휴가	육아휴직	자기계발비	휴가비
기간제	0.0045	0.0409	0.0455	0.0818	0.1364	0.0045	0.0045
무기계약직	0.0436	0.1497	0.1464	0.2592	0.3631	0.0592	0.0235
전체	0.0359	0.1283	0.1265	0.2242	0.3184	0.0484	0.0197
무기계약-기간제	0.0390	0.1088	0.1009	0.1774	0.2268	0.0547	0.0189

* 0 비적용, 1 적용

4대 사회보험 적용률은 무기계약직의 경우 국민연금 87.6%, 건강보험 85.6%, 고용보험 86.5%, 산재보험 78.4%로 조사됐다. 기간제 노동자 건강보험 적용률은 84.6%로 무기계약직과 같은 수준이다(〈표 5-12〉 참조). 반면 국민연금·고용보험·산재보험은 무기계약직보다 10% 정도 적용률이 낮았다. 한편 경제활동인구조사 부가조사 자료에서 조사된 적용률과 비교하면 경제활동부가조사에서 조사된 산재보험을 제외한 4대 사회보험의 적용률은 비정규직의 경우 30% 수준이었다. 이처럼 설문조사 대상의 4대 사회보험 적용률이 경제활동부가조사의 비정규직 적용률의 두 배를 넘는 것은 공공부문이 민간부문에 비해 노동관계법 준수와 노동기본권 보호에 적극적이라는 방증이다.

〈표 5-12〉 4대 사회보험 적용률*

v36-v39	국민연금	건강보험	고용보험	산재보험
기간제	0.7909	0.8455	0.7864	0.6500
무기계약직	0.8760	0.8559	0.8648	0.7844
전체	0.8592	0.8538	0.8493	0.7578
무기계약-기간제	0.0851	0.0104	0.0784	0.1344
〈경활부가조사 2016년 8월〉**				
임금노동자 전체	67.6	72.6	64.3	-
정규직	96.4	99.1	84.7	-
비정규직	31.5	39.3	38.7	-

* 0 비적용, 1 적용
** 한국비정규노동센터(2017)를 참조했음

업무 수행중 다친 경험은 무기계약직이 기간제보다 경미하게나마 빈도가 많았다. 유의미한 차이는 아니지만 무기계약직의 업무가 기간제 업무에 비해 위험도가 경미하게나마 더 높다는 조사 결과와 일관성을 보여주고 있다. 무기계약직과 기간제의 업무 수행 중 사고 발생 경험 빈도가 비슷한 것은 담당하는 업무가 일의 위험 정도에서 차이가 없음을 의미한다.

<표 5-13> 업무 수행 중 사고 경험*

@41	업무수행 중 다친 경험
기간제	1.71
무기계약직	1.67
전체	1.68

* 1 있다, 2 없다

업무 중 다치게 되면 산재보험을 신청해 치료하는 경우가 58%로 높게 나타났다. 노동자가 치료비를 전적으로 부담하는 비율도 38%에 달했다. 산재보험 처리 정도는 기간제와 무기계약직 사이에 차이가 거의 없었다(<표 5-14> 참조). 공공부문이 민간부문에 비해 노동관계법 준수 경향성이 강해 산재보험 처리 방식이 일반화돼 있음을 의미한다.

<표 5-14> 사고 발생 시 처리 방식

@43	기간제	무기계약직	전체
산재보험 처리	57.4%	58.3%	58.1%
회사가 치료비 전담	4.6%	2.5%	2.9%
회사와 노동자 반분	3.0%	1.0%	1.4%
노동자 전담	35.0%	38.2%	37.6%
합계	100.0%	100.0%	100.0%

IV. 무기계약직 전환 방식

상시·지속업무 직접고용 비정규직을 무기계약직으로 전환한 사업장은 57.0%였다. 간접고용 비정규직의 무기계약직 전환 사업장(21.9%)보다 많았다(<표 5-15> 참조). 직접고용 비정규직의 정규직 전환의 경우 기간제 사업장과 무기계약직 사업장 사이에 전환 정도 차이가 크게 나타났다. 상시적 업무와 비상시적 업무가 상당 정도 분리돼 있음을 뜻한다. 무기계약직을 정규직으로 전환한 사업장은 21.2%로 비정규직의 무기계약직 전환 비율보다 훨씬 낮았다. 정규직 개념의 혼동으로 인한 측정오차를 일정 정도 포함하고 있다는 점을 고려하면 무기계약직의 실질적인 정규직 전환 비율은 훨씬 낮을 것으로 추정된다.

〈표 5-15〉 근무 직장의 무기계약직 전환 및 정규직 전환 비율

@13-@15	상시·지속업무 직접고용 비정규직의 무기계약직 전환			상시·지속업무 간접고용 비정규직의 무기계약직 전환			무기계약직의 정규직 전환		
구분	기간제	무기계약직	합계	기간제	무기계약직	합계	기간제	무기계약직	합계
전혀 없음	52.4%	23.0%	28.6%	67.6%	51.6%	54.7%	71.4%	61.9%	63.7%
거의 없음	12.4%	14.8%	14.4%	15.0%	25.3%	23.3%	11.3%	16.0%	15.1%
약간 있음	26.2%	42.2%	39.2%	15.0%	19.1%	18.3%	15.5%	17.8%	17.4%
많음	7.6%	14.9%	13.5%	1.9%	3.4%	3.1%	1.4%	3.0%	2.7%
매우 많음	1.4%	5.0%	4.3%	0.5%	0.6%	0.5%	0.5%	1.2%	1.1%
합계	100.0%	100.0%	100.0%	100.0%	100.0%	100.0%	100.0%	100.0%	100.0%
있음*	35.2%	62.1%	57.0%	17.4%	23.1%	21.9%	17.4%	22.0%	21.2%

* "있음"은 "매우 많음" "많음" "약간 있음"을 합산한 수치임

무기계약직 노동자들만 선별해 무기계약직 전환 방식을 검토하면 무기계약직으로 전환되기 이전 고용형태는 기간제가 51.4%로 가장 높았고, 시간제 혹은 간접고용은 각각 3.1%와 3.5%로 거의 없었다(〈표 5-16〉 참조). 기간제로 입사한 후 무기계약직으로 전환된 비율이 가장 높은 행정기관은 교육기관으로 69.8%였다. 지방공기업은 27.3%로 가장 낮았다. 처음부터 무기계약직으로 입사한 비율은 28.4%였는데, 지방자치단체와 지방공기업에서 각각 52.8%와 51.8%로 높게 나타났다.

〈표 5-16〉 무기계약직 전환 혹은 채용 방식

@97	중앙행정기관	교육기관	지자체	공공기관	지방공기업	전체
기간제 입사 후 무기계약직 전환	55.6%	69.8%	40.1%	50.8%	27.3%	51.4%
시간제 입사 후 무기계약직 전환	3.6%	8.0%	0.5%	0.0%	0.0%	3.1%
간접고용에서 무기계약직 전환	0.0%	3.6%	1.0%	0.0%	18.2%	3.5%
처음부터 무기계약직 입사	29.1%	6.7%	52.8%	6.6%	51.8%	28.4%
기타	11.7%	12.0%	5.6%	42.6%	2.7%	13.6%
합계	100.0%	100.0%	100.0%	100.0%	100.0%	100.0%
사례 수	196	225	197	122	110	850

상시·지속업무를 수행하고 있는 2년 이상 근속의 기간제와 시간제 노동자들을 전원 무기계약직으로 전환한 사업장은 32.1%에 불과한 반면 그렇지 않은 사업장은 45.6%로 훨씬 많았다. '모르겠다'를 제외하고 유효응답만을 대상으로 분석하면 2년 이상 상시적 업무 수행자의 전원 무기계약직 전환 비율과 그렇지 않은 사업장 비율은 각각 41.3%와 58.7%다. 전원 정규직으로 전환한 비율은 공공부문 기관 유형 가운데 교육기관이 54.2%로 가장 높았고, 다음은 중앙행정기관과 지방공기업이 각각 37.3%와 34.6%로 뒤를 이었다. 가장 낮은 부문은 공공기관과 지방자치단체로서 8.2%와 14.6%로 조사됐다.

교육기관은 공공부문에서 기간제에서 무기계약직으로 전환된 비율이 가장 높은 행정기관 유형이었다. 상시·지속업무 직접고용 비정규직의 무기계약직 전환 비율도 가장 높았다.

〈표 5-17〉 2년 이상 상시·지속업무의 전원 무기계약직 전환 사업장 비율

(단위 : 개)

@99	중앙행정기관	교육기관	지자체	공공기관	지방공기업	전체
그렇다	37.3%	54.2%	14.6%	8.2%	34.6%	32.1%
아니다	31.1%	35.7%	58.9%	90.2%	17.3%	45.6%
모르겠다	31.6%	10.1%	26.6%	1.6%	48.1%	22.3%
합계	100.0%	100.0%	100.0%	100.0%	100.0%	100.0%
사례 수	193	227	192	122	104	838

무기계약직 전환 대상자 가운데 실제로 전환된 비율은 53.46%로 전환되지 않은 비율 46.5%보다 높게 나타났다(〈표 5-18〉 참조). 전환 대상자의 전환 비율은 교육기관이 77.59%로 가장 높았고, 다음은 중앙행정기관 67.86%, 지방공기업 59.29% 순이었다. 전환 비율이 가장 낮은 기관은 지자체와 공공기관으로 각각 21.87%와 28.72%였다.

상시·지속업무의 무기계약직 전환 비율과 무기계약직 전환 대상자 중 실제 전환 비율에서 교육기관 전환 비율이 가장 높고, 공공기관과 지자체 전환 비율이 가장 낮았다는 점에서 일관된 결과를 보여주고 있다.

〈표 5-18〉 전환 대상자 중 무기계약직 전환 비율

@100	전환 비율
중앙행정기관	67.86%
교육기관	77.59%
지자체	21.87%
공공기관	28.72%
지방공기업	59.29%
합계	53.46%

무기계약직 노동자 가운데 무기계약직으로 전환될 당시 별도 시험을 봤다는 비율이 27.4%였다. 별도 시험 없이 전환된 경우는 72.6%로 대부분을 차지했다(〈표 5-19〉 참조). 별도 평가나 시험 없이 무기계약직으로 전환된 비율이 48.6%, 시험 없이 별도 평가 절차만 거친 비율은 24.0%였다. 무기계약직 이전 근무평가가 반영된 비율은 45.0%였는데, 별도 평가나 시험 없이 전환한 사람들도 절반 정도는 이전 근무평가가 반영된 것으로 나타났다. 무기계약직 전환자들의 절반 정도가 별도 시험이나 평가 절차를 거치지 않았고, 별도 시험을 거친 비율도 27.4%에 불과해 무기계약직 전환 절차는 업무 성격에 대한 판단이 핵심이었음을 알 수 있다.

〈표 5-19〉 무기계약직 전환 과정

@101-@103	중앙행정기관	교육기관	지자체	공공기관	지방공기업	전체
근무평가 반영	47.1%	55.1%	26.8%	54.3%	32.0%	45.0%
별도 시험	12.3%	6.4%	12.5%	92.6%	39.0%	27.4%
평가·시험 없음	57.3%	62.9%	54.4%	6.1%	40.5%	48.6%

무기계약직 전환 방식은 근로계약서만 새로 작성한 비율이 44.4%로 가장 높았다. 특별한 절차 없이 전환한 비율은 25.2%로, 양자를 합하면 69.6%로 절대다수를 구성한다(〈표 5-20〉 참조). 사직서를 쓰고 입사하는 방식은 12.4%에 불과했다.

2008년 인권위 보고서와 비교하면 근로계약서만 새로 작성하는 비율이 15%포인트 정도 감소하고 특별한 절차 없이 전환하는 방식이 11%포인트 증가했다. 대체로 간편한 절차만을 거친 반면 사직서를 쓰고 새로 입사한 비율이 12% 정도로 동일한 수준을 유지했다. 간소한 절차가 지속되고 있음을 의미한다.

〈표 5-20〉 무기계약직 전환 절차

@106	중앙행정기관	교육기관	지자체	공공기관	지방공기업	전체	2008년 조사*
사직서 쓰고 새로 입사	6.4%	1.8%	11.0%	24.4%	39.3%	12.4%	11.5%
근로계약서만 새로 작성	57.9%	64.0%	36.1%	14.3%	21.4%	44.4%	58.9%
특별한 절차 없이 전환	28.7%	28.5%	32.3%	8.4%	20.2%	25.2%	14.1%
기타	7.0%	5.7%	20.6%	52.9%	19.0%	18.0%	15.5%
합계	100.0%	100.0%	100.0%	100.0%	100.0%	100.0%	100.0%

* 국가인권위원회(2008: 66)

V. 무기계약직의 차별처우와 불만족

무기계약직 전환 노동자들의 경력에 대해서는 현 직장 입사 후 경력은 인정해도, 입사 전 경력은 인정하지 않는 경향이 확인됐다. 무기계약직 노동자의 현 직장 입사 후 경력의 경우 전부 인정 38.9%, 부분 인정 20.9%, 불인정 40.2%였다. 전부 혹은 부분 인정의 합계가 59.8%로 높게 나타났다(〈표 5-21〉 참조). 무기계약직 노동자의 현 직장 입사 전 유사업무 경력의 경우 전부 인정 16.8%, 부분 인정 12.9%, 불인정 70.3%였다. 전부 혹은 부분 인정의 합계가 29.7%로 현 직장 입사 후 경력에 비해 인정 비율이 절반에 불과했다(〈표 5-22〉 참조).

이런 무기계약직의 현 직장 입사 전후 경력 인정 비율의 차이는 비정규직 내에서도 간접고용 비정규직이 직접고용 비정규직보다 경력 인정을 받기 어려움을 뜻한다. 간접고용 비정규직이 직접고용 비정규직에 비해 상대적으로 차별처우 피해를 더 크게 입는다고 할 수 있다.

〈표 5-21〉 무기계약직 노동자의 현 직장 입사 후 경력 인정 정도

@104	중앙행정기관	교육기관	지자체	공공기관	지방공기업	전체
인정받지 못함	35.8%	25.8%	26.5%	81.0%	53.2%	40.2%
부분적으로 인정	21.0%	15.2%	37.1%	13.2%	16.9%	20.9%
전부 인정받음	43.2%	59.0%	36.4%	5.8%	29.9%	38.9%
합계	100.0%	100.0%	100.0%	100.0%	100.0%	100.0%

〈표 5-22〉 무기계약직 노동자의 현 직장 입사 전 유사업무 경력 인정 정도

@105	중앙행정기관	교육기관	지자체	공공기관	지방공기업	전체
인정받지 못함	86.2%	62.2%	53.6%	95.8%	52.6%	70.3%
부분적으로 인정	2.9%	19.2%	22.1%	2.5%	14.5%	12.9%
전부 인정받음	10.9%	18.7%	24.3%	1.7%	32.9%	16.8%
합계	100.0%	100.0%	100.0%	100.0%	100.0%	100.0%

무기계약직 노동자들의 현 직장 입사 전후 업무 경력 인정을 동시에 검토하면, 무기계약직 노동자들이 전환 후 현 직장 입사 전 경력과 입사 후 경력을 모두 인정받은 비율은 13.8%인 반면 하나도 인정받지 못한 비율은 42.3%로 세 배에 달한다(〈표 5-23〉 참조).

〈표 5-23〉 무기계약직 노동자의 무기계약직 전환 당시 경력 인정 정도

@104-@105		현 직장 입사 전 경력			전체
		인정받지 못함	부분적으로 인정	전부 인정받음	
현 직장 입사 후 경력	인정받지 못함	42.3%	0.9%	0.9%	44.2%
	부분적으로 인정	11.6%	7.3%	1.4%	20.3%
	전부 인정받음	17.7%	4.1%	13.8%	35.5%
전체		71.6%	12.3%	16.1%	100.0%

무기계약직과 정규직의 인사관리체계를 비교하면, 무기계약직 노동자들은 기존 정규직 임금체계·승진체계·직군체계로 통합된 비율이 각각 5.3%, 1.2%, 6.4%로 거의 제로 수준에 가까웠다(〈표 5-24〉 참조).

무기계약직 노동자들은 정규직과 다른 별도의 인사관리체계로 편입돼 관리되고 있다. 차별처우가 구조화돼 있다고 볼 수 있다. 그런 점에서 단순한 노동조건 개선으로 무기계약직과 정규직의 차별처우를 해소하는 것은 불가능하다. 지방공기업에서 동일 임금체계와 직군체계 비율이 높은 것은 노조 역할에 기인하는 바가 크다.

〈표 5-24〉 무기계약직 노동자의 정규직 인력관리체계 통합 비율

@108-@110	중앙행정기관	교육기관	지자체	공공기관	지방공기업	전체
동일 임금체계	0.0%	3.1%	3.1%	8.4%	19.8%	5.3%
동일 승진체계	0.0%	0.9%	1.5%	0.8%	3.6%	1.2%
동일 직군체계	2.1%	8.3%	2.1%	5.9%	18.0%	6.4%

무기계약직 노동자들의 직무 만족도를 보면, 무기계약직 전환 이후 만족도 변화에서 가장 만족도가 높은 항목은 고용안정 정도로 3.03을 기록했다(〈표 5-25〉참조). 이는 만족과 불만족 사이 중립의 값이며, 나머지 항목에서는 모두 만족보다는 불만족을 표했다.

가장 불만족 수준이 높은 것은 차별처우(2.13)와 임금수준(2.18)이었다. 그 뒤를 업무에 대한 권한(2.38)이었다. 차별처우에 대한 불만은 정규직과 동일 업무를 수행함에도 정규직과 통합되지 않고 별도 인사관리체계로 관리되는 부당성에 대한 저항을 의미한다. 임금 수준에 대한 불만은 무기계약직 전환 후에도 고용안정성 같은 전환효과가 임금 수준에서 나타나지 않은 데 대한 저항을 뜻한다.

2008년 인권위 조사와 비교하면 임금 수준에 대한 불만족 수준이 하락하고, 고용안정에 대한 만족도가 증가한 반면 업무권한에 대한 불만족 수준이 소폭 증가했다. 대체로 다소 불만족스런 태도를 유지하는 가운데 고용안정만이 중립 수준에 도달한 것으로 분석됐다.

〈표 5-25〉 무기계약직 전환 이후 만족도 변화*

@112-@118	임금수준	차별수준	고용안정	업무량	업무권한	정규직 관계	상급자의 인격대우
중앙행정기관	2.09	2.02	2.82	2.64	2.33	2.48	2.57
교육기관	2.11	2.01	2.87	2.56	2.18	2.43	2.27
지자체	2.74	2.50	3.05	3.09	2.50	2.70	2.71
공공기관	1.31	1.55	3.47	3.02	2.53	2.94	2.95
지방공기업	2.49	2.60	3.25	3.16	2.55	2.99	3.16
합계	2.18	2.13	3.03	2.84	2.38	2.65	2.64
사례 수	812	811	813	811	811	809	811
2008년 조사**	1.82	2.01	2.69	2.85	2.61	2.53	
2008-17증감	0.36	0.12	0.34	-0.01	-0.23	0.12	

* 1 매우 불만족, 3 보통, 5 매우 만족
** 국가인권위원회(2008: 74)에서 산정함

무기계약직 노동자들의 노동조건 만족 정도를 보면 중립적 평가를 넘어 불만족보다 만족 정도가 높은 유일한 항목은 일 자체에 대한 전반적 만족도였다. 중립적 평가(3.0)를 조금 웃도는 3.19로 조사됐다(〈표 5-26〉 참조). 만족과 불만족 사이의 중립적 평가에 가까운 것은 직장 구성원에 대한 만족도(2.98)와 고용안정 만족도(2.88)였다. 여타 항목에 비해 상대적으로 만족 정도가 가장 높았지만 척도상으로는 만족보다 불만족 정도가 경미하게 높은 것으로 나타났다.

무기계약직 노동자들의 불만족 정도가 가장 심한 부분은 임금 및 복리후생 등 보상에 대한 만족도로서 2.17의 값으로 상당한 불만족을 보였고, 그 다음은 숙련 및 경력개발 기회 만족도와 근로시간과 노동강도 만족도가 각각 2.30과 2.65로 뒤를 이었다. 기간제와 비교하면 무기계약직 노동자들의 불만족 수준이 모든 항목에서 기간제와 0.1점 이내 차이로 동일한 수준을 보였다. 유일하게 큰 차이를 보인 항목은 고용안정 만족도였다. 무기계약직 노동자들이 무기계약직 전환 후 고용안정을 제외한 다른 노동조건은 개선된 것이 전혀 없다고 평가한 것이다. 무기계약직 전환으로 유일하게 개선된 고용안정도 무기계약직이 기간제보다 0.84점 높게 나타났는데, 1-5점 척도에서 1점에 미달해 획기적 변화 수준에는 못 미쳤다.

이처럼 기대했던 만족도를 수반하지 못했기 때문에 무기계약직 전환 정책은 전환 효과 측면에서 실패했다고 평가할 수 있다.

〈표 5-26〉 노동조건 만족도*

@72-@77	일 자체 전반적 만족도	임금 복리후생 만족도	숙련 및 경력개발 기회 만족도	고용안정 만족도	근로시간과 노동강도 만족도	직장 구성원들에 대한 만족도
기간제	3.16	2.14	2.26	2.04	2.61	3.06
무기계약직	3.19	2.17	2.30	2.88	2.65	2.98
전체	3.18	2.16	2.29	2.72	2.64	3.00
무기계약-기간제	0.03	0.03	0.04	0.84	0.04	-0.08

* 1 전혀 만족하지 않음, 3 보통, 5 매우 만족

무기계약직과 기간제 모두 이직 의사가 보통에 못 미쳤다. 이직하기보다는 현재 직장을 유지하고 싶어 하는 경향성이 강하다는 것을 확인해 줬다. 민간부문에 비해 공공부문 일자리가 지니는 고용안정성과 위광 등 상대적으로 유리한 노동조건과 사회적 선호도에 기인하는 것으로 해석할 수 있다.

전반적으로 무기계약직이 기간제보다 이직 의향이 0.14-0.17만큼 경미하게 높은 것으로 나타났다. 무기계약직이 기간제보다 이직 의향이 낮지 않은 것은 무기계약직 고용형태가 주는 추가적 긍정적 혜택이 별로 없음을 의미한다. 무기계약직 노동자들이 기간제에 비해 정규직과 동일한 업무를 수행하는 경우가 많기 때문에 발생하는 상대적 박탈감으로 상대적 공정성 관점에서 불만을 크게 느끼기 때문으로 풀이된다.

〈표 5-27〉 이직 의향 정도*

@82-@84	다른 일을 하고 싶다	기회가 생기면 직장 옮기고 싶다	이직을 진지하게 고민하고 있다
기간제	2.19	2.33	2.13
무기계약직	2.34	2.47	2.30
전체	2.31	2.44	2.27
무기계약-기간제	0.15	0.14	0.17

* 1 전혀 아니다, 3 보통, 5 매우 그렇다

VI. 공공부문 비정규직 정책 대안

정부는 무기계약직을 정규직으로 간주했는데, 이런 정부 주장에 동의하는 비율은 무기계약직 9.8%, 기간제 34.9%로 나타났다. 반면 정부 주장에 반대한 비율은 무기계약직 90.2%, 기간제 65.1%에 달했다(〈표 5-28〉 참조). 무기계약직과 기간제의 대다수가 정부 주장에 반대하는 가운데 반대하는 비율에서 두집단 간 유의미한 차이가 확인됐다. 거의 모든 무기계약직이 정부 주장에 동의하지 않은 것은 정규직과의 차별처우를 체험하며 정규직과의 노동조건 차이에 주목한 반면, 기간제 노동자들은 무기계약직과 정규직의 차별처우는 인정하되 자신들과 무기계약직의 노동조건 차이를 고려하면 무기계약직이라도 돼서 고용안정성을 확보하고 싶다는 의향을 반영한 것으로 해석할 수 있다.

〈표 5-28〉 정부의 무기계약직 정규직 간주에 대한 동의 여부

@16	기간제	무기계약직	전체
동의함	34.9%	9.8%	14.7%
동의않음	65.1%	90.2%	85.3%
합계	100.0%	100.0%	100.0%

현재 상시·지속 업무를 수행하는 비정규직들을 정규직화하는 방안 가운데 무기계약직의 69.0%와 기간제의 57.2%라는 절대다수가 해당 조직의 정규직, 즉 원청의 직접고용 정규직으로 전환해야 한다고 판단하고 있었다(〈표 5-29〉 참조). 이에 반해 공공부문(공단·재단 등) 직원으로 전환하는 것은 무기계약직 15.0%와 기간제 12.4%만 선택해 선호도가 매우 낮았다. 가이드라인이 정규직 전환 방안이라고 주장하는 자회사 방식이 여기에 해당한다. 기존 정규직과 동일한 온전한 정규직으로 전환하는 것을 선호하는 것은 자연스런 현상이라 할 수 있다.

차선책 가운데서도 선호도에서 일정한 경향성이 확인됐다. 기간제 노동자들의 경우 원청 정규직 전환 방식에 대한 차선책으로 무기계약직 전환 방식 선호도가 21.9%로 공공부문 직원 방식 선호도(12.4%)의 두 배 수준에 육박했다. 양자 사이에 임금 등 노동조건 차이가 없다는 점에서 간접고용 비정규직 방식의 불안정성보다 직접고용인 무기계약직의 고용형태가 안정성이 높다는 현실을 반영한 것이다.

〈표 5-29〉 상시·지속업무 비정규직의 정규직화 방안

@61	고용형태		전체
	기간제	무기계약직	
해당 조직 정규직으로 전환	57.2%	69.0%	66.7%
공공부문 직원으로 전환	12.4%	15.0%	14.5%
무기계약직으로 전환	21.9%	9.5%	11.8%
잘 모르겠음	8.5%	6.6%	6.9%
합계	100.0%	100.0%	100.0%

정규직 전환 가능성과 관련한 판단 가운데 무기계약직 노동자들은 언젠가는 정규직으로 전환될 것이라는 판단에 동의하는 비율이 3.17로 가장 높았다(〈표 5-30〉 참조). 좋은 업무 성과를 내면 정규직으로 전환될 것으로 판단하는 비율이 2.78에 그친 반면, 업무 성격상 정규직으로 전환될 가능성이 많다고 판단하는 비율이 3.08로 높았다. 정규직 전환 가능성이 업무 성과보다 업무 성격에 좌우된다고 판단하는 것은 정부의 무기계약직 전환 정책이 전환 노동자들의 직무만족도 증진 효과는 고사하고 생산성 향상에 기초한 경영효율성 효과조차 기대할 수 없다는 방증이다. 정책효과가 전무하다는 얘기다.

무기계약직 노동자들이 언젠가는 정규직으로 전환될 거라는 판단에 동의하는 비율이 기간제보다 높게 나타난 것은 기간제가 무기계약직 전환 뒤 정규직 전환이라는 두 단계를 앞둔 반면 무기계약직은 정규직 전환이라는 한 단계만 남겨 두고 있다는 점에서 정규직 전환 가능성을 높게 보는 것은 자연스런 현상이다. 그런데 업무 성과에 따라 정규직 전환 가능성이 달라진다는 판단에 동의하지 않는 정도는 무기계약직과 기간제가 거의 동일한 수준의 판단을 보이는 반면 업무 성격상 정규직으로 전환될 가능성에서는 무기계약직이 기간제보다 높게 나타났다.

이는 기간제의 무기계약직 전환 자체가 상시·지속적 업무라는 업무 성격에 의해 결정됐을 뿐만 아니라 무기계약직의 정규직 전환 대상자 선별 과정에서도 상시·지속적 업무 여부가 가장 중요한 기준이 될 것은 자명하기 때문이다.

〈표 5-30〉 자신의 정규직 전환 가능성 전망*

@62-@64	언젠가는 정규직으로 전환될 것	좋은 업무 성과 낸다면 정규직 전환될 수 있음	나의 업무는 정규직으로 전환될 가능성 많다
기간제	3.02	2.74	2.75
무기계약직	3.27	2.78	3.08
전체	3.22	2.77	3.01
무기계약직-기간제	0.25	0.04	0.33

* 1 전혀 아니다, 3 보통, 5 매우 그렇다

VII. 소결

공공부문 비정규직 설문조사 자료 분석 결과는 여섯 가지로 축약할 수 있다.

첫째, 무기계약직 전환은 상시·지속업무 여부를 기준으로 진행됐으며, 주로 기간제를 중심으로 전환이 이뤄졌는데, 전환 비율은 전환 대상자의 절반 수준에 불과하다.

상시·지속업무 2년 이상 근속 직접고용 비정규직을 전원 무기계약직으로 전환한 사업장은 40% 수준에 불과하고, 무기계약직 전환 대상자 가운데 실제 전환된 비율은 53%로 확인됐다. 현재 기간제 비정규직 가운데 정규직과 동일 직무를 수행하는 비율은 30%로, 무기계약직의 동일직무 수행 비율(59%)의 절반에 해당한다. 기간제 비정규직 가운데 정규직과 동일업무를 수행하는 비율이 30%에 달하며, 정규직과 분리됐으나 상시적인 직무를 수행하는 비율이 그 절반 정도에 해당하며, 이들 모두 무기계약직 전환 대상으로 남아 있음을 의미한다.

무기계약직 전환을 위해 별도 시험이나 평가 절차를 거친 비율은 무기계약직의 51%였고, 이 중 별도 시험을 치른 비율은 전체 전환자의 27%에 불과했다. 별도 엄격한 절차 없이 업무의 상시·지속성 여부를 핵심 기준으로 무기계약직 전환 여부가 결정됐음을 뜻한다.

둘째, 무기계약직 전환은 고용안정성을 조금 강화한 점을 제외하면 기간제와 비교해 노동조건 개선을 거의 수반하지 않았다.

무기계약직은 기간제와 비교해 임금 등 노동조건이 대동소이한데, 복지 수당이 2개 항목 정도 추가되고 수당 액수가 소폭 증액됐다. 무기계약직 임금체계가 정규직과 통합되지 않은 조건 속에서 임금 결정 과정에 대한 노동조합의 개입력이 기간제보다 높아졌기 때문이라 할 수 있다. 그런 점에서 노동조건의 부분적 개선은 노조 효과로 설명될 수 있는 부분이 크며, 순수한 전환 효과라 할 수 있는 고용안정성 강화와 대비된다.

무기계약직은 정규직에게 적용되는 복지수당 항목 13개 가운데 4개 정도만 적용받고 있고 수당 금액도 정규직의 50-60% 수준에 불과하다. 무기계약직의 임금 등 노동조건은 정규직보다 기간제에 훨씬 가깝다. 무기계약직은 경력 인정에서도 현 직장 입사 전 유사업무 경력 인정은 고사하고 현 직장 입사 후 경력도 전부 인정받은 비율이 39%에 그쳐 정규직과의 임금 등 노동조건 격차를 좁히기 어려웠다. 현 직장 입사 전 경력의 인정 정도가 입사 후 경력의 인정 정도보다 월등히 낮게 나타났는데, 이는 간접고용 비정규직이 직접고용 비정규직보다 전환 후 차별처우 피해를 더 크게 겪게 된다는 말이다.

셋째, 무기계약직은 임금체계·직무체계·승진체계가 정규직과 통합되지 않고 별도 인사관리체계에 포함된다. 정규직과 비정규직의 차별처우는 전환 절벽을 사이에 둔 두 개의 상이한 카스트로 고착화하고 있다.

무기계약직 전환에 따른 노동조건 개선이 거의 없고 입사 전·후 경력 인정 비율이 낮아서 무기계약직 전환은 정규직과의 노동조건 격차를 감축하는 효과를 수반하지 못했다. 이런 차별처우를 고착화한 것이 인사관리체계다. 무기계약직은 정규직의 임금체계·직무체계·승진체계로 통합되지 않고 별도 인사관리체계로 관리되고 있었다.

무기계약직 노동자들의 대다수가 정규직과 동일한 직무를 수행함은 물론 업무의 위험도와 어려움 등이 정규직을 능가함에도 무기계약직을 별도 인사관리체계로 관리하는 것은 무기계약직의 실질적인 처우 개선을 통해 정규직과의 차별처우를 해소하기 어렵게 할 뿐만 아니라 정규직 전환 가능성마저 차단하는 조치이기 때문에 정당화되기 어렵다. 무기계약직과 정규직을 전환 절벽으로 분절화하며 차별처우를 고착화하는 무기계약직 전환 정책은 정규직과 법제도적으로 차별화된 또 하나의 카스트를 추가하는 것일 뿐이다. 무기계약직 노동자들의 노동조건 개선 조치가 구조화된 정규직과의 차별처우 현상을 해소할 수 없는 이유가 있다.

넷째, 무기계약직 사업장 가운데 동일직무를 수행하는 정규직이 존재하는 비율이 60% 정도 되는데, 이는 무기계약직 차별처우가 정규직 '담합지대(collusion rent)'의 결과로서 동일가치노동 동일임금 원칙을 위배하고 있음을 보여준다.

무기계약직이 수행하는 업무는 기간제의 비상시적 업무와 달리 상시적 업무에 해당한다는 점에서 정규직 업무와 성격이 같다. 상시적 업무는 사업체에 대한 조직적 통합성 정도가 높기 때문에 무기계약직 업무는 기간제 업무와 비교해 정규직 업무와 동일할 가능성이 훨씬 높다.

무기계약직은 자신들이 수행하는 업무가 정규직 업무보다 더 힘들고 위험한 업무로 평가하고 있는데, 기간제 노동자들의 평가도 무기계약직과 다르지 않다. 이런 상대적 평가는 객관적 현실보다 주관적 판단을 더 반영할 수 있으나, 무기계약직 업무가 정규직보다 일이 쉽거나 안전하지 않은 것은 분명해 보인다.

이처럼 정규직 업무는 무기계약직 업무와 성격과 난이도 측면에서 동일하다. 정규직에 주어진 상대적 고임금은 생산성 향상과 위험 부담에 대한 보상이 아니라 비생산적 지대에 해당한다. 무기계약직에 대한 차별처우는 사용자가 정규직에게 베푸는 담합지대 효과라 할 수 있으며 동일가치노동 동일임금 원칙에 위배되는 현상으로 정당화될 수 없다.

다섯째, 무기계약직은 고용안정감을 제외하면 노동조건에 대한 불만 수준과 그에 따른 이직 의향 정도가 기간제와 같은 수준으로 높게 나타났다. 이는 무기계약직 전환 정책이 정책 효과 측면에서 실패했음을 의미한다.

무기계약직은 고용안정감을 제외한 모든 노동조건 항목에서 기간제와 같은 수준으로 강한 불만을 토로하며 높은 이직 의사를 표현하고 있다. 무기계약직의 높은 불만 수준은 정규직과 동일업무를 수행하고 있음에도 정규직에 비해 열악한 노동조건에 처해 있으며, 무기계약직 전환 이후에도 노동조건 개선이 없었던 것에서 비롯됐다.

무기계약직 노동자들이 가장 강하게 불만을 표출한 항목은 차별처우와 임금 수준이었다. 임금 수준에 대한 불만은 무기계약직 전환 이후에도 임금 인상 효과 없이 여전히 기간제 노동자와 비슷한 수준에 머물러 있는 데 대한 불만이라 할 수 있다. 차별처우에 대한 불만은 정규직과 동일한 업무를 수행함에도 상대적으로 열악한 노동조건에 처해 있을 뿐만 아니라 정규직과 다른 별도 인사관리 체계에 편입돼 관리되며 정규직 전환 가능성이 차단돼 있기 때문이다.

무기계약직 노동자들은 전환에 따른 고용안정성 강화 효과는 인정하고 있지만 임금을 위시한 전반적 노동조건과 정규직과의 차별처우에 대해서는 강한 불만을 가지고 있다. 무기계약직 전환 조치가 노동 의욕과 생산성 향상을 위한 동기화나 사업체에 대한 충성심 고양을 통한 이직의향 억제 인센티브로 작동하기 힘든 구조다. 무기계약직 노동자들의 90%가 무기계약직 전환을 정규직화로 규정하는 정부 입장에 반대 의견을 표명함으로써 정부에 의한 이데올로기적 조작여지도 남지 않게 됐다. 결국 정규직화 정책으로 포장된 무기계약직 전환 정책은 정책 효과 측면에서 완벽하게 실패했다고 할 수 있다.

여섯째, 공공부문 비정규직 노동자들의 절대다수가 사용자에 의한 직접고용 정규직 채용을 최선책으로 보는 가운데 기간제 노동자들이 차선책으로 자회사 등 공공부문 직원이 아니라 무기계약직을 지목함으로써 간접고용보다 상대적으로 고용안정성이 강한 직접고용을 선호함을 확인시켜 준다.

무기계약직과 기간제를 포함한 공공부문 비정규직 노동자들의 2/3는 해당 조직의 정규직으로 전환하는 것을 최선의 대안으로 간주하고 있다. 기간제 비정규직의 경우 차선책으로 자회사 방식을 포함한 공공부문 직원으로 전환하는 방안에 비해 무기계약직으로 전환하는 방안을 선택한 비율이 두 배 수준에 달한다.

기간제 비정규직의 무기계약직 차선책 선택은 두 가지 함의를 지닌다. 하나는 공공부문 비정규직들이 직접고용 정규직 전환이 어려운 여건 속에서는 간접고용에 비해 직접고용을 차선책으로 선택한다는 것이고, 이는 간접고용에 비해 직접고용이 고용안정성과 정규직 전환 가능성에서 유리하다는 비정규직 노동자들의 판단을 담고 있다. 또 하나는 무기계약직이라는 고용형태가 원청 정규직이라는 최선책에 훨씬 미달하는 차선택으로 남는 것은 무기계약직 노동자들은 물론 기간제 노동자들도 무기계약직에 대한 차별처우 현실을 인지하고 무기계약직을 정규직으로 규정하는 정부의 이데올로기적 조작을 거부하며 무기계약직을 과도기적 고용형태로 간주하고 있다는 방증이다.

6장

공공부문 기관 유형별 무기계약직 실태 면접조사 분석

정흥준 · 남우근 · 김세진

6장

공공부문 기관 유형별 무기계약직 실태 면접조사 분석

정흥준_한국노동연구원

I. 사례조사의 배경과 개요

1. 들어가며

흔히 계약기간의 정함이 없는 노동자를 정규직으로 개념화한다. 한자로 옮겨 적으면 무기계약직(無期契約職)인데, 표현으로만 보면 무기계약직은 정규직이 맞다. 그러나 현실의 무기계약직은 정규직이 아니다. 무기계약직은 정규직처럼 고용은 보장되지만 임금이나 기타 근로조건은 정규직보다 비정규직에 가까운 노동자다. 무기계약직은 임금·근로조건만이 아니라 승진·승급제도도 없다. 그래서 정규직과 비정규직의 경계에 있다는 의미로 '중(中)규직'으로 조롱받아 왔다.

무기계약직은 비정규직의 정규직화 과정에서 기존 정규직 직군·직종에 포함하지 않고 별도 직군을 신설하면서부터 생겨난 고용형태로 공공부문과 금융 등 민간부문에서 많이 활용되고 있다. 특히 공공에서는 2007년 기간제법 법제화로 2년 이상 고용한 기간제를 정규직으로 전환하면서 무기계약직이 크게 늘어났다. 이렇게 늘어난 공공부문 무기계약직은 약 21만 명에 이르고 있다.

공공부문에서 무기계약직의 급증은 비정규직을 정규직화하는 과정에서 기존 정규직 직군으로 편입하기엔 정원·예산 등 어려움이 뒤따랐기 때문이다. 기존 취업준비생도 고려했다. 정부 입장에서 기간제의 무기계약직 전환은 공공부문 비정규직을 정규직화했다는 명분을 확보하면서 동시에 추가되는 비용이 적고 조직 내 반발을 최소화할 수 있는 방안이었다. 한편에선 무기계약직이 정규직인지에 대한 비판적 목소리가 꾸준히 제기됐다.

무기계약직 노동자들의 구조화된 차별은 무기계약직 노동조합 결성으로 이어졌다. 공기업 및 공공기관의 무기계약직은 기존 노동조합에 편입돼 있는 경우가 많았고, 중앙행정기관과 지방자치단체의 무기계약직은 기존 공무원 노동조합이 아닌 별도의 노동조합을 조직했다. 무기계약직 차별을 줄이기 위해 활동하고 있다.

본 사례에서는 공공부문을 중앙·지방·공기업·공공기관·교육기관으로 세분화해 각 기관별로 무기계약직의 노동 및 차별실태를 살펴봤다. 각각의 사례에서 도출된 공통점은 2절에서 요약했으며 3절부터 7절까지는 각 기관별 무기계약직 실태를 자세히 들여다봤다. 마지막 8절에서는 사례연구 결론으로 개선방안 등을 제시했다.

2. 연구방법

본 연구의 면접조사는 크게 5개 공공부문(중앙행정기관·지방자치단체·공공기관·지방공기업·교육기관)으로 나눠 실시했다. 5개 부문 20개 기관의 무기계약직 노동자들에 대한 개별적인 면접조사 형태로 진행하되 각 부문별로 인사업무를 담당하는 공무원 또는 관리직을 대상으로 개별적인 면접을 진행해 전반적인 인사관리 특징을 파악하고자 했다. 면접질문은 분석의 통일성을 위해 반구조화된 질문지를 활용했다. 면접조사는 1~2시간 진행(전화인터뷰 포함)했다. 주된 내용은 아래와 같다.

<사례연구 주요 주제>

- 무기계약직의 규모, 현황, 업무 등
- 무기계약직으로 전환 과정
- 임금 등 근로조건과 인사제도의 특징
- 불합리한 관행, 인권침해 및 정규직과의 차별
- 무기계약직 처우 개선을 위한 노동조합의 대응 등

3. 면접대상자

기존문헌 외에 각 기관에 소속된 무기계약직 노동자들을 대상으로 광범위한 면접조사를 했다. 필요한 경우 각 기관의 인사담당자 및 노동조합 관계자들과 심층면접조사를 했다. <표 6-1>은 면접대상자 현황을 나타낸 것이다.

<표 6-1> 면접대상자 현황

(단위: 년)

구분	연번	성별	소속기관	현 기관 입사연도	무기계약직 전환연도
중앙행정기관	1	남성	A부	2002	2010
	2	여성	B청	1995	2000
	3	여성	C청	2000	2007
	4	남성	A부	인사 담당 공무원	
	5	여성	E처	인사 담당 공무원	
지방자치단체	6	여성	F시	2006	2008
	7	남성	G시	2008	2010
	8	남성	H시	2010	2012
	9	여성	F시	무기계약직 담당 공무원	
공공기관	10	남성	I공사	2004	2007
	11	남성	J기관	2010	2010
	12	여성	K공단	2016	2016
	13	남성	K공단	2015	2015
	14	여성	K공단	1999	2016
	15	남성	K공단	인사담당 관리직	
지방공기업	16	남성	O공사	2017	2017
	17	남성	P공사	2002	2007
	18	남성	P공사	2008	2008
	19	여성	O공사 자회사	산별노동조합 위원장	
	20	남성	P공사	인사담당 관리직	
교육기관	21	여성	R초등학교	2004	2014
	22	여성	S중학교	2006	2008
	23	여성	T초등학교	2007	2013
	24	여성	U유치원	2010	2014
	25	여성	V중학교	2011	2014
	26	남성	F시 교육청	비정규직 담당 협력관	

II. 공공부문 무기계약직 노동기본권 침해 실태 요약

정흥준_한국노동연구원

본 연구에서는 무기계약직으로의 전환 과정, 동일업무여부, 임금차별, 동기부여가 되지 않는 인사제도, 그리고 불합리한 관행에 관한 내용을 살펴본다.

1. 무기계약직으로의 전환

공공부문 무기계약직은 기간제를 거쳐 무기계약직으로 전환되거나 처음부터 무기계약직으로 입사한 경우로 나뉜다. 대부분의 무기계약직은 기간제 2년을 거쳐 무기계약직으로 전환된 경우이며 본 연구의 면접조사 참여자들도 대부분 기간제를 거쳐 무기계약직으로 전환된 사례였다. 그런데 면접조사 결과 알려진 것과 달리 기간제라고 해서 모두 무기계약직으로 전환된 것은 아니었다.

관행적인 예산제약으로 인해 무기계약직으로의 전환 과정이 일부 파행적으로 이뤄지고 있었다. 중앙행정기관과 지방자치단체는 일손이 부족하고 예산이 충분하면 기간제 근무기간이 2년이 되지 않더라도 무기계약직으로 전환하는 경우가 적지 않았다. 반대로 예산이 부족하면 2년이 되기 전 기간제 계약을 해지하는 경우도 많았다.

공공기관이나 지방공기업은 기간제 업무를 외주화함으로써 아예 기간제를 줄이는 방법을 활용하는 것으로 나타났다. 기간제법 취지를 전혀 다른 방향으로 왜곡하고 있는 것이다. 교육기관의 경우 초단시간·강사직군 등의 노동자들은 무기계약직으로의 전환에서 배제되는 문제점이 있었다. 예를 들어 본 사례연구의 A공사는 2007년 485명을 무기계약직으로 전환했지만 2008년에는 전환인원이 3명에 불과했다. 그럼에도 기간제는 2008년 1,221명에서 2009년 143명으로 대폭 축소됐다. A공사는 기간제 대부분을 무기계약직으로 전환하지 않고 계약해지를 한 후 해당 업무를 외주화했다. 기존 연구에 따르면 기간제법이 도입된 2007년 이후 다양한 형태의 간접고용이 늘어난 것으로 확인됐는데 A공사도 마찬가지 모습을 보였다.

〈표 6-2〉 무기계약직 전환 과정에서의 문제점

구분	전환 시 문제점
중앙행정기관	사업예산에 따라 전환규모를 정함, 예산에 따라 2년 전 해고 관행
지방자치단체	
공공기관	기간제 무기계약직 전환 대신 외주화
지방공기업	
교육기관	초단시간, 강사직군, 청소용역, 야간당직 노동자 전환 배제

무기계약직으로 전환하지 않는 또 다른 편법은 기간제를 반복해서 사용하는 것이다. 일반적인 기간제는 2년까지 고용이 가능하기 때문에 근무기간 2년이 도래하기 전에 교체한다. 교육기관의 초단시간 노동자나 강사직군 노동자는 기간제로 계약돼 있더라도 무기계약직으로의 전환에서 배제돼 있었다.

2. 동일업무 정규직과의 차별

공공부문 무기계약직은 공무원 혹은 정규직과 동일한 업무를 하는 경우가 적지 않았다. 〈표 6-3〉에 나타난 것처럼 비서·조사원·관리원 등 무기계약직의 고유한 업종이 있기도 하지만 전화교환·영양사·전산원·안전·사서 등의 업무는 공무원이나 정규직도 수행하고 있었다.

이런 사실은 일부 주장처럼 무기계약직이 공무원이나 정규직의 업무와 완전히 구분되는 업무를 담당하는 것은 아니며 일부 업무는 정규직·비정규직이 혼재돼 담당함을 보여준다. 전화교환 업무는 공무원이 담당하는 경우가 적긴 하지만 공무원과 무기계약직 모두 수행하고 있었다. 영양사와 전산업무도 정규직과 무기계약직이 함께 담당했다.

〈표 6-3〉 무기계약직과 공무원(정규직) 간의 동일업무 및 임금 비교

구분	동일업무 정규직	동일업무 사례	정규직 대비 임금
중앙행정기관	있음(○)	전화교환원, 영양사	공무원의 약 50%
지방자치단체	있음(○)	교환원, 전산관리원	공무원의 약 50%
공공기관	있음(○)	전산업무(정규직과 혼재작업)	정규직의 약 60%
지방공기업	있음(○)	안전업무	정규직의 약 60%
교육기관	있음(○)	사서, 영양사	공무원의 약 50%

무기계약직 업무가 공무원 업무 또는 정규직 업무와 동일하다고 해서 보상이 같지는 않았다. 무기계약직의 임금은 공무원 또는 정규직의 업무와 동일하거나 그렇지 않거나 관계없이 공무원의 50% 또는 정규직 임금의 60%에 그쳤다.

이런 차별적인 보상시스템에 대해 면접조사에 참여한 대부분의 무기계약직 노동자들은 개선의 필요성을 진술했다. 본 연구 면접에 참여한 무기계약직들은 자신들의 업무가 정규직의 업무에 비해 더 힘든 일이 많다고 설명했다. 공무원들이나 공공기관의 정규직들이 힘들어서 하지 않는 일들을 자신들이 더 많이 담당하고 있는데 이런 무기계약직의 업무에 대한 평가가 제대로 이뤄지지 않고 있다고 했다. 공무원만이 아니라 공사 조직에서도 정규직과 동일한 업무를 하는 무기계약직이 상당수 있는 것으로 확인됐다.

공공기관에서 근무하고 있는 무기계약직 노동자는 정규직과 동일한 업무를 수행한 지 꽤 됐는데 이제 와서 차별시비가 있을까 봐 업무를 분리하려 한다고 비판할 정도였다. 교육기관 역시 같은 일을 하고 있음에도 불구하고 정규직들이 받는 수당을 적게 받거나 받지 못하는 경우도 있고, 교육이나 연수형태에도 차별이 있다고 말했다.

3. 무기계약직의 임금제도

무기계약직 노동자가 느끼는 가장 큰 차별은 정규직과의 임금차별이다. 면접조사에 참여한 무기계약직들은 정규직과의 임금차이에서 심한 상대적 박탈감을 느낀다고 진술했다. 무기계약직 평균임금이 정규직의 절반 수준에 머물러 있었기 때문이었다. 그런데 정규직과의 임금차이만이 아니라 같은 무기계약직이라고 할지라도 기관별·부처별로도 임금차이가 있는 것으로 나타났다.

중앙행정기관에 소속된 한 무기계약직 노동자는 유사한 일을 하더라도 부처별 사업비 차이로 인해 임금차이가 발생한다고 설명했다. 같은 부서에서도 차이가 있었다.

고용노동부의 경우 고용센터에서 근무하는 직업상담원 같은 무기계약직의 처우와 기금관리요원·산재사무원·비서 직종에 있는 무기계약직 간에 기본급 차이는 물론 수당·복리후생비·명절상여금·성과상여금에 차이가 있는 것으로 나타났다.

지방자치단체의 경우에도 지자체별 예산차이가 커서 결과적으로 무기계약직이 비슷한 업무를 하더라도 임금차이가 컸다. 동일한 청소업무인데도 지자체별로 연봉차이가 800만 원 이상 나기도 했다.

무기계약직과 정규직 간 임금격차의 주된 원인은 임금제도에 있었다. 공무원이나 공공기관(또는 지방공기업) 정규직들은 호봉제로 임금이 설계돼 있어 근속연수에 따라 임금이 자동으로 올라가는 구조다. 반면 무기계약직 임금은 호봉제가 도입돼 있지 않아 장기근속수당 정도를 지불하는 데 그친다. 임금제도만이 아니라 각종 수당에서도 무기계약직은 공무원 및 공공기관 정규직에 비해 제한이 있다. 급여성 복리후생 및 성과급에도 차이가 났다.

<표 6-4> 무기계약직 임금 차별

구분	공무원 또는 정규직과의 임금격차 원인	기관 내 임금차이 존재 여부
중앙행정기관	호봉제 대신 장기근속수당 적용 각종 수당 미적용 급여성 복리후생 차별적 적용	중앙행정기관별 임금차이 존재 무기계약직 내에서 임금차이 존재
지방자치단체	호봉제 대신 장기근속수당 적용 각종 수당 미적용 급여성 복리후생 차별적 적용	지방자치단체별 임금차이 존재
공공기관	별도의 직급체계 각종 수당 미적용 급여성 복리후생 차별적 적용	공공기관별 임금차이 존재
지방공기업	호봉제 대신 장기근속수당 적용 각종 수당 미적용 급여성 복리후생 차별적 적용	지방공기업별 임금차이 존재
교육기관	호봉제 대신 장기근속수당 적용 각종 수당 미적용 급여성 복리후생 차별적 적용	방학 중 임금지급 안 됨

4. 동기부여가 되지 않는 인사제도

 무기계약직 인사 관련 규정이 존재하기는 하지만 형식적인 수준이어서 개인들에게 동기부여가 되지 않는 것으로 보였다. 대부분 별도의 직급구조를 갖고 있지 않았다. 직급에 따른 권한부여 또한 거의 없었다. 본 연구에 참여한 면접대상자들은 무기계약직으로 오랜 기간 일을 하고 숙련도가 높아진다고 해서 책임과 역할이 주어지는 구조가 아니어서 일에 대한 동기부여가 제대로 형성되지 않는다고 답했다.
 공무원들은 주무관·사무관·서기관·이사관 등의 직급별 명칭이 존재하고 정규직도 별도의 직급체계를 가지고 있다. 직장에서도 ***주무관, ***과장 등 직급을 활용한 호칭이 존재한다.

무기계약직 노동자들은 별도의 직급이 없기 때문에 **씨 등 이름으로 불려서인지 상대적 박탈감이 컸다. 다만 지방자치단체나 교육기관에서는 '공무직'이란 호칭을 사용하는 경우가 많았다. 공무직이 법으로 제도화돼 있는 것은 아니지만 많은 지방자치단체와 교육기관에서 '공무직' 호칭을 사용하는 것과 관련해 면접조사 대상자들은 공무직이란 명칭이 본인들의 업무에 대해 공식적인 의미를 부여한 것으로 보고 긍정적으로 평가했다.

〈표 6-5〉 무기계약직 인사제도

구분	승급제도	인사규정	비고
중앙행정기관	없음	기관별 자체 규정 존재	공무직 명칭 없음
지방자치단체	없음	지자체별 자체 규정 존재	대부분 공무직 명칭 사용
공공기관	없음	규정 존재	별도 직급
지방공기업	없음	규정 존재	별도 직급
교육기관	없음	규정 존재	교육공무직 명칭 사용

5. 불합리한 관행 및 차별사례

무기계약직 노동자들은 공무원 또는 공공기관의 정규직과 비교해 노동기본권·인사·조직생활에서 차별을 받는 것으로 나타났다. 본 연구의 면접조사를 통해 확인된 것은 첫째, 무기계약직 노동자들은 휴가·연가 사용 시 상급자 승인을 받고 가야 하며 인력 및 업무상황에 따라 본인이 희망하는 날짜에 휴가를 가지 못했다. 교육기관 무기계약직의 경우 연장근로를 하고도 초과근무수당을 받지 못하는 경우가 상당했다. 학교가 무기계약직 노동자들의 연장근로를 노력봉사로 받아들이고 있다고 입을 모았다.

〈표 6-6〉 무기계약직이 겪는 차별적 관행

노동기본권	인사(평가)	조직생활
휴가 사용 등 제약 법정수당 미지급	평가의 내용과 절차가 불투명함 평가가 징계수단으로 악용	부서회의와 (교)직원 회의 참석 못하고 구성원으로 인정 못 받음

둘째, 무기계약직의 인사규정에 따라 평가가 이뤄지지만 평가의 내용과 절차가 불투명해서 어떤 내용으로 평가하는지가 애매하고 이의를 제기하기 어려웠다. 대부분 상급자의 주관적인 의견으로 평가가 이뤄졌다. 정규직의 경우 근무평가는 성과급 지급을 위한 도구로 활용되거나 승진 도구였지만 무기계약직 노동자들에게 평가는 무기계약직을 징계(심한 경우 계약해지)하는 수단으로 악용되는 사례도 종종 있었다. 평가가 형식적으로 이뤄지거나 상급자에 의해 주관적으로 이뤄져 적지 않은 문제를 일으키고 있었다.

셋째, 무기계약직 노동자의 가장 큰 고충은 조직 내에서 '없는 사람'으로 취급받는 것이었다. 많은 사례에서 무기계약직 노동자들은 주간회의에 참여하지 못했다. 각 기관에서는 무기계약직을 정규직이라고 주장하고 있지만 실제 조직 내부에서는 동료의식이 희박했다. 아침 조회 등 회의는 물론 회식을 갈 때도 무기계약직은 배제를 당했다. 면접조사에 참여한 무기계약직들은 정규직이 무기계약직을 구성원의 하나로 인정하지도 않으면서 조직 내부의 귀찮고 힘든 일들은 무기계약직들에게 전가하는 경우가 많은데 그때는 조직원 중 하나로 무기계약직의 희생을 요구하고 있다며 정규직 중심의 이중적인 조직운영을 비판했다.

넷째, 무기계약직 고충처리가 이뤄지지 않고 있었다. 무기계약직의 업무는 정해져 있는 경우가 많고 다른 업무를 할 기회가 보장되지 않았다. 반면 정규직이나 공무원은 일을 하다가도 본인이 힘들거나 적성에 맞지 않으면 전보신청을 통해 업무를 전환할 수 있는 기회를 보장받았다. 무기계약직들은 그만두지 않는 이상 퇴직할 때까지 같은 일을 해야 하는 비인간적인 구조에 놓여 있었다.

6. 무기계약직 처우 개선을 위한 노동조합의 대응

공공부문 무기계약직 노동자들은 공공기관의 특성상 비교적 수월하게 노동조합을 조직하고, 노동조합을 통해 무기계약직의 처우 개선 활동을 하는 것으로 나타났다. 중앙행정기관의 경우 2017년 중앙행정기관노동조합협의회가 조직돼 중앙정부 무기계약직 노동자들의 처우 개선을 집단적으로 요구하기 시작했다. 지방자치단체도 전국지자체공무직협의회를 결성했다.

공공부문 비정규직의 정규직화 방침에 따라 앞으로 중앙 및 지방행정기관의 무기계약직이 더욱 늘어날 것으로 보인다. 공무원 노사관계 또한 적지 않은 영향을 받을 것으로 예상된다. 공공기관·공기업 등 공공기관에서 무기계약직은 공무원조직과 달리 무기계약직 노동조합이 별도로 조직돼 있지 않아 기존 노동조합에 가입하고 있었다. 기존 노동조합 역시 무기계약직 조합원이 늘어남에 따라 이들에 대한 처우 개선 및 정규직과의 차별축소 등을 요구하고 있으나 아직까지 가시적인 성과가 많은 편은 아니다. 교육기관에서는 기존 정규직노조와 별도로 비정규직 노동조합을 조직했다. 단체교섭 등을 통해 무기계약직 및 무기계약직으로 전환되지 않은 기간제 등 비정규직 형태의 학교노동자들의 처우 개선을 위해 노력하고 있다.

7. 소결

그동안 무기계약직을 정규직으로 분류했지만 고용만 안정됐을 뿐 실질적인 노동조건 개선은 이뤄지지 않고 있음을 확인했다.

첫째, 동일한 업무를 하고 있는 정규직과의 임금 차별이 컸다. 무기계약직은 정규직의 50% 수준의 임금을 받고 있었다. 같은 직종의 무기계약직이라도 공공기관에 따라 임금수준이 달랐는데 이 역시 이유 없는 차별 중 하나로 볼 수 있다. 동일가치노동 동일임금을 강제할 수 있는 제도적 개선이 필요한 대목이다.

둘째, 차별적인 보상 외에도 업무와 보상 간에 기준이 없고 승진·평가·징계 등 인사관리 원칙이 없는 것도 개선이 필요한 부분이다. 무기계약직은 단일직급 형태로 승진이 불가능했다. 동일업무를 반복적으로 수행하고 있었다. 승진과 업무의 다양성이 보장되지 않아 평가도 형식적이었다. 공공부문 무기계약직 노동자들의 상당수는 동기부여가 되지 않은 상태에서 노동을 했다. 개인에게나 조직에게나 바람직하지 않은 방식이다. 효과적인 인력활용의 측면에서도 무기계약직 노동자들의 자발성을 향상시킬 수 있는 인적자원관리 방안이 필요하다.

마지막으로 가장 중요한 점인데, 무기계약직 노동자들은 조직 내에서도 차별 외에도 구성원으로서 인정을 못 받고 있어 이에 대한 개선이 필요한 것으로 나타났다. 따라서 각 공공기관에서는 무기계약직 노동자들의 심리적 박탈감을 어떻게 개선할지에 대한 조직문화개선 및 제도적 개선방안에 대한 연구와 실질적 계획을 수립해야 할 것이다.

Ⅲ. 중앙행정기관 무기계약직의 현황과 차별실태

정흥준_한국노동연구원

1. 중앙행정기관 무기계약직 현황

고용노동부에 따르면 2016년 공공부문의 전체 무기계약직은 211,950명으로 집계됐다. 이 중 교육기관이 104,287명으로 가장 많았고 다음은 지방자치단체(52,939명)였다. 중앙행정기관에 소속된 무기계약직은 20,582명이었다.

공무원 대비 무기계약직 비율이 7.1%로 다른 공공부문에 비해 상대적으로 적은 편이었다.

〈표 6-7〉 공공부문 무기계약직 규모

구분	공무원 또는 정규직(명)	무기계약직(명)	공무원 또는 정규직 대비 무기계약직 비율(%)
중앙행정기관	290,094	20,582	7.1
자치단체	350,637	52,939	15.1
공공기관	318,573	24,676	7.7
지방공기업	55,429	9,466	17.1
교육기관	521,932	104,287	20.0
합계	1,536,665	211,950	13.8

중앙행정기관 무기계약직 노동자는 다른 공공부문과 마찬가지로 꾸준히 늘고 있다. 2012년 중앙행정기관에 소속된 무기계약직은 6,775명에 불과했으나 2016년 말 현재 20,582명으로 3배 가량 늘어났다.

오계택(2015)의 연구에 따르면 중앙행정기관 무기계약직은 직종별로 사무보조원이 34.3%로 가장 많았다. 당시 조사에서 무기계약직 직종은 76개로 다양했다. 이 중 사무보조원·도로보수원·연구보조원·통계조사원·특수집배원·기록물정리요원·조리보조원·시설관리원·경비원·청소원, 비서 등이 상대적으로 무기계약직이 많은 직종이었다.

〈표 6-8〉 중앙행정기관 무기계약직의 주요 직무

구분	주요 직무 내용
사무보조원	각종 사무업무 지원
경비원	시설 및 시설물 경비, 고객안전 관리 등
연구원	실험, 조사, 분석, 화학·물리적 처리, 번역 등
청소원	사무실, 화장실, 건물 주변 등 시설 내·외부 청소, 화단 관리 등
기록물정리원	수서, 대출·반납, 분류·정리, 간행물 발간·배포, 홈페이지 자료 관리, 기록물 정리·관리, 각종 책자 발간 등
시설물관리원	전기·냉난방·승강기·실험실 등 시설 유지·관리, 조경 등

* 오계택(2015: 25) 수정

2016년 기준으로 중앙행정기관 무기계약직의 월평균 임금은 217만 원이다. 기간제 204만 원, 파견·용역 210만 원과 비교하면 약간 높았다. 이에 비해 무기계약직의 월평균 임금은 공무원 전체 월평균 보수의 절반에 불과한 것으로 확인됐다. 중앙행정기관 무기계약직의 일반적인 처우가 기간제·파견·용역노동자와 크게 다르지 않음을 확인할 수 있었다.

   기존 연구는 중앙행정기관에 소속된 무기계약직이 유사한 업무를 하고 있다고 할지라도 부처에 따라 다른 보상체계를 갖는 것이 문제점으로 지적해 왔다. 오계택(2015)연구에 따르면 실태조사 결과 각 부처별로 무기계약직 전환이 이뤄졌지만 중앙 차원의 논의가 부족해 각 부처별로 같은 직종의 무기계약직 사이에 임금격차가 발생하고 있다. 공무원과 달리 무기계약직 임금이 각 기관에서 시행하는 사업비에 책정돼 있기 때문이다. 임금체계 차이로 일부 기관에서 호봉제를 도입하고 있기 때문에 초임은 같더라도 호봉제 실시 여부에 따라 장기적으로는 임금차이가 발생할 수 있다(장홍근 외, 2012).

2. 사례조사 결과

1) 무기계약직 채용 및 전환

   무기계약직은 상시적인 업무를 담당하므로 공무원을 채용하는 것이 원칙이지만 공무원의 정원과 예산이 정해져 있기 때문에 계약직인 기간제를 활용하고, 2년이 경과하면 기간제법에 의거 무기계약직으로 전환했다. 무기계약직 채용이나 전환과 관련해 각 중앙행정부처들은 자체 관리규정을 두고 기간제와 무기계약직을 채용해 상시적인 업무를 담당하도록 했다. 현재 무기계약직들은 대부분 기간제에서 무기계약직으로 전환된 사례다. 무기계약직으로 바로 채용된 경우도 부분적으로 존재한다.

   중앙행정기관별로 차이가 있으나 기간제 채용 후 무기계약직으로 전환되는 경우와 무기계약직으로 채용되는 경우가 각각 존재한다. 면접조사 결과 바로 무기계약직으로 채용하는 경우보다 기간제로 2년 동안 근무한 후 무기계약직으로 전환하는 경우가 다수였다. 특히 기간제를 거친 후 무기계약직으로의 전환은 인사관리 측면에서 긍정적인 면이 있었다. 중앙행정기관 인사담당자는 다음과 같이 진술했다.

"무기계약직에 해당하는 직무의 경우 약간의 숙련이 필요한데, 검증이 안 된 사람들을 공개채용으로 뽑을 순 없다. 그래도 기간제로 고용하는 동안 사람도 살펴보고 훈련도 좀 시켜서 무기계약직으로 전환하는 게 낫다."_ 중앙행정기관 인사담당자

일부 중앙행정기관에서는 우선채용제도를 도입했다. 우선채용제도란 기간제로 일한 기간이 반드시 2년이 되지 않더라도 기관에서 인력이 필요한 경우, 예를 들어 무기계약직에 결원이 발생할 때 기간제 중에서 필요한 인력을 우선 채용하는 제도다. 우선채용제도는 기간제노동자들에게는 무기계약직으로 전환되는 기간을 단축시켜 준다는 점에서 의미가 있을 수 있다. 우선채용제도가 중앙행정기관에 널리 활용되고 있는 것은 무기계약직 업무가 비워 둬서는 안 되는 중요한 업무임을 의미한다.

무기계약직으로 바로 채용하는 경우도 있다. 대표적인 곳이 과학기술정보통신부 우정사업본부에 소속된 우체국이다. 상시계약집배원을 무기계약직으로 선발한다. 이 때 필기시험은 별도로 없으며 서류전형과 면접으로 채용이 이뤄진다. 이 외에도 통계조사원·시험연구원 등의 직무도 무기계약직으로 바로 채용하는 사례가 있다.

2) 무기계약직 전환방식

중앙행정기관 기간제의 업무는 상시적이고 지속적인 업무가 대부분이다. 기간제로 채용돼 일하게 되면 2년이 경과하는 시점에 특별한 사유가 없는 한 무기

계약직으로 전환된다. 무기계약직 관련 정부 지침이나 부서 지침을 보면 2년 이상 근무했고, 앞으로도 근무할 것 같은 상시·지속업무는 무기계약직으로 전환하는 것이 원칙이다. 무기계약직이 계속 증가하고 상시·지속업무 전체가 무기계약직으로 전환되면 기간제 채용이 중단될 것으로 예상된다. 우정사업본부의 경우 기간제는 800명 수준인 반면 무기계약직은 7,000명 정도로 늘어났다. 본 연구의 면접대상자들은 모두 기간제로 2년 이상 근무한 후 무기계약직으로 전환된 경우였다. 무기계약직 전환 과정에서 특별히 문제가 된 경우는 없었다고 일관되게 진술했다.

중앙행정기관은 기간제를 무기계약직으로 전환할 때 심의위원회를 개최한다. 기간제 당시 근무평가를 활용하기도 하지만 특별한 사유가 없으면 전환이 원칙이다. 전환시점에서 근무평가가 결정적인 역할을 하는 것은 아니다. 다만 2년이 경과했는데도 무기계약직으로 전환되지 않은 60세 이상 고령자나 전문직 종사자는 예외다.

중앙행정기관 인사담당자에 따르면 기간제에 대해선 근무평가를 통해 나중에 무기계약직 전환심사 때 활용하도록 돼 있으나 기관이 자율적으로 결정할 수 있다. 근무평가보다 근태를 많이 보고 평소 근태가 불량한 경우를 제외하면 무기계약직으로 전환한다고 밝혔다. 면접대상자들도 2년이 된 기간제들은 당연히 무기계약직으로 전환될 것으로 알고 있다고 진술했다. 이상의 내용을 보면 중앙행정기관에서 기간제의 무기계약직 전환은 까다로운 심의 과정이 아님을 확인할 수 있다. 전환 과정보다는 정부 예산이 중요하게 작용하는 것으로 나타났다.

"우리 부의 경우 기간제에서 무기계약직으로 전환될 때 탈락률이 높지 않다. 개인의 인성보다는 예산이 중요하다. 무기계약직은 계속고용직이기 때문에 예산이 확보돼 있어야 한다. 예산이 부족하면 2년이 되기 전에 내보내야 한다." _ A부 중앙행정기관 인사담당 공무원

3) 노동조건

중앙행정기관 무기계약직은 대부분 전일제(하루 8시간)근무를 하고 있다. 단시간근로는 거의 없다. 대부분 단일직급이다. 면접대상자들도 단일직급이었다. 기존 연구를 보더라도 무기계약직에 대한 설문조사 결과 81.8%가 직급이 없는 것으로 나타났다(오계택, 2015).

중앙행정기관 무기계약직은 승진을 할 수 있는 구조가 마련돼 있지 않다. 면접대상자 대부분은 업무에 대한 동기부여가 되지 않는다고 말하고 있으며 단일직급제도에 대해 공무원들도 무기계약직으로 일하는 분들에게 승진 등 추가적인 보상을 해 줄 수 없기 때문에 일을 더 요구하기 힘들다고 진술했다.

중앙행정기관 무기계약직의 월 평균임금은 217만 원이었다. 면접대상자들은 200만 원 내외라고 말했다. 임금 수준은 부처마다 약간의 차이가 있다. 부처별로 사업비 규모가 달라 사업비 내 무기계약직의 인건비가 다르고 일부 무기계약직은 호봉제를 적용받고 있기 때문이다. 우정사업본부 무기계약직 집배원의 임금은 월 200만 원 수준이다.

무기계약직 임금체계는 호봉제가 아닌 경우가 많다. 다만 매년 근속연수가 늘어남에 따라 장기근속장려수당을 받는다. 1년 근무하면 2만~3만 원 올라가며 상한선은 20만~30만 원으로 정해져 있다. 이런 근속수당은 근속연수에 따라 기본급이 올라가는 호봉제와는 다르다. 무기계약직은 경영평가 상여금이나 맞춤형(선택적) 복지제도 혜택, 명절 휴가비 등을 받지만 공무원과는 차이가 있다. 이로 인해 무기계약직들이 적지 않은 상대적 박탈감을 가지고 있는 것으로 확인됐다. 일부 부서는 사무보조직에 호봉제를 적용하기도 한다. 환경부는 임금이 상대적으로 적은 사무보조 무기계약직에 대해 호봉제를 도입했다. 20호봉으로 돼 있으며 호봉급 간 임금차이는 5만~6만 원 정도다. 환경부처럼 임금체계가 호봉제인 경우 장기근속수당을 받지는 않는다.

임금체계만이 아니라 수당 등에서도 정규직인 일반공무원과 무기계약직은 상당한 차이가 난다. 〈표 6-9〉에서 보는 바와 같이 보건복지부 무기계약직은 기간제와 유사하게 수당을 받고 있다. 공무원은 모든 수당을 받는다.

〈표 6-9〉 보건복지부 고용형태별 수당 지급 여부

구분		본부		국립정신건강센터		질병관리본부		129 콜센터		공무원
		무기	기간	무기	기간	무기	기간	무기	기간	
수당	정근수당	X	X	X	X	O	X	X	X	O
	직급보조비	X	X	X	X	O	X	X	X	O
	가족수당	X	X	O	O	O	X	X	X	O
	복지포인트	O	O	O	O	O	O	O	O	O
	기타수당	O	O	X	X	X	X	X	X	O
	식비	X	X	X	X	O	X	X	X	O
	교통비	X	X	X	X	X	X	O	O	O
	위험수당	해당 없음	해당 없음	O	O	X	X	X	해당 없음	O
	명절 휴가비	80만 원 한도	80만 원 한도	기본급 60%	기본급 60%	기본급 60%	50만 원 한도	40만 원 한도	40만 원 한도	기본급 60%
	학자금 지원	X	X	X	X	X	X	X	X	O

* 보건복지부공무직노동조합 제공(2017년 9월)

무기계약직은 제도상 교육훈련이 있기는 하지만 개별 무기계약직 노동자들이 별도로 교육을 받고 있는지, 받고 있다면 어떤 교육을 어느 정도 받고 있는지 등은 파악하기 힘들다. 무기계약직 교육훈련에 대해 아무런 규정이 없는 경우도 있었다. 공무원 교육은 보통 인터넷교육과 집합교육 등이 있다. 교육을 이수할 경우 직무 관련 숙련을 쌓고 경력을 개발하는 데 도움이 된다. 무기계약직의 경우 교육성과가 보수나 승진에 영향을 미치지 않는다. 관리직인 공무원이나 당사자인 무기계약직 모두 자신의 필요에 따라 자율적으로, 알아서 교육을 받는 것으로 인지하고 있었다.

"무기계약직 근무평가를 실시하고 있다. 기간제는 각 부서별로 자율에 맡겨 놓았는데 무기계약직 근무평가가 필요한지에 대해 사실 의구심이 든다. 보통은 업무평가가 인사와 보상에 반영돼야 효과가 있는데 무기계약직은 그렇지 않다. 별도 보상이 없기 때문에 무기계약직으로 전환됐다고 해도 업무에 대한 종합적인 관리를 하기 어렵다." _ E처 중앙행정기관 인사담당 공무원

4) 불합리한 관행 및 차별

중앙행정기관 면접대상자들은 여러 가지 측면에서 불합리한 관행이 있다고 지적했다. 첫째, 공무원과 비교해 무기계약직 임금이 지나치게 낮다는 것이다. 공무원은 매년 임금이 인상되고 공무원연금도 받을 수 있는 반면 무기계약직은 정해진 임금이 매년 똑같고 기간제로 일을 했을 때와 비교하면 임금차이가 거의 없다고 진술했다.

> "무기계약직의 가장 큰 문제는 공무원과 비교했을 때 급여가 절반밖에 안 되는 것이다. 내가 하고 있는 업무는 전화교환 업무인데 무기계약직과 똑같은 일을 하는 일반 공무원들이 있다. 정말이지 하는 일은 똑같은데 급여가 절반밖에 안 된다."
> _ C청 무기계약직 노동자

임금차이는 정규직인 공무원과 무기계약직 간에만 있는 것이 아니다. 중앙행정기관에 따라 급여차이가 존재하고 더 나아가 같은 부의 무기계약직 내에서도 직종에 따라 급여 차이가 상당하다. 고용노동부의 경우 고용센터에서 근무하는 직업상담원 같은 무기계약직 처우와 기금관리요원·산재사무원·비서 직종에 있는 무기계약직 간에 기본급의 차이는 물론 수당·복리후생비·명절상여금·성과상여금에도 차이가 난다. 그 이유에 대해 A부의 무기계약직 노동자는 다음과 같이 설명했다.

> "A부의 경우 무기계약직 중에서 직업상담원 인원이 가장 많고 노동조합도 오래전부터 있었다. 그동안 처우 개선이 많이 됐다. 일부는 정규직으로 전환되기도 했다. 그런데 기금을 관리하거나 산재업무를 하거나 비서업무 등을 하는 경우 공무원들은

물론 직업상담원보다도 급여가 적다. 가족수당은 아예 못 받는다. 다른 일을 하니까 어느 정도 급여차이가 있을 수 있다. 하지만 같은 부서에서 일하고 같은 무기계약직 인데 복리후생이나 수당 차이가 나는 것은 이해가 안 간다."_ A부 무기계약직 노동자

둘째, 면접대상자들은 자신들이 하고 있는 일이 전문적이거나 창의적인 일은 아니더라도 공공의 측면에서 일상적으로 중요하며 꼭 필요한 일을 하고 있다고 생각했다. 일반 공무원들도 같은 업무를 하는 경우가 많다고 했다. 심지어 공무원들이 기피하는 업무를 무기계약직이 하는 등 업무와 관련해 불합리한 부분이 많다고 주장했다.

무기계약직이 수행하고 있는 업무들은 상시적이고 꼭 필요한 업무이지만 단순·반복적인 경우가 많다. 이런 일들은 공무원들이 기피하는 업무다. 공무원들은 부서에 배치돼 일을 하다가도 본인이 힘들거나 적성에 맞지 않으면 전보신청을 통해 업무를 전환할 수 있는 기회가 있지만 무기계약직들은 그만두지 않는 이상 퇴직할 때까지 같은 일을 해야 한다. B청 소속 무기계약직 노동자는 다음과 같이 말했다.

"무기계약직은 정원 외의 유령과 같은 존재들이다. 분명히 조직에 소속돼 일을 하고 있는데 정원에 포함돼 있지 않고 특정 사업으로 운영되는 인력으로 분류된다. 사업에다가 사람을 묶어 놓은 거라서 이 사업, 저 사업을 옮겨 다니면서 할 수 없도록 돼 있다. 그러다 보니 귀찮고 힘든 일은 무기계약직들이 많이 하게 되는 것 같다."_ B청 무기계약직 노동자

중앙행정기관 무기계약직 노동자들이 인식하고 있는 또 다른 업무의 불합리성은 업무와 보상 간에 합리적인 기준이 없다는 것이다. 공무원과 무기계약직 그리고 기간제가 똑같은 자격증을 가지고 똑같은 업무를 하고 있는데 처우가 모두 다르다는 설명이다. 경찰청 의경부대 영양사 중에는 일반 공무원도 있고, 무기계약직도 있고, 기간제도 있다. 이들 노동자들은 같은 자격증을 가지고 같은

일을 하지만 처우는 다르다. 시설관리도 마찬가지다. 동일가치노동 동일임금 기준으로 보면 무기계약직 노동자들은 공무원과 같은 일을 하는 경우에는 동일한 처우를 받아야 하지만 현실은 그렇지 못하다.

셋째, 무기계약직의 고용안정이 기간제에 비해 안정적인 것은 사실이지만 공무원들처럼 신분과 고용이 충분히 보장되는 것은 아님을 확인할 수 있다. 면접조사에 따르면 일부 부처에서는 무기계약직에 대한 평가가 객관적으로 이뤄지지 않으며 일부 공무원은 이를 악용한다. 개인적인 감정을 가지고 인사고과에 반영해 계약해지 등 불이익을 주거나 심지어 위협을 하는 것으로 나타났다. 일반 공무원과 달리 무기계약직은 고용노동부 관리지침(2012)에 따라 평가를 해야 하지만 평가항목이나 기준이 투명하지 않아 어떤 항목으로 어떻게 평가가 되는지 알지 못하며 언제 평가가 이뤄지는지를 알 수 없다. 익명을 요구한 면접대상자는 상급자가 성희롱을 하고도 평가 운운하면서 협박을 일삼은 경험이 있다고 진술했다. 평가에 대한 개인의 소명도 공무원과 차이가 컸는데, 공무원들의 경우 징계처분을 받으면 소명할 기회가 있지만 무기계약직은 징계를 받게 되면 소명절차 없이 계약이 해지된다. 무기계약직의 계약해지가 어느 정도로 이뤄지고 있으며 그 이유는 무엇인지, 어떤 과정을 통해 계약해지가 이뤄지는지 등에 대한 현황파악이 요구된다.

넷째, 무기계약직 노동자들이 겪는 어려움 중 하나는 함께 일을 하면서도 없는 사람 취급을 받고 있다는 점이다. 면접조사에 참여한 세 명의 무기계약직 노동자 모두 한결같이 "공무원들은 무기계약직을 같이 일하는 동료로 생각하지 않는다"고 진술했다. 소수 직종에 속한 무기계약직은 한 팀에 혼자만 무기계약직인 경우 팀 회의 참석을 요구하지 않는다. 팀이 어떻게 운영되는지 알 수 없어 소외감이 커진다. 비록 이런 경우는 예에 불과하지만 무기계약직들이 크고 작은 업무의 의사결정에서 소외돼 있음을 알 수 있다.

다섯째, 무기계약직들은 공무원과 달리 연가나 휴가 사용 등에서 눈치를 많이 보고 있었다. 면접조사에 참여한 국세청 무기계약직은 대부분 여성들인데, 휴가나 연가 등을 사용하면서 눈치를 많이 본다고 털어놓았다. 공무원들은 본인이 원할 때 휴가를 사용하지만 무기계약직은 관리자들의 허락을 받아야 하는 분위기이기 때문이라고 설명했다. 육아휴직도 공무원들은 3년인 반면 무기계약직은 공무원이 아닌 일반 근로자로 분류돼 육아휴직이 1년으로 돼 있다.

여섯째, 경력개발이 어려운 점도 무기계약직 면접대상자들이 지적한 부분이다. 직급이 올라가거나 직급에 따른 업무권한에 차이가 없기 때문에 스스로의 경력개발에 한계를 느끼는 경우가 많다고 했다. 이런 이유에서 무기계약직이 고용의 측면에서 안정적이긴 하지만 상대적으로 젊은 사람들은 다른 정규직 일자리로 옮기는 경우가 종종 있다고 진술했다.

5) 노동조합의 대응

중앙부처에 소속된 무기계약직은 한국노총과 민주노총에 각각 조합원으로 조직돼 있다. 그 규모는 4,000여 명 이상인 것으로 알려져 있다. 1~2명의 무기계약직이 공무원들 사이에서 일하는 경우 처우 개선 등을 현장에서 요구하기가 쉽지 않지만 경찰청주무관·고용노동부 직업상담원·우정사업본부 무기계약직 등은 상대적으로 조직률이 높고 처우 개선도 용이했다.

2017년 8월 중앙행정기관 무기계약직 노동조합의 연대기구인 중앙행정기관 노동조합협의회가 결성됐다. 한국노총 5개 노조와 민주노총 3개 노조가 참여하는 협의회로 기간제 및 무기계약직의 처우 개선, 법적 직제 마련, 임금체계 개편, 복무관리, 정원인정 등 여러 가지 문제를 해결하기 위해 활동하고 있다.

중앙행정기관 공무직 노동조합인 공공서비스노동조합총연맹이 결성돼 있으며 보건복지부공무직노동조합·국세청공무직노동조합·경찰청공무직노동조합, 고용노동부공무직노동조합·국토부공무직노동조합·법무부공무직노동조합 등이 가입해 있다. 중앙행정기관 무기계약직들은 본인이 희망할 경우 노동조합에 가입하거나 노동조건 개선 등 처우 개선을 요구하기가 상대적으로 수월한 편이다.

3. 소결

중앙행정기관 무기계약직의 채용경로는 대부분 기간제로 공개채용된 후 무기계약직으로 전환된다. 서류상 무기계약직(계속고용직)으로 신규 채용되는 형식이다. 처음부터 무기계약직으로 채용되는 사례도 있는데, 우정사업본부 상시집배원이 대표적이다. 최근 정부의 공공부문 비정규직 정규직 전환 정책에 따라 무기계약직 규모가 크게 늘어날 것으로 예상된다.

기간제에서 무기계약직으로의 전환기준은 각 부처별로 가지고 있으나 중앙차원의 일관적인 기준은 없다. 보통의 경우 내·외부 인사가 참여하는 무기계약직 전환심의위원회에서 전환을 결정하게 되며 특별한 사유가 없으면 전환하도록 돼 있다. 실제 탈락률이 높은 편은 아니다. 오히려 무기계약직 인건비가 사업비와 연동돼 있기 때문에 사업과 예산에 따라 무기계약직 전환 인원이 정해지는 경우가 많다. 전환대상 대비 무기계약직 선발인원이 적으면 기간제 인원을 조정하는 것으로 나타났다.

무기계약직의 근로실태 가운데 가장 두드러진 문제점은 공무원과의 차별이다. 임금차별이나 승급차별이 심각했다. 무기계약직의 임금체계는 공무원과 달리 호봉제가 도입돼 있지 않다. 월평균 임금은 200만 원 내외로 기간제와 비교해 큰 차이가 없었다. 비슷한 업무를 하는 무기계약직이라 할지라도 각 부처의 예산에 따라 차등이 존재했다. 심지어 같은 부처 무기계약직 간에도 임금차이가 존재해 중층적인 차별이 구조화돼 있었다. 중앙행정기관의 인권실태의 문제점은 차별적인 보상 외에도 업무와 보상 간에 기준이 없고 승진·평가·징계 등 인사관리의 원칙이 없으며 조직 내에서도 구성원으로 인정을 못 받고 있어 심리적 박탈감이 크다는 점이다.

Ⅳ. 지방자치단체 무기계약직의 현황과 차별실태

정흥준_한국노동연구원

1. 지방자치단체 무기계약직 현황

2016년 기준으로 공공부문의 전체 무기계약직은 211,950명이다. 이 중 지방자치단체 무기계약직은 52,939명으로 교육기관(104,287명)에 이어 두 번째로 많다. 공무원 대비 무기계약직 비율은 15.1%로 전체 공공부문 평균 13.8%를 웃돌았다.

〈표 6-10〉 공공부문 무기계약직 규모

구분	정규직(명)	무기계약직(명)	정규직 대비 무기계약직 비율(%)
중앙행정기관	290,094	20,582	7.1
지방자치단체	350,637	52,939	15.1
공공기관	318,573	24,676	7.7
지방공기업	55,429	9,466	17.1
교육기관	521,932	104,287	20.0
합계	1,536,665	211,950	13.8

지방자치단체 무기계약직 인원은 기간제의 전환에 의해 중앙행정기관과 마찬가지로 계속 늘어나는 추세다. 2015년 행자부 자료에 따르면 지방자치단체 무기계약직 전체 인원은 52,805명이다. 이를 지역별로 구분하면 경기지역이 8,462명으로 가장 많았다. 서울지역 무기계약직이 6,204명, 전남지역이 4,819명이었다.

지방자치단체 무기계약직은 행정사무업무·환경미화·경비·도로보수·시설관리 등 다양한 직종으로 구분된다. 선행연구에 따르면 지방자치단체 무기계약직이 근무하는 직종은 광역자치단체와 기초자치단체가 서로 다르다. 광역자치단체의 경우 경비직종이 31.1%로 많았다. 기초자치단체의 경우 환경미화가 40.8%로 압도적으로 높았다(김병국·김필두, 2013). 이런 결과는 지방자치단체라고 할지라도 광역과 기초단체의 무기계약직 활용목적이 다름을 알 수 있다.

남우근(2016)의 연구는 기초단체 수준에서 무기계약직의 구체적인 직무가 무엇인지를 보여준다. 안산시 대상 연구에 따르면 무기계약직 직종은 환경미화원·도로보수원·하수도준설원·행정사무원·현업실무원 등으로 구분된다.

이 중 행정사무원은 촬영기사·위생사·영양사·기록물관리원·비서·민원안내원·교환원·전산관리원·행정보조업무 등으로 세분화된다. 현업실무원은 청사청소원·공원관리원·산림관리원·식물관리원·어업지도원·하천관리원·수도점검원·체육시설관리원·매표관리원·생활민원처리원·가로수관리원·건축지도원 등으로 현업에 배치돼 작업·공사·단속·감시 등의 직무에 종사한다(〈표 6-11〉 참조).

〈표 6-11〉 무기계약직의 주요 직종 및 직무(안산시 사례)

구분	직무 내용
환경미화원	가로환경미화원, 재활용 및 생활폐기물 수집, 운반 등
도로보수원	도로시설의 보수, 유지, 관리 등
행정사무원	촬영기사, 위생사, 영양사, 운동처방사, 방사선사, 기록물관리원, 의료급여관리사, 비서요원, 민원안내원, 교환원, 전산관리원 등 행정업무
현업실무원	청사청소원, 공원관리원, 양묘관리원, 산림관리원, 식물관리원, 묘지관리원, 어업지도원, 하천관리원, 수도점검원, 누수수리원, 체육시설관리원, 매표관리원, 국·공유재산감시원, 시설관리원, 생활민원처리원, 가로수관리원, 건축지도원 등
하수도준설원	하수도 시설의 보수·유지·관리 등

* 남우근(2016)

중앙행정기관과 달리 지방자치단체들은 무기계약직을 공무직으로 규정하고 나름대로 체계적인 관리를 하고 있다. 서울특별시는 2013년 3월부터 서울특별시 공무직 관리규정을 시행하고 있다. 직종은 사무종사원·시설관리원·공원녹지관리원·도로보수원·환경미화원·청원경찰 등 6가지 구분한다. 사무종사원의 경우 세입·세출·회계·금전취급·기록검사 등의 책임을 요하는 사무 등에 채용할 수 없다고 규정하고 있다. 또한 전체 정원을 규정하고 있으며 3장에서는 인사관리를 채용·근무성적평가·교육 등으로 세부적으로 정해 놓았다. 징계 및 이의제기절차도 자세히 규정했다. 서울시의 공무직 규정에는 근무성적평가가 탁월과 불량으로 구분돼 있으나 근무성적평가 결과는 성과급 지급 기초자료로 활용될 뿐 하위평가를 받는다고 할지라도 계약이 해지되는 등의 내용을 포함하지 않고 있다.

서울시처럼 적지 않은 지방자치단체들이 공무직 관리규정을 두거나 최소한 무기계약직 규정을 두고 있는 것은 중앙행정기관 무기계약직과 다른 점이다. 전국자치단체공무직협의회의 자료에 따르면 2016년 현재 무기계약직을 '공무직'으로 부르는 지방자치단체는 92곳이다. 이 역시 중앙행정기관과 차이가 나는 부분이다. 이런 현실을 반영해 국회 무기계약직 공무직화 법안을 추진하기도 했다.

〈표 6-12〉 공무직을 도입한 지방자치단체 현황(92곳)

서울(7)	본청, 성동구, 성북구, 서대문구, 양천구, 강서구, 구로구
부산(3)	중구, 부산진구, 사하구
인천(11)	본청, 중구, 동구, 남구, 연수구, 남동구, 부평구, 계양구, 서구, 강화군, 옹진군
광주(6)	본청, 동구, 서구, 남구, 북구, 광산구
대전(6)	본청, 동구, 중구, 서구, 유성구, 대덕구
울산(3)	본청, 동구, 북구
세종(1)	본청
경기(11)	본청, 수원, 성남, 안양, 부천, 광명, 과천, 군포, 화성, 양주, 가평
강원(4)	본청, 원주, 삼척, 영월
충북(3)	청주, 충주, 제천
충남(10)	본청, 보령, 논산, 계룡, 당진, 금산, 부여, 서천, 청양, 예산
전북(10)	본청, 전주, 익산, 정읍, 남원, 김제, 완주, 진안, 장수, 고창
전남(2)	목포, 여수
경북(1)	경주
경남(13)	진주, 통영, 사천, 밀양, 거제, 양산, 의령, 함안, 고성, 산청, 함양, 거창, 합천
제주(1)	본청

지방자치단체 무기계약직 노동자들은 중앙행정기관 무기계약직과 달리 다소 체계적인 관리를 받고 있다. 그렇다고 처우가 크게 다른 것은 아니다. 지방자치단체 무기계약직의 평균 임금은 공무원의 50~60%에 머물러 있다. 공무원은 직급과 호봉에 따라 어느 지역에서 일을 하던 비슷한 임금을 받는 구조인 데 비해 무기계약직의 보수는 지방자치단체별로 다르다.

많은 지방자치단체가 자체적인 규정으로 무기계약직 명칭을 '공무직'으로 통일하는 등 무기계약직을 공공의 업무를 담당하는 노동자로 인정하고 있는 것은 바람직한 일이다. 하지만 공무직은 공무원이 아니다. 근본적인 차별이 존재한다.

2. 사례조사 결과

1) 무기계약직의 채용 및 전환

지방자치단체 무기계약직은 중앙행정기관 무기계약직과 마찬가지로 기간제에서 간단한 심사 과정을 통해 전환되는 경우가 대부분이다. 무기계약직의 채용이나 전환과 관련해 각 지방자치단체들은 무기계약직에 관한 자체적인 채용규정을 두고 있다. 각 기관별로 약간의 차이가 있으나 면접조사 결과 바로 무기계약직으로 채용하는 경우보다 기간제로 2년 동안 근무한 후 무기계약직으로 전환되는 경우가 많았다. 특히 기간제를 거친 후 무기계약직으로의 전환은 인사관리 측면에서 긍정적인 면이 있었다. 지방자치단체 인사업무를 주관하는 담당자는 아래와 같이 설명했다.

"무기계약직은 공개채용을 원칙으로 하지만 기존 기간제들에게 사실상 우선권을 상당히 부여하고 있다. 일부에서 채용기회를 공평하게 해야 한다고 주장할 수 있지만 기간제근로자들은 무기계약직이 되기 위해 2년 동안 기다렸다. 이 부분을 고려하지 않을 수 없다. 2년 동안 일한 기간제근로자 당사자들도 무기계약직으로의 전환을 기대하고 있기 때문에 전환하지 않을 경우 현장 혼란을 초래할 수 있다." _ F시 지방자치단체 인사담당 공무원

지방자치단체들은 예산 등의 이유로 기간제의 무기계약직 전환이 어려울 경우 2년이 되기 전에 기간제노동자를 해고했다. 기간제로 2년 이상을 일한 경우 무기계약직으로의 전환은 상대적으로 용이한 편이지만 예산 등의 이유로 전환이 불가능할 경우 2년이 되기 전에 기간제노동자들을 해고하는 관행은 중앙행정기관과 비슷했다. 중앙행정기관도 사업비 등 예산상의 이유로 기간제의 무기계약직 전환이 어려우면 중도에 계약해지하는 방법으로 법적 책임을 피했다.
2015년 서울·부산 등 전국의 방문간호사 500여 명이 무기계약직 전환을 앞두고 계약이 해지된 적이 있었다. 당시 지방자치단체는 기간제의 무기계약직 전환 취지를 왜곡하고 있다고 비판받았다. 이와 관련해 면접에 참여한 지방자치단체의 무기계약직 노동자들은 다음과 같이 말했다.

"기간제들은 계약이 해지되더라도 할 수 있는 게 없다. 개인별로는 당연히 무기계약직으로 전환될 거라고 생각하는 사람들이 많고, 정부가 약속을 지키지 않은 것이라고 생각하지만 당장 할 수 있는 일이 없다. 그래서 계약이 해지되면 나간다." _ A시 무기계약직 노동자

기존 연구에 따르면 2011년부터 2015년까지 3년 동안 기간제를 활용하고도 무기계약직으로 1명도 전환하지 않은 지방자치단체가 228곳 중 28곳(14.2%)이었다(김종진, 2015). 일부 지방자치단체가 기간제의 무기계약직 전환기준인 상시·지속업무를 소극적으로 해석하거나 전환 예외사유(일시 간헐, 고령자, 단기 사업, 전문직 등)를 악용하기 때문이다. 실제 전환 제외 사유는 18개나 된다. 이에 대한 제도적 정비가 시급하다. 최근 공공부문 비정규직의 정규직화에서 전환 제외사유를 대폭 축소한 이유다.
전문가들은 이런 현상을 기준인건비제 때문으로 평가하기도 한다. 업무에 따

라 인건비를 책정하는 것이 아니라 정해진 인건비 내에서 사람을 써야 하기 때문에 무기계약직 전환을 꺼린다는 것이다.

2) 무기계약직의 근무평가

중앙행정기관과 유사하게 지방자치단체 무기계약직도 기간제에서 무기계약직으로 전환되면 규정에 의해 연 1~2회 근무평가를 받도록 돼 있다. 면접에 참여한 대상자들은 근무평가가 악용될 수 있음을 지적했다.

> "예전에 비해 줄어들기는 했지만 무기계약직 근무평가는 본질적으로 공무원들과 다르다. 공무원들은 근평 나쁘게 받는다고 해서 해고되거나 그러지는 않지만 무기계약직은 반복적으로 근무평가가 낮으면 계약이 해지될 수 있다. 악용 소지가 높다." _ G시 무기계약직 노동자

지방자치단체의 근무평가에 대한 불만도 중앙행정기관과 비슷했다. 공무원 근무평가가 불이익보다는 승진 등 긍정적인 역할을 하는 데 활용되는 반면 무기계약직 근무평가는 불이익만을 제공하기 때문이다.

3) 노동조건(근로시간 및 임금)

지방자치단체 무기계약직은 중앙행정기관이나 다른 공공기관처럼 전일제(하루 8시간) 근무를 하며 단일직급인 경우가 대부분이다. 관리는 주로 주무관인 공무원들이 하며 무기계약직 중 선임자가 반장·팀장을 맡아 일선에서 역할을 한다. 이런 승급구조는 중앙행정기관 무기계약직과 유사해 스스로 업무에 대한 동기부여가 되지 않는다는 단점이 있다. 다른 지방자치단체에 비해 관리가 체계적인 서울시만 하더라도 공무직들이 별도의 직급체계를 가지고 있지 않다.

지방자치단체 무기계약직의 월평균 임금은 225만 원이었는데, 면접대상자들은 200만~250만 원의 임금을 받는다고 했다. 공무원과의 임금격차가 지나치게 크다. 중앙행정기관이 부처마다 임금 수준이 다른 것처럼 지방행정기관도 자치단체별로 임금이 다르다. 지방자치단체 무기계약직 보수와 관련해 공무원과의 임금격차 축소, 지방자치단체별 보수기준 마련이 요구된다.

지방자치단체 무기계약직의 임금체계는 호봉제가 많지만 공무원 호봉제와는 다르다. 호봉 등급 간 임금인상 폭이 크지 않아 20년을 근속하더라도 임금이 높아지지 않는다.

지방자치단체 무기계약직은 중앙행정기관과 마찬가지로 교육훈련에 관한 규정을 적용받는다. 그런데 지방자치단체는 개별 무기계약직 노동자들이 별도로 교육을 받고 있는지, 받고 있다면 어떤 교육을 어느 정도 받고 있는지 등을 파악하지 않고 있었다.

4) 불합리한 관행 및 차별

지방자치단체 무기계약직 업무는 공공의 측면에서 일상적으로 중요하고 꼭 필요한 일이며 과거 기능직 공무원들이 했던 업무들이 상당함에도 불구하고 업무에 대한 정확한 평가가 없었다. 공무원과의 임금격차가 과도하게 벌어지는 이유다. 복리후생 및 수당 차별도 중앙행정기관과 비슷했다.

"얼마 전 신문에도 났지만 우린 일을 하는 대로 다 보상받지 못한다. 위험한 일을 해도 위험수당이 없다. 공무원들은 위험한 일을 관리만 해도 위험수당을 받는다. 위험한 일을 하는 사람이 위험수당을 받는 게 당연하다고 생각한다. 그 외에도 각종 수당 등에서 차이가 많다. 공무원들은 거의 모든 수당을 받고, 무기계약직은 거의 못 받고 있다고 보면 된다." _ F시 무기계약직 노동자

지방자치단체별 임금차이도 컸다. 환경미화원 임금은 지방자치단체별로 적게는 연간 500만 원, 많게는 연간 1,000만 원 가까이 차이가 났다. 지방자치단체 기준인건비 같은 제도적인 영향 탓이다. 이후 제도적 보완이 필요한 대목이다.

면접대상자들은 지방자치단체 무기계약직은 고용안정도 평가 등을 이유로 고용이 해지될 수 있어 내부 불안감이 크다고 했다. 공무원과 달리 평가가 처벌을 주기 위한 제도로만 작용하는 문제가 지적됐다. 일부에서는 계약해지 등 불이익을 주거나 위협이 존재하는 것을 확인할 수 있었다. 중앙행정기관과 마찬가지로 전체 무기계약직의 계약해지가 어느 정도로 이뤄지고 있으며 그 이유는 무엇인지 등에 대한 현황파악이 요구된다.

무기계약직들은 공무원과 달리 자신의 권리를 행사하는 것에 부담을 느끼고 있었다. 연가나 휴가 사용 등에서 눈치를 많이 봤다. 공무원들은 본인이 원할 때 휴가를 사용하지만 무기계약직은 관리자들의 허락을 받아야 하는 분위기가 존재했다.

5) 노동조합의 대응

지방자치단체에 소속된 무기계약직은 한국노총과 민주노총에 조합원으로 조직돼 있다. 미가맹노동조합도 존재한다. 서울일반노조 공무직분회, 전국공무직노동조합, 공공운수노조 공무직지부 등이 있다.

중앙행정기관 무기계약직 노동조합 연대기구인 중앙행정기관노동조합협의회와 전국지자체공무직협의회가 별도로 조직돼 있다. 노동조합을 통한 지자체 무기계약직의 근로조건 향상 요구가 지속적으로 제기되는 상황이다. 향후 처우개선 여지가 크다고 평가할 수 있다.

3. 소결

지방행정기관의 무기계약직 채용경로는 기간제로 공개채용한 후 무기계약직으로 전환하는 사례가 대부분이다. 공개채용을 하기는 하지만 기간제노동자들에게 우선권을 부여하는 방식으로 전환한다. 그러나 기간제 노동자들이 모두 무기계약직으로 전환되는 것은 아니다. 지방자치단체의 의지에 따라 대부분 전환되는 경우도 있지만 거의 전환되지 않는 경우도 상당했다.

기간제의 무기계약직 전환기준이 있어도 지방자치단체 예산에 따라 무원칙적으로 적용되고 있음을 의미한다. 지방자치단체 무기계약직은 많은 기관에서 공무직으로 불린다. 인사관리규정도 구체적으로 존재하고 호봉제가 도입돼 있다는 점에서 중앙행정기관보다 체계적인 관리가 이뤄지고 있다고 볼 수 있다.

지방자치단체 무기계약직 근로실태 가운데 가장 두드러진 문제점은 공무원과의 차별이다. 임금차별이 상당하고 승급이 없기 때문에 동기부여가 되지 않고 있었다. 무기계약직의 임금체계는 호봉제였지만 월평균 임금은 200만~250만 원으로 다른 무기계약직과 별다른 차이가 없었다.

비슷한 업무를 하는 무기계약직이라고 할지라도 각 지자체의 예산에 따라 차등이 존재했다. 차별적인 보상 외에도 평가·징계 등 인사관리 원칙이 없으며 조직 구성원으로서 인정을 못 받고 있어 심리적 박탈감이 크다는 점은 중앙행정기관과 대동소이했다. 지방자치단체 무기계약직(공무직) 노동조합이 조직돼 있고 이후에도 활동이 활발할 것으로 예상돼 근로조건 개선에 대한 논의가 적극적으로 이뤄질 것으로 보였다.

V. 공공기관 무기계약직의 현황과 차별실태

남우근_한국비정규노동센터

1. 무기계약직 현황

공공기관이란 정부의 투자·출자 또는 정부의 재정지원 등으로 설립·운영되는 기관으로서 일정 요건에 해당해 기획재정부 장관이 매년 지정한 기관을 의미한다.[59] 공공기관은 공공기관의 운영에 관한 법률에 따라 5개 유형으로 구분된다.

① 시장형 공기업 : 자산규모가 2조 원 이상이고, 총 수입액 중 자체 수입액이 대통령령이 정하는 기준(100분의 85) 이상인 공기업
② 준시장형 공기업 : 시장형 공기업이 아닌 공기업
③ 기금관리형 준정부기관 : 국가재정법에 따라 기금을 관리하거나 기금의 관리를 위탁받은 준정부기관
④ 위탁집행형 준정부기관 : 기금관리형 준정부기관이 아닌 준정부기관
⑤ 기타공공기관 : 공기업과 준정부기관을 제외한 기관

2017년 기획재정부가 지정한 공공기관은 〈표 6-13〉과 같다. 시장형 공기업 14개, 준시장형 공기업 21개, 기금관리형 16개, 위탁집행형 73개, 기타 공공기관 208개 등 총 332개다.

---

59) 공공기관의 운영에 관한 법률 4조. 공공기관 경영정보는 알리오(www.alio.go.kr)에서 확인할 수 있다.

<표 6-13> 공공기관 현황(2017년)

유형	공기업		준정부기관		기타 공공기관
세부유형	시장형	준시장형	기금관리형	위탁집행형	
기관 수	14개	21개	16개	73개	208개
합계	332개				

고용노동부가 관리하는 공공부문 비정규직 고용개선시스템(http://public.moel.go.kr)에 공시된 공공기관 비정규직 현황에는 무기계약직이 제외돼 있다. 정부는 무기계약직을 정규직으로 분류하기 때문이다. 공공기관 경영정보 공개시스템(알리오)에 공시된 무기계약직 인원을 집계하면 다음과 같다. 무기계약직 규모는 해마다 꾸준히 증가하고 있다. 기간제를 매년 일정 규모 무기계약직으로 전환한 결과다.

<표 6-14> 공공기관 무기계약직 규모 변화

구분	2012년	2013년	2014년	2015년	2016년
인원	11,842명	15,411명	18,866명	22,145명	23,520명
전년 대비 증가율	-	30.1%	22.4%	17.4%	6.2%

* 알리오 시스템

<그림 6-1> 공공기관 무기계약직 규모 추이

(단위 : 명)

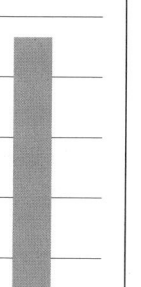

〈표 6-15〉는 알리오 시스템을 기반으로 살펴본 공공기관의 고용형태별 인원이다. 2016년 말 기준으로 전체 공공기관 정규직은 283,682명이고, 무기계약직은 23,520명이다.

〈표 6-15〉 공공기관 고용형태별 인원(2016년 말)

(단위 : 명)

정규직	무기계약직	기간제	소속외 인력	계
283,682	23,520	36,976	82,669	426,848
66%	6%	9%	19%	100%

* 알리오 시스템

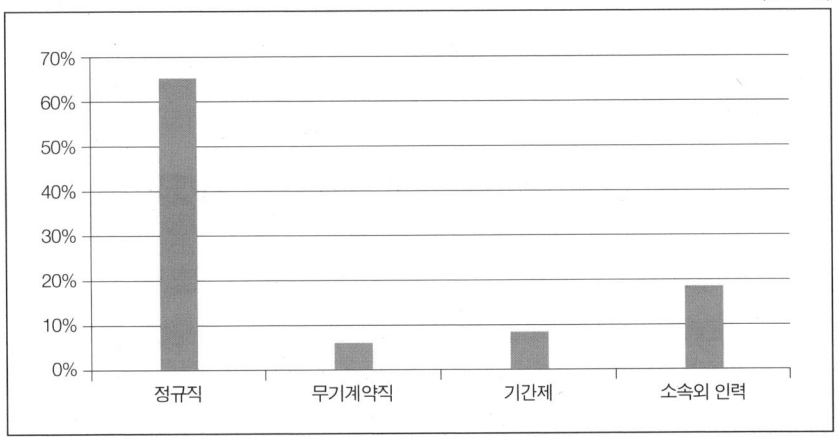

〈그림 6-2〉 공공기관 고용형태별 인원 비중(2016년)

(단위 : %)

공공부문 비정규직 고용개선시스템에 따르면 2013년부터 2015년까지 3년 동안 무기계약직 전환 실적은 다음과 같다. 324개 공공기관의 비정규직 46,991명 중 전환기준에 따른 전환대상자가 13,298명이고, 이 중 무기계약직으로 전환된 비정규직은 15,845명으로 실적이 119%이다. 계획보다 많은 인원을 무기계약으로 전환한 것이다. 이런 수치는 각 기관이 자체적으로 보고한 인원을 그대로 집계한 것이기 때문에 구체적인 내역을 확인할 수는 없다.

비정규직 중 전환 제외자로 분류된 33,693명은 기간제나 임시직이라는 것인데, 비정규직의 72%에 해당한다. 이 역시 전환 제외 사유가 무엇인지 확인할 수 없다.

〈표 6-16〉 공공기관 무기계약직 전환계획 및 실적(2013~2015년)

(단위 : 명)

비정규직 인원	전환 제외자	전환대상자				전환실적				전환율
		합계	2013년	2014년	2015년	합계	2013년	2014년	2015년	
46,991	33,693	13,298	5,485	5,037	2,776	15,845	5,726	5,203	4,916	119%

알리오 시스템에 공시된 무기계약직 임금을 살펴보면 1인당 평균 연봉이 2016년 기준 39,364천원이다. 정규직의 60% 수준이지만 여타 공공부문 무기계약직 임금보다는 높다.

〈표 6-17〉 공공기관 무기계약직 1인당 평균 연봉

(단위 : 천 원)

2012년	2013년	2014년	2015년	2016년
34,223	35,441	36,860	38,134	39,364

* 알리오 시스템

2. 사례조사 결과

1) 무기계약직 전환

공공기관 및 지방공기업의 무기계약직 전환은 2007년부터 시작됐다. 노무현 정부는 공공부문 비정규직 종합대책에 따라 연중 항상 필요한 업무로, 과거 2년 이상 계속돼 왔고 향후에도 계속될 것으로 예측되는 업무에 종사하는 기간제를 무기계약으로 전환하겠다고 밝혔다.

무기계약 전환자는 향후 통상적인 인력관리 절차에 따라 행정기관의 경우 공무원이 아닌 민간인 정규직 신분으로 인원관리를 하도록 했고, 공기업 및 산하기관은 해당 기관 정원에 반영하고 직렬·직급·임금체계 등을 정비하도록 했다. 노무현 정부의 무기계약 전환 방침은 이명박·박근혜 정부로 이어졌다. 기획재정부는 2013년 9월 공공기관 비정규직 정규직(무기계약직) 전환 가이드라인을 발표했고, 이런 기준에 따라 기간제의 무기계약 전환이 이뤄졌다. 가이드라인의 주요 내용은 다음과 같다.

〈표 6-18〉 기획재정부 무기계약직 전환 가이드라인(2013년 9월)

[전환대상 업무]
- 정부 지침에 따라 연중 계속되는 업무로서 과거 2년 이상 계속돼 왔고 향후에도 계속 지속될 것으로 예상되는 업무

[전환 절차]
- 전환대상 업무의 T/O 확정 및 재원 조달방안 등을 내용으로 하는 2015년까지의 전환계획 수립, 전환기준에 따른 전환대상자 선정
- 고용안정 중심 관점에서 전환을 추진하고 처우개선 등 추가적인 비용 발생 시 기관 자체 재원 활용, 차기연도부터는 공공기관 임금인상률을 적용

(1) I공사 사례

I공사는 정부의 무기계약직 전환 방침 및 기간제법에 따라 기간제로 반복사용되던 노동자들을 매년 무기계약직으로 전환했다. 2007년 기간제 중 485명을 대거 무기계약직으로 전환했고, 이후 일정 인원을 지속적으로 무기계약직으로 전환했다.

2007년 최초로 무기계약직 전환을 할 때 2006년 12월 말 기준 2년 이상 근무한 기간제가 대상이었다. 하지만 〈표 6-19〉에서 확인할 수 있듯이 2007년 485명을 전환한 후 2008년에는 전환 인원이 3명에 불과했다. 그럼에도 2009년 기간제는 143명으로 2008년 1,221명에서 대폭 축소됐다. 대부분의 기간제노동자에 대해 계약해지를 한 후 해당 업무를 외주화한 결과다.

무기계약직 전환을 회피하기 위해 외주화를 단행한 것이다.

〈표 6-19〉 I공사 무기계약직 전환 실적

(단위 : 명)

구분	2007년	2008년	2009년	2010년	2011년	2012년	2013년	2015년	계
기간제	2,175	1,221	143	136	109	83	100	107	-
전환인원	485	3	125	4	15	10	6	9	657
전환직종	사무 도로 관리 안전 정비	사무	사무 도로 관리 안전 정비	사무 도로 관리 안전 정비	도로 관리 안전 정비	사무 도로 관리	사무 조무	도로 관리	-

* I공사 자료

당시 2년 경과된 기간제 해고자들이 근로자지위확인 소송을 제기했다. 소송 중에 무기계약직으로 전환하기로 공사와 합의했다. 2009년 이후에는 기간제를 채용하지 않기로 노사가 합의하기도 했다.

"2007년 당시 노무현 정부의 정책에 따라 공사가 2년 지난 기간제 중 일부를 무기계약직으로 전환했습니다. 그러고는 공사가 나머지 기간제의 상당수를 계약해지했어요. 더 이상 무기계약직으로 전환하지 않겠다는 거지요. 기간제 업무를 외주화로 없앴습니다. 그래서 노동조합을 만든 후 2년 지난 기간제를 모아 소송을 걸었습니다. 소송에서 공사가 불리해지니까 노조와 합의했습니다. 더 이상 기간제를 고용하지 않기로요. 결국 공사는 업무를 외주화하고 2년 지난 기간제는 무기계약직으로 전환했어요." - J공사 무기계약직 노동자

(2) J기관 사례

2000년 설립해 기타공공기관으로 분류되는 J기관은 기관 설립 이전에 민간위탁으로 운영하던 업무를 기관 설립 후 직접고용했다. 이어 2년이 경과한 기간제

현장인력을 무기계약직으로 전환했다. 〈표 6-20〉에서 확인할 수 있다.

기간제가 줄어든 만큼 무기계약직이 증가했다. 기간제로 근무할 때나 무기계약직으로 전환된 이후나 임금조건이 동일하기 때문에 무기계약직 전환을 꺼릴 이유가 별로 없었던 것이다.

〈표 6-20〉 J기관 무기계약직 전환 실적

(단위 : 명)

구분		2010년	2011년	2012년	2013년	2014년	2015년
무기계약직	정원	1,200	1,334	1,490	1,948	2,659	2,659
	현원	1,200	1,334	1,490	1,948	2,048	2,347
기간제		1,046	1,020	959	521	415	130

* 알리오 시스템

2) 무기계약직 전환방식

무기계약직 전환을 하지 않기 위해 편법으로 기간제를 반복사용하는 경우가 있다. 일반적인 방법으로는 기간제를 근무기간 2년이 도래하기 전에 교체사용하는 것이다. 단기계약을 통해 총 2년을 넘기지 않는 방식이다. 또 다른 방식은 연중 계속되는 업무임에도 불구하고 9개월, 10개월만 운영하는 것이다.

노동자 입장에서는 1년에 두세 달은 쉬어야 한다. 노무현 정부의 비정규직 대책과 기간제법이 시행된 것이 2007년이므로 이때부터 기간제 전환을 했어야 하는데 계속적으로 회피한 것이다.

(1) K공단 사례

기금관리형 공공기관인 K공단은 기간제법을 악용해 무기계약직 전환을 계속 미뤘다.

〈표 6-21〉 K공단 무기계약직과 비정규직 현황

(단위 : 명)

항목	2012년	2013년	2014년	2015년	2016년	2017년
무기계약직	0	2	7	6	274	270
기간제 비정규직	225	599	441	170	157	529

* 알리오 시스템

2년마다 교체해 사용했다. 노동자 입장에서는 2년 근무하고 1년 쉬었다가 다시 고용되는 것을 반복하는 것이다. 기간제법상 55세 이상은 기간제한에서 제외된다. 55세를 넘기면 역설적으로 기간제 신분으로 계속 고용된다.

"기간제법 때문에 저희가 계속 일할 수가 없었어요. 2년 일하다 1년 쉬었죠. 그런 텀이 몇 년 있었어요. 그래서 55세가 되니까 법에서 그 제한이 풀리고 계속 근무할 수 있었어요. 55세 이전에 일할 때도 2년 계약이 아니라 3개월 단위, 재계약하고 그 다음에 6개월씩 계약하고 그랬어요." - K공단 무기계약직 노동자

이를테면 K공단 ○○지사에서는 장애인복지 담당자를 연간 9개월만 근무시킨다. 업무 성격은 상시·지속적이지만 지사별로 매년 사업을 지속할 것인지 여부를 결정하기 때문이다. 문제는 업무 성격상 연간으로 수행해야 하는 사업임에도 실제로는 1~2월 업무를 중단하고 3~12월 동안만 업무를 진행한다는 것이다. 관할 지역 내로 유입되거나 신규로 발생한 장애인을 지역복지자원과 연계해 주는 서비스가 1~2월이라고 중단될 이유는 없다. 이는 상시·지속적 업무의 성격을 탈각하기 위한 것이 아닌가 하는 의심을 갖게 만든다.

K공단이 무기계약 및 기간제근로자 운영규칙에서 '상시·지속적 업무'를 '연중 계속되는 업무'로 정의해 10개월짜리 기간제를 일부러 만들어 내는 것으로 추정된다.

〈표 6-22〉 K공단 무기계약직 및 기간제 근로자 운영규칙

제3조(용어의 정의) 이 규칙에서 사용하는 용어의 정의는 다음 각 호와 같다.
　3. "기간제근로자"란 일시·한시적 업무에 대해 공단과 기간의 정함이 있는 직접적 근로계약을 체결한 사람을 말한다.
　4. "상시·지속적 업무"란 연중 계속되는 업무로서 과거 2년 이상 계속돼 왔고, 향후에도 2년 이상 장기간 지속될 것으로 예상되는 업무를 말한다.
제7조(기간제근로자 사용기준) ① 계약기간이 2년을 초과하지 않는 범위 내에서 다음 각 호의 어느 하나에 해당하는 경우 기간제근로자를 사용할 수 있다. 다만, 기간제 근로계약의 반복갱신 등의 경우에는 그 계속 근로한 총 계약기간이 2년을 초과하지 않는 범위를 말한다.

3) 노동조건

김훈 외(2014)의 설문조사 결과에 따르면 응답 기관 중 59%의 기관에서 무기계약직으로 전환된 이후에도 임금 수준에 변화가 없었던 반면 41%의 기관에서는 임금수준이 상승한 것으로 파악된다. 무기계약직으로 전환된 노동자들의 임금이 올랐다고 응답한 기관에는 상승 정도에 대해 추가적으로 질의했는데, 전환되기 이전에 비해 평균 15% 정도 임금 수준이 상승했다. 결과적으로 59%의 기관에서는 무기계약직으로 전환만 했을 뿐 임금 상승 등 노동조건 개선은 이뤄지지 않았다.

〈표 6-23〉 공공기관 무기계약직 전환 이후 임금 수준 변화

(단위 : 개, %)

구분		사례 수	변화 없음	상승	임금 상승 정도
전체		143	59.4	40.6	15.2
공공기관 유형	공기업	9	55.6	44.4	9.6
	준정부기관	24	45.8	54.2	13.6
	기타공공기관	51	68.6	31.4	9.5
	지방공기업	59	57.6	42.4	20.7

* 김훈 외(2014)

응답 기관 중 21%가 무기계약직에게 호봉제를 적용하고 있었다. 79%의 기관이 근속에 대한 보상이 제대로 이뤄지지 않고 있다고 추정할 수 있다.

〈표 6-24〉 무기계약직 대상 호봉제 적용 여부

(단위 : 개, %)

구분		사례 수	예	아니오
전체		157	21.0	79.0
공공기관 유형	공기업	9	22.2	77.8
	준정부기관	29	10.3	89.7
	기타공공기관	54	27.8	72.2
	지방공기업	65	20.0	80.0

* 김훈 외(2014)

동일한 보고서에 의하면 무기계약직을 위한 승진체계가 따로 존재하는 기관 비율은 15.4%로 낮았다. 무기계약직에게도 직급이 부여되는 기관 비율 또한 35.8%로 비교적 낮게 나타났다. 전환 완료 후 무기계약직 인원을 정규직 정원과 같은 개념의 '무기계약직 정원'으로 관리하고 무기계약직 인건비를 총인건비에 포함해 임금인상률을 결정하는 상황은 앞으로 무기계약직이 공공기관의 일반적인 고용형태로 자리 잡게 됨을 의미한다. 그럼에도 무기계약직에게 승진기회를 제공하지 않고 직급을 부여하지 않는 기관이 상당수에 이른다는 것은 고용관계의 안정성이나 조직성과 향상 측면에서 상당한 문제의 소지를 안고 있다고 할 수 있다(김훈 외, 2014).

〈표 6-25〉 무기계약직 고용관리 현황

(단위 : 개, %)

구분		사례 수	승진체계 있다	직급이 부여된다	직무 관련 교육훈련 실시한다	정규직과 동일한 교육훈련기회 주어진다	별도 직군 구분해 관리한다
전체		157	15.4	35.8	89.3	87.9	62.8
공공기관 유형	공기업	9	42.9	57.1	100	71.4	85.7
	준정부기관	29	4	24	96	100	60
	기타공공기관	54	18.5	49.1	85.2	88.9	52.8
	지방공기업	65	14.3	27	88.9	84.1	69.8

* 자료 : 김훈 외(2014)

(1) I공사

I공사의 임금조건은 다른 공기업에 비해 상대적으로 양호한 편이다. 무기계약직 전환 당시에는 기간제와 임금이 동일했지만 10년 동안의 노사교섭을 통해 호봉제 적용, 수당 동일 적용 등으로 임금조건이 많이 개선됐다. 2012년부터 호봉제를 적용하기 시작했다. 이 전까지는 근속에 대한 보상이 불규칙하게 적용됐다.

```
- 임금체계 개선
  2008년 이전 : 기본급, 법정수당, 상여수당으로 구성
  2008년 : 위험수당 지급
  2010년 : 상여금 지급률 개선(380% → 정부 경영평가 지급률)
  2012년 : 호봉제 도입(1~40호봉)
  2013년 : 전문직(구 별정직)과 호봉테이블 통합 운영

- 복리후생 개선
  2009년 : 사내 합숙소 지원
  2010년 : 출산장려금, 학자금 지급
  2011년 : 건강검진비 지급
  2012년 : 교통보조비 정규직과 동일 기준 적용(월 25만 원)
  2014년 : 정규직과 동일 복리후생 적용(복지포인트 등)
```

〈표 6-26〉 I공사 초임 비교

(단위: 천 원)

구분		기본급	제 수당	급여성 복리비	인센티브 (380%)	합계
무기계약직	통상근무	19,944	4,541	980	5,366	30,831
	교대근무	19,944	9,032	980	5,366	35,322
정규직(8급)		23,880	5,348	980	6,612	36,820

* 알리오 시스템

〈표 6-27〉 I공사 무기계약직 기본급(2017년)

(단위: 천 원)

호봉	기본급	호봉	기본급	호봉	기본급	호봉	기본급
1	1,662	11	2,125	21	2,457	31	2,939
2	1,704	12	2,172	22	2,480	32	2,986
3	1,748	13	2,210	23	2,513	33	3,034
4	1,795	14	2,244	24	2,559	34	3,079
5	1,841	15	2,272	25	2,623	35	3,126
6	1,883	16	2,303	26	2,673	36	3,190
7	1,928	17	2,337	27	2,723	37	3,237
8	1,977	18	2,364	28	2,775	38	3,283
9	2,023	19	2,399	29	2,822	39	3,331
10	2,067	20	2,434	30	2,875	40	3,378

* I공사 자료

(2) J기관

J기관은 I공사와 정반대로 무기계약직 처우가 매우 열악했다. 정규직과 무기계약직(기간제는 무기계약직과 임금이 동일)의 임금을 비교하면 다음과 같다. 정규직은 평균 연봉이 5,596만 원이고, 무기계약직은 2,043만 원이다. 무기계약직 연봉은 정규직의 36.5%에 불과하다.

<표 6-28> 정규직과 임금 비교(2016년 연봉)

(단위 : 천 원)

항목	정규직	무기계약직
1인당 평균 보수액	55,962	20,438
기본급	46,112	16,243
고정수당	1,462	426
실적수당	3,969	2,604
급여성 복리후생비	929	357
기타 성과상여금	3,488	806

* 알리오 시스템

무기계약직의 담당업무가 주로 미화·경비·시설관리 등으로 민간영역 역시 저임금 직종에 해당한다.

<표 6-29> 직무별 임금 비교(2016년 연봉)

(단위 : 천 원, 명, %)

구분	정규직	무기계약직				
		미화원	금융경비	안내 주차	경비원	기술원
평균 연봉	55,962	16,860	17,610	20,019	20,845	28,443
인원	2,506	850	952	28	318	318
비율	100	30.2	31	41.1	42.8	58.4

* 노동조합 제공

(3) K공단

K공단은 정규직과 무기계약직의 임금차이가 매우 크다. 무기계약직 임금은 정규직의 31% 수준에 그친다. 평균 근속기간은 정규직 17.2년, 무기계약직 1.1년이다.

<표 6-30> 정규직과의 임금 비교(2016년 연봉)

(단위: 천 원, 년)

항목	정규직	무기계약직
1인당 평균 보수액	62,607	19,454
기본급	40,091	17,932
고정수당	11,273	43
실적수당	4,304	763
급여성 복리후생비	997	681
경영평가 성과급	2,793	35
기타 성과상여금	3,149	0
평균 근속연수	17.2	1.1

"상담업무 임금테이블이 따로 있고, 비서·운전기사 테이블이 따로 있습니다. 저는 사서거든요. 사서기록연구사 테이블 따로 있고 변호사 테이블 따로 있어요. 상담업무가 135만 원으로 시작하고, 그 다음에 운전기사·비서들이 190만 원으로 시작하고, 사서랑 기록연구사는 250만 원으로 시작하고, 변호사는 350만 원부터 시작합니다. 2년차는 5만 원 내외, 3년차도 5만 원 내외 인상되는 식이에요. 연봉책정표가 있어서 그 금액만 받지 근속수당이나 다른 수당이 함께 오르는 건 없어요." _ K공단 무기계약직 노동자

4) 불합리한 관행 및 차별

(1) I공사

I공사 무기계약직은 800명 정도다. 절반 정도는 정규직과 혼재작업을 하고 있다. 사무실 근무든 기술 관련 업무든 정규직과 동일한 업무를 한다. 정규직과 동일업무를 하고 있음에도 임금은 60% 수준이다. 기간제법에서는 기간제라는 이유로 동종유사업무 정규직과 차별을 하지 못하도록 규정하고 있지만 무기계약직 임금차별에 대해서는 노동관계법이 규제하고 있지 않다. 차별 사각지대다.

〈표 6-31〉 I공사 정규직과 무기계약직 임금(연봉 기준)

(단위 : 천 원, 년)

항목	정규직	무기계약직
기본급	50,612	30,984
고정수당	3,223	2,369
실적수당	5,750	5,062
급여성 복리후생비	1,346	978
경영평가 성과급	9,490	5,385
기타 성과상여금	9,672	4,971
1인당 평균보수액	80,093	49,749
평균 근속연수	16.37	10.94

* 알리오 시스템

"사원증이 동일해요. 내부 전산망에 접근할 수 있는 권한도 같고요. 임금을 제외하면 모든 것이 똑같습니다. 공사가 인사발령을 통해 정규직과 무기계약직의 업무를 분리시키려고 몇 번 시도했어요. 무기계약직 노조에서 막았죠. 정규직과 이미 동일한 업무를 수행한 지 꽤 됐는데 이제 와서 차별시비가 있을까 봐 업무를 분리하겠다는 건데 받아들일 수 없지요. 노조 입장에서도 별다른 대책이 있는 것은 아니지만 동일노동 동일임금 원칙에 대한 정부 조치가 있지 않을까 기대하고 있습니다." _I공사 무기계약직 노동자

(2) J기관

J기관 무기계약직의 저임금은 근속기간에 대한 보상이 없기 때문이다. 무기계약직은 입사 1년차와 10년차의 임금 차이가 거의 없다. 반면 정규직의 경우 입사 1년차와 10년차의 임금이 연봉 기준으로 2천만 원 가량 차이가 난다. 근속 보상이 충분히 이뤄지는 정규직과 비교해 차별이 존재한다.

<표 6-32> 정규직 및 무기계약직 연봉 차이

정규직 연봉		무기계약직(미화원) 연봉	
신입사원(6-E)	10년차(3-C)	신입사원	10년차
2,715만 원	4,668만 원	1,686만 원	1,722만 원
차이 : 1,953만 원		차이 : 36만 원	

* 노동조합 제공

    정규직은 연공급에 기반을 둔 임금체계를 가지고 있지만 무기계약직은 호봉제를 적용받지 않는다. 법정 최저임금에 따라 기본급이 정해지고, 근속기간에 따른 근속수당 정도를 지급하고 있을 뿐이다. 근속수당도 매우 적다. 5년차 근무까지 월 1만 원, 8년차까지 월 2만 원을 지급하는 정도다. 신입사원과 15년 이상 근무자의 근속수당 차이가 월 5만 원에 불과하다.

<표 6-33> 무기계약직 근속기간 및 근속수당

근속기간	근속수당	비 고
3~5년	월 10,000원	
6~8년	월 20,000원	·기본급은 근속연수와 상관없음
9~11년	월 30,000원	·15년 근속자와 신입사원의 기본급이 동일
12~15년	월 40,000원	근속수당은 50,000원 차이
15년 이상	월 50,000원	

5) 노동조합의 대응

(1) I공사

    무기계약직 전환이 최초로 이뤄진 2007년에 결성된 무기계약직 노동조합은 지난 10년 동안 공사와의 교섭을 통해 꾸준히 노동조건을 개선했다.

정규직과의 임금격차가 워낙 컸기 때문에 상대적으로 무기계약직의 임금인상률이 정규직에 비해 높았다. 정규직이 공공기관 임금인상률인 3% 내외에 머물렀다면 무기계약직은 매년 10%에 가까운 인상률을 기록했다. 무기계약직 중 절반 정도가 정규직과 동일한 업무를 수행하고 있다는 점도 임금인상률을 높일 수 있었던 요인 중 하나다.

현재 무기계약직 노조는 기간제 근무경력을 전부 인정받지 못하는 문제를 해결하기 위해 고심 중이다. 기간제로 근무하다가 무기계약직으로 전환했을 때 기존 근무기간의 절반만 인정받은 것에 대해 법적 검토를 진행하고 있다.

(2) J기관

산업별 노조의 지부 형태로 존재하는 무기계약직 노동조합은 열악한 노동조건을 개선하기 위해 노력하고 있다. 근속 보상이 거의 없는 임금체계를 개선하고, 끊임없는 구조조정 시도를 막아 내기 위해 노력 중이다. 노동조합에서는 궁극적으로 현재의 J기관을 원청인 과학기술정보통신부 산하 공기업인 ○○사업본부로 통합할 것을 주장하고 있다. J기관은 ○○사업본부 자회사에 불과하다는 것이다. 간접고용 방식이 저임금·고용불안의 근본적 원인이라는 입장이다.

〈표 6-34〉 J기관 인력 구조조정 현황

구분	구조조정 내용	결과	비고
2014년	청사경비원 20명 감원	무노조, 속수무책	-
2015년	금융경비원 50명 감원 시도	노조 방어	감원 진행형
2016년	전남 기술원 7명 감원 시도	노조 방어	
2017년	금융경비원 지속적 감원	950명→900명	감원 진행
	현장사업소 이사에 따른 미화원·기술원 조정	노조 방어	2017년 10월 이후 진행 예정

* 노동조합 제공

노동조합은 정규직과의 임금 차별에 대해 국가인권위원회에 진정서를 제출했다. 이에 인권위는 정규직과 무기계약직의 임금체계, 장기근속수당 지급 방식, 성과금, 가족수당, 복지포인트, 학자금 등의 차이는 차별판단 전제가 되는 유사·동종 업무가 아니므로 인권위 조사대상 업무가 아니라고 각하 결정을 내렸다(국가인권위원회, 2017년 6월 1일).

3. 소결

공기업 사례조사를 통해 다음과 같은 문제점을 확인했다.

첫째, 무기계약직 전환을 회피하기 위해 변칙적으로 기간제를 사용하거나 외주화 하는 문제다. K공단은 상시·지속적 업무임에도 연간 9개월 또는 10개월만 근무하게 하거나, 하나의 지사에서 근무기간 2년이 되기 전에 다른 지사에서 근무하게 하는 등 기간제법 허점을 이용해 변칙적으로 기간제를 사용했다. I공사는 무기계약직 전환을 회피하기 위해 해당 업무를 외주화했다. 공기업에서 기간제법을 악용한 것이다.

정부가 상시·지속적 업무는 무기계약직으로 전환하겠다고 했고, 각 기관이 100%가 넘는 무기계약직 전환율을 발표했지만 실제로는 변칙적인 기간제 활용을 통해 전환대상자에서 상당수 기간제를 애초부터 제외시켰다. 또한 외주화를 통해 무기계약직 전환을 회피함으로써 공기업에서 소속외 인력(간접고용)이 증가한 이유를 확인할 수 있었다.

둘째, 저임금에 대한 개선 없이 단지 고용만 보장하는 문제다. 정부는 무기계약직을 정규직으로 분류했지만 고용만 안정됐을 뿐 임금인상 등 노동조건의 실질적 개선이 없는, 또 다른 저임금 노동력 활용에 불과했음을 확인했다. B기관의 경우 지원업무를 하는 본사 정규직 50여 명을 제외하고는 2천여 명의 현장직 노동자들이 최저임금 수준에서 벗어나지 못하는 저임금 상태에 놓여 있었다.

임금체계가 제대로 정비되지 않은 상태에서 무기계약직 전환은 저임금과 차별의 구조화에 다름 아니다. 공기업 무기계약직 중 호봉제가 적용되는 경우는 조사 사례 중 21%에 불과했다. 근속과 숙련에 대한 보상이 이뤄질 수 있는 임금체계를 갖추는 것이 상당수 공기업의 당면 과제임을 알 수 있다.

셋째, 동일노동 정규직과의 차별 문제다. I공사는 무기계약직의 절반이 임금 외에는 모든 조건이 동일한 상태에서 정규직과 섞여 근무하고 있다. 사원증도 동일하고 결재권한 등 재량권도 같다. 임금만 60% 수준이다. 이런 문제는 인사관리 난맥상이 반영된 결과다. 동일노동 동일임금을 강제할 법적 수단이 없어 방치돼 있는 상태지만 계속적으로 문제가 될 수밖에 없다. 동일가치노동 동일임금을 강제할 수 있는 제도적 개선방안을 마련하고, 차별을 판단할 수 있는 실질적인 기능을 수행하는 기구를 만들어야 한다.

VI. 지방공기업 무기계약직의 현황과 차별실태

남우근_한국비정규노동센터

1. 무기계약직 현황

지방공기업은 지방자치단체가 주민의 복리증진을 목적으로 직접·간접으로 경영하는 사업 중 지방공기업법 적용을 받는 사업을 의미한다.[60] 지방공기업 경

---

[60] 지방공기업법 1조(목적)는 "지방자치단체가 직접 설치·경영(행정조직형태)하거나, 법인을 설립(지방공사·공단, 민관공동출자법인)하여 경영하는 기업의 운영에 필요한 필요한 사항을 정하여그 경영을 합리화함으로써 지방자치의 발전과 주민복리의 증진에 이바지함을 목적으로 한다"고 규정하고 있다.

영정보 공개시스템(클린아이)에 의하면 지방공기업법을 적용받는 경영형태는 직접 경영하는 지방직영기업과 간접 경영하는 지방공사·공단이 있다.

<표 6-35> 직영·공사·공단의 개념

○ 직접 경영(지방직영기업)
 - 지방자치단체가 직접 사업수행을 위해 공기업특별회계를 설치, 일반회계와 구분해 독립적으로 회계를 운영하는 형태로 조직·인력은 지방자치단체 소속(상수도·하수도·공영개발 등)
○ 간접 경영(지방공사·공단)
 - 지방자치단체가 50% 이상 출자한 독립법인으로 지방자치단체와는 별도로 독립적으로 운영되며 종사자 신분은 민간인임

2017년 기준 직영·공사·공단을 포함한 지방공기업은 전국 245개 지자체 산하에 398개가 설립돼 있다. 이 중 직영기업 인원은 해당 자치단체에 포함해 분류하고, 공사·공단은 별도로 산정한다. 통상 지방공기업 인원은 공사·공단의 인원만을 가리킨다. 2016년 현재 지방공기업(공사·공단)의 무기계약직은 11,579명이다. 지방공기업의 무기계약직은 매년 꾸준히 증가했다. 주로 기간제의 무기계약직 전환으로 인한 증가다.

<표 6-36> 지방공기업 무기계약직 규모 변화

(단위 : 명)

구분	2012년	2013년	2014년	2015년	2016년
지방공기업	8,437	9,163	9,360	9,903	11,579

지방공기업 경영정보 공개시스템(클린아이)에 공시된 자료를 토대로 지방공기업 무기계약직 임금을 살펴보자. 무기계약직 임금이 공시된 기관을 집계해 보면 지방공기업에 근무하는 무기계약직의 평균 연봉은 30,806천 원이고 평균 근속기간은 5.8년이다. 지방공기업에 근무하는 정규직은 평균 연봉이 47,356천 원이고 평균 근속기간은 8.6년이다. 근속기간에 차이가 있지만 임금만 비교하

면 무기계약직 임금은 정규직 임금의 65% 수준이다.

〈표 6-37〉 고용형태별 임금 비교

(단위 : 천 원, 년)

기관 유형	무기계약직		정규직		기간제
	평균 연봉	평균 근속	평균 연봉	평균 근속	평균 연봉
지방공기업	30,806	5.8	47,356	8.6	22,442

2. 사례조사 결과

1) 무기계약직 전환

(1) O공사

O공사 사례는 기간제가 아닌 외주용역 노동자가 무기계약직으로 전환된 경우다. O공사는 2008년 중앙정부와 상급기관의 경영혁신 정책에 따라 인력감축 차원에서 추진한 외주화 업무의 일부를 직영화하면서 무기계약직으로 직접고용했다.

외주화 이전에는 정규직이 수행하던 업무인데, 외주화된 이후에 다시 직영화를 하면서 정규직으로 직접고용한 것이 아니라 '안전업무직'이라는 무기계약직 직무를 추가로 신설해 고용했다.

〈표 6-38〉 무기계약직 업무 구분

구분	직무	비고
전문업무직	전문적인 지식, 기술 기능 또는 경험을 요소로 하는 업무	-
일반업무직	지하철 보안관, 식당, 목욕탕, 이발소, 세탁소, 매점 등 지하철 질서유지 및 직원 후생복지 시설 단순노무 업무	-
안전업무직	PSD 유지보수, 전동차정비, 역, 구내운전, 모터카 및 철도장비 등 업무	신설

〈표 6-39〉 O공사 무기계약직 정원

(단위 : 명)

구분	계	일반업무직							안전업무직				
		식당찬모	목욕탕	이용사	면도사	세탁소	매점	지하철보안관	PSD	경정비	역	구내운전	모터카
계	816	46	10	4	6	1	5	134	162	122	104	90	132

(2) P공사

P공사는 노무현 정부 공공부문 비정규직 종합대책에 따라 일용직으로 근무하던 노동자 전부를 2007년 무기계약직으로 전환했다. 이후 일정 인원의 기간제가 무기계약직으로 지속적으로 전환됐다. 2013년 이후 기간제의 무기계약직 전환은 없었다.

〈표 6-40〉 P공사 무기계약직과 비정규직 현황

(단위 : 명)

구분	2012년	2013년	2014년	2015년	2016년
무기계약직	459	479	480	492	496
기간제	0	109	124	105	127
단시간	0	74	70	76	87

"일용직으로 근무한 지 5년 만에 무기계약직으로 전환됐습니다. 2007년 전환됐는데 어려움은 별로 없었어요. 무기계약직이라는 개념 자체가 확립돼 있지 않았습니다. 무기계약직이 뭔지도 모르고, 그냥 근로계약서만 안 쓰는 줄 알았지요. 그래서 일부는 좋아했죠. 모두 다 일용직으로 매년 근로계약서를 썼는데, 모두 다 무기계약직으로 전환된 겁니다."_ P공사 무기계약직 노동자

(3) O공사 자회사

서울시 투자출연기관인 O공사는 서울시의 2차 비정규직 고용개선 대책에 따

라 자회사를 설립해 간접고용 노동자들을 고용전환하게 된다. 면접조사 대상인 O공사 자회사는 용역회사 소속 청소노동자 1,461명을 2013년 6월 직접고용했다. 이때 통상 정년인 60세를 조정해 청소노동자에게 65세 정년을 적용했다. 고용을 보장했고, 기존에 없던 복리후생 혜택을 적용했다.

2) 무기계약직 전환방식

(1) O공사

O공사는 용역회사 소속 간접고용 노동자들을 안전상 문제로 무기계약직으로 전환한 사례다. "엄격한 기술력 검증을 거쳐 경력·기술보유자는 공개경쟁 채용"이라는 원칙하에 용역회사에서 해당 업무를 수행하던 노동자 중 정년을 고려해 60세 이상자를 제외하고, 기술력 무보유자(무자격자)를 제외했으며, 나머지 인원에 대해 면접시험을 거쳐 무기계약직으로 전환했다. 전환방식은 신규채용 형식이었다. 기존 경력 인정 문제가 쟁점으로 남아 있다.

(2) P공사

P공사는 2007년 일용직을 무기계약직으로 전환했다. 별도 절차를 거치지 않고 일용직 전원을 무기계약직으로 전환했다. 하지만 P공사는 2007년 처음 무기계약직 전환이 이뤄진 후 기간제의 무기계약직 전환이 제대로 이뤄지지 않은 경우에 해당한다. 공공부문 비정규직 고용개선시스템에 의하면 P공사는 2015년 기간제 비정규직 178명 중 전환 제외자 17명을 뺀 161명을 전환대상자로 분류했지만 실제로 무기계약직으로 전환된 인원은 없었다. 전환율이 0%다. 2016년과 2017년에도 무기계약직 전환실적은 없었다. 이런저런 이유를 들어 무기계약직 전환을 회피했다고밖에 볼 수 없다.

<표 6-41> P공사 무기계약직 전환 실적

(단위 : 명)

비정규직 인원	전환 제외자	전환대상자				전환실적				전환율
		합계	2013년	2014년	2015년	합계	2013년	2014년	2015년	
178	17	161	0	0	161	0	0	0	0	0%

* 공공부문 비정규직 고용개선시스템 공시자료

3) 노동조건

(1) O공사

O공사는 무기계약직과 동종유사업무 정규직과의 차별이 큰 사례다. 2016년 현재 무기계약직 월임금은 180만 원 수준으로 동일한 경력의 정규직보다 월 100만 원 적다.

<표 6-42> 정규직과 안전업무직 월임금 비교

(단위 : 원)

구분	정규직(8호봉)	안전업무직(8호봉)	비고
기본임금	2,129,900	1,446,000	근속승진에 따라 정규직 노동자가 6급인 경우 (임금 차이가 가장 적은 경우를 상정한 것임)
상여수당 (정급)	354,983	241,000	기본임금의 200%
업무지원수당	319,485	110,474	통상근무자 기준 정규직 : 통상임금의 15% 안전업무직 : 통상임금의 7.64%
계	2,804,368	1,797,474	-

기본급을 비교하면 정규직 대비 안전업무직의 임금은 1호봉을 제외하면 모두 10% 이상 차이가 난다. 정규직의 경우 근속연수에 따라 호봉이 인상될 뿐만 아니라 직급이 상승한다(9급→8급 : 2년, 8급→7급 : 3년, 7급→6급 : 3년). 근속연수가 증가됨에 따라 격차가 커진다. 안전업무직의 경우 1년 근속에 따라 매년 5,500원 인상되는 반면 정규직은 3만~4만 원 인상된다.

〈표 6-43〉 무기계약직과 정규직의 급여 비율

(단위 : 원)

호봉	안전업무직	정규직 9급	정규직 8급	비율
1	1,418,600	1,550,100	-	92%
2	1,424,100	1,587,100	-	90%
3	1,429,800	-	1,722,700	83%
4	1,435,300	-	1,760,000	82%
5	1,440,900	-	1,800,100	80%

(2) P공사

P공사 무기계약직은 직군별로 임금 수준에 차이가 있다. 무기계약직은 모두 호봉제를 적용받지 못한다. 근속기간에 따른 약간의 수당만 받는다.

"직군마다 다르다. 저(면접자 b)는 좀 많이 받는 편이다. 기본급이 259만 원이고 시간외 수당까지 하면 290만 원 정도 된다. 저(면접자 c)는 2008년 입사했는데, 10만 원 덜 받고 있다. 장기근속수당이 다르기 때문이다. 5년 단위로 2만 원, 1만5천 원 이렇게 차이가 난다. 직군별로는 20만~30만 원 차이가 나는데, 직군 안에서는 차이가 없다. 실제로 우리 둘의 임금차이가 거의 없다. 몇 년 일찍 들어왔다고 임금 더 주고 그런 거 없다. 호봉제가 없기 때문에 똑같다." - P공사 무기계약직 노동자 b, c

(3) O공사 자회사

2017년 현재 O공사 자회사 현장 직원은 120개 역사에 996명, 5개 차량기지에 439명, 청사 및 별관에 47명, 시설관리 120명, 경비 54명 등 1,719명이다. 청소노동자 임금은 2017년 기준으로, 역사 주간반은 연장근로를 포함해 약 188만 원, 야간반은 약 214만 원을 받는다.

정규직화라고 하기에는 노동자들의 기대에 못 미치는 임금이다. 해당 노동조합에서 O공사 자회사 소속 청소노동자 조합원을 상대로 설문조사를 했는데, 자회사로 전환된 후 개선된 점을 물었더니 '임금 상승'이라고 응답한 비율은 전체의 21.4%에 불과했고, 개선된 점이 없다는 응답이 65.9%를 차지했다. 노동자가 체감하는 개선 효과가 크지 않았다는 얘기다.

〈표 6-44〉 O공사 자회사 노동자 설문조사

자회사 전환 후 개선된 점	인원(명)	비율(%)
없다	342	65.9
임금 상승	111	21.4
인격적인 대우	43	8.3
자유로운 분위기	23	4.4
합계	519	100

* O공사 자회사 노동조합 제공

4) 불합리한 관행 및 차별

(1) O공사

간접고용에서 무기계약직으로 전환된 O공사 안전업무직 노동자들은 외주회사 경력을 인정받지 못하고 군경력만 인정받았다.

인사규정에 보면 용역회사의 경우 〈표 6-45〉 "가"항에 따른 도시철도운영기관에 해당하지 않아 경력인정에 어려움이 있으나, 정규직이 수행하던 업무를 외주화했고 안전문제로 인해 재직영화된 것인 만큼 최소한 기존 근무자에 대해 "라"항에 의한 경력반영을 충분히 고려할 수 있다. 동일한 경우에 해당하는 ㅇㅇ공사의 경우 직접고용 전환된 안전업무직의 외주회사 경력을 모두 인정했기 때문에 형평성의 문제도 발생한다.

〈표 6-45〉 O공사 인사규정

구분	적용대상	적용률

가	• 국가공무원법 및 지방공무원법에 의한 공무원
	• 공공기관의 운영에 관한 법률에 의한 공공기관 중 공기업
	• 군복무기간(군 교육기간 제외)
	• 지하철건설(주)
	• 도시철도운영기관
	  - 도시철도법 2조8호 및 철도사업법 2조8호
	  - 도시철도운송사업 면허(철도운송면허 포함)를 소지한 사업자가 위탁한 운영사
	• 서울메트로 무기 또는 기간제 업무직 근무기간
		100%

나	• 은행법에 의한 은행 • 초·중등교육법 및 고등교육법에 의한 학교 • 공공기관의 운영에 관한 법률에 의한 준정부기관·기타공공기관 • 지방공기업법에 의한 지방공기업 중 서울특별시 지방공기업을 제외한 지방공기업 • 국가기관 또는 지방자치단체의 잡급직원 - 대통령령 제7265호, 제7976호	80%
다	• 상시근로자 200인 이상 일반기업 또는 상장업체인 일반기업	70%
라	• 경력직원 채용 시에는 상기 가·나·다항 이외의 경력자에 대하여도 인사위원회의 의결로 경력을 인정할 수 있다.	-

또 다른 차별 문제로 승진제도 차이를 들 수 있다. 무기계약직(안전업무직)에게는 승진제도가 없다. 정규직의 경우 근속연수에 따른 호봉과 별도로 1~9급의 직급을 두고 있지만 무기계약직은 근속연수에 따라 호봉만 올라갈 뿐 직급이 오를 여지가 없다.

자회사에 근무할 때는 4~7급의 직급이 있었고 직급에 따른 수당을 받았으나, 직영으로 전환된 뒤에는 직급수당이 사라져 버렸다. 정규직은 승진에 따라서도 기본임금이 올라가기 때문에 무기계약직에게 별도 직급이 없다는 것은 정규직과의 임금 차이를 벌리는 요인이 된다.

정규직은 일정한 근속연수를 채운 경우에 별도의 심사 없이도 승진이 이뤄진다는 점에서 그 차이는 더욱 커진다.

(2) P공사

P공사는 무기계약직과 정규직의 임금체계가 전혀 다르다. 정규직은 호봉제를 적용한다. 무기계약직은 근속기간 보상으로 5년 단위로 1만5천 원에서 2만 원 정도만 지급한다.

"기본적으로 임금이 다르다. 사실 직군별로 보면 정규직보다 우리가 일을 많이 한다. 그럼에도 개별성과급이나 기관 성과급을 못 받고 있다. 호봉도 없고, 승진도 없다. 몇 년 전에 윗분에게 우리가 직원이냐고 물어보니, 그분이 반반이라고 하더라. 듣는 입장에서 처참했다. 말로는 구성원이라고 하지만 실제는 반반인 거다. 반은 구성원이고 반은 아닌 거다." _P공사 무기계약직 노동자

5) 노동조합의 대응

(1) O공사

O공사 무기계약직(안전업무직)은 O공사 노동조합에 가입했다. 정규직 노동조합이 무기계약직까지 조직범위를 확대한 것이다. 현재 O공사는 서울시의 무기계약직의 전면 정규직 전환 계획[61]에 따라 무기계약직이라는 직제를 없애고 정규직제로 통합하는 과정에 있다. 투자출연기관 내 중층적 노동구조 통합을 통한 실질적 정규직화를 실현하겠다는 구상이다. 그간 비정규직 정규직화 시 정부 지침 및 총액인건비 관리 등 인건비 확대 통제에 따라 무기계약직으로 전환하고, 정원 외 인력으로 관리했는데 전면 정규직화를 통해 통합운영을 하겠다는 것이 서울시의 계획이다.

---

61) 서울시 '노동존중특별시 서울 2단계 발전계획', 2017년 8월 보도자료

이런 계획에 따라 ① 정규직과 동종유사업무는 기존 직군으로 편입하고 ② 이질적 업무는 별도 직군·직렬을 신설해 정원 내로 통합할 예정이다. 서울시는 직군 편입 및 직군·직렬 신설 등에 관해서는 노사합의로 결정하도록 했다. 현재 O공사는 무기계약직(안전업무직)의 완전 정규직화를 위해 노사 간 협의를 진행 중이다.

하지만 기존 정규직들이 역차별 발생에 대한 문제제기를 함에 따라 논의가 제대로 진행되지 못하고 있다. 무기계약직의 정규직 전환에 따른 기존 정규직의 실질임금 하락(기존 총액임금제 내에서 전환 시)과 추후 호봉을 인정할 경우 현 급여체계에서 급여 역전현상이 발생한다는 것이 정규직 일부의 주장이다. 소위 노노갈등이라 할 만한 상황이다. 노동조합은 명확한 입장을 표명하지 못하고 있다. 노동조합은 정규직 일부의 반발을 의식하고 무기계약직의 정규직 전환 시 승진 등을 1년 유예하는 방안을 검토 중이다. 또 다른 차별 논란이 불가피해 보인다.[62]

(2) P공사

P공사 무기계약직 노동자들은 민주노총 지역일반노동조합에 가입해 있다. 정규직 노조에 가입을 문의했지만 거부당했다. 지역일반노동조합은 주로 파견·용역 노동자들이 조합원 대다수를 차지하고 있고, P공사 무기계약직 조합원은 상대적으로 소수다. 노동조합이 P공사와 적극적으로 교섭을 하지 못하고 있다. P공사의 상급기관인 대전시에서 인건비가 모두 정해지기 때문에 별도의 임금교섭을 통해 인상시키기가 쉽지 않다.

---

62) O공사 노조 홈페이지 성명 참조(http://www.sslu.or.kr/board/index.html?id=name&no=54314)

"무기계약직은 74명이다. 비서 한 명을 제외하고 73명이 모두 조합에 가입돼 있다. 노동조합에서 임금협상을 할 여지가 별로 없다. 인건비가 대전시에서 정해서 내려오기 때문에 공사가 해 줄 수 있는 게 없다. 어떤 애로사항을 들어주면, 다른 부분에서 깎을 수밖에 없는 구조다. 호봉제를 협상하고 있다. 공사는 내년부터 해 준다고 하는데 가 봐야 하는 것 아니겠나." _ P공사 무기계약직 노동자

(3) O공사 자회사

O공사 자회사 청소노동자들이 가입돼 있는 민주노총 여성연맹은 자회사가 아닌 O공사로의 직접고용을 요구하고 있다. 국회 청소노동자(2016년 12월 5일), 인천지하철 청소용역노동자(2013년 4월 1일), 광주지하철 청소용역노동자(2016년 9월 1일)의 원청 직접고용 사례를 언급하며 상시·지속적 업무에 대한 O공사의 직접고용을 촉구하고 있다.

3. 소결

지방공기업 사례조사를 통해 다음과 같은 점을 확인할 수 있었다.

첫째, 임금체계 부재 문제다. 다른 공공부문과 동일하게 지방공기업도 무기계약직 전환 당시 고용만 안정됐다. 제대로 된 임금체계가 수립돼 있지 않아 근속기간이 늘어날수록 정규직과의 임금차이가 커졌다. 일용직 또는 용역회사 소속의 간접고용에서 무기계약직으로 전환됐지만 임금은 노동자들의 기대에 못 미치고 있음을 면접조사했던 모든 기관에서 확인했다.

둘째, 정규직과의 차별 문제다. O공사는 무기계약직에 호봉제를 적용하고 있지만 정규직 호봉제와는 기본급에서 차이가 난다. 임금격차가 지속적으로 커지고 있다. 경력인정에서도 정규직과 다른 규정을 적용해 결과적으로 불이익을 당하는 사례다. 동종유사업무임에도 불구하고 임금규정에 차이를 두면 차별 시

비를 불러올 수밖에 없다. P공사는 직군에 따라 정규직과 무기계약직이 혼재돼 있는 경우가 있는데, 이 역시 임금차별 시비에서 자유롭지 못하다.

셋째, O공사 사례에서 볼 수 있듯이 상급기관인 서울시가 무기계약직의 전면 정규직화 정책을 추진하는 것은 공공부문 무기계약직 문제를 해결하는 데 있어 모범사례가 될 수 있다. 서울시는 ① 정규직과 동종유사업무는 기존 직군으로 편입하고 ② 이질적 업무는 별도 직군·직렬을 신설해 정원 내로 통합할 예정이다. 정규직 이기주의에 기반을 둔 노노갈등으로 인해 논의가 매끄럽지 못한 부분이 있지만 제대로 추진한다면 다른 기관에 많은 시사점을 줄 것으로 전망된다.

Ⅶ. 교육기관 무기계약직의 현황과 차별실태

김세진_한국비정규노동센터

1. 교육기관의 무기계약직 현황

교육기관 비정규직 노동자들은 2004년 이후 '학교회계직'으로 불렸다. 2010년 초반부터는 '교육공무직'이라는 이름을 혼용해 쓰고 있다. 2012년 이후 각 지방 교육청이 이들을 '교육공무직'으로 칭하고 있어 '교육공무직'이라는 명칭이 정착되고 있다고 볼 수 있다. 교육공무직 노동자들은 각 학교에서 교무·과학·전산·사서·급식·유치원 교육보조·방과후 수업·특수교육·행정 등의 직종에서 업무를 담당하는 공무원이 아닌 노동자를 말한다.

무기계약직인 교육공무직이 출현하게 된 이유는 외환위기 이후에 다른 공공기관뿐만 아니라 교육기관에서도 공무원이 아닌 비정규직 노동자를 채용하기 시작했기 때문이다. 학교의 행정편의, 교과상 운영 특성 때문에 이들을 채용하기 시작한 것이지만 시일이 지나면서 교육현장에서도 과도한 비정규직 직원 운영이 문제점으로 자리 잡기 시작했다. 이들은 인건비가 '일반회계'에서 지급되는 것이 아니라 '학교회계'에서 지급된 탓에 '학교회계직원'으로 불렸다. 2004년 정부에서 비정규직 대책을 내놓자 교육부가 '학교회계직원 계약관리지침(안)'을 내놓으면서 이들의 존재가 명확해지기 시작했다(배동산 2012).

하지만 2004년 비정규직 대책이 성공을 거두지 못하자 2006년 정부는 비정규직 종합대책을 통해 계속근로기간이 2년을 초과한 노동자들을 기간의 정함이 없는 근로자(무기계약직)으로 전환했다(성병창 2012). 공공부문도 이런 비정규직 종합대책에 호응해 일반 비정규직 노동자들을 무기계약직 노동자로 전환하기 시작했으며 교육기관 역시 무기계약직 전환을 시작했다.

〈표 6-46〉 공공부문 고용 현황(2016년 말)

(단위 : 명)

구분	정규직	무기계약직	기관 소속 인력				기관 소속외 인력		
			소계	단시간	기간제	기타	소계	파견	용역
중앙행정기관(48곳)	269,512	20,582	13,295	723	12,544	28	7,593	10	7,583
자치단체(245곳)	297,698	52,939	40,424	5,124	35,031	269	10,586	71	10,515
공공기관(323곳)	293,897	24,676	40,134	9,832	29,459	843	73,053	8,842	64,211
지방공기업(143곳)	45,963	9,466	8,759	1,664	6,791	304	5,867	343	5,524
교육기관(76곳)	417,645	104,287	88,621	29,446	58,990	185	23,556	97	23,459
소계	1,324,715	211,950	191,233	46,789	142,815	1,629	120,655	9,363	111,292

2016년 말 기준 공공부문 고용현황을 보면 교육기관 비정규직은 공공기관 비정규직(직접고용 인력과 간접고용 인력을 합친 수)의 36%(총원 311,888명 중 112,177명)로 높은 비율을 차지한다. 여기에 무기계약직 규모를 합산하면

41.3%(총원 523,838명 중 216,464명)로 나타나 그 비율은 더욱 커진다. 무기계약직 규모만 본다면 전체 공공기관의 무기계약직 노동자 211,950명 중 104,287명이 교육기관에 종사하고 있다. 전체 대비 49.2%로 교육기관에서 가장 많은 무기계약직 노동자를 채용하고 있다.

노동자 총원에서 무기계약직을 포함한 비정규직이 차지하는 비율이 34.1%로 나타난다. 대략 30~40%의 노동자들을 비정규직으로 채용하고 있다. 비정규직 노동자의 고용형태를 전환하는 과정에서 정규직 전환보다는 무기계약직 전환이 선호되고 있음을 알 수 있다. 특히 전체 공공부문 무기계약직 노동자의 49.2%가 교육기관 종사자이기 때문에 공공부문 무기계약직 문제에서 교육기관 실태조사 결과는 무기계약직 노동자들이 어떠한 대우를 받고 종사하고 있는지를 파악할 수 있는 중요한 자료다.

〈표 6-47〉 교육기관에서 각 고용형태가 차지하는 비율

(단위 : 명, %)

구분	총원	정규직	무기계약직	직접고용 비정규직	간접고용 비정규직
규모	634,109	417,645	104,287	88,621	23,556
비율	100	65.9	16.4	14	3.7

* 한국비정규노동센터(2017), 공공부문 비정규직 고용시스템, 고용노동부 자료 환산

〈표 6-48〉 지자체별 무기계약직 근로자 관련 조례 및 규정 제정 현황

(2017년 9월)

구분	관리	채용 및 전환	전보
강원도교육청		강원도교육감 소속 교육공무직 임용 등에 대한 조례 (2012년 9월 1일)	강원도교육감 소속 교육공무직 보직관리규정 (2013년 1월 1일)
경기도교육청	경기도교육청 교육공무직원 운영 규정 (2013년 5월 1일)	경기도교육청 교육공무직원 채용 및 무기계약직 전환 등에 대한 조례 (2012년 9월 1일)	
경상남도 교육청	-	경상남도교육청 교육공무직원 채용 등에 관한 조례 (2014년 6월 1일)	

경상북도 교육청	경상북도교육감 소속 교육실무직원 채용 및 관리 조례 (2015년 1월 1일)		경상북도교육감 소속 교육실무직원 전보관리규정 (2016년 1월 1일)
광주광역시 교육청	광주광역시교육청 교육공무원 관리규정 (2014년 12월 1일)	광주광역시교육청 교육공무직원 채용 및 관리 조례 (2012년 9월 1일)	광주광역시교육청 교육공무원 전보관리규정 (2013년 1월 1일)
대구광역시 교육청	대구광역시교육청 교육공무직원 채용 및 관리 조례 (2014년 1월 1일)		대구광역시교육청 교육공무직원 전보관리규정 (2016년 1월 1일)
대전광역시 교육청	대전광역시교육청 교육공무직원 채용 및 관리 조례 (2015년 1월 1일)		-
부산광역시 교육청	부산광역시교육청 교육실무직원 채용 및 관리에 관한 조례 (2015년 1월 1일)		
서울특별시 교육청	서울특별시교육청 교육공무직원 채용 등에 관한 조례 (2014년 1월 1일)		
세종특별자치시 교육청	세종특별자치시교육감 소속 교육공무직원의 채용 및 관리 조례 (2015년 1월 1일)		세종특별자치시 교육감 소속 교육공무직원 전보관리규정 (2016년 10월 20일)
울산광역시 교육청	울산광역시교육청 교육공무직 채용 및 관리 조례 (2013년 7월 1일)		
인천광역시 교육청	인천광역시교육감 소속 근로자의 채용 등에 관한 조례 (2015년 1월 1일)		
전라남도 교육청	전라남도교육감 소속 교육공무직원 채용 및 운영 등에 관한 조례 (2015년 3월 1일)		
전라북도 교육청	전라북도교육감 소속 교육공무직원 보호 및 운영 등에 관한 조례 (2012년 11월 2일)		
제주특별자치도 교육청	제주특별자치도교육청 교육공무직원의 채용 및 관리 조례 (2013년 12월 1일)		
충청남도 교육청	충청남도교육청 교육공무직원 고용 및 관리에 관한 조례 (2014년 7월 1일)		
충청북도 교육청	충청북도교육청 교육공무직원 근무사항에 관한 규칙 (2015년 1월 9일)	충청북도교육청 교육공무직원 채용 및 관리 조례 (2014년 5월 7일)	충청북도교육청 교육공무직원 인사규칙 (2016년 9월 1일)

* 국가법령정보센터(www.law.go.kr), 김민희(2014) 참조

〈표 6-48〉은 지방자치단체 교육청의 교육기관 무기계약직 노동자에 대한 조례와 규정 현황이다. 2013년에는 강원·경기·광주·서울·울산·전북·제주 등 7개 교육청에서 교육기관 무기계약직 노동자에 대한 조례와 규정을 두고 있었다(김민희 2014). 2017년 9월 현재 모든 지방자치단체 교육청이 무기계약직 노동자에 대한 조례와 규정을 가지고 있었다. 이 중 광주와 서울은 2013년 당시 "공무원이 아닌 근로자"에 대한 규정을 만들었다가 2014년 교육공무직 조례를 신설했다. 조례와 규정이 제정됨에 따라 기존에 학교와 계약을 하던 비정규직 노동자들은 교육청과 계약을 하고 근무하게 되면서 '교육청 소속 노동자'가 됐다. 명문화된 채용과 관리규정을 통해 채용 과정이 투명해지거나 공적 인적관리를 받게 됐고, 전보조항이나 규정을 통해 교원이나 일반직 공무원과 같이 다른 곳으로 이동할 수 있게 됐다.

그러나 교육기관에서 무기계약직 노동자가 늘어나는 까닭은 다양한 곳에 수요가 많은 것을 인정하지만 그것을 정규직 사원이 아닌 무기계약직 사원을 늘리는 것으로 인원을 확보하려 하기 때문이다. 회계직군에 대해 각 교육청별로 상이한 분류체계를 가지고 있어 50여 종 이상의 직종이 학교 내 비정규직으로 분류된다. 비정규직의 무기계약직 전환도 지방자치단체별로 상이한 모습을 보인다. 2011년과 2012년에 걸쳐 나온 공공부문 비정규직 고용개선 지침에 따라 비정규직의 무기계약직 전환이 자치단체별로 이뤄졌지만 공통된 가이드라인과 직종을 선별한 것이 아니기 때문에 이 전환은 각급 교육청의 의사에 따라 규모와 전환 직종에 큰 차이를 보였다.

2. 사례조사 결과

교육기관에서 근무하는 무기계약직 노동자들의 인터뷰는 세 차례 진행했다. 한 번은 인천에서 일하는 무기계약직 노동자였고, 또 다른 한 번은 서울에서 일하는 무기계약직 노동자 2인이었다.

마지막으로 경기도에서 일하는 무기계약직 노동자 2인과 면접조사를 했다.

1) 무기계약직 일반 현황

R초등학교 무기계약직 노동자(R)는 인천의 초등학교에서 2004년부터 급식실 조리원으로 일하기 시작했다. 처음 고용형태는 1년에 한 번씩 근로계약을 하는 계약직이었다고 한다. 2014년에 학교 급식실 조리원 전체가 계약직에서 무기계약직으로 전환했다. 동일업무 정규직이나 계약직이 존재하지 않는다. 다만 학교 직급체계에서 '비정규직'으로 분류되기 때문에 자신들이 여전히 비정규직 대우를 받고 있다는 생각을 가지고 있었다. 2014년 이전에는 1년에 한 번씩 근로계약을 체결한 탓에 고용불안이 컸으며, 무기계약직으로 전환되면서 이런 고용불안이 없어졌다고 했다.

S중학교 무기계약직 노동자(S)는 서울의 중학교에서 2004년부터 급식실 조리원으로 일했다. 계약직으로 입사했으나 2년 계약 후 무기계약직으로 자동 전환됐다. 어느 보직에 있느냐에 따라 정규직과 계약직으로 나뉘었는데, 영양사의 경우 교원·직원(정규직)·계약직으로 구분됐다. 조리실무사는 정규직이 한 명도 없었다.

T초등학교 무기계약직 노동자(T)는 서울의 초등학교에서 2003년부터 사서로 일하기 시작했다. 급식실 조리사인 R이나 S와 다르게 계약직에서 무기계약직으로 전환된 형태가 아니라 상당히 복잡한 변화를 거치면서 무기계약직을 쟁취한 사례다. 사립초등학교에서 사서 생활을 시작한 T는 임시직으로 근무를 시작했다. 노동조건이 사립학교보다 공립학교가 나은 것을 알고 공립학교로 이직했는데, 그때는 일용직으로 근무했다. 그리고 학교 예산에 따라 방학 중 50일, 학기 중 3개월, 다음 학기 30일 이런 순으로 노동계약을 계속 체결했다. 지속적으로 계약을 갱신해야 했기에 상당한 고용불안에 시달렸다. 2007년 1년 단위 계약직으로 전환됐고 2013년 무기계약직으로 전환됐다. 예산에 따른 쪼개기 계약이 심각했다.

1일 8시간 근무에 4시간 연장근무를 더해 12시간 근무를 시키는 경우가 상당히 많았다고 한다.

"쪼개기 계약을 합니다. 1일 8시간 근무에 1일 4시간 연장근무를 하고 (중략) 예산이 있으면 근무를 더 시켜요. 도서관을 개방해 놓으면 아이들이 오니까 …." _ T초등학교 무기계약직 노동자

사서의 경우 같은 업무에 종사하는 정규직 직원들이 존재한다. 행정실 직원들이 사서자격증을 취득해 직렬을 변경하면 사서업무를 할 수 있다. 서울 내에 극소수 존재한다고 하나 대부분 행정실 근무 중에 적응을 못한 직원들을 도서관으로 보낸 사례가 많다고 한다. 공식적으로는 사서공무원 TO는 존재하지 않는다.

U유치원 무기계약직 노동자(U)는 병설유치원 방과후 전담 보조사로 2010년부터 근무했다. 원래 유아교육을 전공한 U는 아이가 어린 관계로 전일제로 일하기 어려웠다. 하루 6시간, 시급 7,000원을 받는 일당제 노동자로 일을 시작했다가 2014년 무기계약직으로 전환했다. 병설유치원 교사는 정규교사·임시강사·방과후 전담 보조사로 나뉜다. 정규교사만이 정규직이고 임시교사는 계약직, 방과후 전담 보조사는 무기계약직이다. 세 직군 모두 아이들을 돌본다는 점에서 하는 일은 같다. 그럼에도 정규교사와 임시강사는 같은 급여체계를 받고 일하는 반면 보조사는 급여에서 상당한 불이익을 받고 있었다.

V중학교 무기계약직 노동자(V)는 중학교 교육행정실무사로 2011년부터 근무를 시작했다. 원래 다른 직장을 다니고 있었는데 먼 거리로 이사를 오게 되면서 직장을 그만뒀다. 아이가 유치원에 가는 시간을 이용해 6개월 계약직으로 교육행정실무사 근무를 시작했다. 2012년 육아휴직 대체로 1년 계약직으로 근무했고, 2013년부터 대체직이 아닌 교육행정실무사로 일했다. 1년 근무 후에 2014년 무기계약직으로 전환됐다. 같은 일을 하는 노동자들은 전부 비정규직이다. 같은 업무를 하는 사람 중에서 구 육성회로 예전부터 일하던 노동자들이 행정실과 교무실에 분산돼 있다고 한다.

2) 무기계약직 전환

면접자 R은 무기계약직 전환과 관련해 10년 동안 기나긴 투쟁을 했다고 말했다. 1년마다 한 번씩 근로계약을 해야 하는데, 학생이 줄면 급식실 인원도 줄였다고 한다. 해고가 가위바위보로 정해지는 등의 미개한 수준의 해고기준으로 인해 급식실 노동자들이 서로가 서로를 견제해야 하는 상황이 지속됐다. 이런 상황에서 아이 둘을 혼자 키우는 여성 노동자가 갑자기 해고위기에 처하자 많은 급식실 노동자들이 힘을 합쳐 인천시교육청 앞에서 시위를 하는 등의 투쟁을 전개했다.

"10년을 매년 계약했습니다. 당시에 학생이 줄면 저희를 해고했는데, 해고 기준이 미개하기 짝이 없었어요. 가위바위보나 투표를 해서 내보내더라고요. 서로가 서로를 견제하고 미워해야 하는 상황이 10년간 지속됐죠."_R초등학교 무기계약직 노동자

2014년 무기계약직으로 전환됐을 때에는 회계직에 속한 노동자들은 전부 무기계약직으로 전환됐지만 초단시간 노동자, 강사직군, 청소용역, 야간당직 노동자들은 무기계약직으로 전환되지 않았다. 나머지는 교육청 소속 노동자로 일을 할 수 있게 됐다고 한다. 스스로 무기계약직 전환을 거부한 노동자는 없었다. 일단 명확한 이유 없이 해고가 정해지는 고용불안이 지속되는 형태였기 때문에 고용불안에서 벗어나는 것만으로도 좋아했다고 전했다. 학생이 줄면 해고하는 형태에서 잉여 노동자들을 다른 직종으로 전환하거나 다른 학교로 전근을 보내는 형태로 바뀌었다. 어느 정도 합리적 조건으로 바뀌었다고 볼 수 있다.

S는 전환 과정에서 별 어려움이 없었다고 한다. 오히려 주변 교사들과 교장이 무기계약직 전환을 도와줬고 근로계약도 좋은 조건으로 체결할 수 있었다고 한다. 그 절차 또한 교육청에서 내려오는 대로 시행했다고 한다. 하지만 전환 심의나 절차를 밟아야 하는데도 그것을 따르지 않거나 무시하는 학교도 적지 않다.

면접자 T는 세 번째 옮긴 학교에서 학교 도서관을 처음부터 일군 입장이었기 때문에 어려움 없이 무기계약직으로 전환됐다. 반면 다른 학교 동료들은 사서들을 관리하는 담당교사·행정실장·교장의 방해로 무기계약직 전환이 안 됐다고 한다. 일용직 노동자 신분으로 일하던 시기여서 다른 사무직종보다 늦게 무기계약직 대상자가 됐다. 절차 없이 자동적으로 무기계약직으로 전환됐고, 기존 계약서를 승계한 계약을 맺었다.

면접자 U와 V는 전환 과정에서 어려움이 없었고, 정해진 절차에 따라 계약서에 서명하는 절차를 거쳐 무기계약직으로 전환됐다고 말했다.

3) 노동조건

면접자 R은 하루에 8시간 근무한다. 잔업과 특근은 학교마다 사정이 다르다. 학생 155명당 1명의 조리사가 배정돼 일의 강도가 매우 세다. 위험한 환경과 식사시간이라는 시간과의 싸움 안에서 적은 숫자의 조리사 인원은 여러모로 근로조건을 열악하게 만든다.

> "학교마다 다르기는 한데, 조리실 같은 경우는 인원이 부족해요. 학생 155명당 한 명씩 배치돼 있으니까요. 조리실 현장은 시간과의 싸움을 하는 곳이에요. 위험한 상황 속에서도 종종걸음을 해야 하고. 155명당 한 명씩 배치기준이 정해지다 보니까 서둘러야 해요."_R초등학교 무기계약직 노동자

잔업이나 특근은 거의 없지만 8시간 내에 일을 마치기 위해 노동강도를 높이면서 일을 한다. 오전 8시에 출근해 오후 4시에 퇴근하지만 점심시간에 일을 해야 하는 환경상 점심시간이나 휴식시간은 거의 보장받지 못한다. 임금은 기본급이 160만 원이고, 각종 수당을 더하면 180만 원에서 200만 원 이상을 받는 노동자도 있다고 한다.

기본적으로 호봉 같은 승진체계가 없고 정규직 전환 여지도 없기 때문에 장기

근속수당으로 호봉수당을 대신하고 있었다. 장기근속수당은 1년에 1만 원씩 올라가고, 3년차에는 5만 원 올라간다. 무기계약직을 위한 인사규정은 정규직에 준하는 형태였다. 교육청에 속한 정규직 직원들과 달리 2년마다 한 번씩 교육청과 단체협약으로 정하고 있었다.

무기계약직이 된 이후 기본급이 인상되면서 임금이 올랐다. 2004년 입사 시에 아무것도 없이 기본급만 53만 원을 받았던 면접자 R은 노조 가입 후 투쟁을 통해 각종 수당을 받아 냈으며, 2014년 무기계약직 전환 이후에 160만 원의 기본급을 받을 수 있었다고 했다. 하지만 교육기관의 특성상 여름방학과 겨울방학에는 출근을 하지 않아 임금 역시 나오지 않았다. 방학으로 3개월분의 임금이 나오지 않기 때문에 연봉으로 환산했을 경우 9개월 정도의 연봉밖에 받지 못했다. R은 "일하면 돈 주고, 일 안하면 돈을 안 주는 일당제 노동자지 무기계약직 노동자가 아니다"라고 말했다. 아직까지도 무기계약직을 비정규직으로 인식하고 있었다.

면접자 S는 하루에 9시간 근무를 하고 있으며 오전 6시 50분에 출근해 오후 3시 30분에서 4시 사이에 퇴근한다고 했다. 늦으면 오후 5시까지 근무를 하는 경우도 있고, 음식 재료 배송으로 인해 오전 6시에 출근하는 경우도 있다고 한다. 하지만 별도의 잔업 및 특근수당을 받아 보지 못했다. 특히 음식 재료 입고·준비의 경우 학교 행사나 스케줄에 따라 시간이 빨라질 때가 있는데, 담당 교사나 영양사가 아니라 조리원들이 챙기는 경우가 많다고 했다.

> "작년 여름방학에 학교가 공사를 했어요. 여름방학에 아침 10시나 9시에 가서 저녁 8시에 퇴근을 한 적도 있습니다. 방학이 20일이라면 15일간을 출근했는데, 저희는 방학 중 비근무라서 급여가 없어요. 그래도 15일간 계속 학교에 출근을 했어요. (중략) 오죽하면 행정실 선생님이 그러셨다니까요. '아이, 조리사님. 급여 받는 영양사 선생님만 나오라고 해~ 조리사님이 왜 나와. 아니면 급여를 달라고 하든가. 그러니까 행정실장님이 선생님 얘기 좀 해. 급여 좀 달라고.'" _ S중학교 무기계약직 노동자

서울교육청은 전문직 무기계약직을 대상으로 하는 유형 1과 일반 무기계약직을 대상으로 하는 유형 2로 임금을 책정한다. 급식조리원은 유형 2에 속한다. 기본급 160만 원에 가족수당·근속수당·배우자수당·조리사수당·위험수당을 따로 받는다. 승진체계와 호봉체계는 없다. 교육청에서 내려오는 별도 인사규정의 적용을 받고 있다고 말했다. 그러나 교육청의 인사규정이 학교 현장에서 제대로 지켜지지 않는다고 했다.

> "서울시교육청에 인사규정이 있지만 학교에도 취업규칙이 있어요. 취업규칙이 유리하면 그걸 적용받고 싶은데, 서울시교육청 인사규정보다 안 좋아요. 학교측은 저희한테 취업규칙을 적용하려고 하죠." _ T초등학교 무기계약직 노동자

대부분의 학교는 교육청 인사규정에 비해 취업규칙상 대우가 좋지 않다. 학교 안에 노조가 50%가 되면 합의하에 취업규칙을 만든다는 규정이 있다. 노조가 그 정도 비율이 되지 않으니까 학교측이 노동자의 동의 없이 취업규칙을 만든다. 이런 것을 교육청이 제어하지 못해 학교장이나 담당교사에 따라 무기계약직 처우가 천차만별이라고 답변했다. 무기계약직 전환 이후 고용이 안정됐으므로 학교에 어느정도 자신의 의견을 이야기할 수 있는 자신감이 생겼다고 했다. 그러나 거기까지였다.

면접자 T는 1일 8시간 근무를 했는데, 점심시간에 학생들이 학교 도서관을 이용하는 특성상 휴게시간에 쉴 수가 없다. 현재는 오전 8시 30분에서 오후 4시 30분까지 근무한다. 탄력근무제를 적용할 경우에는 오전 8시에 출근해 오후 4시에 퇴근하기도 한다. 별도 특근수당이나 잔업수당이 없기 때문에 초기에는 특근과 잔업을 했지만 지금은 할 일이 있어도 하지 않는다고 했다. 학교 행사 때문에 토요일에 출근을 하는 경우가 있는데, 이 경우에도 임금에 맞춰 법적 추가근무수당을 주는 것이 아니라 일용직 수당에 시간제로 준다거나 하는 편법으로 수당을 받는다. 임금은 면접자 S와 같이 유형 2를 적용받아 160만 원의 기본급을 받는다고 했다.

사서는 사서자격증을 취득한 전문가로 분류된다. 원래는 전문 직종에 해당하는 유형 1에 해당하는 급여를 받아야 하지만 뒤늦게 무기계약직으로 전환되기 시작하면서 교육실무사로 직종이 편성돼 유형 2의 급여를 받게 됐다고 한다. 반면 처음부터 전문 무기계약직으로 시작한 중학교 도서관 사서는 유형 1을 적용받아 초등학교 도서관 사서와는 같은 일을 함에도 다른 임금을 받는다.

무기계약직으로 전환됨에 따라 면접자 T는 일용직·계약직으로 종사할 때와 비교해 도서관 운영계획을 세우는 등의 근무에 대한 동기부여가 된다고 답했다. 학교 도서관 활성화 수단에 대한 의견을 학교에 전달하거나 요구하는 것이 쉬워졌다고 한다. 하지만 학교에서는 사서를 정규직으로 생각하지 않기 때문에 그런 계획을 받아들이지 않거나 하는 경우가 많다고 했다. 또한 직무와 관련해 교육이나 연수를 가야 함에도 도서관을 지키는 사람으로 생각해 도서관 근무를 강요하고 교육이나 연수 기회를 갖지 못하게 만든다고 털어놓았다. 방학 중에는 근무를 못하기 때문에 학교에서 도서관을 관리하지 않고 방치하는 것이 마음 아프다고 했다.

"도서관 사서는 국가자격증 갖고 그 일을 하는데, 전문직이라는 인식이 부족해요. 연수를 간다거나, 교육을 간다거나 이럴 때, 자체 필요에 의해 역량강화를 위해 교육을 가야 할 때, 어떻게 도서관 놔두고 가느냐, 지켜라 그러죠. 점심시간에 쉬지도 못하는 데 애들 어떻게 하냐, 그럽니다. 저희는 근무일이 275일이에요. 365일 중에 275일만 근로자예요. 나머지는 근무를 못하게 돼 있어요. (중략) 사서가 근무시간을 비워 둘 수 없을 만큼 중요한 도서관을 방학 중에는 방치하는 거죠."_ T초등학교 무기계약직 노동자

면접자 U는 하루 6시간 일한다. 정해진 근무시간은 오전 11시부터 오후 5시까지다. 한 반에 20~25명의 아이들이 있다. 오전 11시부터 정오까지 수업준비를 하고 정오부터 오후 5시까지 아이들을 돌보거나 지도한다. 유치원생 특성상 눈을 떼지 못하고 지켜봐야 한다. 근로기준법에는 따르면 근무시간이 4시간인 경

우 30분 이상, 8시간인 경우 1시간 이상의 휴게시간을 근로시간 도중에 줘야 한다. 그러나 이런 특성으로 인해 휴식시간이 지켜지지 않는다. 점심시간도 아이들 식사를 도와줘야 하므로 식사시간을 보장받지 못한다. 퇴근시간은 오후 5시로 고정돼 있지만 학부모들이 늦게 올 때가 있다. 아이를 유치원에 놔두고 퇴근할 수 없으므로 보조사가 이들을 관리하는 경우가 많다. 초과근무수당은 역시 없다.

"처음엔 학교장 채용으로 들어왔는데, 어느 순간 교육감 직접고용으로 전환했으면 임금체계를 변경해야 하는데 그거 안 하고 그냥 놔둔 거죠. 그러니 임금이 다르고 시간도 다르죠. 같은 일을 하는데." _ U유치원 무기계약직 노동자

병설유치원 방과 후 보조사는 근무시간이 4시간부터 8시간까지 다양하고 시급도 다르기 때문에 공통된 급여를 계산하기에 어려움이 있었다. 6시간 근무를 하는 면접자 U의 급여는 시간당 6,640원(2017년 현재)이다. 6시간에 해당하는 급여를 받고 있어 기본급이 90만 원에 머물러 있었다. 급식비·교통비·장기근속수당을 받고는 있으나 실수령액은 100만 원 초반대에 그친다. 교육청의 임금과 노동시간에 대한 정확한 규정이 없어 학교장 채용 당시에 했던 규정을 그대로 승계해 임금과 노동시간에 관한 혼란과 차별이 심화하고 있었다.

면접자 V는 하루에 8시간 근무를 한다. 점심시간이 포함된 노동시간이다. 오전 9시에 출근해 오후 5시에 퇴근한다. 행정업무를 수행하고 초과근무를 하기도 하는데, 노동법에 8시간을 일하면 1시간 이상의 휴게시간을 규정하는 조항으로 인해 초과근무수당은 퇴근시간 1시간 뒤인 오후 6시부터 계산한다고 한다. 공무원들은 정액수당 등으로 1시간 초과근무를 보상받고 있지만 무기계약직인 행정실무사들은 초과근무시간 1시간을 휴게라는 이름으로 보장받지 못한다. 면접자 V는 U와 달리 8시간 근무자이기 때문에 1시간당 시급을 6,640원을 받는다. 기본급은 162만 원 정도다.

"한마디로 저희는 시급제인 거예요. 거기에 수당이 조금 있죠." _V중학교 무기계약직 노동자

무기계약직 노동자들은 고용안정에 대해서는 인정하면서도 근로조건은 비정규직과 다르지 않다고 입을 모았다.

4) 불합리한 관행 및 차별

면접자 R은 무기계약직 전환 이전에 불합리하게 계약연장을 하지 않던 관행이 사라지고 발령이나 전보와 같은 형태로 인사관리가 이뤄지는 점에 대해서는 인정했지만 많은 부분에서 무기계약직에 대한 불합리한 관행이 지속되고 있다고 말했다. 같은 일을 하는데도 정규직 직원보다 수당을 적게 받거나 심지어 받지 못하는 경우도 있었다. 교육이나 연수에서도 차별을 당했다.

"정규직과 비정규직이 똑같이 교육을 받았는데 비정규직은 교육비를 반만 줍니다. 무시하는 거죠. (중략) 교통비 (정규직의) 1/8, 밥값 1/8. 버스도 한 발만 올리고 한 발만 내리라는 얘기인지." _R초등학교 무기계약직 노동자

면접자 R은 학교가 무기계약직 처우 개선에 관해 아무런 노력을 하고 있지 않다고 답변했다. 학교 측에서는 무기계약직 노동자들이 학교 소속이 아니라 교육청 소속이기 때문에 불합리한 사항이 있다면 그곳과 협상을 해야 한다는 의견을 가지고 있었다. 면접자 S는 무기계약직이 고용노동부에서는 정규직으로 분류돼 있으나 현실적으로는 비정규직과 전혀 다를 것이 없는 대우를 받고 있다고 했다. 학교 측이 필요한 검사나 감사에서는 무기계약직 노동자들이 교직원으로 참여하게 돼 있으나 자신들이 의견을 개진할 수 있는 교직원회의 같은 곳에는 참여하지 못하고 있다는 불만을 토로했다.

"교육기관 교육노동자는 교사와 교직원, 교육공무직으로 나눌 수 있거든요. 저희도 3개 범주에 들어가야 하는 거예요. 그러니까 저희를 교육주체로 보지 않는다는 거죠. (중략) 교직원회의를 매주 하거든요. 거기에 저희는 참여할 수 없어요. 학교의 의결기구에 들어갈 수도 없고 시키는 일만 해야 하는 구조입니다."_T초등학교 무기계약직 노동자

"업체와 대면검사를 할 때 3인이 참석한다고 돼 있어요. 3인이 검사할 때 교직원으로 제가 들어가요. (중략) 불리할 때는 우리를 교직원에 포함시키는 겁니다. 그러면서 교직원회의에는 못 들어오게 합니다. 그럴 땐 교직원이 아니에요."_ S중학교 무기계약직 노동자

면접자 T는 무기계약직 전환 이후에 달라진 것이 전혀 없으며 고용안정만 됐다고 했다. 자체평가서를 쓰게 해서 평가가 낮게 나오면 중징계를 하거나 인사위원회에 회부하기 때문에 고용안정도 훼손되고 있다고 했다. 상시직종 근무자가 아니라서 약 3개월간 보수가 나오지 않는다는 점도 잘못됐다고 지적했다.
면접자 U는 무기계약직으로 전환된 뒤 고용안정이 된 것을 제외하면 하나도 바뀐 점이 없다고 잘라 말했다.

"없어요. 그냥 무기계약직 전환인 거죠. 무기계약직을 위한 무기계약직. 더 이상 플러스는 없어요."_U유치원 무기계약직 노동자

정규직 교사가 관리자처럼 교육보조사들에게 지시를 하고 있으며 심지어는 개인적인 일까지 요구를 하거나, 휴일에 이뤄지는 행사에 비정규직 교사와 교육보조사들만 나오도록 종용하는 경우도 있다. 초과근무수당은 나오지만 정규직 교사들의 무조건적인 지시로 인해 자존심이 상하는 경우가 적지 않다. 교육공무원들은 무기계약직을 정규직으로 생각하지 않는 경향이 있다. 학교 회식이나 교직원 행사를 할 때 무기계약직 직원들은 당연히 제외된다.

"(제가) 방과 후 전담사다 보니 교실을 맨 마지막까지 사용하는 건 맞아요. 그런데 청소도 하라는 거예요. 유치원 교실은 매일 쓸고 닦아야 합니다. 작은 게 30평, 크면 50평 정도 돼요. 그 넓은 데를 유치원 담당 전담교사가 청소해요. 유치원은 종이나 펜 같은 재활용 쓰레기가 많이 나와요. 정규직 교사들은 우리보고 다 하라고 하죠. 정규직 교사들이 힘든 일은 책임 안 지려고 하죠." _ U유치원 무기계약직 노동자

공개수업 등의 행사에 관련해 정규직 교사들은 방과 후 전담사들까지 동원해 공개수업을 하게 한다. 자신들이 유리한 부분은 무기계약직 노동자들을 제외시키고, 불리한 부분은 무기계약직 노동자를 참여시키는 이중적인 형태가 눈길을 끌었다.

면접자 V 역시 무기계약직 전환 이후 좋은 것은 고용안정밖에 없다고 했다. 교육행정실무사의 경우 교원업무를 축소해 교원들이 교육연구를 잘하게 만드는 것이 목적인데도 교원들이 기피하는 일은 교육행정실무사들에게 떠넘기는 경우가 상당히 많다고 한다.

"수업계도 실무사들이 다 짜요. 자기네 일이라고 하지만 현장에서는 실무사들이 교무실에 상주하니까 실무사들에게 시키는 학교가 많아요. 실무사들을 줄이면서도 교원업무를 가져가지 않는 거죠. 실무사들만 업무폭탄을 떠안는 겁니다." _V중학교 무기계약직 노동자

이런 관행은 교육행정적인 일뿐만 아니라 업무분장까지 연동되는 경우가 많다.

"현장에서 업무분담을 할 때 차 접대, 탕비실 관리 이런 거를 실무사들에게 시키는 거예요. 그게 업무분장인가요? 걸레도 교무실무사가 닦아야 한다고 생각하는 거 같아요. (중략) 아직도 그런 학교들이 있어요. 밭에서 과일도 따고 담고 그랬던 시기가 있었어요." _ V중학교 무기계약직 노동자

이런 성향은 정규직 교사나 직원들이 기피하는 업무만 무기계약직 노동자들에게 전가되는 것이 아니라 청소 심지어는 과일 따기 같은 업무와 관련 없는 일도 무기계약직 노동자들에게 전가되고 있는 것이다. 면접자 V는 진보교육감 지역 혁신학교에 다니고 있었음에도 곤혹스러웠다고 털어놓았다.

"2014년 혁신학교가 됐어요. 중학교였는데요. 혁신학교 예산 중 행정실무사 인건비가 있어서 한 명 더 썼어요. 그랬더니 인건비가 안 내려오는 거예요. 예산 때문에 그때도 실무사를 11개월로 계약했죠. 이듬해에는 없었고, 세 명이 하던 일을 두 명이 하게 된 거죠."_V중학교 무기계약직 노동자

혁신학교는 공교육의 획일적인 커리큘럼 대신 창의적이고 주도적인 학습환경을 만들어 나가는 것을 목표로 한다. 그럼에도 일정치 않은 예산문제로 교육실무사를 계약직으로 쓰고 예산이 떨어지면 채용하지 않고 있었다. 안정적인 인적자원을 배정하지 못함으로써 무기계약직 노동자들에게 혼란을 주고 있음을 알 수 있다.

5) 노동조합의 대응

면접자 R이 속한 인천지역은 학교 비정규직이 8,300명 정도 있고 그중 4,000명 정도가 노조에 가입돼 있다. 특히 문재인 정부가 들어서면서 인식이 바뀌고 노조할 권리에 대한 주장이 강해지면서 2,000~3,000명 규모에서 4,000명 규모로 늘어나고 있다. 노동조합에 대한 인식이 이전보다 좋아진 상태이기 때문에 자신들의 불합리한 관행이나 문제점에 대해 잘못됐다고 주장하고 행동한다면 교육 관료들도 바뀔 것이고, 그것을 통해 사회를 바꿀 수 있다고 답했다.

면접자 S와 T가 속한 서울지역은 전체 학교 비정규직 노동자의 30%가 노조에 가입돼 있다. 낮은 노조가입률 탓에 교육청과의 단협에서 안 좋은 조항들이 삽입되는 사례가 많다고 했다. 이런 불합리한 무기계약직 대우에 관해 노조가 적극 나서야 한다고 했다. 첫 번째는 일하면 일할수록 정규직과 차이가 벌어지는 임금구조를 혁신하는 데 역량을 집중해야 한다고 말했다. 두 번째는 열악한 근무환경을 단체협약을 통해 고쳐 나가고 있다고 답변했다. 세 번째는 교육노동자로서 주체의식을 가지는 것이 어렵다 보니 자신이 노조 조합원이라고 밝히기를 어려워하거나 불합리한 것을 제대로 이야기하지 못하는 경우가 많기 때문에 인권강화 교육을 하고 있다고 답했다. 문재인 정부의 기조에 대해서는 부정적인 인식을 나타냈다. 일단 가입률이 증가하지 않았고 오히려 정부가 바뀌었기 때문에 많은 사람들이 정부가 알아서 해 줄 텐데 왜 계속 무리한 요구를 하느냐와 같은 지적이 많아 호응을 받기 어려워졌다고 한다.

면접자 U와 V가 속한 경기지역은 노조가입률이 50% 이상이다. 가입률이 높아진 이유로는 억울한 일을 많이 겪었기 때문이라고 했다. 학교에서 무기계약직 노동자들에게 제대로 된 정보가 기재돼 있는 공문 등을 주지 않아 정보를 찾고 공유하기 위해 노조에 가입하는 조합원들이 늘어나는 경향도 있다고 분석했다. 노조는 처우 개선 문제와 제대로 된 정보 공유를 위해 노력하고 있다. 또한 임·단협을 통한 임금협상과 여러 가지 사안에 대해 적극적으로 대응한다. 교육청도 노조를 무시하는 경향이 줄어들었다고 한다. 새 정부가 출범하고 나서 노조가입률이 높아졌냐는 질문에는 두 면접자 모두 정권교체로 노조가입률이 특별히 높아지지는 않은 것 같다고 했다.

3. 소결

인터뷰를 한 교육기관 무기계약직 노동자들은 여러 과정을 거쳐 무기계약직으로 전환됐다. 고용안정만 느끼고 있었을 뿐 다른 부분에서는 무기계약직 노동자로서의 대우 변화에 부정적인 인식을 보였다. 무기계약직으로 전환하면 고용안정뿐만 아니라 처우 개선이 동반돼야 하지만 처우 개선은 이뤄지지 않았다. 교육행정기관과 떨어져 있는 학교에서 일하는 노동자들은 자신들이 교육청 소속 무기계약직 직원들인지, 학교 소속 무기계약직 직원인지조차 구분하지 못했다. 교육청 소속이고 교육청과 임·단협도 하지만 교육청보다는 학교 지시를 따르고 있었다. 교장이나 행정실장, 담당교사 같은 사람들의 성향에 따라 면접자 S처럼 쉽게 무기계약직으로 전환되는 사례가 있는 반면 R이나 T와 같이 어렵게 무기계약직으로 전환되고 부당한 지시를 받는 모습도 볼 수 있었다.

무기계약직 노동자들은 정규직에 준하는 형태의 대우를 받아야 하지만 정규직과 달리 호봉제가 없어 승진 기회를 갖지 못하고 있다. 대신 '장기근속수당'을 받아 호봉제를 대체하는 수단으로 이용하고 있는데, 기본급이 전혀 올라가지 않는 형태로는 노동자들의 경력과 노고를 인정하는 데 한계가 있다.

교육기관 무기계약직은 상당히 다양한 형태로 자리 잡고 있으므로 이를 하나로 묶기에는 무리가 생길 수밖에 없다. 지금의 다양한 형태를 하나로 묶어 관리하는 대신 행정·급식·전문 업무 형태로 나눠 그에 맞는 급여와 추가수당을 책정해야 한다. 또한 현재와 같이 소속은 교육청으로 돼 있지만 학교장 등이 관리하는 이원적 형태는 혼란만 야기할 뿐이다. 교육청 무기계약직 인사규정을 철저히 이행해 각급 학교들의 취업규칙 같은 자체 인사규정은 무효화하는 것이 바람직하다.

7장

공공부문 비정규직 관련 해외 법·제도

이승협·이정희·김주일·노성철·김직수

7장

공공부문 비정규직 관련 해외 법·제도

Ⅰ. 독일 사례

이승협_대구대학교

1. 공공부문의 정의와 범주

국가별로 공공부문의 영역과 범위를 구분하는 방식이 다르다. 독일 공공부문의 비정규직 관련 실태를 살펴보기 위해서는 우선 범위와 영역을 명확히 할 필요가 있다.

우리나라 통계청은 공식통계에서 공공부문을 UN 2008 SNA에 따라 일반정부와 공기업으로 구분하고 있다. 일반정부부문은 신분적 지위로서의 공무원부문을 의미하며, 공기업은 다시 금융공기업 및 비금융공기업으로 구분된다. 공공기관의 운영에 관한 법률에서 구분하는 공기업(시장형 및 준시장형), 준정부기관(기금관리형 및 위탁집행형), 기타공공기관과는 상이한 유형으로 공공기관을 분류하고 있다.

〈표 7-1〉 UN 2008 SNA에 따른 공공부문 유형 분류

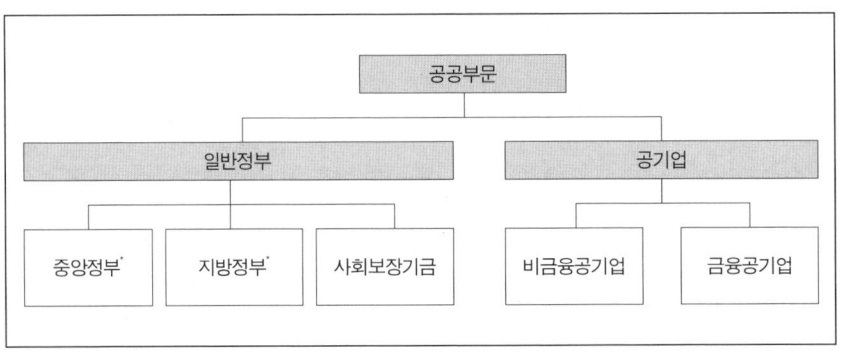

* 공공비영리단체 포함

UN의 공공부문 기준은 정부 인건비 지출부담의 정도와 기관 운영에 관한 정부의 통제권 여부라는 두 가지가 핵심적인 요건이다. 공공비영리기관과 공기업 구분도 정부 인건비 지출부담 정도가 중요한 기준으로 작용한다. 일반적으로 정부의 인건비 부담이 50% 이상일 경우에 공기업으로 구분하고 있다.

그렇다면 공공부문 중에서 공공기관은 공무원 재직 기관(정부행정기관 및 직영기관)을 제외한 사회보장기금, 정부 산하 공공비영리단체, 공기업을 포괄하는 것으로 봐야 한다. 공기업도 정부 출자금 비중이 50%가 넘을 경우에만 공공기관에 해당되는 것으로 보는 것이 일반적이다.

독일에서도 공공부문에 대한 명확하고 일반적인 정의는 존재하지 않는다(Keller, 1998; Keller & Seifert, 2015). 거버넌스 구조 차이에 따라 경제부문을 공공부문, 민간부문 및 제3섹터부문으로 나누는 3부문 모형이 독일 공공부문 분석

에 많이 활용된다. 여기서는 이와 유사한 방식으로 공공부문의 영역 정의를 사용한다(Schuppert, 2000; Ellguth & Kohaut, 2011; Hohendanner, et al. 2015.). 3부문 모형에서 공공부문은 직접적인 행정영역, 공적 자치영역(학교·사회보험·회의소), 사법에 기초한 공적 기관을 포괄하는 영역으로 정의한다.

독일 공공부문은 다른 한편으로 공무원으로 대표되는 공법상 공무관계와 노동자 지위를 갖는 사법상 고용관계가 이중적으로 존재하는 이원적 관계가 특징이다. 공공부문의 영역 내에 공무원과 (사무직 및 생산직) 노동자가 병존하는 인력구조다. 공무원과 노동자 모두 기본적으로 안정적 임금과 기간의 제한이 없는 정규직이라는 고용형태를 갖고 있다. 다만 공무원은 임용관계를 통해, 노동자는 고용계약을 통해 직무를 할당받는다는 차이가 있다. 공무원은 단체교섭 및 단체행동의 기본권에 제한을 받는 반면 공공부문의 노동자들은 단체교섭을 통해 임금과 근로조건을 보장받는다.

공공부문 중에서 공무원을 제외한 공공기관은 이와 같은 이중적 인력구조에서 민간인이 사법적 적용의 대상이 되는 영역이다. 그러나 공공부문의 정의가 명확하지 않는 탓에 공공기관 정의 역시 법률적으로 명확히 제시돼 있지 않다(성재승 외. 2008). 독일은 연방국가다. 공공기관은 크게 연방 및 주정부 산하 기관으로 구분될 수 있다. 연방정부만 하더라도 공무원 행정분야를 제외하면, 공법상 영조물(Selbständige Anstalt), 원(Angentur), 행정위원회(Verwaltungsrat), 공법상 재단(Stiftung des öffentlichen Rechts), 공기업(Öffentliche Unternehmen) 등 다양한 형태의 산하기관이 존재한다. 주정부 및 지자체 산하에도 농수산업, 에너지 관련, 은행, 교통, 주택, 방송 등 다양한 형태의 산하기관이 존재한다(박한준 외, 2013). 문제는 지자체 산하 기관을 제외하더라도 연방국가의 특성상 연방정부 및 주정부의 다양한 기관들이 하나의 공공기관으로 묶여 관리되지 않기 때문에 이들을 종합적으로 파악하기 힘들다는 점이다.

우리나라 공공기관에 가장 가까운 공기업 역시 법적 설립형태에 따라 공법상 공기업 및 사법상 공기업으로 구분돼 있다. 이 중 사법상 공기업은 상법의 영향을 받는다. 각종 공식 통계자료에서 상이한 계정으로 구분돼 다뤄지고 있다. 이로 인해 독일 공공기관의 정확한 규모와 실태를 파악하기 어렵다. 즉 독일은 공공기관이 별도의 조사통계 범주로 다뤄지지 않고 있으며, 통계적 단일범주로 다뤄지기 때문에 공공기관에 대한 직접적 비교분석이 쉽지 않다.[63]

다른 한편으로 공무원 분야를 제외한 비공무원 분야는 임금과 근로시간, 근로조건의 측면에서 민간 분야와 유사한 형태의 제도적 규정을 적용받는다. 독일 공공기관 비정규직의 노동기본권 및 임금, 근로조건 등에 대한 파악은 일반적인 제도적 규정과 실태를 통해 간접적으로 파악할 수 있다.

2. 공공부문 고용 현황 및 실태

독일 공공부문 노동시장의 특징은 이중구조다. 독일 공공부문 노동시장은 정부부문 내부에 신분제 공무원(공법적 신분관계) 및 민간노동자(민법적 근로관계)가 공존하는 형태의 이중구조로 구성돼 있다.

독일 통계청의 공공부문 고용자료를 보면 고용형태별 고용 현황을 파악할 수 있다(Statistisches Bundesamt, 2016). 통계청은 공공부문 고용통계를 파악함에 있어 공적 사용자(Öffentliche Arbeitgeber)라는 포괄적 개념으로 공공부문 고용현황을 추정한다. 공적 사용자는 사회보험 및 공무원부문(Kernhaushalte), 기타 공적 기관(Sonstige öffentliche Einrichtungen), 공법상 공공기관(Sonderregelungen und Einrichtungen in öffentlich-rechtlicher Rechtsform) 및 사법상 공공기관(Einrichtungen in privater Rechtsform)을 모두 포괄한다.

통계청 자료에는 이와 같이 공무원을 포함한 포괄적 공공부문 전체 고용치가 제시돼 있다. 파견 및 도급과 같은 간접고용 형태는 제외돼 있고, 직접고용 분야

---

[63] 국내에서 공공기관 국제비교 연구를 수행한 경우에는 대부분 독일 연방공기업으로만 한정해 독일 공공기관을 다루고 있다(한국조세연구원 공공기관연구센터, 2010; 박한준 외, 2013).

만을 대상으로 한다. 기간제를 별도로 구분하지 않고, 풀타임과 시간제만을 구분하고 있다.

전체 공공부문 고용규모는 2015년 6월 30일 현재 581만여 명에 달한다. 연방정부에 69만 명, 주정부에 250만 명, 기초지자체에 221만 명, 사회보험에 40만 명이 종사하고 있다.

〈표 7-2〉 독일 공공 분야 고용 현황(2015년 6월 30일)

(단위 : 명)

구분	공공사용자				총계
	공적재정 분야			기타 공적기관	
	합계	핵심재정 분야	특별재정 분야		
전체 고용자					
연방(1)	452,635	424,280	28,355	238,250	690,890
주정부	2,097,065	1,725,230	371,835	404,030	2,501,095
지자체	1,255,565	1,114,580	140,985	962,945	2,218,510
사회보험(2)	379,475	361,740	17,735	28,365	407,845
총계	4,184,745	3,625,835	558,915	1,633,595	5,818,340

1. 자원입대자는 포함되지 않음(2015: 10 100)
2. 고용청(Bundesagentur fur Arbeit) 포함
* 보안상 이유로 전체 합계는 맞지 않을 수도 있음

* Statistisches Bundesamt, 2016.

공공부문 고용현황의 성별분포를 파악하기 위해 여성고용 현황을 별도로 살펴보면 다음과 같다. 전체 공공부문 고용 580만 명 중에서 여성고용은 317만 명으로 여성의 고용비중이 남성보다 높게 나타난다. 전체의 56% 정도를 차지한다.

⟨표 7-3⟩ 독일 공공 분야 여성고용 현황(2015년 6월 30일)

(단위 : 명)

구분	공공사용자				
	공적재정 분야			기타 공적기관	총계
	합계	핵심재정 분야	특별재정 분야		
전체 고용자					
연방(1)	125,480	112,245	13,235	58,090	183,570
주정부	1,181,985	1,006,145	175,840	226,495	1,408,480
지자체	778,995	701,730	77,265	520,760	1,299,750
사회보험(2)	260,475	249,780	10,695	20,345	280,820
총계	2,346,935	2,069,900	277,035	825,690	3,172,620

1. 자원입대자는 포함되지 않음(2015: 10 100)
2. 고용청(Bundesagentur fr Arbeit) 포함
* 보안상 이유로 전체 합계는 맞지 않을 수도 있음

* Statistisches Bundesamt, 2016.

　공공부문 고용 현황을 사업영역별로 구분해 살펴보면, 일반 공무 및 교육학술 분야의 고용비중이 각각 156만 명 및 164만 명으로 높게 나타난다. 사회보장 분야는 84만 명이다. 분권형 연방국가의 특성상 일반 행정을 제외한 기타 개별 사업은 연방정부 비중이 높지 않고, 주정부 및 기초지자체의 고용비중이 높다. 특히 주정부의 대표적인 사업 영역인 교육 및 문화 영역에서 주정부의 고용비중이 매우 높다.

⟨표 7-4⟩ 사업영역별 공공부문 현황

(단위 : 명)

구분	사업영역 (재정분류 2012)	공적 재정분야 및 기타 공적 기관				
		합계	연방	주정부	기초지자체	사회보험 1
전체 고용						
0	일반 공무	1,567,105	388,865	730,005	448,180	55
1	교육, 학술, 연구, 문화 관련	1,640,150	16,750	1,419,150	202,920	1,330
2	사회보험, 가족 청소년, 노동시장정책(1)	843,140	4,360	43,630	417,285	377,865
3	의료, 환경, 체육 및 여가	625,660	8,415	80,740	511,065	25,440

4	주거, 건설, 기초지자체 공공서비스	249,295	10	24,775	224,510	0
5	식품, 농림업	46,505	1,520	35,670	9,320	0
6	에너지, 수자원, 사업 및 서비스	458,125	107,615	65,715	281,705	3,090
7	교통 및 언론	372,465	156,100	98,630	117,735	0
8	재정	15,890	7,250	2,785	5,790	65
	총계	5,818,340	690,890	2,501,095	2,218,510	407,845

1. 고용청(Bundesagentur fr Arbeit) 포함
* 보안상 이유로 전체 합계는 맞지 않을 수도 있음

* Statistisches Bundesamt, 2016.

독일 통계청은 사업 영역별 공무원 고용 현황을 제시하고 있기 때문에 전체 공공부문 사업별 고용자 수에서 공무원 숫자를 제외하면 비공무원 비중을 산출할 수 있다. 대분류 중에서 공무원 비중이 가장 높은 영역은 일반 공무 영역이다. 전체의 40%만이 공무원이고 60%는 비공무원, 즉 고용계약상 노동자다.

일반 공무를 중분류 수준에서 살펴보면 경찰 및 재무행정 분야의 공무원 비중이 가장 높게 나타난다. 반면 비공무원 비중이 가장 높은 영역은 의료·환경·체육 및 여가 분야다. 전체 인력 중 93.90%가 비공무원으로 구성돼 있다. 사회보장 및 에너지 분야도 90% 이상이 비공무원 인력으로 구성돼 있다.

〈표 7-5〉 사업 영역별 공무원 및 비공무원 비중

(단위 : 명)

	구분	합계	공무원총계	연방	주정부	기초지자체	사회보험
0	일반 공무	1,567,105	937,560	289,955	531,645	115,965	X
	정책 및 중앙행정	-	145,390	19,595	58,885	66,910	X
	외교	-	2,850	2,810	58,885	X	X
	국방	-	187,470	187,470	X	X	X
	공공안전	-	328,365	39,340	240,000	49,030	X
	경찰	-	266,760	37,150	229,615	X	X
	사법	-	116,710	2,840	113,870	X	X
	재무행정	-	156,775	37,900	118,845	25	X

1	교육, 학술, 연구, 문화 관련	1,640,150	717,810	3,290	701,065	13,455	X
	의무 및 직업교육	-	636,320	0	625,905	10,410	X
	고등교육		58,355	285	58,070	X	X
2	사회보험, 가족청소년, 노동시장정책(1)	843,140	71,430	1,465	7,000	30,865	32,105
	보육	-	1,580	0	175	1,400	X
3	의료, 환경, 체육 및 여가	625,660	15,145	1,610	7,460	6,075	X
	병원 및 보건소	-	1,165	0	190	975	X
4	주거, 건설, 기초지자체 공공서비스	249,295	18,850	0	7,000	11,850	X
5	식품, 농림업	46,505	14,495	290	12,325	1,880	X
6	에너지, 수자원, 사업 및 서비스	458,125	14,610	8,105	2,665	3,840	X
7	교통 및 언론	372,465	45,665	39,685	3,880	2,105	X
8	재정	15,890	1,690	1,325	305	60	X
	총계	5,818,340	1,837,265	345,725	1,273,345	186,090	32,105

1. 고용청(Bundesagentur fr Arbeit) 포함

* Statistisches Bundesamt, 2016.

3. 공공부문 고용형태 : 정규직-비정규직 사용 정도

독일 공공부문은 민간부문과 달리 노동시장 내의 안정적 영역에 위치해 있었다. 학술적 및 정책적 관심 대상이 아니었다. 독일의 경우 국가가 "모범 사용자"로서 충실하게 기능해 왔기 때문에 공공부문은 사회경제적 변화의 영향을 받지 않았다. 그러나 1990년대 이후 독일에서도 신자유주의에 기초한 신공공관리가 공공부문에 도입되기 시작하면서 공공부문에서 상당한 변화가 나타나기 시작했다.

독일 공공부문 노동시장은 1990년대 보수당 정권하에서의 광범위한 민영화 및 2000년대 초반 사민당 정부하에서의 신공공관리에 의한 유연화 도입 이전에는 학술적으로나 실천적으로 별다른 주목을 받지 못했다. 일반적으로 안정적인

고용관계와 임금·근로조건을 갖춘 것으로 간주되는 공공부문에 대한 조사통계 및 연구가 거의 이뤄지지 않았다.

민영화와 노동시장 유연화로 대표되는 신자유주의적 신공공관리는 공공부문 인력운영의 틀을 급격하게 변화시켰다. 공공부문에도 비정규직이라는 고용형태가 2000년대 이후 급속히 확산되기 시작했다(Ellguth & Kohaut, 2011; Keller & Seifert, 2015). 2010년 이후 일부 연구에서 공공부문에서도 비정규고용이 광범위하게 확산되고 있다는 주장이 제기되기 시작했다(Czerwick, 2010; Keller, 2010).

독일에서는 비정규직을 비정규성과 불안정성이라는 두 가지 기준을 사용해 분석한다(Keller & Seifert. 2011: 10-12). 비정규성(Atypische Beschäftigungsverhält)이란 정규 고용형태와 구분되는 고용형태를 말한다. 우리나라의 비정규직 고용형태와 유사한 개념이라고 볼 수 있다. 다른 한편으로 고용의 비정규성 기준과 함께 고용의 불안정성(Prekäre Verhältnisse)이란 개념도 비정규직에 대한 중요한 기준으로 분석에 활용되고 있다. 고용의 불안정성이란 고용의 생활적 맥락을 강조하는 개념이다. 고용형태적 특징 외에 임금·고용안정성·사회복지 등에 포괄되는 정도를 강조한다. 특히 고용의 불안정성은 저임금노동집단을 특정화하는 개념으로 사용된다.

독일에서 고용의 비정규성과 더불어 고용의 불안정성이 강조되는 이유는 고용의 비정규성과 고용의 불안정성이 일치한다고 볼 수 없기 때문이다. 고용형태상 비정규직이 모두 불안정한 고용집단과 동일시될 수 없으며, 반대로 고용형태상 정규직이 모두 안정적 고용집단이라고 보기 힘들다. 예를 들어 시간제의 사회보험 가입이 의무화돼 있는 상용형 고용형태인 독일에서 개인적 필요에 의한 자발적 시간제는 고용형태상 비정규직으로 볼 수 있지만 임금수준과 고용안정성 및 직무만족의 생활적 맥락 차원에서는 불안정한 고용이라고 할 수 없다. 물론 현실에서는 고용형태상 비정규직이 불안정한 저임금노동집단에 속하는 경우가 많다.

고용형태상 구분에 따라 비정규직을 분석하는 우리나라와 비교하기 위해 여기에서는 고용의 불안정성에 대한 논의보다는 고용형태상 논의를 중심으로 독일 공공부문 비정규직을 분석한다.

독일에서는 일반적으로 비정규직 고용형태를 시간제(Teilzeitarbeit), 미니잡(Minijob), 미디잡(Midijob), 기간제(Befristung), 파견(Leiharbeit)과 같은 5가지 형태로 구분한다. 이 중에서 미니잡과 미디잡은 경미고용(Geringfügige Beschäftigung)으로 분류되기도 한다(Keller & Nienhüse, 2014).

5가지 비정규직 고용형태 중에서 가장 문제가 되는 고용형태는 시간제다. 최근에는 파견근로가 급격히 증가하면서 새로운 쟁점으로 부상하고 있다. 공공부문으로 좁히면, 파견근로는 공공부문에서 미미한 비중을 차지하고 있어 민간부문과 달리 중요한 현안으로 취급되지 않는다. 반면 시간제는 공공부문 비정규직 고용의 대부분을 차지한다.

이번 연구에서 초점을 맞추고 있는 '무기계약직' 비정규직 고용형태는 독일에 존재하지 않는다. 우리나라에서 쟁점이 되고 있는 무기계약직이라는 고용형태상 범주가 노동법상 실체가 없는 범주일 뿐만 아니라 무기계약직이 정규직인지 비정규직 고용형태인지도 논란이 되고 있기 때문이다.

무기계약직은 노무현 정부에서 비정규직 문제에 대한 정책의 일환으로 제시된 정책적 범주다. 노동법적 근거나 이론적 및 학술적 근거는 존재하지 않는다. 무기계약직이란 정규직과는 입직경로가 다른 기간제에 대한 차별시정 차원에서 임금 및 근로조건의 처우 개선 없이 또는 경미한 처우 개선을 동반하면서 근로계약기간에 제한을 두지 않는 비정규직으로 제시됐다. 노동법에서는 근로계약상 기간의 정함을 두지 않는 형태를 정규직으로 보기 때문에 노동법상 규정에 따르면 무기계약직 역시 정규직에 해당한다고 할 수 있다. 반면 정규 공채라는 입직경로로 채용된 정직원의 의미를 갖는 정규직에 비해 임금 및 근로조건상의 처우를 받지 못하고 있기 때문에 정규직이라고 보지 않아야 한다는 주장 역시 가능하다.

독일에서는 직접고용에 대해서는 동일노동 동일임금 원칙이 지켜진다. 무기계약직이라는 범주가 고용형태로 존재할 이유가 없다. 공공부문에서 가장 많이 사용되는 비정규 고용형태인 기간제와 시간제의 경우를 보면 동일직무를 기준으로 정규직과의 임금차이가 존재하지 않는다. 기간제 정규직과 동일한 임금표를 적용받기 때문이다. 시간제 역시 동일한 임금표를 적용받는다. 정규직의 노동시간에 대한 비례의 원칙에 따라 계약상 노동시간에 대한 임금을 지급받고 있다. 다만 독일의 각종 조사에서 기간제 및 시간제의 평균임금 또는 평균시급이 정규직 평균보다 낮은 이유는 기간제 및 시간제의 주사용직무가 임금 수준이 낮은 보조적 및 임시적 직무이기 때문이다.

다른 한편으로 우리나라 일부 학자 중에는 독일 공공부문, 특히 행정기관에 공무원 신분과 별도로 존재하는 사무직(Angestellte)을 우리나라의 무기계약직에 해당되는 고용형태로 보기도 한다. 공무원 신분이 아닌 사법상 근로계약관계를 토대로 형성된 고용관계이기 때문이다. 이는 독일 중앙행정기관의 사무직을 우리나라 중앙행정기관의 비공무원 비정규직인 무기계약직으로 단순대비해 상호유사성만을 강조하는 것이다. 외국 고용관계에서 무기계약직이라는 범주가 존재한다는 사실을 찾아내기 위한 목적에서 이런 주장이 제기되고 있다.

독일 중앙행정기관은 독일 공공부문 고용관계에서 보면, 일반 공공부문 사무직과 동일한 고용형태상 지위를 갖고 있다. 우리나라 공공기관의 사무직(정직원)을 어느 누구도 무기계약직이라고 하지 않는다. 별도의 공식적 채용 과정을 거치고, 높은 임금과 그에 상응하는 승진 등의 직무관리체계를 갖고 있다. 반면 우리나라 공공기관의 무기계약직은 기간의 정함이 없는 근로계약관계가 주어져 있지만 정직원과 상이한 채용관계를 거치고, 정규직 대비 낮은 임금뿐만 아니라 체계적인 직무관리가 이뤄지지 않는다는 특징이 있다. 우리나라의 무기계약직을 정규직이 아닌 비정규직의 한 형태 또는 중규직으로 봐야 한다는 주장이 적지 않다.

반면 독일 행정기관에 존재하는 사무직은 정식 채용절차를 거치고, 기간의 정함이 없는 근로계약을 체결하며, 공공기관 산별교섭 결과에 따라 확정된 임금등급에 따라 임금을 받고, 명확한 승진 등의 직무관리체계를 갖고 있다. 다시 말해 독일 행정기관의 사무직은 독일 공공기관의 사무직과 아무런 차이를 갖고 있지 않다. 이런 측면에서 독일 공공부문에 무기계약직이라는 고용형태가 존재한다는 주장은 아무런 근거가 없다.

우리나라와 직접적 비교가 불가능하기 때문에 비정규직 활용실태와 비정규직에 대한 차별적 요소의 유무 및 발생원인 등을 중심으로 독일의 비정규직 고용현황을 살펴본다.

1) 시간제(Teilzeitarbeit)

독일의 시간제는 우리나라와 다르게 기본적으로 정규직 시간제다. 근로계약상 기간의 정함이 없고 사회보험 가입이 의무화돼 있다(Keller & Seifert, 2014: 629). 시간제 고용형태는 2차 세계대전 이후 1950년부터 존재했다. 완전고용과 인력부족을 특징으로 하는 전후 경제성장기에 시간제 고용형태는 인력이 부족한 사용자가 가부장적 가족구조에서 비경제활동인구로 퇴장해 있는 여성인력을 부업의 형태로 끌어내기 위해 주로 사용됐다. 초기부터 사회보험 가입 의무화와 임금 및 처우에서의 미차별이 당연시됐다.[64] 시간제에서 전일제, 전일제에서 시간제로의 전환요구권이 법제화돼 있다.[65]

공공부문에서의 시간제 고용형태는 독일 통일 이후 작은 정부를 추구하는 신자유주의의 확산과 신공공관리의 감량경영 논리에 따른 민영화 및 구조조정으로 인해 급격히 증가하게 된다. 특히 시간제 고용의 대부분이 여성을 중심으로 이뤄지는 현상은 민간부문뿐만 아니라 공공부문에서도 유사하게 나타난다.

공공부문 전체 고용인원 580만 명 중에서 400만 명은 기간제를 포함한 전일제로 고용돼 있다. 180만 명은 시간제다.

---

[64] 공무원 분야에서는 헌법 33조5항 직업공무원제도에 대한 엄격한 해석으로 인해 시간제 공무원 사용이 매우 제한적인 형태로 이뤄졌다.

[65] 대규모 정기공채라는 입직경로가 존재하지 않는 독일에서는 기본적으로 전일제와 시간제 모두 인사담당자의 선발 과정을 거치기 때문에 직무수행능력이 인정되면 시간제의 전일제 전환이 자유롭게 이뤄진다.

〈표 7-6〉 독일 공공 분야 고용 현황(2015년 6월 30일)

(단위 : 명)

구분	공공사용자			기타 공적기관	총계
	공적재정 분야				
	합계	핵심재정 분야	특별재정 분야		
전일제					
연방(1)	403,630	381,065	22,565	210,800	614,435
주정부	1,438,135	1,208,345	229,785	278,605	1,716,735
지자체	758,145	668,070	90,075	656,975	1,415,125
사회보험(2)	252,655	239,415	13,245	18,075	270,735
총계	2,852,570	2,496,900	355,670	1,164,460	4,017,030
시간제					
연방 1	49,005	43,215	5,790	27,450	76,455
주정부	658,930	516,885	142,050	125,430	784,360
지자체	497,420	446,505	50,910	305,970	803,390
사회보험(2)	126,820	122,330	4,490	10,290	137,110
총계	1,332,175	1,128,935	203,240	469,135	1,801,315
공법적 임용관계(3) 및 사무직					
전일제	1,403,735	1,353,265	50,470	43,905	1,447,635
시간제	399,870	392,175	7,700	10,580	410,450
총계	1,803,605	1,745,440	58,165	54,485	1,858,090
사법상 근로계약관계					
전일제	1,448,835	1,143,635	305,205	1,120,555	2,569,390
시간제	932,305	736,760	195,545	458,555	1,390,860
총계	2,381,140	1,880,395	500,745	1,579,110	3,960,255

1. 자원입대자는 포함되지 않음(2015: 10 100)
2. 고용청(Bundesagentur fr Arbeit) 포함
3. 공무원, 법조인, 직업군인, 정무직공무원; 자원입대자 및 민영화된 우편국 잔존 공무원 신분자 제외 (2015: 66 500)
* 보안상 이유로 전체 합계는 맞지 않을 수도 있음

* Statistisches Bundesamt, 2016.
* 군인은 제외한 수치임

전체 공공부문 중에서 185만 명은 공법상 임용관계의 적용을 받고 있으며, 396만 명은 사법적 근로계약관계의 적용을 받고 있다. 공법상 임용관계의 적용을 받는 185만 명 중 140만 명이 전일제, 40여만 명은 시간제 형태로 고용돼 있다. 공공부문 중 사법상 근로계약관계에 있는 고용인원은 우리나라의 공무원을 제외한 공공부문과 유사한 영역이다. 전체 238만 명 중 144만 명이 전일제, 93만 명이 시간제 형태로 고용돼 있다.

공공부문의 시간제 고용은 2000년 이후 지속적으로 증가추세를 보였다. 2010년을 정점으로 32% 내외의 비중을 유지하고 있다.

〈그림 7-1〉 시간제 고용 비중 변화 추이(2000~2015년)

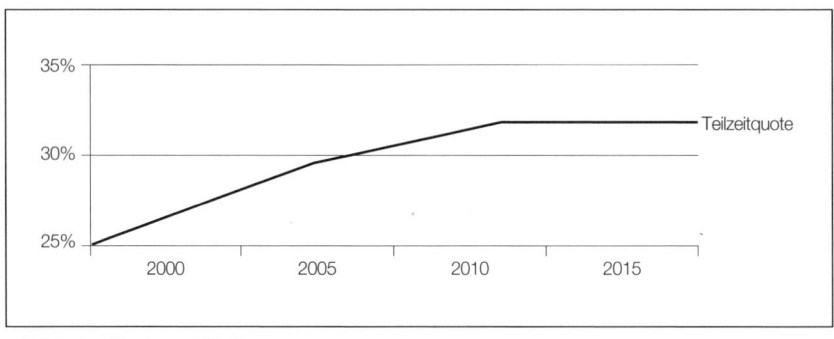

* Statistisches Bundesamt, 2016.

일반적으로 여성의 비정규직 비중이 높기 때문에 공공부문 시간제 고용의 성별비중을 살펴볼 필요가 있다. 전일제 고용은 전체 401만 명 중 여성이 166만 명이다. 남성 비중이 높게 나타난다. 여성은 전체의 42% 정도를 차지한다.

〈표 7-7〉 독일 공공 분야 여성 고용 현황(2015년 6월 30일)

(단위 : 명)

구분	공공사용자			기타 공적기관	총계
	공적재정 분야				
	합계	핵심재정 분야	특별재정 분야		
전일제					
연방(1)	88,350	79,320	9,030	41,790	130,140
주정부	652,025	565,170	86,850	126,420	778,445
지자체	337,080	302,085	34,995	261,380	598,460
사회보험(2)	145,070	138,315	6,755	11,075	156,145
총계	1,222,520	1,084,890	137,630	440,670	1,663,190
시간제					
연방(1)	37,130	32,925	4,205	16,300	53,430
주정부	529,960	440,975	88,990	100,075	630,035
지자체	441,915	399,645	42,270	259,375	701,290
사회보험(2)	115,405	111,465	3,945	9,270	124,675
총계	1,124,410	985,010	139,405	385,020	1,509,430
공법적 임용관계(3) 및 사무직					
전일제	496,125	482,410	13,715	5,705	501,825
시간제	345,990	340,115	5,875	4,525	350,515
총계	842,115	822,525	19,585	10,230	852,345
사법상 근로계약관계					
전일제	726,400	602,480	123,920	434,965	1,161,365
시간제	778,420	644,890	133,530	380,495	1,158,915
총계	1,504,820	1,247,375	257,445	815,460	2,320,280

1. 자원입대자는 포함되지 않음(2015: 10 100)
2. 고용청(Bundesagentur fr Arbeit) 포함
3. 공무원법조인직업군인정무직 공무원과 자원입대자 및 민영화된 우편국 잔존 공무원 신분자 제외
   (2015: 66 500)
* 보안상 이유로 전체 합계는 맞지 않을 수도 있음.

* Statistisches Bundesamt, 2016.

시간제고용은 전체 180만 명 중에서 여성이 150만 명이다. 여성 비중이 매우 높다. 전체 시간제 중에서 여성 비중이 85%에 달한다. 공법적 임용관계의 적용

을 받는 여성은 전체 185만 명 중 85만 명인 반면 사법적 고용관계의 적용을 받는 여성은 전체 396만 명 중 232만 명이다.

공공부문 내부에서도 상대적으로 임금과 근로조건이 양호한 공법적 임용관계의 적용을 받는 노동시장보다는 사법적 근로계약관계와 시간제고용부문에서 여성고용 비중이 높게 나타난다.

사업영역별로는 교육학술 분야에서 시간제 비중이 매우 높다. 교육학술 분야의 경우 전일제가 98만 명이고 시간제가 66만 명이다. 교육학술 분야는 강사 및 비전임연구직의 비중이 높기 때문이다. 사회보험 분야도 전일제가 48만 명, 시간제가 36만 명으로 시간제 비중이 높다. 전체적으로 시간제 비중은 연방정부보다는 주정부 및 기초지자체에서 비중이 높은 것을 알 수 있다.

〈표 7-8〉 사업 영역별 공공부문 현황

(단위: 명)

구분	사업 영역 (재정분류 2012)	공적재정 분야 및 기타 공적기관			
		합계	연방	주정부	기초지자체	사회보험(1)
전일제					
0	일반 공무	1,246,850	352,805	582,760	311,240	45
1	교육, 학술, 연구, 문화 관련	980,250	12,660	874,620	92,030	945
2	사회보험, 가족청소년, 노동시장정책	480,960	3,330	28,410	197,885	251,335
3	의료, 환경, 체육 및 여가	376,740	5,985	52,255	301,945	16,555
4	주거, 건설, 기초지자체 공공서비스	180,465	5	19,100	161,360	0
5	식품, 농림업	35,215	1,185	26,505	7,530	0
6	에너지, 수자원, 사업 및 서비스	381,615	95,700	47,780	236,325	1,810
7	교통 및 언론	322,525	136,835	83,105	102,585	0
8	재정	12,410	5,935	2,205	4,220	50
10	총계	4,017,030	614,435	1,716,735	1,415,125	270,735
시간제					
0	일반 공무	320,255	36,060	147,245	136,940	10
1	교육, 학술, 연구, 문화 관련	659,900	4,090	544,530	110,895	390

2	사회보험, 가족청소년, 노동시장정책	362,185	1,035	15,220	219,400	126,530
3	의료, 환경, 체육 및 여가	248,920	2,430	28,480	209,120	8,890
4	주거, 건설, 기초지자체 공공서비스	68,830	5	5,675	63,150	0
5	식품, 농림업	11,290	335	9,165	1,790	0
6	에너지, 수자원, 사업 및 서비스	76,510	11,915	17,935	45,380	1,280
7	교통 및 언론	49,940	19,265	15,525	15,150	0
8	재정	3,480	1,315	580	1,570	15
10	총계	1,801,315	76,455	784,360	803,390	137,110

1. 고용청(Bundesagentur fr Arbeit) 포함
* 보안상 이유로 전체 합계는 맞지 않을 수도 있음

* Statistisches Bundesamt, 2016.

2) 경미고용 : 미니잡(Minijob) & 미디잡(Midijob)

경미고용은 미니잡과 미디잡을 포괄하는 개념이다. 미니잡과 미디잡은 다른 비정규 고용형태와 달리 임금소득 상한선을 두는 형태의 보조적 일자리다. 경미한 저임고용(Geringfügige entlohnte Beschäftigung)으로 불린다. 즉 시간당 임금이 낮은 저임고용이 아니라 조세 및 사회보험료가 면제되는 월기준 상한선으로 인해 미니잡 및 미디잡을 통해 획득하는 소득의 절대금액이 낮기 때문에 저임고용으로 불릴 뿐이다(이승협, 2014).

하르츠법에서 정의하고 있는 미니잡과 미디잡은 월소득이 지속적으로 450유로 및 850유로 이하인 독일 특유의 고용형태를 말한다(§ 8 Abs. 1 Nr. 1 & § 14 SGB IV).[66] 미니잡을 수행하는 근로자에게는 모든 사회보험료 및 세금 납부의

---

66) 2003년 12월 31일 도입 당시에는 기준소득액이 400유로 및 800유로였으나, 2013년 1월 1일부터 450유로 및 850유로로 인상됐다.

무가 면제되며[67], 대신 사용자는 일괄적으로 임금의 30.99%에 해당하는 포괄부담금을 미니잡센터(Mini-Job Zentrale)에 납부해야 한다(§ 249b Satz 1 SGB V & § 172 Abs. 3 SGB VI).[68] 소득에 대한 제한은 없다. 회계연도를 기준으로 2개월 이하 또는 총 50일 이하로 기간이 제한된 근로계약을 갖는 단기고용(Kurzfristige Beschäftigung)도 포함된다(§ 8 Abs. 1 Nr. 2 SGB IV).

이론적으로는 미니잡 및 미디잡에 대한 시간기준이 제시돼 있지 않기 때문에 시간당 임금은 높을 수 있다.[69] 월 450유로 및 850유로 한도 내에서 조금 일하고 높은 시간당 임금을 받는 고임고용이 나타날 수도 있다.

전문직 종사자들이 부업으로 미니잡을 수행하는 경우 일부 전문직무를 수행하기 때문에 시간당 임금이 높다고 할 수 있다. 미니잡 노동시장에서 부업의 경우 기존 직무와의 연계성이 시간당 임금을 결정하는 데 중요한 역할을 하는 것으로 보인다. 일부 전문직종 종사자가 부업으로 미니잡을 수행하는 경우에 해당하는 집단은 주로 남성과 연금생활자 일부다. 반면에 학생·여성·실업자들은 미니잡 노동시장에서 직무경력과 수행직무의 선택이라는 측면에서 불리한 환경에 놓일 수 있다.

경미고용은 하르츠 개혁의 결과로 도입됐다. 도입과 더불어 독일 노동시장 정책을 둘러싼 논쟁의 중심에 놓이게 됐다. 2003년 이후 조세 및 사회보험 의무 면제 같은 사회정책적 고려가 반영된 경미고용으로서의 미니잡 종사자는 급격한 증가세를 보인다. 독일 연방고용청 고용통계에 따르면 2003년 미니잡이 도입됐을 당시 598만 명이었던 미니잡 종사자는 2013년 3월에는 733만 명으로 급증했다.

---

67) 미니잡 종사자에게도 산재보험 가입의무는 여전히 부과되며, 미니잡 근로 신고와 별도로 산재보험에 가입해야 한다. 독일의 산재보험은 작업장 재해뿐만 아니라 일반적인 상해보험의 성격을 갖고 있다. 2013년부터 개정으로 미니잡 종사자 중 단기고용이 아닌 저임고용에 대해서는 연금보험료 납부의무가 부과됐지만, 연금보험 면제 신청을 할 수 있다. 미니잡 종사자 대부분이 부업으로 종사하고 있기 때문에 대상자의 3/4이 연금보험료를 면제받아 납부하지 않고 있다(Mini-Job Zentrale, 2013: 7).
68) 사용자가 부담하는 포괄부담금(Pauschale Beiträge)은 연금보험료 15%, 의료보험료 13%, 총액세(Pauschalsteuer) 2%, 기타 할당부과금(Umlagen) 0.99%로 구성돼 있다(Berthold & Coban, 2013: 10).
69) 미니잡 최대 주당 노동시간은 15시간 미만으로 최대 노동시간 제한이 존재한다.

2003년 사회보험 가입 근로자가 2,674만 명에서 2013년 3월 2,906만 명으로 232만 명 증가했는데, 전체 증가분의 60%가 미니잡에서 이뤄졌다.

〈그림 7-2〉 공공부문 노동자 중 경미고용 비중

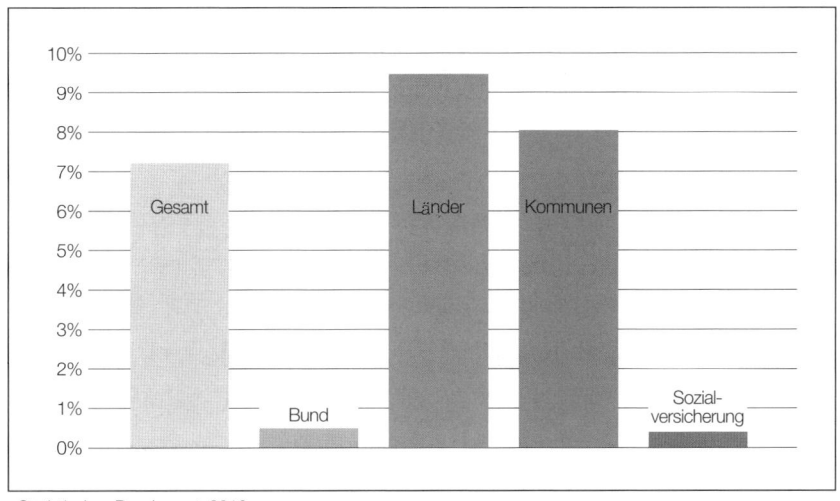

* Statistisches Bundesamt, 2016.

전업으로 미니잡을 수행하는 근로자는 10년 동안 454만 명에서 473만 명으로 20여만 명 늘었지만 부업으로 미니잡을 수행하는 근로자는 143만 명에서 260여만 명으로 120여만 명 증가해 증가분의 대부분을 차지했다. 전업으로 미니잡을 수행하는 근로자는 이전의 경미고용이 하르츠법을 통해 새롭게 개정돼 시행되는 과정에서 2002년 420여만 명에서 2004년 490여만 명으로 증가한 후 커다란 변화 없이 유지되고 있다. 반면 부업으로서의 미니잡은 2003년 하르츠법에서 새롭게 허용된 고용형태로 증가추이가 약화되긴 했지만 꾸준한 증가세를 보여주고 있다.

공공부문 일자리 중 경미고용에 대한 공식통계는 존재하지 않는다. 통계청의 공공부문 인력통계는 재무회계상 인건비를 기준으로 작성되는데, 인건비 항목이나 단체협약 적용을 받지 않는 경미고용 특성상 공식통계에 정확히 포착되지 않는 문제가 있다(Keller & Seifert, 2014).

경미고용은 공공부문에서 꾸준히 증가했다. 다만 공공부문 비공무원 일자리 중에서 지방정부(주 및 기초지자체)를 중심으로 늘어났다. 전체 경미고용 일자리의 70%가 시간제와 마찬가지로 여성에 의해 채워지는 전형적인 여성일자리 영역이다.

3) 기간제(Befristung)

독일에서 기간제는 근로계약상 약정시점에 자동적으로 근로계약 관계가 종료된다. 따라서 계약기간 이후 해고에 대한 법적 보호를 받지 못한다. 시간제 및 기간제 고용에 관한 단시간 및 기간제법에서는 고용계약상 최대 사용기간을 2년으로 제한해 놓고 있다. 고용계약 갱신은 최대 3회까지 가능하다.

기간제 고용형태는 오일쇼크 이후 경기 하강 국면에서 급격하게 확대됐다(Keller & Seifert, 2014). 공공부문에서도 1980년대 이후 기간제 고용형태가 급격히 증가했다.

기간제는 전일제 기간제와 시간제 기간제로 구분된다. 기간제는 2012년 기준 공공부문에 약 40만 명 존재하고 있으며, 이 중에서 전일제 기간제는 206,000명, 단시간 기간제는 194,000명이다. 특히 주정부의 단시간 기간제 비중이 매우 높게 나타난다. 연방과 기초지자체 및 사회보험부문에서는 전일제 기간제 비중이 높다.

공공부문 기간제의 특징은 민간부문이 미숙련 및 반숙련 직무 중심인 데 반해 고숙련 및 고학력 직무 비중이 높다는 점이다. 사회경제패널(SOEP) 자료 분석에서 공공부문의 경우 전문대졸 이상 학력소지자 비중이 48.8%와 19.4%로 민간부문보다 2배 이상 높다(Keller & Seifert, 2014).

<그림 7-3> 공공부문 기간제 비중

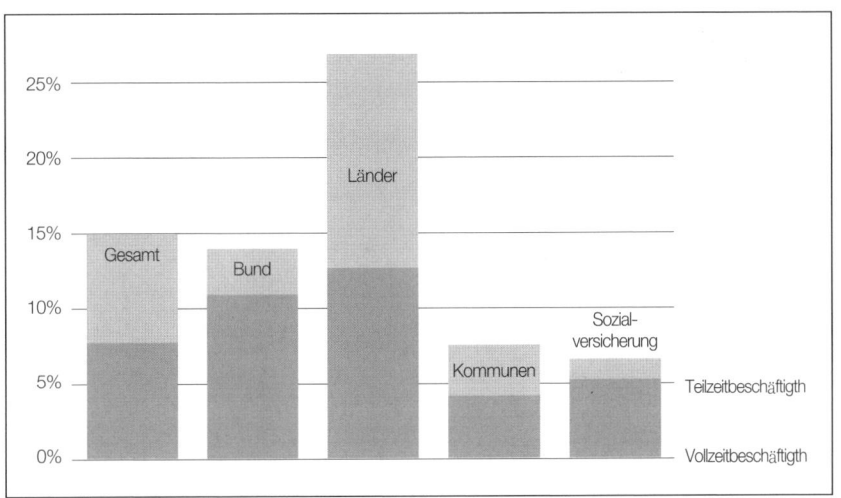

* Keller & Seifert (2014), SOEP Data

기간제는 남녀 비율이 거의 50%로 유사하다. 연방정부보다는 지방정부에서 기간제 일자리를 주로 활용한다. 기간제 비중은 '주〉기초지자체〉연방〉사회보험' 순으로 높게 나타난다.

기간제는 20~30대가 가장 높은 비중을 차지한다. 독일 이행노동시장정책에서 디딤돌 기능을 수행하기 때문이다.

독일 노동시장에서 기간제는 정규직 입직경로로도 활용된다. 이행노동시장론에서는 기간제의 교량 또는 디딤돌 효과를 강조하고 있다. 교량 또는 디딤돌 효과는 고용계약상 고용기간 이후 정규직으로의 전환비율을 통해 살펴볼 수 있다. 최근 분석에 따르면 기간제 노동자의 정규직 전환 비율은 공공부문에서 40~50%에 달한다(Ellguth & Kohaut, 2011).[70]

---

70) 50%에 가까운 이와 같은 기간제의 정규직 전환비율에 대해 독일에서는 교량 및 디딤돌 효과가 사실상 없는 것으로 평가하고 있다(Bellmann et al., 2009). 우리나라의 경우 공공부문 기간제의 정규직 전환은 정책적 무기계약직화를 제

4) 파견(Leiharbeit)

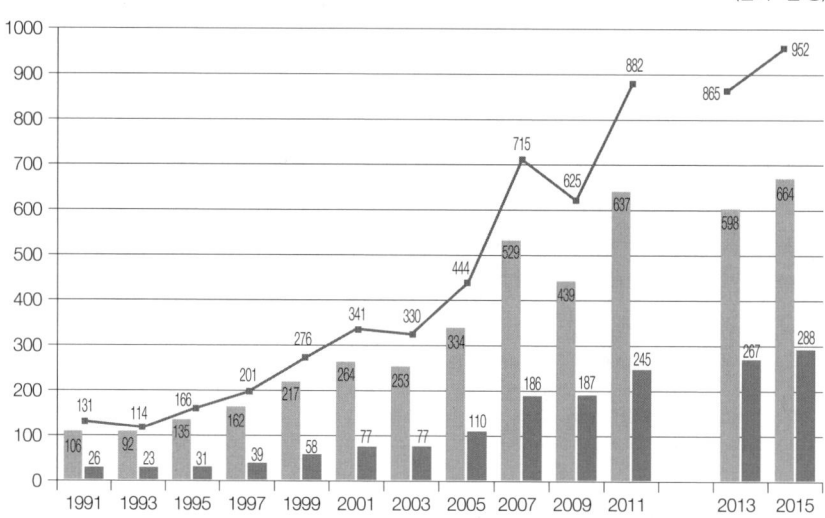

〈그림 7-4〉 독일 파견노동자 증가 추이
(단위 : 천 명)

* 독일고용청, 2016.

　현재 독일의 경우 파견근로자가 100만 명에 달하는 것으로 추산되고 있다. 주로 민간부문에서 확산되고 있다. 파견근로 사업체에 대한 허가제가 실시되고 있기 때문에 사용자단체(iGZ 및 BZA)가 구성돼 독일노총 및 가입 산별노조와 파견노동자를 대상으로 산별교섭을 하고 있다.[71]

외하면 거의 미미한 수준이다. 50%의 전환율이라는 수치가 교량 및 디딤돌 효과가 없다고 평가하는 것이 정당한지는 우리나라 상황과 비교하면 좀 더 따져 볼 필요가 있을 것이다. 다만 상대적으로 독일에서도 이전 세대에 비해 청년의 전일제 정규직으로의 진입이 어려워진 것은 분명한 사실이다.
71) 현재 파견사용자단체로는 연방파견회사사용자단체(BZA)와 독일파견업협회(iGZ)가 있다.

〈그림 7-5〉 파견노동자 협약상 임금표

Entgelttabelle West (ab 01.01.2017)

Entgelt-gruppe(EG)	Eingangs-stufe(ES)	Zulage (0,20 €)	Zulage (0,35 €)
1	9,00	9,20	-
2	9,61	9,81	-
3	11,23	11,43	-
4	11,88	12,08	-
5	13,41	-	13,76
6	15,09	-	15,44
7	17,62	-	17,97
8	18,96	-	19,31
9	20,00	-	20,35

Entgelttabelle West (ab 01.031.2017)

Entgelt-gruppe(EG)	Eingangs-stufe(ES)	Zulage (0,20 €)	Zulage (0,35 €)
1	9,23	9,43	-
2	9,85	10,05	-
3	11,51	11,71	-
4	12,18	12,38	-
5	13,75	-	14,10
6	15,47	-	15,82
7	18,06	-	18,41
8	19,43	-	19,78
9	20,50	-	20,85

Entgelttabelle Ost (ab 01.01.2017)

Entgelt-gruppe(EG)	Eingangs-stufe(ES)	Zulage (0,20 €)	Zulage (0,35 €)
1	8,84	9,04	-
2	8,89	9,09	-
3	10,12	10,32	-
4	10,71	10,91	-
5	12,10	-	12,45
6	13,61	-	13,96
7	15,88	-	16,23
8	17,08	-	17,43
9	18,03	-	18,38

Entgelttabelle Ost (ab 01.031.2017)

Entgelt-gruppe(EG)	Eingangs-stufe(ES)	Zulage (0,20 €)	Zulage (0,35 €)
1	8,91	9,11	-
2	9,01	9,21	-
3	10,52	10,72	-
4	11,14	11,34	-
5	12,58	-	12,93
6	14,15	-	14,50
7	16,52	-	16,87
8	17,76	-	18,11
9	18,75	-	19,10

독일은 파견노동 산별교섭에서 체결된 산별협약을 통해 민간부문 파견노동자의 임금 및 근로조건을 규율한다. 다만 파견노동자를 대상으로 하는 현재의 산별협약 임금 및 근로조건은 매우 낮은 수준에서 결정된다. 〈그림 7-5〉는 독일 노총과 독일파견업협회가 체결한 파견근로자 임금표다. 9개 임금등급의 최하위 등급 기준임금이 서독지역 및 동독지역으로 구분돼 각각 9유로와 8.84유로부터

시작된다. 독일 법정 최저임금이 8.5유로임을 감안하면, 파견근로자의 임금은 거의 최저임금 수준이다. 일반 정규직 노동자의 산별협약이 대부분 최저임금의 1.5~2.0배 수준에서 최하위 임금등급 노동자의 임금수준을 결정하는 것과 비교하면 파견노동자의 산별기준임금 자체가 매우 낮은 수준이라고 할 수 있다.

2013년 독일 연방정부는 파견근로 확산에 따라 파견 및 도급에 관한 규제법률을 개정하기로 하고, 2016년 6월 1일 개혁법안을 국무회의에서 의결했다.[72] 개혁법안은 기존에 폐지했던 파견상한기간을 다시 도입해 최대 파견기간을 18개월로 제한하고, 파견노동자에 대해 파견 1일째부터 파견된 사업장의 정규직 노동자와 동일한 임금을 받는 동일노동 동일임금 원칙을 명시했다. 파견근로자의 이차파견(Kettenverleih) 금지조항을 신설하고, 파업대체자로 파견노동자를 사용하는 것을 금지했으며, 제재조치로 개정 파견법 위반 시 파견사업체 허가를 취소할 수 있도록 했다.[73]

그러나 노사 단체협약을 통해 최대 파견기간을 연장할 수 있도록 했고, 동일노동 동일임금의 원칙 적용시기도 노사 간 협약을 통해 파견근무 시작 9~15개월 이후부터 적용할 수도 있도록 별도 규정을 뒀다. 파업대체 파견 금지에도 사용사업주가 파업대체 근로가 아닌 업무에 사용하는 경우에는 파업사업장에 파견근로자를 파견할 수 있도록 예외규정을 두고 있다.

민간부문과 달리 파견근로는 공공부문에서는 거의 사용되지 않는다. 사회경제패널 자료에서도 2% 정도에 불과한 것으로 추정된다. 민간부문 3.5%에 비해서도 낮은 비중을 차지하고 있다(Keller & Seifert, 2014). 독일 의회 답변자료에 따르면 2012년 현재 독일 연방정부기관 내의 파견노동자는 1,000여 명 정도로

---

72) 독일 파견법의 개정 내용에 대해서는 일부 한국에 소개된 바 있다(황수옥, 2016). 그러나 독일 2016년 개정 파견법의 일반 규정만을 가지고 논의함으로써 지나치게 개정 파견법의 내용을 긍정적으로 평가하고 있다. 개정 파견법에 대해서는 이전에 비해 진일보한 것으로 보이는 일반 규정이 부수된 예외 규정으로 인해 내용적으로는 오히려 개악된 것이라는 평가가 제기되는 등 독일 내에서 상당한 논란이 되고 있다. 예를 들어 파견기간을 18개월로 제한하는 한편 노사가 협약을 통해 실제로는 그 이상으로 연장할 수 있도록 하는 등 예외 규정을 고려하면 이전 파견법에 비해 크게 달라진 게 없거나 오히려 파견노동 확대로 귀결될 수 있는 문제조항을 많이 갖고 있다.
73) 독일 파견법은 노동자파견사업체 대상 허가제를 실시하고 있다.

전체 고용 대비 0.1%를 차지한다(Deutscher Bundestag, 2012).

파견과 유사한 간접고용 형태인 도급과 프리랜서 또는 자영업 형태를 갖는 특수고용형태 역시 독일 공공부문에서는 찾아보기 힘들다. 도급과 프리랜서 형태는 주로 교육·연구 분야에서 시간강사 형태로 나타난다. 기타 영역에서는 거의 활용되지 않는다(Keller & Seifert, 2014).

공공부문 자회사 개념 역시 존재하지 않는다. 우리나라에서 공공부문 자회사는 정규직이 아닌 비정규직 고용관리를 위한 인력관리회사 의미를 갖는다. 반면 독일에서는 별도 법인 형태를 갖더라도 공공부문 전체에 효력을 갖는 산별협약의 적용을 받기 때문에 동일 또는 유사노동을 수행하는 정규직과 임금차이를 둘 수 없다. 이런 이유에서 정규직과의 임금 및 처우 차별을 전제로 한 공공부문 자회사는 논리적으로나 현실적으로 복잡한 관리비용만 추가될 뿐 실질적 비용 감축 효과를 발생시키지 않는다.[74]

4. 독일 공공부문 비정규직의 불안정성

독일 공공부문은 협약적용률이 90%를 상회한다. 산별교섭 적용을 받기 때문에 고용형태에 따른 임금차별은 존재하지 않는다. 공공부문 산별협약은 연방정부와 기초지자체를 대상으로 하는 공공부문단체협약(TVöD)과 지방주정부를 대상으로 하는 주정부단체협약(TV-L)으로 구분된다. 공공부문단체협약(TVöD)은 독일 연방정부 내무부와 기초지자체사용자단체연합·공공부문 노동자가 조합원으로 가입해 있는 핵심 공공부문 관련 산별노조 사이에서 이뤄진다. 주정

---

74) 민간부문에서도 자회사 형태로 별도 임금체계를 적용하는 사례는 매우 드물다. 대표적인 사례로는 폭스바겐의 '5,000×5,000 프로젝트'를 들 수 있다. 폭스바겐은 장기실업자에게 양질의 일자리를 제공한다는 명분으로 별도법인 형태로 하노버에 공장을 신설하고, 별도법인 노동자에게는 5,000마르크라는 협약임금 이하의 임금을 지급하는 방안을 제시했다. 이 방안은 현실화됐고, 우리나라에도 많이 소개됐다(이승협, 2014). 그러나 이와 같은 협약임금 이하 임금에 대해서는 노조와의 협의 및 동의라는 과정이 있었다. 즉 기존 협약임금을 하회하는 임금은 예외적으로 노조 동의가 있어야만 실현 가능하다.

부단체협약(TV-L)은 공공부문단체협약과 별도로 주정부만을 대상으로 이뤄지지만, 체결된 협약 내용은 공공부문단체협약과 유사하다.

공공부문의 평균 시간당 임금은 18유로로 민간부문(16.17유로)보다 높다. 공공부문에서 법정 최저임금 적용을 받는 노동자 비중은 전체의 2%로 추정된다. 하후상박의 높은 입직임금과 90%에 이르는 산별협약 적용률로 인해 공공부문의 저임금근로 비중은 매우 낮은 것으로 평가된다(Keller & Seifert, 2014).

법정 최저임금인 8.5유로 미만 시급을 받는 노동자 비중이 전체 산업의 13%에 달한다. 독일 노동자 내부에 저임금층도 일정한 비중을 차지한다. 그러나 고용불안정성은 민간부문 기간제에서 주로 나타나며, 시간제 및 경미고용은 부업의 형태가 높은 비중을 차지하기 때문에 공공부문에서는 크게 문제되지 않는다.

독일 공공부문은 민간부문보다 하위 임금등급 집단의 임금 수준이 높게 설정돼 있다. 상대적으로 직접고용 비정규직의 소득불안정성은 낮게 나타난다. 하후상박 형태로 임금표가 설계돼 있다. 2016년 공공부문 협약임금표를 살펴보면 최하위 등급의 입직임금이 1,600~1,700유로로 216만~230만 원으로 설정돼 있다. 독일 공공부문 직접고용 노동자들은 연방정부 및 기초지자체 연합과 산별노조 사이에서 맺는 공공부문단체협약(TVöD)과 지방정부와 산별노조 사이에서 맺는 주정부단체협약(TV-L)의 적용을 받는다.[75] 직접고용이라는 전제하에서 정규직과 시간제 및 기간제 등의 비정규고용형태 사이의 임금 및 처우에 대한 차별은 존재하지 않는다.

---

75) 2005년까지는 전체 공공부문에 통일협약이 존재했으나, 2005년 주정부가 탈퇴해 별도의 주정부 협약을 체결하고 있다.

〈그림 7-6〉 연방정부 및 기초지자체(TVöD) 임금표(2017년)

EG	Stufe 1	Stufe 2	Stufe 3	Stufe 4	Stufe 5	Stufe 6
15Ü	5,517.25	6,123.21	6,697.25	7,079.97	7,169.26	-
15	4,380.63	4,860.31	5,038.90	5,676.72	6,161.47	6,480.39
14	3,967.32	4,401.04	4,656.17	5,038.90	5,625.72	5,944.61
13	3,657.34	4,056.62	4,273.50	4,694.43	5,281.25	5,523.65
12	3,279.57	3,635.65	4,145.91	4,592.40	5,166.46	5,421.59
11	3,168.10	3,508.11	3,763.23	4,145.91	4,700.83	4,955.97
10	3,056.61	3,350.51	3,635.65	3,890.80	4,375.54	4,490.35
9b	2,711.10	2,994.70	3,143.33	3,546.35	3,865.28	4,120.39
9a	2,711.10	2,994.70	3,044.26	3,143.33	3,546.35	3,623.14
8	2,543.89	2,808.91	2,932.80	3,044.26	3,168.10	3,246.12
7	2,387.86	2,635.53	2,796.54	2,920.41	3,013.29	3,099.99
6	2,343.24	2,586.00	2,709.84	2,827.51	2,908.02	2,988.53
5	2,249.11	2,480.74	2,598.39	2,716.05	2,802.74	2,864.67
4	2,142.59	2,363.07	2,511.69	2,598.39	2,685.09	2,735.85
3	2,109.19	2,325.89	2,387.86	2,486.92	2,561.25	2,629.35
2Ü	2,019.98	2,226.84	2,301.15	2,400.23	2,468.33	2,519.14
2	1,953.10	2,152.51	2,214.44	2,276.39	2,412.58	2,555.04
1	-	1,751.25	1,780.97	1,818.14	1,852.79	1,941.97

〈그림 7-7〉 주정부(TV-L) 임금표(2017년)

Entgelttabelle

TVöD(VKA)						ab 1.01.2017
EG	Stufe 1	Stufe 2	Stufe 3	Stufe 4	Stufe 5	Stufe 6
15Ü	-	5,459.14	6,051.16	6,985.97	6,985.97	7,073.20
15	4,280.05	4,748.72	4,923.20	6,020.00	6,020.00	6,331.60
14	3,876.23	4,299.99	4,549.26	5,496.55	5,496.55	5,808.12
13	3,573.37	3,963.48	4,175.38	5,159.99	5,159.99	5,396.82
12	3,204.27	3,552.17	4,050.72	5,047.84	5,047.84	5,297.11
11	3,085.36	3,427.56	3,676.82	4,592.90	4,592.90	4,842.18
10	2,986.43	3,302.89	3,552.17	4,275.08	4,275.08	4,387.25
9c	2,897.54	3,145.50	3,442.50	3,997.76	3,997.76	4,142.12
9b	2,648.85	2,925.94	3,071.16	3,776.53	3,776.53	4,025.78
9a	2,648.85	2,896.81	3,071.16	3,552.82	3,552.82	3,776.53
8	2,485.48	2,744.42	2,865.46	3,095.36	3,095.36	3,171.59
7	2,333.03	2,575.02	2,732.33	2,944.10	2,944.10	3,028.81
6	2,299.44	2,526.62	2,647.62	2,841.25	2,841.25	2,919.91
5	2,197.47	2,423.78	2,538.73	2,738.39	2,738.39	2,798.90
4	2,093.40	2,308.81	2,454.02	2,623.44	2,623.44	2,673.03
3	2,093.40	2,272.49	3,333.03	2,502.44	2,502.44	2,568.98
2Ü	1,973.60	2,175.71	2,248.31	2,411.66	2,411.66	2,461.30
2	1,908.26	2,103.09	2,163.60	2,357.19	2,357.19	2,496.38
1	-	1,711.04	1,740.08	1,810.25	1,810.25	1,897.38

〈그림 7-6〉과 〈그림 7-7〉은 2016년 체결된 연방정부 및 지자체의 공공부문 단체협약과 주정부 공공부문 단체협약상 임금표다. 2017년에 적용됐다. 독일 공공부문 산별협약 임금표는 산별직무급에 기초한 임금체계를 갖고 있다. 전체 공공부문 직무를 대분류를 중심으로 평가하고, 평가된 직무를 1~15등급에 배치하는 직무급 형태를 갖는다.

독일의 산별직무급에서는 모든 사람이 1등급에서 15등급까지 임금등급이 상승하는 것이 아니라 수행하는 직무에 따라 직무의 하단과 상단이 고정돼 있다. 예를 들어 단순노무 및 기능직은 1등급에서 최대 7등급까지 임금등급이 고정돼 있다(TVöD Tarifvertrag).

〈표 7-9〉 단순노무 및 기능직무의 임금등급

단순노무 및 기능직무의 임금등급별 직무 특성
임금등급 1 : 가장 단순한 직무의 수행(음식료 서비스, 안내 및 의료보관, 경비, 외부청소, 조리보조 등)
임금등급 2 : 단순한 직무의 수행(최소의 현장지시에 따라 수행되는 단순직무)
임금등급 3 : 최소한의 현장훈련 후 투입되는 직무 및 임금등급 2의 직무 중 특별한 책임이 요구되는 직무
임금등급 4 : 3년 미만의 직업훈련과정을 수료한 한 자로서 관련 업무를 수행
임금등급 5 : 직업훈련 과정을 수료하고 관련 업무를 수행
임금등급 6 : 임금등급 5의 직무 중 상당한 숙련을 요하는 직무를 수행
임금등급 7 : 임금등급 5의 직무 중 상당한 고숙련을 요하는 직무를 수행

동시에 각각의 임금등급은 1단계에서 6단계(2017년 신설)까지의 숙련등급에 따라 임금이 상승하도록 돼 있는 임금단계(Stufe)로 구성돼 있다. 이때 숙련등급은 입직 또는 임금등급 상승 이후 일정 기간까지는 근속에 따라 숙련이 향상된다는 전제하에서 특별한 평가 없이 자동적으로 근속에 따라 임금이 올라간다. 임금단계 1단계에서 2단계는 1년 근속, 2단계에서 3단계는 2년 근속, 3단계에서 4단계는 3년 근속, 4단계에서 5단계는 4년 근속, 5단계에서 6단계는 5년 근속이 요구된다.[76]

우리나라의 연공급적 속성을 일부 포함하고 있다고 할 수 있다. 연공급에서의 호봉상승 역시 근속에 따라 숙련이 상승된다는 가정을 포함하기 때문이다. 다만 독일은 근속의 숙련 상승효과가 직무수행의 일정 단계에서만 발생하는 것으로 보고 근속숙련향상에 대한 보상을 별도로 한다.[77]

5. 한국에의 함의

독일 공공부문 비정규직은 기본적으로 순수한 고용형태상 차이를 나타낸다. 우리나라와 같이 고용형태상 차이가 임금 및 복지 차별로 이어지지 않는다. 독일 역시 신공공관리 도입 이후 재정절감 및 내부경쟁시스템 도입 등 공공부문 시장화가 급속하게 이뤄졌다. 이로 인해 비정규 고용형태가 확산됐다. 특히 기간제와 시간제 형태로 공공부문 비정규직이 확산됐다.

기간제와 시간제는 고용형태상 비정규직이기는 하지만 고용기간 차이를 제외하면 임금 및 복지 차이는 존재하지 않는다. 기간제 노동자는 근로계약기간이 유지되는 한 전일제정규직과 수행직무에 따라 동일노동 동일임금 원칙이 적용된다. 시간제 역시 철저한 비례할당 원칙에 따라 수행직무와 수행시간에 따른 임금을 받는다.

공공부문은 민간부문과 달리 산별협약 기준임금이 적용되는 협약적용률이 높다. 비정규직 노동자에 대한 협약적용률 또한 높게 나타난다. 개별 기관이 아닌 초기업 단위 산별임금교섭은 독일 공공부문에서 일종의 사회적 기준임금으로 작용한다.

---

76) 임금단계 상승에 필요한 근속기간은 공공부문 단체협약 종류에 따라 상이하게 설정돼 있다.
77) 독일 산별직무급 임금표는 대부분 유사한 형태의 근속숙련향상 보상 개념을 포함한다. 다만 산업 및 업종별로 근속에 따른 숙련향상기간을 상이하게 적용하고 있다. 금속산업도 일정 기간에 대해 근속숙련향상에 대한 보상기간을 설정하고 있다.

우리나라처럼 기관 단위로 분산된 임금교섭체계에서는 노동자의 임금이 기관별 특성에 따라 상이해지는 기관별 임금분단현상이 고착화할 수밖에 없다. 기관별 임금분단은 비정규직 노동자에게 기관 내부 2차 노동시장으로의 통합이라는 노동의 불안정성을 심화하는 결과를 낳았다. 비정규직의 정규직화는 기본적으로 우리나라 공공기관 내부 주변적 노동시장을 해소하고, 공공기관 노동시장 내부 이중구조를 해소하는 방향으로 이뤄져야 한다.

독일 사례에서와 같이 고용형태상 차이와 무관하게 동일노동 동일임금 원칙에 따른 차별 해소가 우리나라 공공부문 비정규직 정규직화의 기본원칙이 돼야 한다.

공공부문 내 기관별 임금격차 해소와 고용형태에 따른 차별의 해소를 위해서는 공공부문 내부 사회적 차별을 해소하기 위한 임금의 사회적 기준을 설정할 필요가 있다. 또한 공공부문 통일교섭을 통해 사회적 연대임금체계를 본격적으로 모색할 때다.

II. 영국 사례

이정희_한국노동연구원

1. 들어가며

영국 공공부문 사례를 중심으로 비정규직 현황과 쟁점을 살펴보고, 한국의 공공부문 무기계약직 노동자들의 노동권과 인권상황 개선에 관한 정책적 시사점을 모색한다.

영국에서 주로 논의되는 비정규직은 임시고용(temporary employment), 임시파견(temporary agency work) 또는 다른 형태로 다자(multiple parties)가 관여된 계약관계, 한국의 특수형태근로종사자와 유사한 모호한 고용관계(ambiguous/bogus self-employment), 파트타임(part-time employment) 등이다. 이와 함께 2000년대 후반부터 확산되고 있는 영시간 계약(zero-hours contract)도 포함시킬 수 있다. 영시간 계약은 미리 정해 둔 근로시간 없이 사용자 필요에 따라 근로자가 호출에 응해 근로를 제공하고, 그 시간만큼 임금을 받는 것을 내용으로 하는 계약을 말한다. 이처럼 영국 공공부문에서는 한국의 무기계약과 같은 고용형태를 찾아보기는 어렵다.

따라서 영국 사례를 통해 한국의 공공부문 무기계약직과 관련한 직접적인 정책 시사점을 끌어내는 데에는 한계가 있다. 그럼에도 영국 사례에서 확인되는 것은 공공부문에서 비정규직의 증가가 정부의 공공지출 축소 등을 위한 경쟁 도입 결과로 확산됐다는 점이다. 예를 들어 보수당 대처정부 이후 강제경쟁입찰제도(CCT, Compulsory Competitive Tendering) 도입 등으로 아웃소싱을 통한 간접고용 활용이 증가했다. 간접고용 노동자들은 한국과 비슷하게 청소·경비·시설관리·콜센터 등 지원인력이 많고 민간업체 소속으로 공공부문 사업장에 주로 근무한다. 이 과정에서 아웃소싱된 하도급 노동자들을 보호하기 위한 법규와 노사정 합의가 간접고용 노동자들의 임금과 노동조건 보호에 일정 부분 영향을 미치고 있고, 노동조합이 조직화 등을 통해 간접고용 노동자들의 노동조건을 규율하고 있다는 점은 한국에서도 참고할 만하다.

글의 구성은 다음과 같다. 먼저 영국의 공공부문 고용에 관한 일반적인 현황과 주요 부문별 비정규직 고용현황을 살펴본다. 이어 간접고용 현황을 들여다보고 간접고용 노동자들을 보호하기 위한 관련 법·제도와 노동조합의 역할을 단체교섭과 노동조합 운영 등으로 나눠 기술한다.

2. 영국의 공공부문

1) 정의

국민계정(UK National Accounts)에서 정의하는 공공부문은 중앙정부(Central Government), 지방정부(Local Government), 공기업(Public Corporation)으로 구성된다. 여기에는 정부 부서와 별도 기구(agency)가 수행하는 대국민 서비스(Civil service) 부문과 행정상 공공부서에 속하지 않은 고용(NDPS: Non-Departmental Public Services), 그리고 "기타 공공부문", "기타 건강, 사회 업무", 그리고 NHS(National Health Services)가 포함된다.

2) 고용규모

2016년 12월 말 현재 공공부문 고용규모는 543만6천 명으로 같은 해 9월과 비교했을 때(1천 명 감소)에도, 지난해 12월 말과 비교할 때(8천 명 감소)에도 약간 낮아졌다. 〈그림 7-8〉은 1999년 3월부터 2016년 12월까지 공공부문 고용규모(계절적 조정을 거친)를 보여주고 있다. 몇 가지 특징적인 변곡점들이 있다. 2008년 9월부터는 잉글랜드 지역의 주택조합(Housing associations)이 공공부문으로 재분류됐고, 같은 해 12월부터는 로이드은행그룹과 스코틀랜드은행이 각각 공공부문으로 분류됐다. 2012년 이후 몇몇 공공부문 기관들이 민간부문으로 분류되면서 고용규모 감소에 일조했다. 2012년 6월부터는 잉글랜드 지역의 대학들이, 2013년 12월부터는 우체국(Royal Mail plc)이, 2014년 3월부터는 로이드은행그룹이 다시 민간부문으로 옮겨졌다.

〈그림 7-8〉 영국의 공공부문 고용 추이(1999년 3월~2016년 12월)

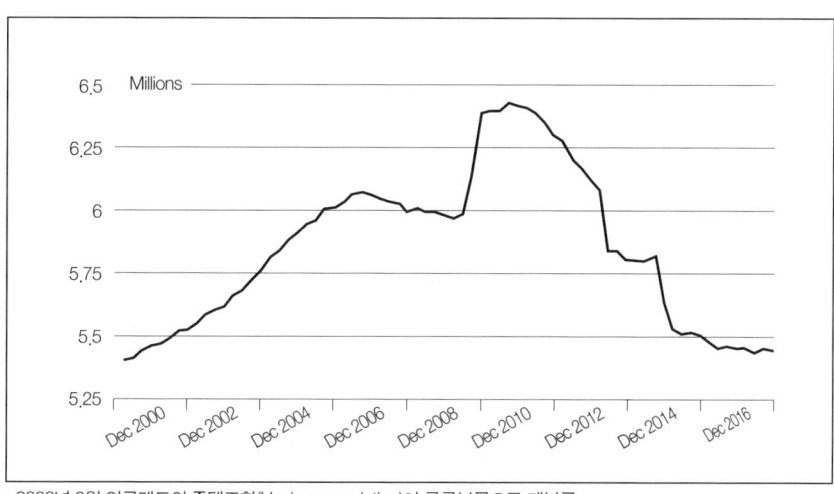

* 2008년 9월 잉글랜드의 주택조합(Hosing association)이 공공부문으로 재분류
* Lloyds Banking Group과 스코틀랜드의 Royal Bank가 공공부문으로 이전
* 2012년 6월 English College가 민간영역으로 이전
* 2013년 12월 Royal Mail plc가 민간영역으로 이전
* 2014년 3월: Lloyds Banking Group이 다시 민간영역으로 이전
* ONS(2016), 계절적 조정 거침

이를 영역별로 나눠 보면 〈표 7-10〉과 같다. 표에서 보여주는 수치들은 시간제 노동자들의 규모를 풀타임 기준으로 집계한 것이다. 1999년부터 2016년까지 중앙정부 인력은 늘어난 반면 지방정부 인력규모가 줄었음을 확인할 수 있다. 그럼에도 정부부문에 종사하는 노동자들의 규모는 약간 증가했다.

<표 7-10> 공공부문 고용 영역별 분류

(단위: 천 명)

연도	일반 정부			공기업	전체 공공부문 합계	Civil Service
	중앙정부	지방정부	합계			
1999	1,965	2,002	3,967	339	4,306	477
2000	1,994	2,016	4,010	346	4,356	488
2001	2,056	2,010	4,066	357	4,423	493
2002	2,130	2,030	4,160	357	4,517	506
2003	2,218	2,066	4,284	364	4,648	525
2004	2,299	2,110	4,409	356	4,765	534
2005	2,345	2,142	4,487	361	4,848	532
2006	2,330	2,172	4,502	341	4,843	519
2007	2,318	2,192	4,501	335	4,836	500
2008	2,330	2,169	4,499	340	4,839	484
2009	2,423	2,173	4,596	639	5,235	487
2010	2,445	2,177	4,622	618	5,240	481
2011	2,416	2,067	4,483	596	5,079	447
2012	2,333	1,924	4,257	574	4,831	418
2013	2,419	1,827	4,246	560	4,806	410
2014	2,465	1,776	4,241	309	4,550	403
2015	2,495	1,714	4,209	299	4,508	392
2016	2,536	1,661	4,197	295	4,492*	384

* ONS(2016), 전일제 노동(full-time equivalent) 기준
* 고용형태 불문하고 인원 수(head count)로 보면 543만6천 명

산업별로 공공부문의 최근 변화양상을 인원수(head count) 기준으로 살펴보면 NHS(전국민의료서비스)의 변화가 두드러지게 나타난다. NHS 고용은 2016년 12월 기준 160.4천 명(전일제 노동 기준으로 보면 137.7천 명), 14분기 연속 상승했다. 전년보다는 3만8천 명 증가했다. 기타 공공부문(Other public sector)은 60.4만 명으로 전년 대비 2.7% 감소했다. 기타 보건·사회적 업무(other health and social work)의 고용규모는 26.3만 명으로 이전 해에 비해 7.1% 줄어들었다(<표 7-11> <그림 7-9> 참조).

〈표 7-11〉 공공부문 고용 산업별 분류

(단위 : 년, 천 명)

연도	건설	Public administration, defence, compulsory social security			교육	Health and social work		기타 공공 부문
		HM forces	경찰(incl. civilians)	공공 행정		NHS	기타보건 사회업무	
1999	107	218	220	988	948	970	276	610
2000	104	217	218	994	982	990	272	611
2001	95	214	222	998	997	1,025	263	638
2002	81	214	230	1,020	1,007	1,075	259	655
2003	76	223	240	1,056	1,049	1,126	245	656
2004	77	218	254	1,069	1,076	1,179	254	659
2005	72	210	262	1,081	1,090	1,221	261	673
2006	67	204	264	1,077	1,121	1,224	260	644
2007	60	197	272	1,062	1,132	1,220	257	652
2008	53	193	275	1,025	1,143	1,245	256	667
2009	52	197	283	1,015	1,164	1,304	290	948
2010	47	197	281	1,010	1,193	1,335	293	903
2011	43	193	266	940	1,183	1,313	282	878
2012	42	186	255	903	1,067	1,293	265	838
2013	40	175	250	900	1,099	1,297	252	809
2014	39	164	246	888	1,113	1,323	235	555
2015	35	159	243	953	1,119	1,346	222	545
2016	34	158	236	842	1,116	1,377	211	533

* ONS(2016), 전일제 노동(full-time equivalent) 기준
* 건설업종 고용의 경우 고용형태 불문하고 인원 수(head count) 기준

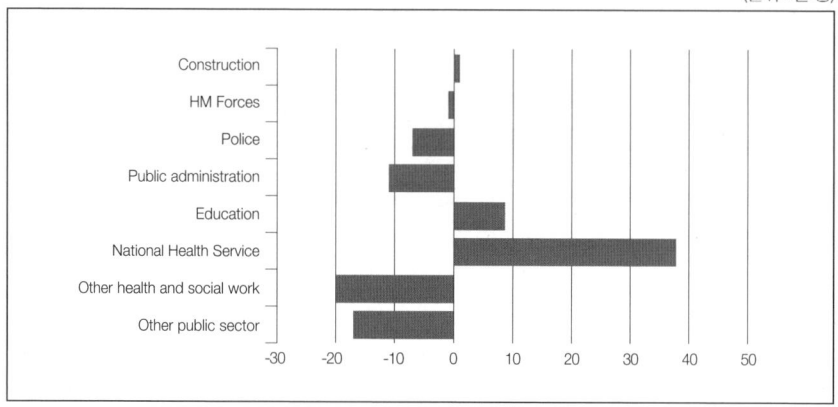

〈그림 7-9〉 산업별 공공부문 고용변화

(단위 : 천 명)

* ONS(2016), 2015년 12월과 2016년 12월 대비하고 계절적 조정 거침

3. 공공부문 비정규직 현황

1) 활용범위

공공부문에서 비정규직은 광범위한 영역에서 활용되고 있다. 중앙정부, 지방정부, 환경서비스(Environmental Services), 주택(Housing), 간호보건(Nursing and Healthcare), 인사(HR), 지역 서비스, 기관(Local Services and Facilities), 교육(Education), 금융(Finance), 기획(Planning), 교통(Transport), 사회돌봄(Social Care) 영역 모두에서 기간제·시간제·파견·용역(contracting-out) 형태로 비정규직을 활용한다.

〈그림 7-10〉은 영국 노동력조사(LFS)[78] 결과를 바탕으로 한 것이어서 통계청(ONS) 집계 규모와 차이가 있음을 미리 밝힌다.

---

[78] 영국 노동력조사(LFS)는 한국의 경제활동인구조사와 유사한 조사로, 샘플은 4만 가구와 개인 10만 명이다.

공공부문 전체 고용규모는 최근 감소세를 보이고 있다. 전체 공공부문 노동자가 2000년 632만 명에서 2010년 730만 명으로 증가했다가 2015년 690만 명으로 감소했다. 2004년 이후 최저치다. 노동력조사 결과 영국 공공부문 비정규직(non-permanent) 일자리는 전반적으로 감소하고 있다. 2000년 전체 공공부문 일자리의 9.9%를 기록한 뒤 2015년 7.9%로 줄어들었다.

〈그림 7-10〉 고용형태별 구성

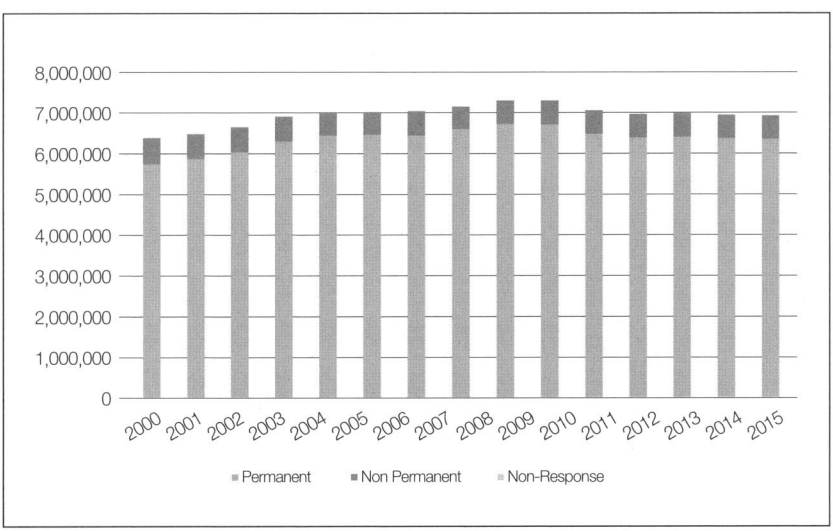

* Runge et al.(2017: 81)

공공부문의 상시·지속적이지 않은 일자리(non-permanent jobs)가 감소했음에도 파견업체를 통한 인력공급 비율은 증가했다. 2000년과 2010년 비정규직(non-permanent jobs) 중 파견인력이 차지하는 비율은 8%였지만 2015년에는 13%로 증가했다. 임시파견노동자들이 전체 공공부문 노동자 중에서 차지하는 비중이 0.6%(2010)에서 1%(2015)로 늘었다. 이때 비정규직(non-permanent jobs)에는 파견(agency), 임시(casual), 계절(seasonal), 기간제(fixed period), 기타(other)가 포함된다.

2) NHS의 경우

〈그림 7-11〉 역시 LFS 자료로 도출한 결과다. NHS 일자리는 2000년 128만 개에서 2015년 168만 개로 증가했다. 비정규직(non-permanent) 일자리는 2000년 97,526개에서 2015년 102,006개로 늘었으나 전체 NHS 일자리에서 비정규직이 차지하는 비중은 같은 기간 7.6%에서 6.0%로 감소했다.

〈그림 7-11〉 영국 NHS 일자리 구성 추이

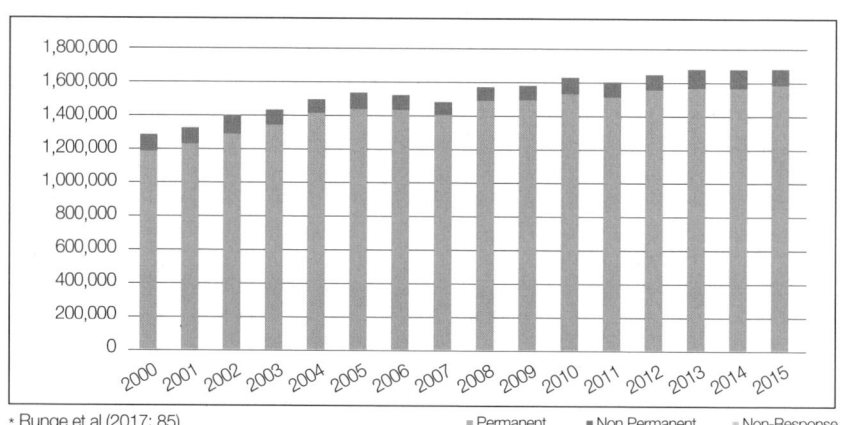

* Runge et al.(2017: 85)

〈그림 7-12〉 NHS 비정규직 일자리 구성 추이(2000~2015년)

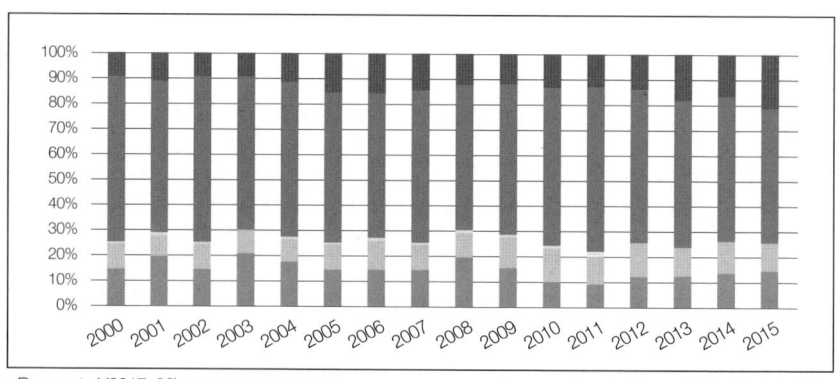

* Runge et al.(2017: 86), non-permanent jobs

〈그림 7-12〉는 NHS 비정규직 구성 추이를 보여준다. 이 가운데 파견 일자리는 변동이 심하다는 것을 확인할 수 있다. 2003년 21%(17,256명)에서 2011년 9%(8,472명), 2015년 14%(14,316명)를 차지했다.

3) 공공교육부문의 경우

영국 공공교육 분야 전체 일자리는 2000년 126만 개에서 2015년 174만 개로 증가했다. 반면 비정규직(non-permanent) 비율은 감소했다. 2000년 188,441명에서 2015년 151,510명으로 줄어들었다. 공공교육부문 일자리에서 차지하는 비중도 같은 기간 15%에서 8.7%로 감소했다.

〈그림 7-13〉 영국 공공부문 교육 분야 일자리 구성 추이(2000~2015년)

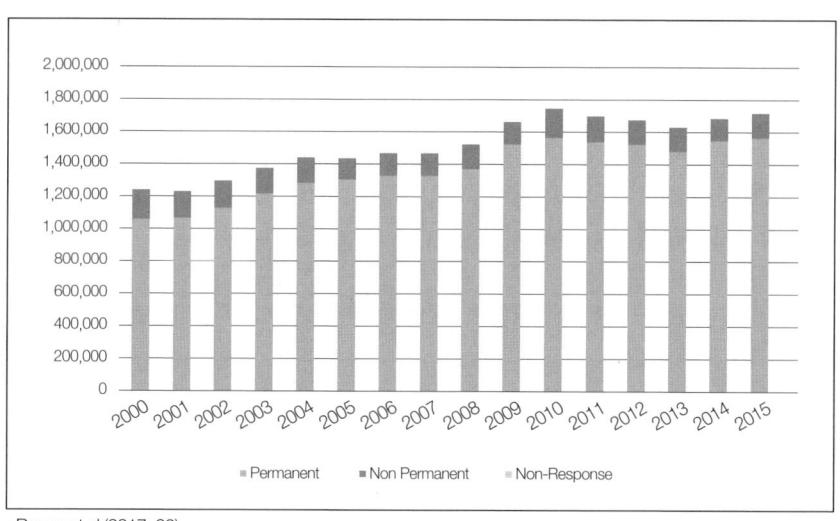

* Runge et al.(2017: 99)

〈그림 7-14〉 영국 공공부문 교육 분야 비정규직 일자리 구성 추이(2000~2015)

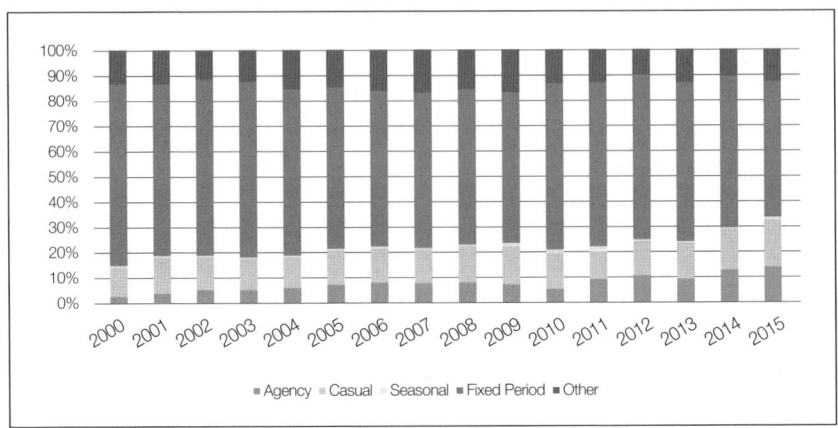

* Runge et al.(2017: 99)

4) 공공부문 간접고용

(1) 파견노동자 규모

공공부문 파견노동자는 2007년 56,080명에서 2010년 46,336명으로 17% 감소했다가 다시 급증해 2015년에는 71,272명으로 늘어났다.

〈그림 7-15〉 영국 공공부문 파견노동자 규모 추이(2000~2015년)

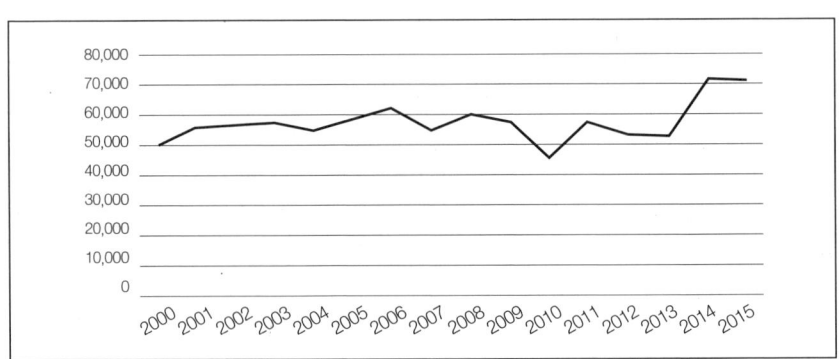

* Runge et al.(2017: 80)

〈그림 7-16〉을 보면 교육부문에서 임시파견 노동자가 가장 많이 늘어났음을 알 수 있다.

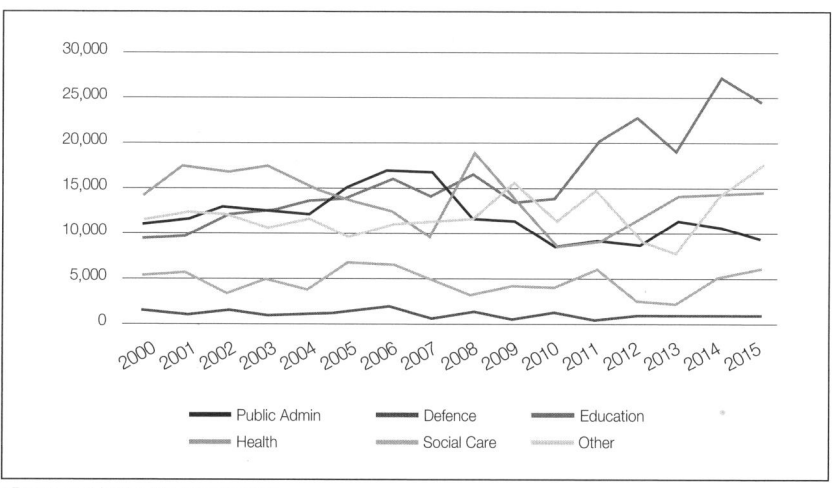

〈그림 7-16〉 영역별 임시파견 노동자 사용 추이(2000~2015년)

* Runge et al.(2017: 83), Temp agency

(2) 파견노동자에 대한 제도적 규제

2011년 파견노동자 규정(The Agency Worker Regulations)이 마련됨에 따라 파견노동자를 활용하는 사업주는 연속 12주 이상 근무(a qualifying period of 12 weeks in a particular job)한 파견노동자에게 비교대상 정규직과 동일한 수준(equal treatment)의 근로조건을 부여해야 한다.

(3) NHS의 경우

블레어 정부의 NHS에 대한 투자가 이뤄짐에 따라 NHS의 인력수요가 1997년 이후 증가했다. 인력수요 상당 부분은 민간 파견업체에 의해 채워졌다. 당시

NHS는 체계적이고, 중앙집중적인 조달체계가 구축되지 않았기 때문에 NHS는 민간 파견업체의 수익성 좋은 사업대상이 됐다. 높은 급여와 이에 따른 높은 중개수수료, 게다가 상대적으로 미흡했던 NHS 체계로 인해 몇몇의 파견업체들은 업무에 비해 수준이 높은 간호사를 배치한 뒤 부풀린 청구서를 제출해 이득을 취하기도 했다.

2000년 이후 최근까지 NHS 내 임시파견 노동자들의 규모 변동은 〈그림 7-17〉에서 확인된다. 2001년 이후 감소세를 기록하던 파견 노동자 사용 비중은 2008~2009년 금융위기 상황에서 증가한 뒤 감소했다가 2011년 이후 다시 증가하고 있음을 알 수 있다. 증가세를 보이고 있긴 하지만 전체 NHS 인력 가운데 임시파견이 차지하는 비중은 1%에 미치지 못한다.

〈그림 7-17〉 보건의료 분야 임시파견 노동자 사용 추이(2000~2015년)

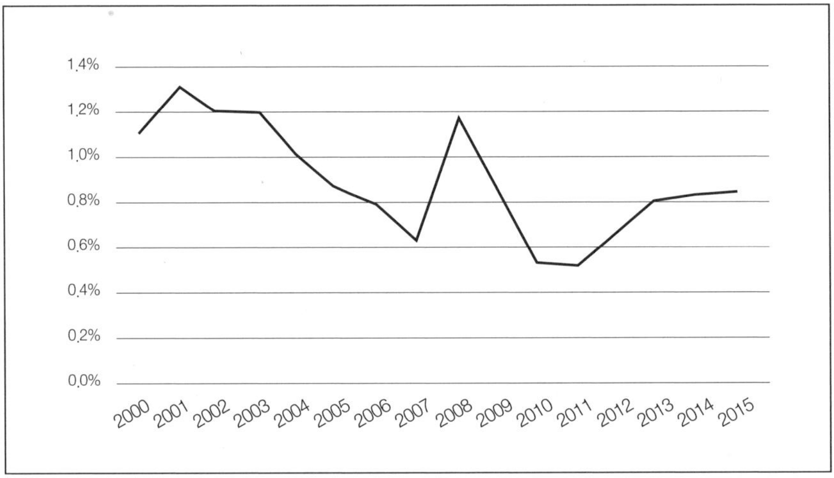

* Runge et al.(2017: 86), Temp agency

연도별로 파견 간호사를 포함한 임시직 간호사들에게 지급된 비용은 1997년에서 2003년 사이 2억1천600만 파운드(£216m)에서 5억8천900만 파운드(£589m)로 2.5배 증가했다. 그러다가 임시파견 노동자 규모가 줄어드는 추세와 맞물려 파견 간호사들에게 지급되는 비용은 전체 노동자들을 활용하는 데 드는 비중의 6.8%(2001~2002년)에서 3.3%(2004~2005년)로 감소했다. 부분적으로 각 NHS트러스트의 자금압박에 기인한 것이지만 상당 부분은 임시파견인력 사용을 줄이고자 했던 정부 노력에 따른 것이다.

하지만 2011년 이후 그 규모는 증가세를 보이고 있고, 파견 간호사 활용 비용은 전체의 3.4%(2011~2012년)에서 7.0%(2014~2015년)로 증가했다. 결과적으로 파견인력에 사용된 비용이 2009~2010년 22억 파운드(£2.2b)에서 2014~2015년 33억 파운드(£3.3b)로 증가했다.

특징적으로 살펴볼 것은 NHS의 경우 각 병원 트러스트별로 인력은행(staff bank)을 운영하고 있다는 점이다. 병원은 인력은행에 의사·간호사·지원인력 및 행정·사무인력 등 전 영역에 걸쳐 유연근로를 원하는 사람들을 보유하면서 필요에 따라 병원 인력으로 활용한다. 아주 유연한 형태의 근무일수나 근무시간을, 짧은 기간 혹은 긴 기간 활용하기를 원하는 사람들을 대상으로 인력은행을 통해 그들의 수요에 따라 인력을 병원에 배치하는 방식이다.

한편 정부(보건부, Department of Health)에 의해 설립된 인력공급업체(in-house agency)인 NHS Professionals가 있다. 설립 이유는 민간 공급업체 사용에 따른 급증하는 비용과 임시직 사용증가에 따른 의료서비스 질 저하를 막기 위함이다. NHS Professionals 홈페이지[79]에서 자신들의 역할을 아래와 같이 설명하고 있다.

"우리는 NHS Trusts와 파트너십을 맺고 임시직 인력풀을 관리하고 있고, 우리와 계약을 맺은 전반적인 노동력 전략의 한 부분으로서 NHS Trusts들이 노동력의 효율적 관리와 생산성 향상을 담보할 수 있도록 돕는다."

---

79) https://www.nhsprofessionals.nhs.uk/en/about-nhsp(accessed 7 Aug 2017).

NHS Professionals는 민간 인력공급업체보다 낮은 수수료로 운영된다는 특징을 갖고 있다. 임시인력 소개와 모니터링을 위한 엄격한 기준을 마련하는 한편 NHS 노동자들에 적용되는 최소한의 고용조건 보장과 임시인력들에 대한 훈련 및 개발 기회 제공 등을 통해 서비스 질을 향상시키기 위해 노력하고 있다. 공급인력은 간호사·의사·조산원·의료보조인력·조사원·행정직·의료기술직 등 거의 전 영역을 포괄한다. 공급대상은 NHS Professionals와 계약을 맺은 NHS Trusts(잉글랜드 지역)들이다. 보유인력은 4만여 명이다. 참고로 2011년 현재 잉글랜드 지역의 NHS 직접 고용인력은 130만여 명이다.

(4) 공공교육 분야의 경우

공공교육 분야 비정규직 구성에서 파견근로 비중은 2000년 2.9%(5,479명)에서 2015년 14.5%(21,955명)로 크게 늘어났다.

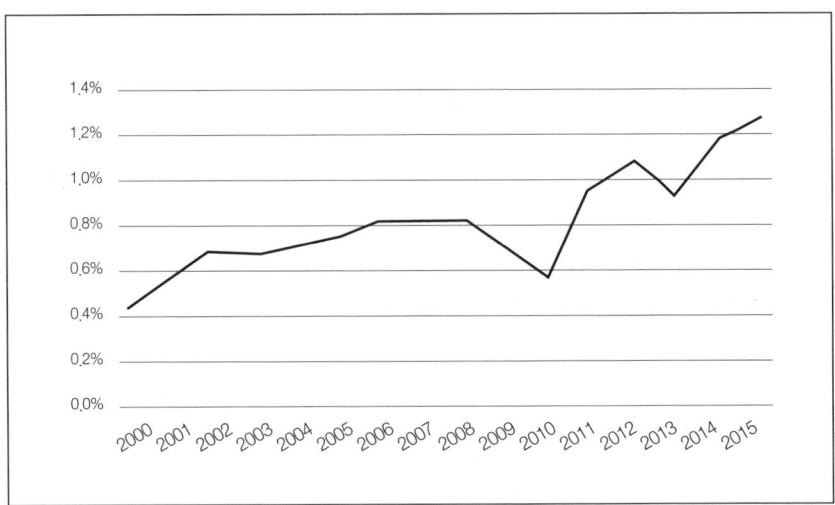

〈그림 7-18〉 공공교육 분야 일자리 중 임시파견 일자리 비율 추이(2000~2015년)

* Runge et al.(2017: 100)

5. 하도급 노동자 보호 관련 법·제도[80]

사업(의 전부 혹은 일부) 양도 후 하도급 노동자들을 보호하기 위한 법규 및 관련 노사정 합의 진행 상황을 영국 국가의료서비스(National Health Service: NHS)와 지방정부를 중심으로 살펴본다.

1) TUPE 규정[81]

사업 양도에 따라 고용관계가 이전되는 노동자들에 대한 보호장치로 TUPE〈Transfer of Undertakings (Protection of Employment) Regulations〉 규정을 꼽을 수 있다. 1981년 제정된 TUPE는 사업의 전체 혹은 부분이 다른 기관으로 이전될 때 기존에 해당 업무를 하던 노동자들의 계속 고용과 같은 수준의 임금 및 노동조건 보호를 목적으로 한다(UNISON, 2009). 이 규정의 적용으로 민간업체들이 승계한 인력의 임금이나 노동조건을 약화시킬 수 있는 여지가 상당 부분 제한됐다(Kessler and Bayliss, 1998: 146).

초기 대처 정부는 TUPE의 적용대상을 '상업적 업무'로 한정하면서 공공부문을 제외했다. 1983년과 1988년부터 NHS와 각 지방정부가 강제입찰제를 통해 업무를 민간에 위탁했을 때 TUPE 규정은 적용되지 않았다. 노동조합들의 법적 투쟁 등의 영향으로 이런 좁은 해석은 EU의 ARD(기업양도 시 노동자 보호 지침)에 부합되지 않는다고 판단됐고, 정부는 1994년부터 공공부문에도 확대 적용되기 시작했다(Culter and Waine, 1998: 93).

반면 TUPE 규정은 영국 공공부문 사용자들에게 엄청난 수준의 충격을 줬다

---

80) 이정희(2011)의 글을 일부 수정 보완한 것임.
81) TUPE는 1981년 제정된 이후 1995년에서 2006년 사이 수차례 개정됐다. Hyman(2010: 67~68)에 따르면 TUPE를 제정하는 데 중요한 영향을 미친 것은 EU의 '기업양도 시 노동자 보호지침(1977 Acquired Rights Directive: ARD, 98년과 2001년에 개정됨)이다. Hyman은 ARD가 애매한 내용을 많이 담고 있어 혼선을 불러일으키는 점이 없지 않다고 평하면서도 임금삭감의 한 수단으로 하도급을 사용하는 것을 제어하는 데에는 효과가 있었다고 평가한다.

(Anderman, 2004: 107). 보수당 정부가 추진한 강제경쟁입찰제의 큰 목적 중 하나가 '공공서비스 민간위탁을 통한 노동비용 축소'였는데, TUPE가 이런 보수당 전략을 약화시키는 역할을 했기 때문이다. 하지만 현실적으로는 민간업체가 공공서비스 업무를 위탁받은 뒤 새롭게 노동자들을 채용하면서 이들에 대해 낮은 수준의 임금 및 근로조건을 적용하는 것을 막지 못했고, 민간위탁 이후 채용된 노동자들은 보호장치 없이 취약한 조건에 놓이는 결과를 초래했다. 이는 의료서비스 및 지방공공서비스 내 이중노동시장 구조(two-tier workforce)를 야기했다는 비판을 받았다(UNISON, 2009).

2) 이중노동시장 코드(two-tier code)

1997년 노동당 정부가 들어선 이후에도 외주화 추세가 계속됐다. 이중노동시장의 문제는 더욱 심각해졌다. 주로 공공부문 노동자들을 조직하고 있는 유니손(UNISON)을 비롯한 영국 노동조합들은 공공서비스를 담당하는 민간업체 소속 노동자 내에서 TUPE 적용 여부에 따라 임금과 노동조건의 차이가 발생하는 것을 중단해야 한다고 주장했다. 이런 노력에 힘입어 노동당 정부는 이중노동시장을 폐지하겠다는 의지를 천명했다(UNISON, 2008a). 예컨대 "외주화가 노동조건을 침해하는 효과를 낳는다면 서비스의 질을 담보해 내지 못할 것"(토니 블레어 당시 총리, 2001년 10월 하원 연설), "정부는 이중노동시장 구조를 폐지하기 위해 끊임없이 노력할 것"(고든 브라운 당시 재무장관, 2003년 영국노총 대의원대회)이라고 선언했다. 이 같은 정부 의지는 2004년 워릭협약(Warwick Agreement 2004)에도 반영돼 있다.

민간업체로 이전된 노동자들과 업무 위탁 이후 새롭게 채용된 노동자들의 노동조건을 보호하기 위한 협약은 영국 전역에 걸쳐 여섯 가지가 있다(UNISON, 2008a). 지역과 부문, 직업군에 따라 달리 적용된다. 그중 지방정부와 NHS에 적용되는 협약(코드)을 살펴본다.

(1) 지방정부

흔히 'Two-tier code'로 불리는 'Code of Practice on Workforce Matters'는 공공업무 민간위탁 이후 '새로' 고용된 노동자들에게 공공부문에서 민간계약자로 '이전'한 노동자들보다 불리한 수준의 임금 및 노동조건을 적용하는 것을 막기 위해 만들어진 것이다. 이 코드[82]는 2003년 3월부터 지방정부 민간위탁 관련 노동력 이전과 신규 채용문제에 적용됐다. 그러다 2005년 7월부터 다른 공공서비스, 즉 NHS · 공립학교 · 정부 행정조직 및 중앙부처 등을 포괄하는 'Code of Practice Workforce Matters in Public Sector Service Contracts'가 도입됐다(UNISON, 2008b).

코드는 모든 형태의 민간위탁에 적용된다. 새로운 민간업체, 재입찰을 받은 업체는 물론 민간 하도급업체까지 포괄한다. 코드하에서 각 지방정부는 민간업체들이 공공부문에서 이전된 노동자와 함께 일을 하는, 새로 채용한 노동자들에 대해 정당하고 합당한 노동조건, 즉 이전된 노동자들에 비해 불리하지 않은 수준(no less favourable)을 제공하도록 보장해야 한다. 또한 민간업체는 새로 고용한 노동자들에게 지방정부 연금제도를 그대로 적용하거나 그 수준과 비교가능한 양질의 연금제도를 적용받도록 해야 한다.

노동시장 이중구조를 없애기 위한 협약 중에는 일부 지방정부들이 사용한 'TUPE-plus' 조항도 있다. 뉴캐슬(Newcastle), 더들리(Dudely), 해린지(Haringey) 등의 지방정부는 UNISON 각 지부들과 TUPE-plus 조항에 합의함으로써 민간위탁 계약 시 이 조항을 적용하기로 했다. TUPE에 명시된 권리들을 기반으로, 계약기간 동안 어떠한 임금과 노동조건의 저하가 없다는 것을 보장한 것이다. 고용계약이 이전된 모든 노동자를 위한 단체교섭권을 보장하는 동시에 민간위탁 이후 업체에 신규로 고용된 노동자들까지 포함한다. TUPE 조항은 포함되지 않는 모든 노동자들의 임금 및 노동조건을 보장하고 있다(UNISON, 2008a). 이와 함께 런던광역시의 공정고용조항을 살펴볼 필요가 있다.

---

82) 정확한 명칭은 'Best Value Code of Practice on Workforce Matters in Local Authority Service Contracts in England'다.

런던광역시와 업무를 위탁받는 모든 민간업체들은 직접고용이든 간접고용이든 관계없이 모든 노동자에게 시간당 일정 금액 이상을 지급할 것을 강제하는 내용이다. 이 조항은 단지 고용계약이 민간으로 이전된 노동자들을 보호하는 것뿐 아니라 런던광역시의 위탁업무를 수행하는 어떠한 노동자에게라도 낮은 임금을 지급하는 것을 금지한다(UNISON, 2008a).

(2) NHS

2005년 10월 보건부(DH), NHS 사용자, 4개의 노동조합(UNISON, GMB, TGWU, AMICUS), 민간업체의 대표 조직인 영국산업연맹(CBI) 및 사업서비스협회(BSA) 등 4자가 NHS 민간계약자에 고용된 노동자들을 위한 공동성명서(Joint Statement)[83]를 채택했다. 이전에 NHS 노동자들에 의해 수행되다가 현재 민간업체에 위탁된 업무 가운데 소프트그룹(soft facilities management), 즉 식당·청소·운반·세탁·리셉션·전기실 등에 근무하는 노동자들에게 적용된다.[84] 합의에 따르면 민간업체에 소속된 노동자들도 NHS 단체교섭(Agenda for Change)[85]에 의해 결정된 기본임금과 직무평가, 교육훈련에서 거의 동등한 혜택을 받을 수 있다. 합의를 지키지 않은 민간업체에는 정부 발주업무를 위탁받을 자격을 부여하지 않겠다고 명시하면서 합의의 효력을 유지하려 했다.

기본임금의 경우 NHS 단체교섭을 통해 정해진 동등한 급여 밴드 수준보다 낮아서는 안 된다.[86] 같은 급여 밴드에 포함되더라도 기술수준이나 직무 등에 따라 서로 다른 임금포인트의 적용을 받을 수 있는데, 이 합의에 따라 민간업체들

---

[83] Agenda for Change and NHS Contractors Staff-A Joint Statement.
[84] 하드 그룹(hard facilities management)으로 분류되는 건물 및 시설 유지·보수 등의 업무 종사자에게는 적용되지 않는다.
[85] 영국 보건의료산업 단체교섭 구조 일반에 관한 자세한 내용은 윤진호(2006), 채준호·신지원(2009)을 참조하면 된다.
[86] 1999년 노동당 정부는 10개의 중앙교섭구조(휘틀리 위원회)였던 NHS 단체교섭 구조를 3개의 교섭구조로 통합하기로 했다. 청소·급식 등 단순 지원인력과 이들의 관리자·사무인력 등은 의사·간호사에 이어 세 번째 그룹으로 분류돼 9개의 통합된 급여체계(pay band)의 영향을 받게 된다(채준호·신지원, 2009). 2010년 현재 AfC의 대상이 되는 NHS 인력의 연간 기본임금은 최저 13,903파운드, 최대 97,478파운드로 9개 임금 밴드에 54개의 임금 포인트로 나뉘어 있다(NHS Staff Council, 2011).

은 소속 노동자들에게 단순히 각 급여 밴드의 최하위 임금포인트를 적용시켜서는 안 된다. 이들도 최소한 같은 기간 동안 각 밴드에서 최고치의 임금포인트를 적용받을 수 있도록 권리를 보장해야 한다.

둘째는 직무평가다. 민간업체는 반드시 NHS의 직무평가 수단을 채택하고 시행함으로써 NHS 업무를 위탁받은 다른 업체 노동자들과 비교할 때 동일한 가치노동에 대해서는 동일한 임금을 지급해야 한다. 물론 노동조합과 동의가 될 경우 NHS 직무평가 수단이 아닌 다른 제도를 채택할 수 있지만 이 경우에도 동일가치노동 동일임금이 보장된다는 조건에서만 가능하다.

셋째는 직무능력 향상이다. 민간업체들도 임금수준선(pay progression)과 연동한 직무능력 향상을 위한 시스템을 채택하고 시행해야 한다. 이때 민간업체들은 NHS 지식 및 기술프레임워크(KSF) 또는 이와 동등한 수준의 제도를 시행해야 한다.

3) 노동시장 이중구조 금지 코드 폐지

영국에는 공공서비스부문 노동시장 이중구조를 막는 주요한 2개의 코드가 있었다. 그런데 2010년 5월 출범한 보수-자민당 연립정부는 2010년 12월(중앙정부 및 NHS 코드)과 2011년 3월(지방정부 코드) 2개의 코드를 각각 폐지했다. 대신 정부는 양질의 노동력 운용 증진, 적절한 훈련과 기술 향상, 공정하고 합당한 수준의 임금과 노동조건 보장, 노조에 의해 대변될 권리 인정 등을 명시한 모범고용관행원칙(Principles of Good Employment Practice)을 발표했다.

연립정부는 정부 조달의 폭과 범주를 넓히고 조달비용을 낮추는 것을 목표로 세웠다. 정부 계약의 25%를 중소기업에 발주할 방침이다(Cabinet Office, 2010). 연립정부는 기존 이중구조가 하도급 노동자 보호 측면에서는 물론 정부 업무를 위탁받는 기업 활동 측면에서도 도움이 되지 않는다고 판단했다. 내각장관인 프랜시스 모드(Francis Maude)는 "이중 코드는 노동자들을 보호하지도 못하면서 책임 있는 사용자들이 공공서비스를 제공하는 것을 막아 왔고, 규모가 작은 조직들은 특히나 이 코드에 의해 어려움을 겪어 왔다"며 "중소기업과 제3섹터 조직들이 공공서비스 시장에서 성공하는 것을 더욱 어렵게 만들어서는 안 된다"고 말했다. 노동계는 반발했다. UNISON(2011)은 "이중 코드 자체에 문제가 없는 것은 아니지만 노동시장 이중구조 확산을 제어하거나 작업장에서 공정성과 형평성을 증진시키는 데 중요한 역할을 했다"고 평가하면서 "코드 폐지는 민간업체들이 노동자들에게 더 낮은 임금 및 노동조건을 제공하게 만드는 '바닥을 향한 경주(race to the bottom)'를 이끌 것"이라고 비난했다. 연립정부가 내놓은 모범고용관행원칙에 대해서도 "강제성이 없고, 기존 이중 코드와 견줘 훨씬 덜 엄격한 것들이기 때문에 새로운 원칙이 기존 코드를 대체한다고 볼 수 없다"고 비판했다.

6. 비정규직과 노사관계

1) 간접고용에 대한 노조의 입장

초기 영국 노조는 유료 인력공급업체 폐지를 주장했다. 영국노총(TUC)은 1928년 채용 과정에 인력공급업체를 통한 비용이 초래되는 관행을 폐지해야 한다는 내용의 "Elimination of 'fee-charging employment agencies'(유료 인력공급업체 폐지)" 전략을 채택했다. 1970년대까지 이 기조는 이어져 인력공급업체에 대한 규제를 논의하자는 정부 요청을 거부했고, 가맹노조들에도 업체들과 맺은 단체협약을 파기하라고 했다. 핵심 이유는 "간접고용 적법성을 인정(confer legitimacy)하는 모양새가 될 것"이라는 우려 때문이었다. 하지만 1980년대 들어 노조는 업체 노동자들에 대한 개선된 규제를 적용하기로 입장을 선회한다. 대처 정부 들어 아웃소싱이 광범위하게 진행됐다. 일부 노조는 장기간 아웃소싱 저지 투쟁을 하기도 했으나 끝내 막아 내지 못했다. 영국 노조들이 비용우위(cost advantage) 효과 축소를 통해 간접고용 선호유인을 줄이려고 노력한 이유다.[87] 영국 공공부문 노동조합들은 여전히 간접고용에 대해 반대 입장을 갖고 있지만 이미 아웃소싱된 사업의 노동자들도 함께 지부로 조직해 활동하고 있다.

유니손(UNISON)은 고용형태를 불문하고 공공서비스를 제공하는 노동자는 UNISON 지부로 조직한다는 원칙하에 양날개 전략을 구사하고 있다. 공공서비스 시장화에 반대하지만 이미 간접고용돼 있는 공공서비스 제공 노동자들은 조직하겠다는 뜻이다.

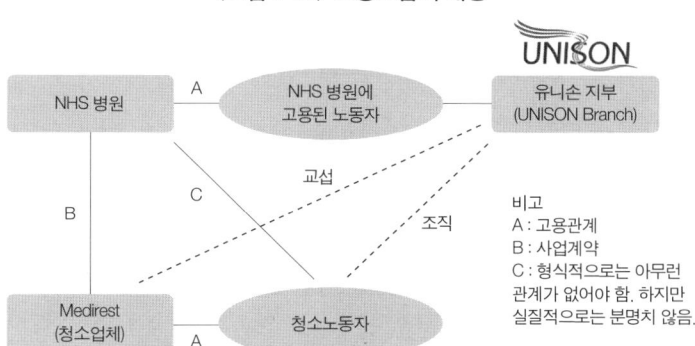

〈그림 7-19〉 노동조합의 대응

"고용형태 불문, 공공서비스 제공 노동자는 UNISON 지부로 조직한다"
양날개 전략(two-track strategy) "시장화 반대 + 간접고용 조직화"

* 이정희(2014)

2) 임금교섭 구조

중앙집중적 단체교섭을 한다. 분권화 압력에도 불구하고 Agenda for Change와 임금심의기구(Pay Review Body, PRB)로 대표되는 교섭구조 영향으로 중앙집중적인 단체교섭을 유지하고 있다. 1999년 노동당 정부가 주도한 Agenda for Change로 종전 NHS 내 10개 중앙교섭구조를 3개로 통합했고, 의사와 치과의사

---

[87] 그럼에도 몇몇 단위 노조들은 여전히 간접고용 폐지 입장을 고수했다. 운수일반노조(T&G)의 입장은 "간접고용을 조직하는 유일한 방법은 (노동시장에서) 내쫓는 것"이었다.

들을 제외한 NHS 모든 노동자들이 9개의 통합된 급여체계(pay band)의 영향을 받게 됐다(이정희, 2012).

〈그림 7-20〉 NHS 임금체계(2017~2018년)

Point	Band 1	Band 2	Band 3	Band 4	Band 5	Band 6	Band 7	Band 8 Range A	Range B	Range C	Range D	Band 9
1												
2	15,404	15,404										
3	15,671	15,671										
4		16,104										
5		16,536										
6		16,968	16,968									
7		17,524	17,524									
8		18,157	18,157									
9			18,333									
10			18,839									
11				19,409	19,409							
12				19,852	19,852							
13					20,551							
14					21,263							
15					21,909							
16					22,128	22,128						
17					22,683	22,683						
18						23,597						
19						24,547						
20						25,551						
21						26,565	26,565					
22						27,635	27,635					
23						28,746	28,746					
24							29,626					
25							30,661					
26							31,696	31,696				
27							32,731	32,731				
28							13,895	33,895				
29							35,577	35,577				
30								36,612				
31								37,777				
32								39,070				
33								40,428	40,428			
34								41,787	41,787			
35									43,469			
36								45,150				
37								47,092				
38								48,514	47,092			
39									41,787			
40									43,469			
41									56,665	56,665		
42									58,217	58,217		
43										60,202		
44										63,021		
45										67,247	67,247	
46										69,168	69,168	
47											72,051	
48											75,573	
49											79,415	79,415
50											83,258	83,258
51												87,254
52												91,442
53												95,832
54												100,431

* NHS Pay Review Body(2017) Thirtieth Report 2017, 잉글랜드 지역

〈그림 7-20〉은 2017~2018년 회계연도에 잉글랜드 지역 NHS에 적용되는 임금 체계와 수준을 표시한 것이다. 9개 임금밴드에 54개 임금포인트(pay points)로 구성돼 있다. 직무의 종류·직무능력·기술수준·자격·경력 등에 따라 다른 수준의 임금이 적용된다. 등급에 따른 직무 구분은 〈표 7-12〉와 같다.

〈표 7-12〉 임금등급에 따른 직무 구분

임금등급	해당 직무
Band 1	청소, 급식, 시설관리 등 단순 지원인력 등
Band 2	단순 지원인력 관리자, 보안 담당자, 비서, 타이피스트, 환자 이송, 보조인력 등
Band 3	응급진료 지원인력, 임상코딩 사무원, 지원인력, 작업요법 지원인력 등
Band 4	간호보조원, 영상음향기술자, 약사보조원, 치과간호사 등
Band 5	(신규 자격취득 전문가) 간호사, 조산사, 진단방사선사, ICT 기술자 등
Band 6	방문보건사, 경력직 간호사, 약사, 의료기록관리자, 임상심리전문가, 생체의학자 등
Band 7	커뮤니케이션 관리자, 경력 치과기술자, 사무·의료 관리자, 자산관리자, 선임 치료전문가 등
Band 8	고위 관리자, 인사관리책임자, 경력직 약사, 심리치료사, 임상 치료사, 교육 및 훈련 책임자, 인사관리책임자 등
Band 9	선임 심리치료사, 재정관리 책임자, 자산 및 시설 관리자 등

이런 임금등급은 직무평가제도(job evaluation scheme)에 의해 구분된다. 이 제도는 NHS에 종사하는 모든 노동자들의 임금과 여타 노동조건을 검토하는 것을 지원하기 위해 만들어진 것이다. 의사와 치과의사 등을 제외한 NHS 내 모든 직업을 포괄한다. 직무평가를 위해서는 특정 직무가 요구하는 지식과 기술의 정도, 업무의 중요성 및 책임의 정도, 난이도 등 16가지 요소가 고려된다. 자세한 내용은 〈표 7-13〉과 같다.

〈표 7-13〉 직무평가를 위한 16가지 요소

요소	세부 평가내용
1. 의사소통 및 관계 기술	- 관계를 맺고 유지하고 타인과의 협력을 얻고 유지하는 데 필요로 되는 기술 - 타인이 수용하기 어려운 좀 더 복잡하고 민감하고 논쟁적인 정보를 제공하고 수용하는 데 필요로 되는 기술을 보유할수록 등급 올라감

2.	지식, 훈련, 경험	- 직무 수행에 필요한 모든 종류의 지식과 경험 - 2개 이상의 분야에 요구되는, 전체 업무를 커버할 수 있는 이론과 경험적 기술을 보유할수록 등급 올라감
3.	분석 및 판단 기술	- 직무 수행에 필요한 분석 및 판단 기술 - 다양한 분석, 해석, 비교가 요구되는 고도로 복잡한 사실과 상황 관련 판단을 할수록 등급 올라감
4.	계획 및 조직 기술	- 직무 수행에 필요한 계획 및 조직기술 - 불확실성과 관련되고 전체 조직에 영향을 줄 수 있는 장기적인, 전략적 기획을 만들어 내는 능력을 갖출수록 등급 올라감
5.	신체 기능	- 손과 눈의 동작을 일치시키는 능력, 감각기능, 재주, 조작능력, 속도와 정확도, 키보드 및 운전기술 - 정밀함과 속도의 정도 및 고도의 손, 눈, 감각기능의 조율이 주요한 신체 기능을 갖출수록 등급 올라감
6.	환자와 고객 케어를 위한 책임	- 환자와 고객 케어, 치료, 처치에 필요한 책임 - 특화된 프로그램과 임상서비스 제공 능력 갖출수록 등급 올라감
7.	정책과 서비스의 발전과 실행을 위한 책임	- 정책과 서비스 발전과 실행에 기여하는 정도 - 주요 정책일수록, 또한 조직 간 혹은 해당 조직을 넘어서는 범위에 영향을 미치는 정책과 서비스 발전과 실행을 위한 책임을 질수록 등급 올라감
8.	재정 및 물적 자원에 대한 책임	- 기관의 재정적·물적 자원에 관한 책임 - 자원 사용 시 개인의무 준수를 넘어 조직의 재정과 물적 자원에 대한 책임을 질수록 등급 올라감
9.	인적자원에 관한 책임	- 노동자들에 대한 지휘 감독, 조정, 교육에 대한 책임 - 해당 부서 저숙련자들에 대한 조언을 넘어 조직 전체 인적자원 관리에 관한 책임질수록 등급 올라감
10.	정보자원에 관한 책임	- 정보 생성 및 처리, 데이터베이스 업데이트 및 유지, 보안 등 정보자원 처리 기술 - 취급하는 정보의 중요도, 처리능력, 정보시스템 관리 등에 관한 책임을 질수록 등급 올라감
11.	연구 및 개발(R&D)에 관한 책임	- 공식·비공식적 임상·비임상 관련 연구 및 개발 능력 - R&D 활동 및 프로그램 주도성 및 책임성 높아질수록 등급 올라감
12.	행동의 자유	- 업무 수행 과정에서 독립성, 자기결정권 여부 - 지휘·감독을 받기보다 정책과 전략 수립 과정에서 자기결정권 있고 관장범위 넓을수록 등급 올라감
13.	육체적인 노력	- 육체적 노력의 성질, 빈도, 지속기간 등 - 육체적 노력의 정도가 극심하고 지속기간이 길수록 등급 올라감
14.	정신적인 노력	- 정신적 노력의 성질, 빈도, 지속기간 등 - 잦은 빈도로 극심한 집중력을 필요로 할수록 등급 올라감
15.	감정적인 노력	- 감정적 노력의 성질, 빈도, 지속기간 등 - 극심한 고통·괴로움, 높은 수준의 감정적 환경(긴장감 등)에 노출돼 있을수록 등급 올라감
16.	노동조건	- 궂은 날씨, 극심한 더위·추위, 냄새, 소음, 매연 등 불가피하게 부정적인 환경조건의 성질과 이에 노출되어 있는 빈도, 지속기간 등 - 상당한 정도로 위험에 노출돼 있을수록 등급 올라감

* NHS Staff Council(2015), NHS Job evaluation handbook

직무평가는 노·사·정 대표자들이 함께 참여하는 직무평가위원회(JEWP, Job Evaluation Working Party)가 한다. NHS 사용자와 노동조합, 정부(보건부) 대표자들로 구성된 중앙교섭그룹에 설치된 위원회(sub-committee)다.

〈표 7-14〉는 직무평가를 위한 단계를 보여준다. 모두 8단계로 구성돼 있는데, 직무평가 요소들에 관한 초안을 검토하고 100여 개 직무 수행자들을 상대로 한 조사를 통해 각 요소들을 테스트한 뒤 다시 200여 개 직무 종사자들을 상대로 재검토를 한다. 이어 직무평가를 위한 문항을 만들고, 각 직무별로 점수화하는 방식, 가중치 부여방식 등을 검토한다.

이런 단계를 거쳐 마련된 평가 안내문은 모든 직무에 일관되게 적용될 수 있도록 한다. 전산화 과정을 거쳐 전국 NHS 종사자들에게 직무에 기반을 둔 임금 등급이 부여될 수 있도록 지원하는 역할을 한다.

〈표 7-14〉 **직무평가 단계**

단계		내용
1단계	초안 검토	직무평가 요소들 초안 검토
2단계	초안 테스트	100여 개 직무 수행자들을 상대로 초안 요소들 테스트
3단계	요소별 등급 개발	2단계 정보 바탕으로 각 요소별 요구되는 등급 초안 마련
4단계	각 요소 초안 검토	특정 요소에 기반을 둔 질문을 바탕으로 다시 200여 개 직무 샘플 마련해 직무 관련 해당 정보들이 정확하고 포괄적인지 검토
5단계	완성된 문항 평가	훈련된 공동패널들이 각 직무평가를 위해 질문지 평가. 결과는 JEWP 멤버들에 의해 검토되며, 입증된 결과는 데이터베이스에 저장
6단계	점수화 및 가중치 부여	직무평가 결과 데이터베이스는 JEWP 그룹에 의해 검토된 다양한 점수화, 가중치 부여 방안을 테스트하는 데 사용됨
7단계	안내문 작성	잠정적인 안내문(guidance notes)은 직무 평가자와 매칭패널 멤버들이 평가요소 등급 정의를 특정 직무에 일관되게 적용할 수 있도록 지원하는 역할을 함
8단계	전산화	전산화된 직무평가 소프트웨어는 각 직무를 평가하는 과정을 지원하기 위해 개발됐음

* NHS Staff Council(2015), NHS Job evaluation handbook

7. 소결

영국 공공부문을 중심으로 비정규직 고용현황과 증감추이, 비정규직을 둘러싼 교섭구조 등 노사관계 측면의 쟁점을 검토했다. 영국 공공부문은 중앙정부·지방정부·보건의료·교육·교통 등 거의 모든 영역에서 기간제·시간제·파견·용역 등의 형태로 비정규직을 활용하고 있으나 전체 공공부문 종사자 대비 비정규직의 규모가 급격하게 증대하는 추세는 발견되지 않았다.

공공부문 기관들이 별도 자회사를 설립해 노동력을 사용하는 방식도 확인되지 않았다. 다만 청소와 시설경비 등과 같이 저숙련 일자리가 민간위탁 등의 방식으로 외주화되는 현상은 지속적으로 확인된다. 이는 전기·가스 등과 같은 공공을 상대로 하는 사업과 시민을 상대로 하는 교통 등의 사업에 민간 참여가 확대되는 추세와 맞물려 공공부문의 범위와 기능 축소라는 정부의 신자유주의 이념과 맥을 같이한다고 평가할 수 있다.

영국의 사례가 한국에 주는 시사점은 크게 세 가지로 정리할 수 있다. 첫째, 정부가 채택하는 이념은 공공서비스가 조직되고 운영되는 방식에 영향을 줄 뿐 아니라 종사자들의 고용형태 다양화를 초래한다. 특히 공공부문에서 다수 확인되는 민간위탁 등의 방식을 통한 외주화는 '공공'서비스를 '민간'부문에서 제공하게 한다는 점에서 '공공성' 위축 혹은 훼손을 초래한다는 비판을 받고 있다. 둘째, 그럼에도 영국 공공부문은 상대적으로 높은 노동조합 조직률(52.7%, 2016년 통계)을 바탕으로 노사관계 측면에서 비정규직들의 임금과 근로조건을 일정 부분 규율하고 있다.

예를 들어 NHS 전국 단위 중앙교섭에서 보건의료 인력의 직군별 임금을 결정하는데, 간접고용 노동자들의 경우 직무의 동일·유사성이 확인되면 중앙교섭에서 정한 임금수준과 유사한 수준의 임금을 받을 수 있도록 사업장 단위 교섭을 통해 보장하고 있다. 셋째, 이를 위해 노동조합이 간접고용 노동자들을 기존의 사업장 단위 지부(branch)로 조직하고 있다. 한국의 기업 단위로 조직된 노조(산별노조의 지부)가 간접고용 노동자들을 소속 기업이 다르다는 등의 이유로 같은 노조(산별노조의 지부)로 조직하는 데 상대적으로 소극적이라는 것을 감안하면 고용형태를 불문하고 함께 '공공서비스'를 제공하는 노동자라는 관점에서 이들을 조직하고 있는 영국 사례는 한국 노동조합의 대표성 측면에서도 시사점을 준다.

III. 미국 사례

김주일_한국기술교육대학교

시장자본주의가 주도하는 미국 고용관계의 가장 큰 특징은 노동시장 유연성이다. 19세기 말부터 유지되고 있는 임의고용(Employment at will) 법리는 노동자와 사용자의 양 당사자의 자유로운 의사에 따라 고용관계가 형성되거나 해지될 수 있다는 것이다. 이 법리에 따르면 한국에서 논의되는 정규직과 비정규직이라는 구분 자체가 무의미하다. 왜냐하면 미국 노동법에는 정규직과 비정규직을 구분하는 법적 근거가 없기 때문이다. 판례를 중심으로 하는 미국법의 특성이기도 하다. 또한 미국은 50개 주가 모여 생성된 연방국가이기 때문에 노동법 또한 주마다 상당한 차이가 있다.

미국 노동시장에서 한국 정규직과 가장 큰 차이를 보이는 부분은 해고의 자유다. 별도 노동계약이 없는 경우 미국 노동자는 임의고용(at-will employee)으로 간주돼 아무런 사유 없이 해고될 수 있으며 퇴직금 지급 의무도 없다. 그러나 인종·성별·장애 등 차별적 이유로 해고하는 건 금지되며, 사업장 불법행위를 고발한 근로자를 보복성으로 해고하는 것 또한 금지된다. 해고 이후 정부 보조를 받을 수 있으나, 대부분의 주에서 이런 보조는 연방정부가 정한 빈곤선에 미치지 못한다. 이런 환경에서 미국 노동자들은 상당한 불안감에 시달린다. 2012년 연구에 따르면 미국 노동자의 42%가 고용불안정을 미국인들이 당면한 가장 큰 문제로 뽑았다.

미국의 비정규직 개념은 다른 나라와 차이가 있으며 엄격한 잣대를 들이대면 주마다 차이가 있지만 전체 근로자가 비정규직이라고도 할수 있을 정도의 유연성을 가지고 있다. 한편 임의고용 법리의 원칙도 판례나 차별법리 등의 영향을 받아 약화되는 추세다. 파견을 비롯한 비정규직의 고용불안이 대두되면서 시작된 변화다.

여기에서는 미국의 비정규직의 활용 현황을 살펴보고 이런 추세가 공공부문에도 파급돼 가는 과정을 들여다본다. 또한 공공부문에서 비정규직을 활용하는 이유와 이에 대한 비판과 평가를 해 보고자 한다.

1. 미국의 비정규직 현황과 파견노동자의 증가

미국의 비정규직은 2005년 전체 노동자 가운데 10.1%였으나 2015년에는 15.8%로 크게 늘어났다. 일반적으로 미국의 비정규직은 10% 내외로 알려져 왔다. 1995년 미국의 비정규직은 전체 노동자 중 9.3%였으며 2005년에는 10.1%로 그 변화가 크지 않았다. 그러나 2005년 이후 변화가 시작돼 10년 동안 비정규직 비율이 15.8%로 크게 늘어났다(Katz & Kreger, 2016).

미국생활패널자료(American Life Panel)의 분석 결과에 의하면 증가한 주된 비정규직 유형은 파견노동자와 특수고용노동자다. 일반적으로 미국에서는 비정규직을 특수고용노동자(Independent Contractors), 재택노동자(On-call Workers), 임시노동자(Temporary Help Agency Workers), 그리고 인력중개회사에 의해 공급된 파견노동자(Workers Provided by Contract Firms)로 구분한다.

비정규직에서의 비중을 볼 때 특수고용노동자는 8.4%로 제일 큰 비중을 차지한다. 2005년에는 재택노동자가 1.7%로 두 번째로 큰 비중을 차지했다. 2015년에는 파견노동자가 3.1%, 재택노동자가 2.6%였다.

특수고용노동자의 비중은 원래 큰 비중을 차지했으나 파견노동자의 증가는 인력중개업체 등이 확산되고 있음을 보여주고 있다. 미국에서 인력중개업체 등의 파견업체는 2000년대 초반부터 소수업체 주도로 대형화돼 2015년에는 미국 전체 노동력의 3.1%를 차지할 정도로 성장했다.

〈표 7-15〉 미국 비정규직 노동자 추이(1995~2015년)

구분	1995년	2005년	2015년
특수고용노동자	6.4%	6.9%	8.4%
재택노동자	1.6%	1.7%	2.6%
임시노동자	1.0%	0.9%	1.6%
인력중개회사를 통한 노동자	0.5%	0.6%	3.1%
비정규직 노동자 전체비율	9.3%	10.1%	15.8%

미국 비정규직 특성을 살펴보면 평균 연령이 1995년 42세에서 2005년 44세, 2015년 47세로 점차 고령화되고 있다. 여성인력 비중도 1995년 37.7%, 2005년 38.6%, 2015년 50.8%로 높아지고 있다. 2015년 비정규직 중 절반 이상이 여성인력이다.

인종 구분으로 볼 때 백인 비중이 2015년 79.2%로 압도적이기는 하지만 1995년의 88.6%에서 그 비중이 다소 감소하고 있는 반면에 흑인 비중이 점차 증가하고 있다. 특히 히스패닉노동자의 약진이 두드러진다. 1995년 7.0%에서 2005년 12.0%, 2015년 20%로 세 배 가까이 증가했다. 전체 비정규직 증가의 상당수가 히스패닉과 여성의 증가에 의해 나타난 것으로 추정할 수 있다.

비정규직의 평균 노동시간은 꾸준히 줄고 있다. 1995년 35.7시간에서 2015년 29.6시간으로 감소했다. 단시간 노동자인 파트타임 노동자가 증가한 것으로 풀이된다. 반면 주당 평균 수입은 1995년 502.5달러에서 2015년 874.4달러로 늘어나 최저임금 상승 등의 효과가 반영된 것으로 보인다. 학력으로 살펴보면 1995년 4년제 대졸 이상이 30.1%였으나 2015년 38.4%로 늘어났다.

비정규직이 단시간 노동자의 유형으로 변화하면서 고학력 비중이 높아지는 것으로 판단된다. 임금상승 효과는 최저임금뿐만 아니라 고학력 효과도 작용한 것으로 분석된다.

〈표 7-16〉 미국 비정규직 노동자의 평균 및 인종·학력 비율

구분		1995년	2005년	2015년
평균 연령		41.8세	44.2세	46.5세
여성 비율		37.7%	38.6%	50.8%
평균 노동시간		35.7시간	36.1시간	29.6시간
평균 임금(주당)		$502.5	$728.9	$874.4(105만 원)
인종	백인	88.5%	85.9%	79.2%
	흑인	7.9%	8.0%	9.3%
	히스패닉	7.0%	12.0%	19.6%
학력	4년제 대졸 이상	30.1%	32.4%	38.4%
	2년제 졸업	28.9%	29.4%	30.1%
	고졸	29.4%	27.3%	25.4%
	고졸 미만	11.6%	10.9%	6.0%

미국 비정규직의 변화추세를 분석하면 다음과 같다. 첫째, 지난 10년 동안 비정규직 규모가 크게 늘어났는데 주로 특수고용·파견노동 등에서 증가했다. 둘째, 여성 및 히스패닉의 비정규직 노동시장 참여가 활발하게 이뤄지고 있다. 셋째, 비정규직 일자리의 변화로 노동시간은 줄어드는 대신 평균 수입은 늘어나고 있는데 최저임금 효과와 고학력 증가효과로 추정된다(정흥준, 2016).

파견근로가 증가하면서 고용불안이 심각한 상황이다. 파견근로가 경기변동의 완충 역할을 하기 때문이다. 1990년과 2008년 사이에 근로자파견업 고용 수준을 조사한 결과에 따르면 2001년과 2003년 사이에 전체 고용이 약 1.6% 감소했는데, 파견고용 일자리는 20% 이상 감소한 것으로 나타났다.

같은 기간 동안 상실된 일자리의 25% 이상이 파견고용이었다. 또한 2007년 12월과 2008년 12월 사이에 전체 고용이 2.3% 감소하는 동안 파견고용에서 약 19%, 48만4천 개 이상의 일자리가 사라졌다.

경기불황 초기에 전체 고용이 감소하기에 앞서 파견고용 일자리가 먼저 감소했으며, 경기회복 시기에는 파견고용 일자리가 증가하는 경향이 나타나고 있다(Luo, Mann & Holden, 2010). 따라서 전체적으로 경기변동의 완충 역할로 파견근로 사용이 늘어나고 있으며, 최근 파견직 노동자 증가는 경기회복과 중첩돼 증가하는 것으로 추정된다.

파견직 노동자를 중심으로 고용불안이 크게 나타나고 있다. 파견노동을 보호할 법리가 존재하지 않기 때문이다. 미국에서는 1940년대에 시작한 것으로 알려진 파견업은 여성들이 주로 종사하는 사무보조, 단순행정과 서비스 직종이 대상이었다. 1999년 파견노동 직종을 조사한 결과에 따르면 미국에서 저숙련 생산직과 행정지원 직무가 전체 고용에서 차지하는 비율은 30% 수준이었다. 그런데 파견고용에서 그런 직무들이 차지하는 비율은 63%에 이른 것으로 나타나고 있다. 사무보조 및 단순행정 직종에서 파견노동자를 상당 부분 사용한다는 것을 알 수 있다.

최근에는 제조업을 비롯한 전문직종 분야에서도 파견직 사용이 늘어나고 있다. 특히 1990년대부터 전체적으로 제조업 직종에서 파견고용 비중이 꾸준히 증가했다. 1992년 제조업 전체 고용에서 파견고용 비중은 1%로 추산됐지만, 1997년에 그 비중은 4%대였다. 2000년대 제조업 파견 사용은 두 자릿수로 증가한 것으로 추정된다. 또한 영업·회계직으로 분류되는 에이전트와 매니지먼트, 도소매업의 구매, 조세, 금융, 인사 및 직무분석, 노사관계, 시장분석, 마케팅 전문가 등에서도 15% 정도 파견직을 사용하는 것으로 나타났다. 파견업이 다양한 분야로 확산되고 있다(Hatton, 2013).

제조업 분야에서는 파견노동자와 정규직 사이의 임금격차가 크게 나타난다. 파견노동자는 고용불안과 임금차별의 이중고를 겪고 있다. 캘리포니아주 고용통계를 분석한 자료에 따르면 제조업 생산직은 파견노동자와 정규직 사이의 임금격차가 거의 30% 수준이다. 물류운송과 배송직종은 25% 수준이다. 나아가 사업장 의료보험을 적용받지 못하는 파견노동자 비율은 39.1%였지만, 정규직에서는 그 비율이 20.5% 정도였다(Dietz, 2012).

파견노동자를 보호하는 법리는 미국에서는 별도로 존재하지 않는다고 봐야 한다. 한국의 경우 고용형태인 기간제와 파견노동자에 한정해 차별을 판단하고 규제하는 반면 미국에서는 고용형태를 벗어나 성별·민족·나이·임신·장애·인종·국적 등 다양한 기준에 따라 차별을 세분화해 규제영역을 넓혀 왔다.

우리나라에서는 비정규직 차별금지를 2007년 7월 시행된 기간제법에 규정했지만, 미국은 1964년 민권법(The Civil Right Act)에 차별금지를 규정했다. 최근에는 파견노동자 증가에 따른 보호 필요성 논의가 시작되는 것으로 보인다. 그럼에도 형식적으로 미국의 노동법은 정규직과 비정규직 노동자를 구분하지 않는다. 정규직과 비정규직 노동자 간의 차별을 일정 부분이나마 해소할 수 있는 제도들은 옴부즈맨이나 분쟁해결제도, 고충처리제도에 의존하고 있다.

파견이나 용역과 같은 경우 복수 사용자를 가지고 있는 간접고용 비정규직 노동자가 사용사업장의 정규직 노동자의 교섭단위 내에 포함되려면 관련 사용자 모두의 동의를 받아야 한다는 종전 원칙을 철회하고 비정규직 노동자와 정규직 노동자 간의 이익공동성이 존재하는 한 사용사업주 노조의 구성원이 될 수 있게 한 2000년 노사관계위원회 결정을 계기로 사용자의 포괄적 책임에 대한 논의가 확산되고 있다.

한편 파견노동자 해고 문제는 조금 더 복잡하다. 개별 해고사유 제한을 기본으로 하기 때문에 파견 확산과 고용불안을 제대로 규율하지 못하는 한계를 보인다. 미국 해고법제는 각각의 해고 금지사유를 명시한 연방제정법과 주법원의 판례법리로 구성돼 있다. 사용자 해고처분에 대해 포괄적으로 정당한 사유를 요구하지 않고, 개별 법률이 그 목적에 따라 해고금지 사유를 명시하는 개별사유 제한 방식이다. 이와 같은 개별 해고사유제한 원리의 특징은 고용안정을 법적 보호 필요성이 있는 것으로 간주하지 않는다는 의미다. 이로 인해 사업장에서 그 성립과 종료를 반복하는 파견고용 관계가 야기하는 고용불안 문제를 해고법제로 규율할 수가 없다.

파견고용 대상 직종을 한정하거나 파견근로자 사용기간을 제한하는 법리 개발도 쉽지 않다. 미국에서 파견기간과 고용기간이 연동되는 파견고용은 사업장에서 일반해고 또는 일시해고와 동일한 개념으로 사용된다. 파견고용이 파견노동자의 고용불안 문제를 악화시키는 한 요인이 되고 있지만 개별사유 제한을 기본원리로 하는 미국의 해고법제는 파견고용 관계의 고용불안을 실효적으로 규율하지 못하고 있다고 봐야 한다(김미영·박종희, 2014).

2. 공공부문에서 비정규직의 확산과 활용이유

미국 노동통계국의 비정규직 부가조사(CWS, the Contingent Work Supplement)를 활용해 공공부문 비정규직 활용경향을 분석한 결과에 의하면 공공부문에서도 비정규직이 확산되고 있다. 공공부문 비정규직의 구분기준에 따르면 비정규직 노동자를 직접고용과 간접고용으로 나눈다. 직접고용 비정규직 노동자에는 시간제노동자·호출노동자·계절적 노동자가 포함된다. 간접고용 비정규직은 외주업체 및 인력공급업체와 근로계약을 맺고 있는 파견노동자다.

공공부문 직접고용 비정규직 중에는 시간제 노동자가 많은 편이다. 전반적으로 연방정부보다는 주정부와 지방정부에 직접고용 비정규직의 비중이 많은 경향을 보인다. 공공부문 간접고용 비정규직의 대표적인 형태는 파견노동자인데, 초등학교 교사·인사노무관리 전문가·트럭기사·자료입력사·비서 등이 대표적이다.

과거 미국의 공공부문은 전통적으로 내부노동시장에 가까운 고용관계를 형성했다. 내부 승진 중심의 안정적인 고용이 보장됐고, 임금도 내부적인 직급체계에 따라 결정됐다. 비정규직과 비교할 때 상대적으로 후한 임금과 복지후생이 제공됐다. 이런 내부노동시장의 존재 속에서 조직에 대한 충성심이 형성됐다고 볼 수 있다.

그런 가운데 민간부문에서 시작된 다양한 형태의 비정규직 활용이 공공부문까지 확산하면서 미국 공공부문의 내부노동시장 모델도 변화를 겪게 됐다. 미국 공공부문에도 고용유연화가 나타나기 시작한 것이다. 작은 정부를 지향했던 부시행정부 기간(2001~2009년)에 정부는 공공부문에서 많은 외주화를 실시했고, 공공부문 노동자에 대한 선발과 채용, 평가 및 보상 분야를 유연화했다. 공공부문 노사가 내부노동시장 완화압력에 적응해 가면서, 다양한 형태의 비정규직 활용을 통한 고용방식 유연화가 진행됐다.

사회보장부와 국세청 및 몇몇 지역의 학교에서는 퇴직자들을 파트타임이나 임시직으로 재고용해 실질적인 재임기간을 늘렸다. 이런 경우는 내부노동시장이 오히려 강화되는 경향을 보였다. 반면 비정규직을 활용하고자 하는 민간부문의 논리가 공공부문에도 적용되는 경향이 많았다.

예를 들어 연방정부의 경우 정원(T/O) 제한으로 증가하는 업무에 대응하지 못해 파견노동자를 활용하는 경우가 많았다. 공공부문 정규직 노동자들이 보유하지 못한 전문기술을 가진 인력들을 필요에 따라 활용할 수 있도록 도와주기도 한다. 교육 분야에서는 정규인력 부재에 대한 대체인력 수요가 많고, 일·가정 양립 차원에서 시간제로 근무하는 노동자들도 적지 않다.

전반적인 추세로 볼때 공공부문 조직들이 정규직뿐만 아니라 파트타임·임시직·파견직·외주인력까지 다양한 고용형태가 공존하는 이른바 혼합형 인력구조(the blended workforce)를 채택하는 경향을 보인다[88](Thompson & Mastracci, 2008).

미국 공공부문 고용형태 중 비정규직 활용 원인을 검토해 보면 5가지로 요약된다. 전반적으로 파견업체 확대와 더불어 이의 활용이 증가하는 것으로 파악된다.

첫째, 인력수요 변동에 대한 대응이다. 국가와 민간을 막론하고 공공부문에서도 인력수요 변동에 대한 유연한 대처는 비정규직 활용의 주된 이유다. 미국 국세청의 경우 1월부터 4월까지 세금환급기간에 계절적인 인력수요에 대처하기 위해 임시직을 광범위하게 활용하기도 한다. 산불이 많이 나는 계절이나 휴가철에 산림보호를 위해 계절적 임시직 근로자들을 활용하기도 한다. 교통안전청은 항공기 이착륙 시간에 따른 수요변동에 대응하려고 시간제 노동자를 쓴다.

둘째, 가정 친화적 작업장 조성이다. 공공부문 비정규직 활용의 두 번째 이유는 노동자들의 관점에서 노동자들의 개별적 요구를 반영해 가정 친화적 작업장을 조성하기 위함이다. 주로 전일제와 시간제근로의 자유로운 이동을 통해 달성되고 있으며, 직무공유방식도 활용되고 있다.

셋째, 신규입사자 모집 및 선발에의 활용이다. 몇몇 공공기관에서는 비정규직 채용을 정규직 신규입사자 모집 및 선발에 활용하고 있다. 보통 대학생들의 경력경험 프로그램이나 학생임시직 프로그램 등 인턴방식을 통해 일정 기간 근무하면서 적임자를 선별해 정규직으로 채용하는 방식을 말한다. 미국 국세청은 정규직의 일부를 비정규직 노동자 중에서 채용하고 있는데, 노동자 이력서나 추천서 같은 정보에 의존하기보다는 실질적인 업무능력을 기준으로 정규직을 채용하기 위해서다.

넷째, 전문가 활용이다. 미국 연방공공기관에서는 전문적 기술을 가진 인력을 확보하는 방편으로 간접고용 또는 직접고용 방식의 비정규직을 활용하고 있다. 보훈보건청의 경우 병원에서 마취과 의사가 필요한데, 정부의 보수규정에 의하면 마취과 의사를 정규직으로 채용하기 어렵기 때문에 시장가격에 별도 계약을 체결해 비정규직으로 활용하고 있다. 해군연구개발국은 2004년 전체 인력의 40%에 달하는 4,500명을 외주근로자로 활용했는데, 이들 중 많은 수가 정규직을 보완하는 과학자들과 공학자들이었다.

다섯째, 원활한 노동력 공급처 확보. 은퇴자, 학생, 그리고 다양한 개인적 요구를 가진 인력들이 파트타임 · 기간제 · 외주노동자 등의 고용형태를 선호하는 것이 사실이다. 이들 노동력을 공공부문에서 활용하기 위해서는 공공부문에서도 다양한 형태의 비정규직을 활용하는 혼합고용형태를 갖추는 것이 바람직하다는 것이다. 실제로 사회보장부와 인력관리부 등 다양한 공공부문에서 은퇴자를 비정규직으로 재고용한다.

3. 미국 공공부문 비정규직 활용의 비판과 과제

전통적인 정규직 고용모델을 고수했던 미국 공공부문에도 비정규직 활용이 점진적으로 증가했다. 현재는 핵심-주변부 모델 또는 혼합인력모델(blended workforce model)로 이런 현상을 설명한다. 비정규직이 고용형태별로 해당 업무와 인적자본 특성에 따라 활용되고 있다는 것이다. 이런 현상에 대해 미국 내에서 다양한 비판의 목소리가 존재한다.

첫째, 공공부문 비정규직들이 자발적으로 해당 고용형태를 선택했는가의 문제다. 2001년 CPS(Current Population Survey) 조사에 따르면 독립계약자 및 외주근로자의 경우 자발적으로 자신의 고용형태를 선택했다고 응답하는 경우가 많았다. 반면 호출근로자의 49%와 파견근로자의 44%만 현재 고용형태를 자발적으로 선택하고 선호한다고 응답했다. 정규직으로의 전환을 원하는 근로자들이 과반을 넘었다(Mastracci & Thompson, 2005). 미국 공공부문에 비자발적 비정규직 비중이 상당하다는 것을 보여준다.

둘째, 비정규직이 비용절감을 위해 활용되는 탓에 정규직이 누리는 건강보험·연금 등 다양한 복지후생의 혜택을 받지 못하는 문제점이 있다.

미국 공공부문 비정규직의 처우를 살펴보기 위해, 웨스트버지니아주의 행정처 근로자들을 위해 제공하는 근로자핸드북[88]에서 소개하는 임시직고용(Temporary employment)의 지위와 관련한 사항을 정리해 보면, 주정부에 고용된 근로자들의 고용형태는 크게 네 가지로 구분된다. 첫째, 정규직 공무원 지위에 해당해 가장 확실히 지위가 보장되는 입법고용(Classified Employment)이다. 둘째, 공무원체계에 포함되지 않지만 주정부 인사처에서 설정한 직무체계에 포함되며 명시적 고용보장이 되지 않지만 일반적인 인사정책이나 제도는 입법고용과 동일하게 적용하는 입법제외고용(Classified-exempt Employment)이다.

---

88) http://www.administration.wv.gov/department-of-administration-employee-information/Documents/DOA%20Handbook-2012a.pdf

셋째, 공식직무체계에 포함되지 않고 기간의 정함이 없는 고용관계이지만 언제든지 해고가 가능한 적용제외고용(Exempt Employment)이다. 넷째, 단기의 명확한 기간을 정해 고용된 임시직고용(Temporary Employment)이다.

웨스트버지니아주의 모든 비정규직은 적용제외고용 혹은 임시직 고용의 지위를 가진다. 어떤 경우에도 해고가 가능하다. 임시직의 경우 실제 근무한 시간에 따라 시간급으로 임금을 지급하므로 성과평가의 대상에서도 제외된다. 유급휴일·연차휴가 및 병가 등의 적용에서 제외되며, 복지후생으로 제공되는 보험과 퇴직연금도 주당 20시간 이상이거나 연간 1,040시간 이상 정기적으로 근무하는 전일제 근로자에게만 적용된다. 결국 정규직과 비정규직 간 차별 문제가 미국 공공부문에 잠재돼 있음을 알 수 있다.[89]

공공부문의 비정규직 고용에 따른 문제점을 완화하기 위해 미국 인사관리처(Office of Personnel Management, OPM)는 연방정부 기관들의 임시직고용에 대한 조치들을 마련했다. 1985년까지는 1년 계약 후 1년 계약연장으로 제한했다. 1985년부터 1994년까지는 1년씩 4년까지 계약을 갱신할 수 있도록 완화했다. 제한이 완화되자 장기간 동안 임시직 계약을 갱신하는 기관들이 증가했다. 이에 따른 부작용도 빈번해지기 시작했다.

1994년 OPM은 임시직고용과 관련한 제한조치를 강화했다. 최대 2년간만 임시직으로 고용할 수 있으며, 추가적인 단기계약의 경우에도 동일한 직위에 3년간 24개월 이내만 고용할 수 있도록 했다.[90]

이런 조치는 연방정부 기관들이 실제로 임시적인 일자리에 임시직을 활용하고, 임시직 근로자들이 임시직고용이 지속될 수 있다는 기대를 갖지 않도록 하기 위해서였다. 미국 연방규정집(Code of Federal Regulation) 5장 인사행정(Title

---

89) http://www.opm.gov/News_Events/congress/testimony/111thCongress/06_30_2010.asp
90) Title 5: Administrative Personnel, Part 316-TEMPORARY AND TERM EMPLOYMENT, § 316.401 Purpose and duration.
http://ecfr.gpoaccess.gov/cgi/t/text/text-idx?c=ecfr;sid=ba4f72062107cf10a776572a82b44753;rgn=div5;view=text;node=5%3A1.0.1.2.40;idno=5;cc=ecfr#5:1.0.1.2.40.3

5: Administrative Personnel)의 316편 임시 및 기간제고용(Temporary and Term Employment) 관련 조항을 살펴보면 임시직고용의 목적을 '비상시적 성격'이 명확한 경우로 밝히고 있다. 1년 이내(요건 충족 시 1년 연장 가능)의 기간제한을 설정하고 있다. 또한 일반적 기간제한 예외규정을 매우 까다롭게 규정하고, OPM이 예외기간 적용 연장을 승인할 수 있도록 하는 절차를 마련하고 있다.

임시직의 적절한 활용을 위해 공공기관은 다음과 같은 세 가지 경우에만 임시직을 고용할 수 있다. 첫째, 단기간에 필요한 직위의 충원(1년을 넘지 않을 것으로 예상되는 경우)일 경우다. 둘째, 사업의 폐지·재조직화·제 기능의 외주화·사업비 감축, 특정 사업이나 업무피크기간의 종료와 같이 기간 내에 해당 사업이 종료될 것으로 예상되는 경우다. 셋째, 조직의 다른 부서로 파견을 가는 등의 사유로 공석인 직위에 정규직 근로자가 충원될 때까지만 임시로 담당하는 경우다.

임시직의 적절한 활용을 승인하는 절차로서 임시직으로 충원된 직무의 담당 감독자는 해당 고용이 전적으로 임시적인 것이고 임명이 기간제한 요건을 충족하는 것인지에 대해 승인을 받아야 한다. 이런 승인절차는 기간제한을 준수해 문서화해야 하며, 각각의 임시직 채용에 고용사유를 명시해야 한다.

임시직 기간제한을 엄격히 하기 위해 임시직을 고용하는 경우 1년을 넘지 않는 명시적 기간을 설정해야 한다. 이 채용은 1년에 한해(총 임용기간 24개월 이내) 연장할 수 있으며, 기존 임시직의 채용 연장을 우선적으로 고려한다. 동일업무·동일부서 및 동일지역에 포함되는 직위 채용에 대해서도 기존 임시직의 채용 연장을 우선적으로 고려한다. 또한 3년의 기간 사이에 24개월 동안 임시직으로 임명했던 직위에 다시 임시직으로 임명해서는 안 된다.

일반적 기간제한에 대한 예외조항으로서 업무의 필요성을 예측할 수 없는 일시적(Intermittent) 또는 계절적 업무에 대해서는 아래와 같은 두 가지 요건을 반영해 기간제한의 적용 없이 임시직으로 임명하거나 연장할 수 있다. 첫째, 임명과 연장은 1년 미만으로 점진적으로 해야 한다. 둘째, 해당 기관이나 임명된 관련 기관에서 동일 또는 연속적인 고용은 운영기간 1년간 6개월 이내(연장근무를 제외하고 1,040시간 이내)로 한다.

　미국 사례를 종합해 보면 미국 공공부문에서도 지나친 비정규직 활용의 문제점을 완화하기 위한 조치를 취해 왔다. 업무 특성과 요구되는 인적자본 특성에 적합한 고용형태가 합리적으로 결정될 수 있도록 지속적으로 노력했다고 평가할 수 있다.

IV. 캐나다 사례

노성철_일본 사이타마대학교

1. 캐나다 공공부문의 고용정책 흐름

　1960년대와 70년대에 케인스주의에 기반을 둔 경제정책이 캐나다 전역으로 확장되면서 공공부문은 여성과 유색인종 노동인력에게 '양질의 일자리'로 자리매김했다. 노동조합을 설립하고 거기에 참여할 권리를 인정하며 민간영역보다 높은 임금 수준을 유지하는 등 연방정부와 주정부 모두 양질의 고용관계를 제시하는 모델 사용자 역할을 충실히 수행했다(Luxton & Reiter, 1997). 그러나 1990년대에 들어서면서 여러 가지 도전에 직면하게 된다.

　1980년대 중반 신자유주의 이념을 내세우며 집권한 새로운 연방정부는 높은 수준의 공공지출과 그에 따른 부채에 대한 우려의 목소리를 내기 시작했다. 캐나다 공공부문은 비효율성의 대명사로, 그리고 민간영역의 활력을 떨어드리는 존재로 묘사되기 시작했다(Ilcan, 2009).

　공공서비스의 제공 및 공공부문 일자리의 수요와 공급이 시장의 메커니즘에 따라 조정될 때 그 효율성과 효과성이 극대화될 수 있다는 논리를 앞세워, 1980

년대 후반부터 1990년대 초반에 걸쳐 캐나다 연방정부는 공기업 민영화, 공공서비스 외주화, 공공서비스 자체를 축소하는 정책노선을 본격적으로 추진한다 (Vosko, 2006). 1985~1995년 사이 24개 공기업이 민영화됐고, 거기서 일하던 80,000명의 직원들이 민간영역으로 이동하게 된다.

신공공관리 이념에 바탕을 둔 공공부문 개혁은 독립서비스기관(Separate Service Agency) 설립으로 이어진다. 업무기능이 유사하거나 중복되는 연방부처들을 통합해 공공서비스의 효율성·정확성·신뢰성을 향상시킨다는 목표하에 연방정부는 1997년 해양수산청·보건부·농산식품부 등 3개 부처의 식품검사 및 검역 업무를 통합해 식품검역청(Canadian Food Inspection)을 신설했는데, 이 과정에서 전체 인력 규모 축소가 일어난다(Prince, 2000). 동일한 과정을 거쳐 국세청(Revenue Canada)과 국립공원관리청(Parks Canada)이 독립서비스기관으로 변경된다. 아울러 공공부문 인력관리 유연성 확보를 목표를 내건 공무원개혁법(Public Service Reform Act)을 제정했다. 이 법안을 근거로 기존에 중복되는 정책관할권을 가졌던 부서들의 운영 수준 합병, 시너지 효과 가능성이 있는 프로그램들의 통합, 복수 기관이 하나로 합쳐지는 정책상 합병을 대대적으로 추진해 연방정부 조직규모의 축소·개편을 이끌어 낸다(Aucoin, 1995).

이런 과정은 곧 연방정부에서 주정부로 확대되기에 이른다. 대표적으로 온타리오주의 경우 보수당이 1995년에 '상식의 혁명(Common Sense Revolution)'이라는 기치를 내걸고 집권에 성공하자마자 '더 적은 자원으로, 더 좋은 서비스(do better for less)'라는 슬로건을 앞세워 주정부 공공서비스 제공방식 구조조정에 착수한다(Vosco, 2006). 온타리오주 환경부가 환경감시·감독 공무원과 사무직 인력의 약 1/3을 축소하는 등 주 행정부처 및 기관의 직접고용 규모를 줄이는 한편 제설·주차·청소 등의 공공서비스를 외주로 전환하는 공공서비스 제공의 민영화가 급격하게 일어난다.

현재 캐나다 연방정부 공무원의 임용과 인사정책의 수립 및 집행은 공공인사위원회(Public Service Commission of Canada, PSC)라는 기관이 관장하고 있다. 위원회 위원들은 연방정부의회에 직접 보고를 하며 임기 중에는 상하원 합의에 의해서만 해임될 수 있도록 규정해 행정부로부터 제도적 독립성을 보장받고 있다. 이들은 연방정부 부처 및 기관이 캐나다 공무원고용법(Public Service Employment Act, PSEA)에 어긋남이 없이 인력운용을 하고 있는지 관리·감독하는 역할을 수행한다(Charko, 2013). 그러나 인사위원회는 공무원고용법이 그 적용범위로 정하는 정규직과 직접고용 비정규직 외에 간접고용 비정규직 사용에 대해서는 관리·감독 권한을 가지고 있지 않다. 이는 90년대 중반 이후 파견고용이 늘어나는 원인 중 하나가 된다.

캐나다 연방정부와 주정부 중 인력규모가 가장 큰 온타리오주의 고용규모는 〈표 7-17〉과 같다.

〈표 7-17〉 캐나다·온타리오주 공공부문 고용 현황(2012년)

구분	캐나다 전체		온타리오주	
	고용규모 (명)[2]	임금총액 (천CAD)	고용규모 (명)	임금총액 (천CAD)
전체 공공부문	3,631,837	194,193,338	1,330,805	74,407,975
공공기관(Government)	3,313,320	174,195,018	1,190,503	65,651,646
연방기관[1] (Federal general government)	427,093	31,103,207	181,272	13,837,908
주 및 준주정부기관 (Provincial and territorial general government)	356,709	23,198,296	92,710	6,820,420
보건 및 사회 서비스 기관 (Health and social service institutions, provincial and territorial)	859,350	45,172,690	236,448	13,686,844
대학, 훈련교육, 무역기관 (Universities, colleges, vocational and trade institutions, provincial and territorial)	382,245	19,846,260	139,619	7,118,700
지역정부기관 (Local general government)	608,094	21,161,298	274,644	9,164,583
지역교육위원회 (Local school boards)	679,828	33,713,366	265,811	15,023,192
공기업(Government business enterprises)	318,519	19,998,322	140,302	8,756,331

연방정부 운영 공기업 (Federal government business enterprises)	102,319	5,349,386	42,491	2,233,593
주 및 준주정부 운영 공기업 (Provincial and territorial government business enterprises)	147,914	10,667,874	41,274	3,190,571
지역정부 운영 공기업 (Local government business enterprises)	68,286	3,981,059	56,536	3,332,166

1. 연방정부 인원은 예비군 및 직업군인 수 포함
2. 상근 및 파트타임 모두 포함
* 캐나다 통계청, Statistics Canada

〈표 7-17〉이 보여주는 것처럼 공기업 소속인력을 제외하고 정부가 직접 고용하고 있는 인력들은 크게 6개 범주로 나눌 수 있다. 먼저 연방-주-지역 정부로 이어지는 세 거버넌스의 수준, 그리고 각 정부가 재정을 지원하고 운영하는 보건 및 복지 서비스, 4년제 혹은 2년제 대학들, 끝으로 지역교육위원회가 그것이다. 캐나다 공공부문의 비정규직 실태는 각 공공부문 범주에 따라 다르고 관련법안과 규제에서도 차이를 보인다.

예를 들어 보건 및 교육 섹터에 속한 조직들은 주정부에 의해 재정지원을 받지만, 고용과 관련한 결정은 각각의 병원·학교·대학에 위임돼 있다. 단, 대다수의 주들이 주 수준에서 단체협약을 맺고 이를 일괄적으로 같은 고용범주에 속한 노동자들에게 적용한다. 공공인사위원회는 주기적으로 이들 공공기관과 그 부서들의 고용현황을 모니터링하면서 필요에 따라 채용 등의 인사 과정을 직접 지원한다. 본 글에서는 공공인사위원회 관리하에 공무원고용법의 적용을 받고 있는, 캐나다 연방(federal)정부 그리고 주(Province)/준주(Territory) 정부 기관들의 비정규직 현황을 정리해 보고자 한다.

2. 캐나다 공공부문 비정규직 고용현황

　공무원고용법에 따르면 연방정부는 단기계약직(Casual), 기간제(Term) 그리고 계절(Seasonal) 등 세 가지 범주의 비정규직 노동자들을 직접고용할 수 있다. 기간제 노동자의 경우 최소 3개월에서 최대 3년까지 채용할 수 있고, 3년 이상 고용할 경우 정규직으로 고용전환을 해야 한다. 이들은 노조에 가입할 수 있는 권리를 갖고 정규직 단체협약의 적용을 받는다. 반면 한 해에 최대 90일 동안 고용할 수 있는 단기계약직 노동자의 경우 단체협약의 적용을 받지 못한다. 계절 노동자들은-캐나다 국립공원관리청은 이용객이 많은 여름철에 한해 대규모로 계절노동자들을 고용한다-기간제와 단기계약직의 중간 수준 처우를 받는다. 정규직 전환 관련 의무조항은 없지만 노조에 가입할 권리를 갖고 단체협약 적용대상이 된다. 온타리오주의 경우 정규직과 기간제 노동자들이 각각 별도의 단체 협약을 적용받는다. 그러나 파견업체를 통해 공급받는 간접고용 비정규직들은 단체협약의 보호를 받지 못하고 있다. 연방정부 및 주정부 수준 모두에서 간접고용 비정규직 노동자들의 비중이 높아지고 있음을 보여주는 정황증거들은 많지만 공식적인 집계가 이뤄지지 않고 있기 때문에 정확한 규모는 알려져 있지 않다.

　캐나다 연방정부와 주정부의 사례는 공공부문 고용관리에서 이른바 핵심인력으로 분류되는 정규직을 중심으로 세 가지 층위 비정규직 노동자들이 존재하고 있음을 보여준다. 첫 번째로 파트타임·기간제·계절노동자들과 같은 고용계약 기간이 정해진 직접고용 비정규직 노동자다. 이들 중 상당수는 노동조합에 가입하고 단체협약의 적용을 받는다. 캐나다의 공공부문 사업장은 노조에 가입하지 않더라도 조합비 공제를 의무화하는 랜드 포뮬라(Rand Formula)를 적용받기 때문에 노조에 가입하지 않더라도 조합비를 내는 대신 단체협약에 의해 규정되는 여러 가지 복지혜택을 받을 수 있다. 노조의 고충처리시스템을 통해 작업장 내 불만이나 갈등에 대해 공식적으로 문제제기를 할 수 있다.

　두 번째 층위는 직접고용 단기계약직 비정규직 노동자다. 첫 번째 직접고용 비정규직 유형보다 계약기간이 짧고, 단체협약 적용대상이 아닌 것이 특징이다. 첫 번째 층위 비정규직 노동자들이 누리고 있는 복지혜택과 작업장에서의 권리를 보장받지 못한다. 앞서 언급했듯이 몇몇 주정부에서는 최대 90일까지만 이런 고용형태로 인력을 고용할 수 있도록 제한을 두고 있다. 이를 초과할 경우 장기계약으로 전환하도록 명시하고 있다. 첫 번째 층위 비정규직으로 상승하는 것이다.

세 번째 층위의 주변부 노동자들은 간접고용 비정규직이다. 이들은 법적으로 공공부문 노동자로 간주되지 않기 때문에 공공부문 노조에 가입할 수 없고 단체협약 적용도 받지 못한다. 이들의 정확한 규모를 집계조차 하지 않고 있다는 사실은 정부가 이들의 사용을 방조하고 있음을 시사한다. 〈그림 7-21〉은 첫 번째 그리고 두 번째 층위에 속하는 공공부문 비정규직 노동자들, 즉 직접고용 비정규직 노동자들의 고용규모 변화를 정규직과 비교한 것이다.

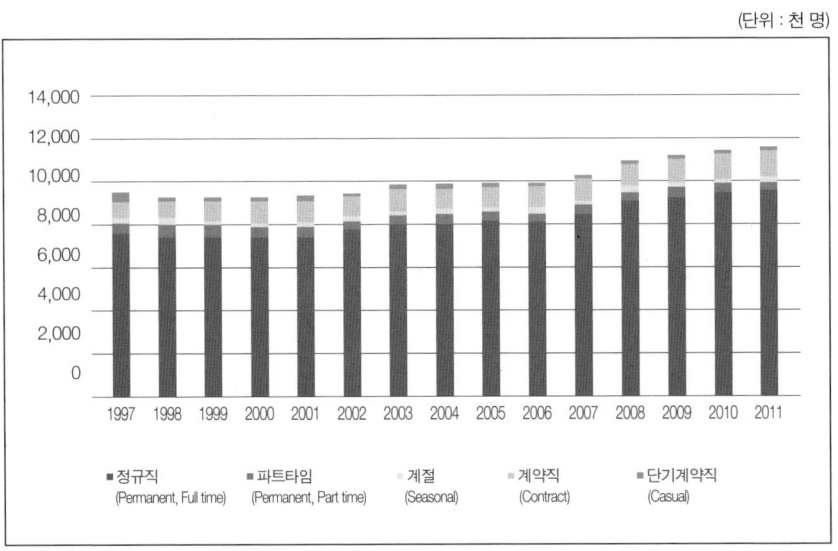

〈그림 7-21〉 캐나다 공공부문 직접고용 비정규직 비중 변화(1997~2011년)

(단위: 천 명)

* 캐나다 통계청, Statistics Canada

그림에 따르면 공공부문의 유연성과 효율성을 추구했던 신자유주의적 정부 집권시기였음에도 1997년부터 2011년 사이에 상용 정규직 비율이 80.5%에서 82.5%로 소폭 증가했다. 첫 번째 층위에 속하는 비정규직 비율은 감소한 반면 두 번째 층위에 속하는 그룹 비율이 증가하는 추세를 확인할 수 있다. 같은 기간 상용 파트타임 비율은 5.5%에서 3.4%로, 계절노동자 비율도 3.1%에서 1.8%로 줄어들었다. 대신 계약직 고용 비중이 8.8%에서 10.7%로 증가했다.

이어지는 장에서는 이런 변화추세를 연방정부와 주정부(온타리오 주정부)로 나눠 살펴본다.

1) 연방공공서비스 직접고용 비정규직 고용현황

연방공공서비스(Federal Public Service)는 캐나다 공공부문의 가장 큰 고용주이며, 주정부나 지역정부 고용정책에 큰 영향을 미친다. 여기서는 공공인사위원회가 매년 의회에 제출하는 연례보고서 내용을 바탕으로 2004년부터 2013년까지 10년 동안 연방공공서비스의 정규직·비정규직 인력구조 변화를 분석한다. 캐나다의 공무원고용법은 공공서비스를 제공하는 인력들의 고용형태(Types of Appointments)를 6가지 범주로 구분한다.

첫 번째는 무기고용(Indeterminate Appointment)으로 계약기간 없이 정해진 주당 노동시간 이상 일하는 정규직 계약이다. 〈그림 7-22〉는 2004년 이후 10년 동안 전체 연방공공서비스 인력이 15% 정도 증가했고 무기직(정규직) 규모는 그것보다 높은 19.5%의 상승률을 기록했음을 보여준다. 단, 2012년부터 보수적 성향의 하퍼 정부가 공공부문 인력 및 비용지출을 감축하면서 정규직 규모 역시 감소 추세로 돌아선 것을 확인할 수 있다.

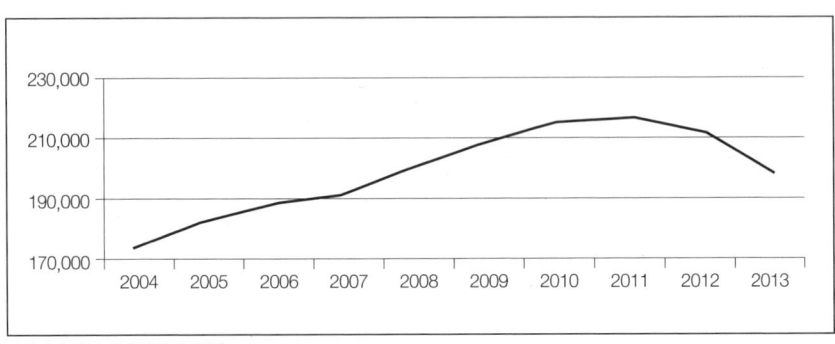

〈그림 7-22〉 연방공공서비스 정규직 규모 변화(2004~2013년)

* 캐나다 공공인사위원회, PSC

　이어서 공무원고용법은 다섯 가지 종류의 직접고용 비정규직 유형을 명시하고 있다. 첫 번째는 기간제 고용(Term Appointment)이다. 이는 6개월 이상 장기기간제와 6개월 이하 단기기간제로 나뉜다. 두 번째 비정규직 유형은 학생고용이다. 연방재정위원회(Treasury Board)가 정하는 학생고용프로그램을 통해 각 행정부처나 기관들은 4년제 또는 2년제 대학에 재학 중인 학생들을 고용할 수 있다. 2017년 현재 학생경력형성프로그램(Federal Student Work Experience Program, FSWEP), 고등교육 협동조합/인턴십 프로그램(Post-Secondary Co-Op/Internship Program) 등 5가지 종류의 학생고용프로그램이 운영되고 있다. 프로그램에 따라 고용대상 및 고용기간, 보수 등에서 차이가 난다.

　가장 규모가 큰 학생경력형성프로그램(FSWEP)의 경우 개별부서가 인력이 필요한 업무나 부서 내 학생프로그램을 공공인사위원회에 등록하면, 학생들은 인사위원회의 웹페이지에서 정보를 열람한 후 희망부서를 적어서 지원서를 제출한다. 이후 인사위원회는 등록된 지원자의 정보를 선발 가이드라인과 함께 해당 부서에 보내 부서별 선발 과정을 거치게 한다.

　FSWEP을 통해 고용된 인력들은 학기 중에는 파트타임으로, 비학기 기간에는 파트타임 또는 풀타임으로 일할 수 있다. 연방부처나 기관은 이들이 학생 신분을 유지하는 한 계속 고용할 수 있다.

계절고용(Seasonal appointment)은 1년에 12개월 미만으로, 연이어 2년 이상 동일기간에 걸쳐 맺는 근로계약을 지칭한다. 계절고용기간 외에는 자동으로 계절해고(Seasonal layoff) 상태로 전환되고 임금을 받지 못한다. 단기고용(Casual Employment)은 한 해 특정기관이나 부처와의 근로계약이 90일을 넘길 수 없는 근로계약을 뜻한다. 다만 주당 노동시간이 12시간 이하인 파트타임 임시고용의 경우 6개월 이상 고용할 수 있다.

기간제고용부터 단기고용에 이르는 비정규직 계약을 통해 연방공공서비스 업무를 맡는 노동자들은 일을 시작하는 순간부터 공무원 연금제도의 적용대상이 된다. 반면 마지막 비정규계약 범주인 호출고용(As Required/On Call Appointment)을 통해 일을 하는 노동자들은 적용대상에서 제외된다.

〈그림 7-23〉 연방공공서비스 비정규직 규모 변화(2004~2013년)

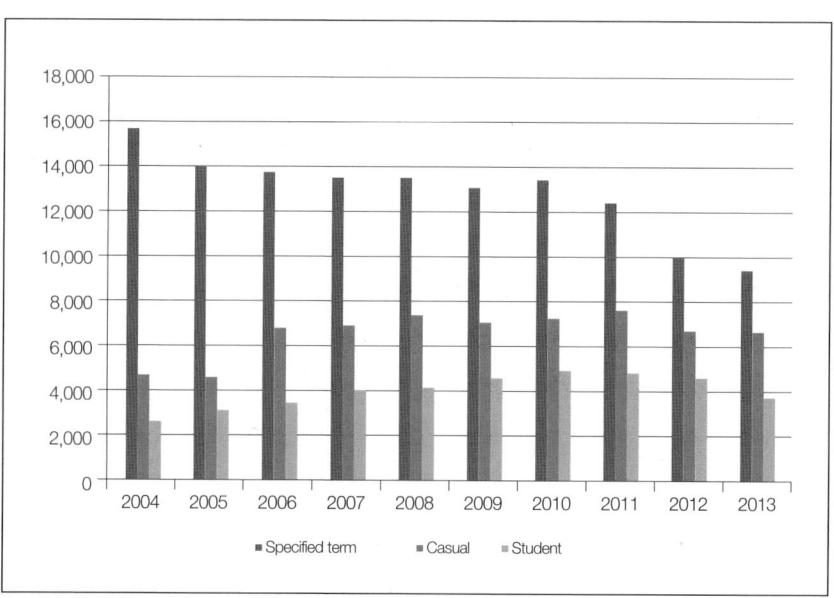

* 캐나다 공공인사위원회, PSC

〈그림 7-23〉은 〈그림 7-21〉의 캐나다 공공부문 직접고용 비정규직 추세를 구체적으로 보여준다. 10년 동안 가장 눈에 띄는 추세는 기간제 노동자 비중의 급격한 감소다. 2004년 대비 기간제 비정규직의 비율이 40%가량 감소하는 동안 단기고용과 학생고용 비율은 그만큼 증가했다.

공무원고용법이 6개월 이상 연속근무하는 장기기간제 노동자들에게 정규직 노동자들과 동일한 임금과 복지혜택을 제공해야 한다고 규정하고 있다는 것을 고려할 때(Gow & Simard, 1999), 비정규직 인력구조 변화가 인건비 절감 목적으로 이뤄진다는 것을 알 수 있다.

같은 이유로 연방공공서비스 인력에서 간접고용 비정규직이 차지하는 비율도 증가했을 것으로 추측된다. 1990년대 이후 각 부처와 기관으로 조직의 운영권 및 재무책임이 위임되면서, 일선 관리자들이 필요에 따라 인사위원회 모니터링 대상이 아닌 파견계약 노동자를 사용하는 사례가 늘어났.

2009년 공공인사위원회는 매년 발간하는 의회제출 보고서(PSC 2009)에 명시적으로 캐나다 공공부문 내의 간접고용 증가와 그것이 공공서비스 제공에 미치는 부정적인 영향에 대한 우려를 표명했다. 의회 정부운영예결위원회는 처음으로 파견노동현황 실태조사를 공공인사위원회에 주문했다. 이어지는 장에서는 그 실태조사 결과를 바탕으로 캐나다 연방공공서비스의 간접고용 비정규직 현황을 살펴본다.

2) 연방공공서비스 간접고용 비정규직 고용현황

공공인사위원회는 일선 관리자들이 단기적이고 시급한 운영상 인력수요를 맞추기 위해 파견노동자를 사용하는 것을 사실상 묵과해 왔다. 직접고용 비정규직 사용에 대해서는 〈표 7-18〉에 요약한 대로 유형별로 다양한 규정을 두고 있지만 간접고용 비정규직에 대해서는 별다른 규제를 두지 않고 공식적인 통계를 내지도 않고 있었다는 사실이 그것을 방증한다.

캐나다 연방행정체계 내에서 연방공공서비스와 관련한 파견계약은 공공인사위원회가 집행하는 공무원고용법이 아닌 연방재정위원회에서 정하는 외주계약정책 및 공공사업 및 정부서비스(Public Works and Government Services Canada, PWGSC)의 공공조달 계약 관련 규정(Contracting Policy)을 통해 관리된다.

〈표 7-18〉에 공무원고용법 적용을 받는 직접고용 유형과 그 적용영역 밖에 있는 간접고용 유형 및 관련규정을 정리했다.

〈표 7-18〉 캐나다 연방공공서비스 채용 및 계약 규정

고용 및 계약형태	관할	계약기간
무기고용 (Indeterminate employment)	채용기관-공무원고용법	무기(Permanent)
기간제 고용 (Term employment)	채용기관-공무원고용법	다양한 기간
단기계약직 고용 (Casual employment)	채용기관-공무원고용법	최대 90일/년
학생고용 (Student employment)	채용기관-공무원고용법	다양한 기간
전문직 서비스, 컨설턴트 (Professional service)	채용기관-공공사업 및 정부 서비스부(PWGSC)의 관련법안 + 연방재정위원회 외주계약정책 프레임워크	기간 제약이 아닌 비용 제한
파견서비스 (수도권 지역)		2009년 5월 현재 최대 48주 (이후 PWGSC의 승인하에 24주 연장 가능) + 4만 달러 제한
파견서비스 (비수도권 지역)		최대 20주, 4만~10만 달러 제한

* PWGSC, 연방재정위원회 외주계약정책 프레임워크

즉 공공인사위원회와 PWGSC 모두 인력수요를 해결하는 장치들을 가지고 있는데, 전자는 서비스 제공을 내부화하는 임용 과정(appointment process)을 통해, 후자는 외부화하는 계약 과정(contract mechanism)을 통해 접근한다는 차이를 보인다.

일선 관리자들이 사용하기가 용이하고 예산 부담이 상대적으로 적은 후자의 메커니즘을 선호하면서 파견고용은 연방공공서비스에서 지속적으로 증가한다.
PWGSC는 관리자가 파견계약서비스를 사용할 수 있는 경우를 i) 인사과정에서 일시적인 공석이 발생했을 때 ii) 출산휴가 등으로 단기결원이 생겼을 때 iii) 일시적인 업무량 증가로 기존의 인력으로는 특정공공서비스를 제공할 수 없을 때 등 세 가지로 제한하고 있다. 하지만 엄밀한 모니터링은 이뤄지지 않고 있다. 공공서비스에서 파견노동 증가추세는 〈그림 7-24〉의 예산지출 증가추세를 통해 간접적으로 확인할 수 있다.

〈그림 7-24〉 파견서비스 및 인건비 지출규모 변화 비율(1999~2009년 회계연도)

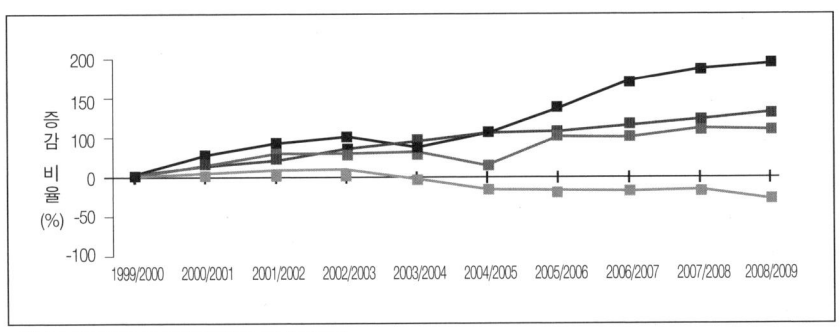

* 캐나다 공공지출 및 직무기반 정보분석시스템

정규직·기간제·단기계약직 등 공무원고용법 관리하의 인건비 지출과 비교하면 파견서비스 이용에 지출되는 예산은 더욱 가파르게 증가하고 있다. 구체적으로 1999~2000년 회계연도에 비해 정규직 인건비가 75% 늘어난 데 비해 파견서비스 지출은 두 배 이상인 160% 증가했다. 직접고용 비정규직 중에서 가장 빠르게 증가하는 단기계약직 고용추세에 비해서도 세 배 정도 빠르다(1999~2000년 단기계약직 노동자에게 지급된 임금 $1당 $0.73 정도가 파견서비스 계약에 지출됐는데 10년 만에 이것이 $1.21로 증가했다).

한편 기간제 노동자 임금지출은 다양한 비정규직 고용형태 비율 중에서 유일하게 줄어들었음을 확인할 수 있다(기간제 노동자에게 지급되는 임금 $1당 파견서비스 지출금액은 $0.13에서 $0.69로 증가했다).

공공인사위원회는 2010년 실질적인 법·제도적 제약 없이 증가해 온 파견고용 실태를 파악하고 개선점을 마련하기 위해 공공기관 파견실태조사(PSC 2010)를 벌이게 된다. 현재까지 실시된 거의 유일한 연방정부 간접고용 실태조사인데, 전수조사가 아닌 2007~2008년 회계기간에 파견계약지출이 가장 많았던 11개 공공기관을 대상으로 한 사례조사라는 한계가 있다. 하지만 이 기관들이 연방 전체 파견계약지출의 50%를 차지한다는 점에서 연방공공서비스 간접고용 비정규직 추세는 확인할 수 있다. 〈표 7-19〉는 보고서의 주요 결과물인 11개 조사대상 공공기관들의 파견서비스 이용현황을 보여준다.

몇 가지 특징을 정리하자면 전체 파견서비스계약의 2/3에 달하는 계약이 행정보조 및 지원직에 몰려 있다. 애초에 파견서비스를 도입할 때 명분이었던 공공부문 서비스의 전문성을 보강한다는 목적보다는 비용절감에 초점이 맞춰져 있다. 3/4 이상의 계약(79.4%)이 전일제 직무를 수행하기 위해 이뤄지고 있다.

끝으로 70% 파견계약이 주로 연장계약으로 인해 발생하는 계약수정을 거치는 것으로 드러났다. PWGSC의 파견노동자의 사용기간에 대한 규제는 그동안 완화돼 왔다.

1980년대 초반까지 최대 8주였던 파견노동자 사용기간은 1990년대 들어 계속해서 연장되면서 2003년에는 20주까지 늘어나게 된다. 2009년에는 기간제한이 아예 없어지고 계약규모가 $89,000를 넘어설 수 없다는 규정만 남았다. 이후에 다시 개정돼 계약규모 $400,000 또는 계약기간 48주를 넘길 수 없게 됐다. 이마저도 사전에 PWGSC의 승인을 얻으면 추가로 24주 계약연장을 할 수 있는 현재 규정에 이르렀다.

〈표 7-19〉 연방공공서비스 파견서비스 계약 주요 특징

(단위 : 건)

구분		계약 빈도	비율(%)
파견계약 직종범주	행정보조 및 지원직	1,805	62.8
	운영 및 기술직	632	22.0
	전문직	439	15.3
계약형태	전일제	2,624	79.4
	파트타임	679	20.6
파견업체에 지급되는 시간당 요율	시간당 20달러 이하	597	18.0
	시간당 21~40달러	1,935	58.5
	시간당 41~99달러	500	15.1
	시간당 100달러 이상	284	8.6
계약 수정 횟수	0	1,151	29.3
	1~2번	1,841	46.8
	3번 이상	941	23.9

* 공공인사위원회, 2010.

연장계약을 통해 파견노동자들을 장기적으로 사용하는 관행은 빈번하게 일어나고 있다. 보고서에 따르면 13주에서 26주 동안 파견서비스를 사용하는 비중이 26.6%로 가장 높았고, 연장계약을 통해 53주 이상 사용하는 경우도 18.4%나 됐다. 반면 4주 이하로 사용하는 비율은 13.5%로 상대적으로 낮았다. 가장 짧게는 하루부터 가장 길게는 165주까지, 파견서비스 사용기간은 평균 29.4주로 나타났다.

계약기간 종료가 곧 파견노동자 사용 종료를 의미하는 것은 아니었다. 파견계약기간이 종료된 후에도 해당 공공부서나 기관과 개별적으로 고용관계를 맺고 계속 업무를 수행하는 파견노동자들의 비율이 적지 않았다. 조사대상이었던 2,670명의 파견노동자 중 16.3%에 달하는 434명이 파견계약을 맺고 있었던 공공기관과 계약 종료 이후에도 계속해서 일하는 것으로 나타났다. 434명 중에서 29.7%는 파견계약 이전에도 해당 공공기관에 다른 고용관계를 통해 노무를 제공했다. 53.5%는 파견계약 종료 이후에만, 16.8%는 파견계약 이전과 이후에 모두 일을 하고 있었다.

파견계약 전후로 계속 일을 하고 있는 경우 단기계약직·파견계약·단기계약직 패턴이 가장 많았다. 〈그림 7-25〉가 이를 자세히 보여준다.

〈그림 7-25〉 파견계약 전후 2주 동안 공무원고용법 적용(직접고용) 일자리로의 이동

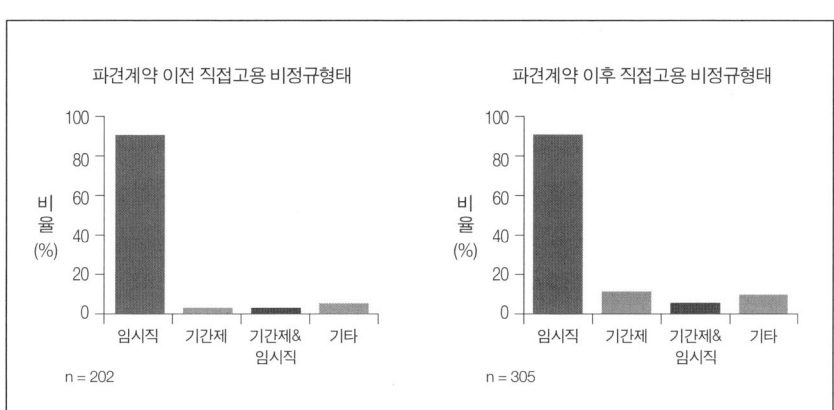

파견계약 이전 고용형태의 89.6%, 파견계약 이후 고용형태의 74.1%가 단기계약직 고용이다. 직접고용 비정규직 중에서 공무원고용법에 의해 가장 보호받지 못하는 고용형태인 단기계약직 고용과 공무원고용법이 적용되지 않는 파견고용이 서로를 매개로 비중을 높여 가고 있었다. 이를 통해 많은 수의 파견근로자들이 해당 기관들과 사실상 연속적인 고용관계를 맺고 있는 것으로 나타났다.

끝으로 실태조사는 관리자들이 실제로 어떤 상황에 파견계약을 사용하는지 확인하기 위해 파견계약서에 명시된 파견사용이유를 전수조사했다. 결과는 〈표 7-20〉에 정리했다.

〈표 7-20〉 연방공공서비스 파견서비스 사용 목적

계약서에 명시된 파견 사용 이유	비율(%)
업무량 증가	50.8
인사이동 중 업무수행	21.1
인원부족	10.5
기존 인원의 휴직 및 이직	9.8
기타	7.8

11개 공공기관 파견계약의 44.5%인 1,878개의 계약만이 계약서 작성 시 명시하게 돼 있는 파견사용이유를 기입했다. 공공부문 파견서비스 이용에 대한 모니터링이 제대로 이뤄지지 않고 있음을 보여준다. 연방재정위원회가 규정한 파견사용의 정당한 이유 세 가지 외에도 '인원부족'으로 인해 파견서비스를 이용한다는 답변이 10.5%로 높게 나왔다. 이는 현장에서 일시적인 업무량 증가나 인력부족이 아닌 상시적 인력수요에 대응하기 위해 파견을 널리 사용하고 있다는 사실을 입증한다.

3. 소결

캐나다 연방정부 및 주정부의 비정규직 고용현황을 다양한 정부보고서와 통계를 통해 살펴봤다.

먼저 캐나다의 공공서비스 관련 고용형태에서 한국과 같은 형태의 무기계약 비정규직은 존재하지 않는 것으로 보인다. 무기계약(Indeterminate Appointment)이라는 용어가 공무원고용법 등에 등장하는데, 정규직(Full-time, permanent appointment)과 동일한 의미로 사용되고 있었다. 연방정부와 주정부 수준에서 공공서비스 업무의 정규직 비율이 80% 이상으로 높았다.

공무원고용법은 6개월 이상 연속근무하는 장기기간제 노동자들에게 정규직 노동자들과 동일한 임금과 복지혜택을 제공해야 한다는 차별금지조항을 두고 있다. 아울러 1980년대 중반 이후 신공공관리론의 영향으로 증가해 온 공공서비스의 외주화·민영화 역시 2005년 이후에는 역민영화(reversing privatization)로 돌아서는 추세가 나타나고 있다(Warner & Hefetz, 2012; Hebdon & Jallette, 2007).

인소싱과 아웃소싱의 중간형태로 주정부들이 공동으로 특정서비스를 제공하는 자회사를 세워 전문성과 규모의 경제를 모두 구축하는 협력자회사(intergovern-mental cooperation) 역시 증가하고 있다(Hefetz & Warner, 2012).

안정적인 공공서비스 제공을 위한 변화추세에도 공공부문 내부 인력관리는 개선할 대목이 적지 않다. 직접고용 비정규직 중에서 노조에 가입할 수 있고 정규직과 동등한 수준의 임금과 복지혜택을 받으며 사용기간에 엄격한 제한이 가해지는 기간제 고용은 줄어드는 대신 상대적으로 규제가 덜하고 임금 수준 또한 낮은 단기계약 고용 비중이 증가하고 있다. 여기에 더해 공무원고용법 적용을 받지 않는 간접고용 비정규직 비율은 가파르게 증가하고 있다. 특히 공공부문 파견고용의 기간제한을 계속 완화하고 계약기간이 끝난 후에도 단기계약으로 계속 고용하는 형태는 과거 '좋은 일자리'를 제공하는 모델 고용자 역할을 했던 공공부문 내에 파견과 단기계약직으로 대표되는 '나쁜 일자리 고리'가 확대되고 있음을 보여준다.

공공부문 고용의 제도적 모호함은 이런 현상을 낳고 있는 원인 중 하나로 지목된다. 간접고용 비정규직 사용규정이나 규제가 공무원고용법에 포함돼 있지 않고, 공공조달 및 외주계약법 관할에 놓이다 보니 규제 사각지대에서 불안정 일자리가 늘어나고 있다. 또한 가장 높은 비용절감 압력을 받고 업무 편의성에 매몰되기 쉬운 일선 관리자에게 지나치게 위임된 인력관리 권한 역시 단기계약직 또는 파견서비스를 통해 상시적으로 인력이 부족한 업무를 메꿔 나가는 현상을 부추기고 있는 것으로 나타났다.

V. 일본 사례

김직수_사회공공연구원

1. 일본의 공공부문 비정규직 개요

일본의 공공부문 비정규직 사이에 작지 않은 변화가 일어나고 있다. 그런데 그 변화 방향에 대한 노동계 및 시민사회의 우려가 크다. 일본의 공공부문 비정규직과 관련해 먼저 일본의 '공공부문' 개념이 한국보다 협소하다는 점을 지적할 필요가 있다. 잘 알려진 바와 같이 일본에서는 철도·전력·통신·우정 등 주요 공공서비스가 1990년대와 2000년대에 걸쳐 대거 민영화됐고, 지방에서도 민간위탁이 폭넓게 추진됐다. 이런 민영화가 노사관계 재편과 더불어 진행됐기에 민영화된 부문의 노동자들은 해당 부문이 제공하는 서비스의 성격이 공적이라 해도 엄격히 민간부문 노동자로 재규정됐다.

일본에도 여전히 중앙 및 지방 공기업이 존재하고, 이들의 고용관계는 공영기업노동관계법에 의해 규정되지만, 소수에 머무르게 됐다. 일본에서 공공부문 노동자는 주로 '공무원'을 의미하고, 공공부문 비정규직은 '비정규공무원'으로 불린다(上林陽治, 2015). 일본 공공부문 비정규직 문제의 특징은 중앙행정기관 및 지방자치단체 직접고용 비정규직을 중심으로 논의가 이뤄지고 있다는 것이다. 직접고용 비정규직 규모가 상당하다. 지방자치단체 민간위탁 등 간접고용 규모도 상당할 것으로 추정되나, 그 규모가 파악되고 있지는 않다. 준정부기관과 공기업도 마찬가지다.

정부와 사용자측은 물론 노동조합운동에서도 민간위탁부문은 민간부문으로 간주되고 있다. 민간위탁 가운데 상당 부분은 부분위탁(직접고용 비정규직과 혼재) 형태다. 주요 시설들을 중심으로 공기업·비영리단체·민간기업 등에 (민간)위탁하는 지정관리자제도가 존재한다. 중앙행정기관·지방자치단체·

지방공영기업(지방공기업)의 직접고용 비정규직은 각각 국가공무원법·지방공무원법·지방공영기업법에 의해 규정된다. 정규공무원인 '상근 직원'은 시험을 통해 채용된다. 반면 임시·비상근직은 공개공모를 통해 서류 및 면접을 거쳐 임명권자가 임명하는 방식으로 채용되며, 유기고용계약법·파트타임법에서 공무원은 제외된다. 임시·비상근직 역시 공무원법을 적용받으므로 무기계약 전환을 적용받을 방법이 없다.

공공부문의 주요 노동조합으로는 국가공무원은 국공노련(전노련)·국공연합(렌고) 등이 있다. 지방공무원은 자치노(렌고)·자치노련(전노련)이 있다. 규모가 작은 지자체·기초지자체 등은 노조활동이 어렵다. 민간위탁부문과 공기업부문 등은 기업별노동조합으로 조직되거나 소수 지역일반노조에 의해 조직되고 있다.

2. 중앙행정기관 임시·비상근직 공무원

1) 중앙행정기관 임시·비상근직 공무원의 규모

일본에서는 1949년 국가행정조직법 시행에 따라 월 81시간을 넘지 않는 범위에서 일용직원을 채용할 수 있도록 규정한 이후 비상근 직원이 꾸준히 증가했다. 1969년 행정기관정원법(총정원법)이 제정되고 정령에 의해 상근 직원 수 상한을 정하도록 했다. 1980년대 이후 정원감축계획에 따라 정규직원이 급속히 감소하기 시작하면서 상당 부분이 임시·비상근직으로 대체됐다(上林陽治, 2015). 문제는 임시·비상근직에 관한 법·제도적 규정이 명확하지 않았다는 점이다. 이에 따라 2010년부터 기간업무직원 제도가 도입됐다. 2015년 7월 기준으로 중앙행정기관부문의 임시·비상근직은 7만여 명이며(〈표 7-21〉 참조), 이들 가운데 약 50%가 기간업무직원이다. 일용직 제도 폐지 직전인 2009년 7월 기준으로 전체 일용직원 16,581명(사회보험청·임야청 제외) 가운데 계속임용 기간이 6개월 이상 3년 미만인 비율이 55.4%, 3년 이상인 비율은 13.6%였다. 제도 전환 이후 기간업무직원 활용이 급격히 증가하는 반면 기타비상근 직원은 감소추세를 보였다.

〈표 7-21〉 일본 중앙행정기관 상근 직원 및 비상근 직원 현황(2015년)

(단위 : 명)

성청명	상근 직원	비상근 직원	비상근 비율	성청명	상근 직원	비상근 직원	비상근 비율
부흥청	179	326	64.6%	특허청	2,626	676	20.5%
문화청	229	206	47.4%	궁내청	926	197	17.5%
후생노동성	30,589	26,254	46.2%	관광청	97	20	17.1%
중소기업청	191	148	43.7%	공정거래위원회	786	147	15.8%
소비자청	297	188	38.8%	경찰청	8,042	1,152	12.5%
농림수산성	15,889	9,542	37.5%	국세청	54,397	6,596	10.8%
내각부	2,307	1,179	33.8%	법무성	46,532	5,447	10.5%
내각관방	938	443	32.1%	재무성	14,932	1,620	9.8%
임야청	4,776	1,887	28.3%	총무성	4,520	462	9.3%
문부과학성	1,858	641	25.7%	인사원	608	57	8.6%
환경성	1,834	606	24.8%	외무성	5,672	360	6.0%
경제산업성	4,429	1,332	23.1%	수산청	851	31	3.5%
국토교통성	38,828	10,015	20.5%	기상청	4,908	69	1.4%
기타	18,781	459	2.4%	합계	266,032	70,060	20.8%

* 내각관방 〈일반직국가공무원재직현황통계〉
* 2015년 7월 1일 현재(지정직 제외)
* 기타 범주에는 방위성·소방청 등 14개 성청 포함

2) 중앙행정기관 임시·비상근직 공무원의 종류

중앙행정기관은 지방자치단체와 달리 일반직과 특별직 구분이 없고 상근직과 비상근직 모두 일반직으로서 국가공무원법을 적용받는다. 정규공무원은 국가공무원법 36조에 근거해 임기의 정함이 없는 상시근무자(풀타임)로 채용된다.

① 임시직원

임시직원(임시적채용직원)은 국가공무원법 60조에 근거해 긴급상황 또는 임시적 업무 발생 시 상시근무자로 채용 가능하다. 임용기간은 6개월까지다. 갱신은 1회 가능하며 최장 1년간 근무한다. 육아휴직 공무원 대체 임시직원의 경우 국가공무원정원법(정원법)을 적용받지 않는다. 공무원육아휴직 등에 관한 법률 7조1항에 근거해 임용 갱신이 불필요하나 최장 근무기간은 마찬가지로 1년이다.

② 고령자재임용직원

정년퇴직 공무원은 국가공무원법 81조4항에 따라 상시근무 재임용직원으로, 동법 81조 4항에 근거해 단시간(주당 15~31시간) 재임용직원으로 임용 가능하다. 임기는 1년이고 65세까지 근무할 수 있다. 최장 근무기간은 5년이다. 단시간은 정원법을 적용받지 않는다.

③ 임기제직원

임기제직원은 1년 이상 5년 이내 기간제로서, 특별법에 의해 상시근무자로 채용된다. 근거 법률로 일반직임기제연구원 채용 등에 관한 법률, 일반직임기제직원 채용 등에 관한 법률, 국가공무원육아휴직법 7조1항이 있다. 육아휴직 대체 근무자의 경우 휴직자의 휴직청구기간을 임기 한도로 하고, 단시간의 경우 국가공무원육아휴직법 23조의 적용을 받으며 정원법 적용에서 제외된다.

④ 비상근 직원

비상근 직원에 관한 국가공무원법 규정은 없다. 하위 법률인 국가공무원급여법에 비상근 직원의 급여에 관한 조항과 비상근 직원의 근무시간 및 휴가에 관한 조항이 존재한다. 비상근 직원의 채용 근거는 인사원규칙 8-12의 4조13호, 동 규칙 46조2호, 15-15의2조로서 정원법 적용에서 제외된다. 상시근무자인 기간업무직원과 단시간(상근 직원 근무시간의 4분의 3 미만)인 기타비상근 직원으로 구분된다. 임기는 1년으로 채용은 공모제를 원칙으로 하나, 기간업무직원에 한해 연속 2회까지는 근무실적 등을 바탕으로 공모 없이 동일인 채용이 가능하다. 기간업무직원은 2010년까지 일용직원으로 파악됐으나, 이후 별도 범주로 분류되고 있다.

3) 기간업무직원과 기타비상근 직원

2010년 10월 기존 일용직원제도가 폐지되고 기간업무직원제도가 도입됐다. 제도 전환 당시 문제가 된 것은 임기였다. 일용직원의 경우 임용예정기간을 정할 수 있으나 상한이 없었고, 실질적으로 기간의 정함 없이 임용되는 것이 관행이었다. 임명권자가 별도 조치를 취하지 않는 한 1일 단위로 임용이 갱신되는 것으로 간주됐다. 제도 전환 이후 기간업무직원과 기타비상근 직원으로 구분됐다.

① 근무시간의 차이
기간업무직원은 1일 7시간45분을 초과하지 아니하며 상근 직원의 주당 근무시간(38시간 45분)을 초과하지 않는 범위 내에서 정규직원이 종사하지 않는 일자리에 근무하는 직원을 말한다. 반면 기타비상근 직원은 상근 직원의 1일 및 주당 근무시간의 4분의 3을 초과하지 않는 범위 내에서 각 성·청의 장이 임의로 정한 근무시간을 근무하는 직원을 말한다.

② 임용제도의 차이
기간업무직원의 임기는 1년 이내로 회계연도 기간을 넘지 않는 범위 내에서 결정된다. 다만 임기 만료 후에도 1년 범위 내에서 갱신이 가능하다. 인사원은 업무수행에 필요하고 충분한 임기를 정하되, 필요 이상으로 짧은 임기를 정해 공모 또는 임기 갱신을 반복하지 않도록 권고하고 있다. 공모를 통해 채용하되, 연속 3회까지 공모 없이 동일인을 채용할 수 있다.

기타비상근 직원은 임기를 정하는 것을 전제로 하고 있지는 않으나, 임기를 정할 경우에는 필요 이상으로 짧은 임기를 정하는 것은 피하도록 권고하고 있다. 채용은 공모 형태를 취하지 않아도 된다.

4) 임시·비상근직 국가공무원의 노동조건 및 복무규정

〈표 7-22〉 중앙행정기관 상근 직원과 비상근 기간업무직원 노동조건

구분	상근 직원	비상근 기간업무직원
고용	60세 정년제	1년 계약직, 2회까지 갱신 가능
기본급 및 상여	월급제, 상여 4.10개월분	일급제, 상여 2.85개월분
공통수당	통근수당, 초과근무수당	통근수당, 초과근무수당
기타수당	지역수당, 광역이동수당, 부양수당, 단신부임수당, 주거수당, 한랭지수당 등	지역수당
여비	출장여비(일수당 지급)	없음
유급휴가	채용 시 15일 발생(4월 임용 한정), 이듬해부터 20일(12개월 기준) + 종전일수	채용 이후 반년간 없음 채용 반년 후 매년 10일 지급
병가	유급	무급
하계휴가	7~9월 중 연속 3일간	유급휴가 외에 별도 하계휴가 없음
공제조합 (연금)	채용과 동시에 가입	채용 2년째부터 가입(월18일 이상 근무실적이 12개월 연속 지속된 경우에 한함)

* 국토교통성 내부자료(2015)

상근직과 임시·비상근직의 임금 및 노동조건은 상당한 차이를 보인다(〈표 7-22〉 참조). 임시·비상근직은 국가공무원이나 지방공무원 모두 호봉제 적용이 안 된다. 다만 임시·비상근직 가운데에서도 국가공무원과 지방공무원 사이에 상당한 차이가 존재한다. 국가공무원의 경우 국가공무원 급여법의 "상근을 요하지 않는 직원에 대해서는 각 성·청의 장이 상근 직원 급여와의 균형을 고려해 예산 범위 내에서 급여를 지급한다"는 규정에 따라 수당 지급(급여는 기본급과 수당을 말함)이 가능하다.

통상적으로 기말수당(상여금)과 통근수당이 지급되는데, 이는 2008년 인사원의 "통근수당에 상당하는 급여를 지급할 것"과 더불어 "장기간 근무하는 비상근 직원에 대해서는 기말수당에 상당하는 급여를 근무기간 등을 고려해 지급할 것"이라는 내용을 담은 지침에 따른 것이다. 퇴직금의 경우 고용관계가 사실상 계속되고 상근 직원과 동일 수준의 근무시간 이상 근무한 날이 18일 이상인 달이 6개월을 초과한 비상근 직원에게 지급하도록 돼 있다.

임시·비상근직의 경우에도 정년퇴직에 관한 규정 등 일부를 제외하면 원칙적으로 국가공무원법 및 상근 직원과 동일한 복무규정이 적용된다. 다만 임시직원에 대해서는 정년제, 신분보장, 이의제기 및 행정불복심사 등의 적용은 제외된다. 국공노련이 중앙행정기관 및 국립병원을 대상으로 실시한 2013년 〈작은정부실태조사〉 결과에 따르면 임시·비상근직의 평균 연수입은 181만 엔, 비정규직 가운데 독신 또는 주생계부양자가 절반 이상이다. 이와는 별도로 업무위탁 및 파견 노동자 조사 결과 평균 연수입은 161만 엔으로 임시·비상근직에 비해서도 상당히 낮은 수준이었다.

5) 중앙행정기관 임시·비상근직 공무원 사례[91]

(1) 후생노동성 사례[92]

중앙행정기관 비정규공무원의 고용구분은 크게 일반직·기간제·임시직으로 나뉜다. 이 중 총정원법과 급여법 적용 여부에 따라 세분화된다(〈그림 7-23〉 참조). 비정규공무원의 급여체계는 고용구분에 따라 전부 다르다. 공무원 급여법을 적용받는 경우 상근·비상근 모두 월급제를 적용받는다. 상담원은 일급제로 계약기간은 1년이며, 취업지원상담·고용보험상담·사업장 구인지원 등의 업무를 비상근이 담당한다.

---

91) 川村雅則(2016)을 중심으로 정리
92) 森崎巖(2017)을 중심으로 정리

〈표 7-23〉 후생노동성 상근 직원 및 임시 · 비상근 직원 분류

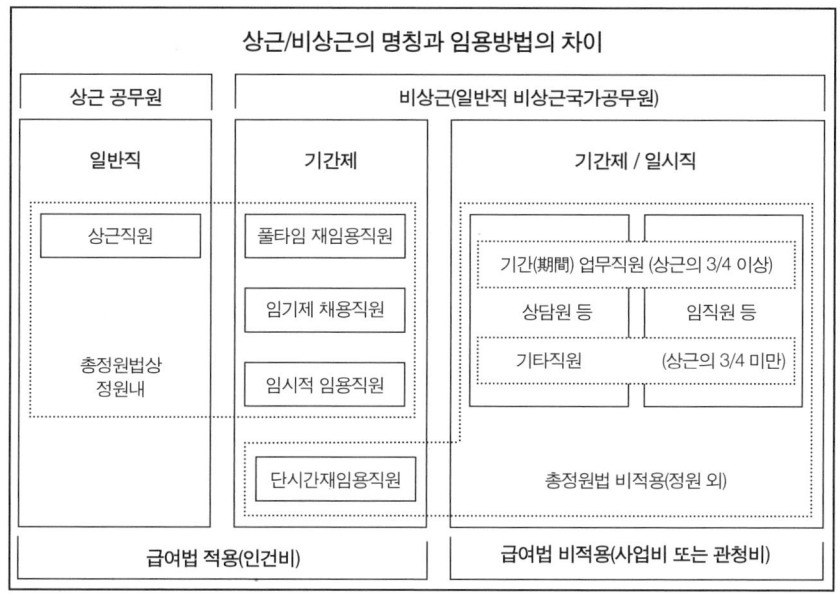

* 후생노동성의 구 노동성 직원을 조직대상으로 하는 전노동성노동조합은 급여법 비적용 임시 · 비상근직을 특별조합원(조합비 기준이 다름) 형태로 조직하고 있음
* 전노동성노동조합 내부자료

    기간업무직원의 경우 2010년 10월 이전까지 일용직공무원으로 퇴직수당법 적용이 제외됐으나, 이후 1년 계약(지자체 재량으로 갱신 가능)으로 바뀌었다. 성실근무 · 업무 존재 · 본인 희망 등 3가지가 갱신의 기본 조건이다.
    공개모집 제도가 도입되면서 기간업무직원들은 4년차에 접어들 때 새롭게 이력서 · 직무경력서 · 자기소개서 등을 작성해 제출하고 구인응모에 응하게 됐다.
    휴가제도와 관련해서는 비상근 역시 출산휴가 · 육아휴직을 사용할 수 있으며, 11일 이상 일한 달이 12개월 이상 있는 경우 고용보험에서 육아휴직급여를 받을 수 있다. 그러나 태어날 아이가 만 2세가 되기 전날까지 고용이 지속될 것이 확실하지 않은 경우 육아휴직을 사용할 수 없도록 규정하고 있다.

물론 후생노동성의 경우 3년의 기간 만료 이후로도 재응모를 통해 다시 일할 가능성이 있기 때문에 육아휴직을 사용할 수 있다. 문제는 육아휴직 사용 이후 직장복귀 및 향후 재응모 시 재임용이 불안정한 경우가 많다는 점이다.

훗카이도 노동국의 경우 급여법 적용대상이 약 1천명, 적용제외가 약 1천명으로 비슷한 수준이다. 임시직원은 보통 계절적 업무에 종사하며 2~3개월 동안만 일하는 경우가 많다. 상담원 내부 일급 차이도 최저 6,130엔에서 최고 13,190엔까지로 상당하다.

근무일수도 마찬가지인데, 고용센터 상담원의 경우 매월 20일간 근무가 가능하다. 노동기준감독서 비상근 직원은 매월 15일간만 근무할 수 있다.

일급 외의 수당으로는 1일 상한 1,500엔의 통근수당이 있는데 2007년부터 지급되기 시작했다. 경조휴가와 병가가 있으나, 활용하는 사람은 거의 없다. 근무시간과 근무일수가 짧다 보니 자연스럽게 쓰지 않게 된 것이다.

현재는 연간 48일 이상 일하면 사용할 수 있게 돼 있으나, 2010년까지만 해도 1일 노동시간이 상근 직원과 동일하고 1주일에 4일 이상 일할 경우에만 비상근 직원도 경조휴가와 연간 10일의 병가를 취득할 수 있었다.

당시 비상근 기간업무직원의 근무시간은 7시간45분이었다. 1일 8시간 근무할 경우 월간 16일 근무하면 경조휴가와 병가를 쓸 수 있었으나, 7시간45분 근무에 20일 일하면 휴가를 사용할 수 없다. 파트타임 노동법에 의해 적용받을 수 있는 휴가도 비정규공무원은 적용받지 못한다. 파트타임법 적용에서 제외되기 때문이다.

고용센터('헬로워크') 직업상담원은 전국적으로 2015년 7월 기준 20,888명(전년 대비 1,200명 감소)이다. 구직 및 직업훈련 지원서비스를 제공하고 있다. 면접대상 A씨의 경우 2009년 7월부터 6년8개월째 직업훈련 관련 상담을 담당했다.

근무 부서에는 정규공무원 2명, 비상근 재임용직원 1명, 비상근 상담원 7명이 있다. 상사인 정규공무원들은 2-3년 주기로 부서를 이동하거나 전근을 간다.

상담부문 비상근은 4년 연속 매년 1명씩 상담원이 줄어들고 있다.

정규공무원이 줄어들면서 이들이 담당하던 일을 비상근이 하게 됐다. 사업연도가 시작하는 4~5월에는 매우 바쁘기 때문에 업무 부담이 상당하다. 나아가 3년이 지나면 다시 새롭게 비상근 공개모집(공개공모)에 응해야 한다.

(2) 기타 사례

특허청 기간업무직 사례도 있다. 2016년 7~8년 근무한 기간업무직 비상근 수명이 다음 해까지만 계약이 갱신될 것이라고 일방적으로 통보받았다.

국토교통성에서도 유사한 사례가 발생했다. 이들은 2015년 국공일반노조에 가입해 활동했는데, 계약해지 이유를 노동조합 회피로 보고 있다. 1년 단위 계약 2회 갱신에 3년 근무하면 채용(공개공모)에 다시 응해야 하지만 채용기준이 명확하지 않아 일방적 해고가 다수 발생했다.

한편 2016년 국립대학인 토호쿠대학에서는 비정규직원 3천 명이 계약해지(해고)되면서 비상근 강사·교직원 고용 문제가 중요한 이슈로 떠올랐다.

3. 지방자치단체 비정규직

지방자치단체 임시·비상근직 공무원은 정규공무원도 아니고 민간 비정규직도 아니다. 법의 사각지대에 존재하는 비정규직이다. 지자체 측의 재량권이 과다하게 허용되면서 민간부문 비정규직보다 취약한 조건하에 놓여 있다.

공공사업·위탁사업 등 각종 사업의 아웃소싱 확대로 고용불안·저임금 등의 문제가 발생하고 있다. 공공서비스 질 저하와 시민안전 위협 문제가 대두되고 있다.

1) 지방자치단체 임시 · 비상근직 공무원의 규모 및 실태

〈표 7-24〉 지방자치단체 임시 · 비상근 직원 규모(2012년)

(단위 : 명)

구분	전체 비상근 직원	일반직 비상근 직원	임시적 임용직원	특별직 비상근 직원
일반사무직원	149,562	32,650	62,189	54,723
보육교사 등	103,428	26,052	54,464	22,912
급식조리원	39,294	12,495	17,551	9,248
교원 · 강사	78,937	8,817	47,925	22,195
기타	118,593	20,449	21,261	76,883
합계	489,814	100,463	203,390	185,961

* 임용기간 6개월 이상으로 주당 19시간25분 이상 근무한 자에 한함(총수는 603,582명)
* 2012년 전체 지방공무원은 277만2천 명으로, 임시 · 비상근직 비율은 21.7%임
* 총무성 〈임시 · 비상근에 관한 조사 결과〉(2013)를 바탕으로 작성

일본 지자체들은 열악한 재정상황이 지속되는 가운데 교육 및 복지 등 증가하는 행정수요에 대응하기 위해 임시 · 비상근직 지방공무원 활용 의존도를 높여 왔다. 2005년 지자체 비정규공무원은 46만 명 수준이었으나, 2008년에는 약 50만 명, 2012년에는 60만 명, 2016년에는 65만 명으로 꾸준히 증가했다. 2016년 현재 특별직 비정규공무원은 소수의 본래적 의미의 특별직인 전문가 및 관리자를 제외한 사무보조원 등이 22만 명에 이른다. 일반직 가운데 임시직 비정규공무원은 26만 명, 일반비상근직 비정규공무원은 17만 명이다(〈표 7-24〉 참조). 직종별로 살펴보면 사무보조원 10만 명, 교원 및 강사 9만 명, 보육교사 6만 명, 급식조리원 4만 명, 도서관직원 2만 명 등 폭넓은 분야에서 비정규공무원이 활용되고 있다.

이들은 대부분 상시 · 지속적 업무에 종사한다. 총무성 조사 결과에 따르면 2016년 현재 비정규공무원 가운데 주요 직종에서 10년 이상 동일 직무에 계속 근무한 노동자들의 비율은 보육교사 41%, 급식조리원 31%, 생활상담원 32% 등으로 나타났다. 오사카부에 속한 44개 기초지자체를 대상으로 한 실태조사 결과에 따르면 2006년부터 2015년까지 10년간 정규공무원은 11만 명에서 7만4천

명으로 줄어들어 3만7천 명 감소한 반면 비정규공무원은 2만8천 명에서 3만5천 명으로 늘어나 7천 명 증가했다. 나머지 3만여 명의 일자리는 '효율화' 및 '간소화'를 통해 사라지거나 대부분이 민간위탁됐다. 비정규공무원 비율 또한 높아 기간인력화된 양상을 보이는데, 44개 기초지자체 가운데 절반인 22개 지자체에서 비정규직 비율이 40%를 넘었다. 2015년 기준으로 임시직 최저시급은 885엔으로 오사카부 민간부문 최저임금인 858엔보다 약간 높았다. 주요 직종별 평균 시급은 일반사무직이 912엔, 보육교사가 1,123엔, 도서관 사서가 1,018엔, 생활상담원이 1,666엔이다. 임금뿐만 아니라 각종 수당 및 휴가 등의 적용도 지자체별로 편차가 크다. 특별직·임시직·일반직으로 구분된 비정규공무원 채용방식에 일관된 기준이 없어 채용구분별 비율이 지자체별로 제각각인 현실과 관련이 있다. 그 밖에 8개 지자체에서는 파견을 활용하고 있었고, 20개 지자체에서 임기제단시간 직원제도를 활용하고 있었다. 특히 파견은 일시적이고 보조적인 업무 외에 의회 비서 및 접수 업무, 사무보조, 콜센터 상담원, 점검업무, 보육교사, 의료사무, 간호사, 조산원 등 상시·지속적 업무에 활용되는 문제점을 드러냈다.

2) 지방자치단체 임시 · 비상근직 공무원의 종류

지방자치단체 비정규공무원의 종류는 중앙행정기관과 유사하다. 임시직원·특별직 비상근 직원·일반직 비상근 직원·임기제직원·고령자재임용직원·일용직원으로 분류된다. 가장 두드러진 차이를 보이는 부분이 중앙행정기관에는 존재하지 않는 '특별직 비상근 직원'이다. 특별직 비상근은 지방공무원법 3조3항3호에 근거해 임용된 직원을 말한다. 지방자치단체 의회의 선거, 의결 등에 필요한 인력, 자빙자치단체 산하에 설치된 각종 위원회의 임시 및 비상근 인력, 각 도·부·현 노동위원회의 비상근 인력 등이 해당된다. 특별직 비상근의 고용 및 노동조건에 대해서는 지방공무원법이 적용되지 않는다. 노동기준법이 적용돼 계약기간은 최장 3년까지 갱신할 수 있다.

3) 지방자치단체 임시·비상근직 공무원 사례 : 홋카이도 지역

조사 과정에서 자치노·국공일반노조·관제워킹푸어연구회·노동조합설립지원센터 등이 공동으로 2013년부터 홋카이도 도내 삿포로·아사히카와·쿠시로·하코다테·오비히로의 5개 시를 대상으로 조사한 결과 가운데 아사히카와시(2013년), 쿠시로시(2014년)의 자료를 입수했다. 이들 사례를 중심으로 검토한다. 아사히카와시와 쿠시로시 모두 비상근 직원을 '촉탁'이라고 부른다.

〈표 7-25〉 홋카이도 지역 광역 및 기초지자체 임시·비상근 직원 현황

(단위 : 명)

구분	정규직	일반직	임시직	특별직	비정규직 소계	비정규직 비율
홋카이도	73,956	422	620	518	1,560	2.1%
삿포로시	14,273	0	891	1,262	2,153	13.1%
시부	29,376	3,065	4,535	4,607	12,207	29.4%
정촌부	20,428	1,891	6,505	1,263	9,659	32.1%
전체	138,033	5,378	12,551	7,650	25,579	15.6%

* 시부 항목은 삿포로시를 제외한 시부를 말함
* 총무성 〈임시·비상근에 관한 조사 결과〉(2013)를 바탕으로 작성

홋카이도 지역의 광역 및 기초지방자치단체 비정규직 비율은 15.6% 수준이다. 홋카이도와 삿포로시를 제외한 시정촌 지역의 경우 비정규직 비율이 30%에 이른다(〈표 7-25〉 참조).

아사히카와시의 임시·비상근 직원 수 추이를 살펴보면 임시·비상근직 규모는 1990년 1천 명 수준에서 꾸준히 증가해 2013년에는 1천500명을 넘어섰다. 임시·비상근직 비율 역시 1990년 25% 수준에서 증가해 2013년에는 40%에 이르렀다. 정규직 지방공무원은 1990년부터 2000년까지 3천5백 명 수준을 유지해 왔으나, 2001년부터 감소하기 시작해 2010년 이후에는 3천 명을 밑돌고 있다(총무성 지방공공단체정원관리조사 자료 참조).

2011년 홋카이도 도내 10개 시설 전체 1,897명을 대상으로 파악한 결과 정규직 29.0%, 풀타임 직접고용 비정규직 27.0%, 파트타임 직접고용 비정규직

42.9%, 파견 1.1%로 조사됐다.

〈표 7-26〉 아사히카와시 교육 · 복지 · 의료부문 임시 · 비상근 직원 현황

(단위 : 명)

구분	정규직	임시 비상근직	비정규직 비율
학교교육부문	121	671	84.7%
보육지원부문	122	313	72.0%
시립병원	521	261	33.4%
사회교육부문	117	146	55.5%
복지보험부문	257	121	32.0%
기타	1,648	410	19.9%
합계	2,786	1,922	40.8%

* 임시 · 비상근 직원이 100명 이상인 부서를 대상으로 함
* 아사히카와시 임시 · 비상근직 실태조사 결과(2013)

아사히카와시 사례를 살펴보면 지자체 부문 내에서도 교육 및 보육 부문의 비정규직 비율이 매우 높은 것으로 나타났다(〈표 7-26〉 참조).

아사히카와시와 쿠시로시의 임시 · 비상근직을 대상으로 조사했더니 60%가 현재 직장 계속근무를 희망한 것으로 나타난 반면(〈표 7-27〉 참조), 70% 이상이 계약해지 및 재고용에 대해 불안을 느끼고 있었다(〈표 7-28〉 참조).

〈표 7-27〉 임시 · 비상근직의 현재 직장 계속근무 희망
(아사히카와시 및 쿠시로시)

구분	아사히카와시	쿠시로시
잘 모르겠음	25.4%	29.4%
별로 희망하지 않음	9.0%	12.2%
희망함	65.6%	58.4%
합계	100.0%	100.0%

* 사례 수는 아사히카와시 690개, 쿠시로시 564개임
* 임시 · 비상근직 실태조사 결과

⟨표 7-28⟩ 임시·비상근직의 계약해지 및 재고용에 대한 불안
(아사히카와시 및 쿠시로시)

구분	아사히카와시	쿠시로시
전혀 불안하지 않음	2.3%	5.7%
별로 불안하지 않음	21.0%	20.5%
다소 불안함	40.9%	37.9%
매우 불안함	35.8%	35.9%
합계	100.0%	100.0%

* 사례 수는 아사히카와시 695개, 쿠시로시 562개임
* 임시·비상근직 실태조사 결과

아사히카와시와 쿠시로시 사례에서 임시·비상근직이 본래 취지에 맞게 보조적이고 간단한 업무를 담당하고 있는지를 살펴봤다. 정규직에 비해 단순한 업무에 종사한다는 응답이 40~50% 수준으로 나타났으나, 정규직과 동일한 업무 또는 보다 고도의 업무에 종사한다는 응답도 25~30% 수준을 보였다. 직장에 정규직이 없다는 응답이 20~25% 수준이었는데, 이는 임시·비상근직이 꾸준히 정규직을 대체해 왔음을 보여준다(⟨표 7-29⟩ 참조).

⟨표 7-29⟩ 임시·비상근직의 보조적이고 간단한 업무 담당 여부
(아사히카와시 및 쿠시로시)

구분	아사히카와시	쿠시로시
직장에 정규직이 없음	25.6%	20.8%
정규직에 비해 단순한 업무에 종사	43.2%	53.8%
정규직과 동일한 업무에 종사	26.2%	23.7%
정규직보다 고도의 업무에 종사	3.4%	1.7%
기타/응답거부	1.6%	0.0%
합계	100.0%	100.0%

* 사례 수는 아사히카와시 684개, 쿠시로시 544개임
* 임시·비상근직 실태조사 결과

임시·비상근직의 급여 수준은 시급 기준으로 700엔에서 1,100엔 사이였다. 월 임금액은 12만 엔에서 16만 엔 사이에 집중적으로 분포했다.

직무를 고려할 때 대체로 일본의 최저임금과 유사한 수준이었다(〈표 7-30〉 참조). 일본에서 비정규공무원이 '워킹푸어'로 불리는 배경이다. 쿠시로시에서는 임시·비상근직을 대상으로 노동조합에 대해 관심이 있는지 또한 조사했는데, 30%가 관심을 갖고 있었다.(〈표 7-32〉 참조).

〈표 7-30〉 쿠시로시 보건의료부문 임시·비상근 직원 급여

(단위 : 엔)

구분	1일 급여액	시간당 급여액
사무보조, 기술보조, 청소(경), 급식, 학교용무원	5,800	748
간호사, 자동차운전(중), 보일러기사 등	8,400	1,084
준간호사, 요양지원전문원, 자동차운전(경), 토목작업	7,550	974
보건사	8,570	1,106
보육교사, 유치원교사, 요양보조원	6,680	862
방문간호	7,280	939
쓰레기수거, 공원관리	6,500	839
청사정비, 청소(중), 잡역 등	6,090	786

* 정규근무시간 기준
* 쿠시로시 자료를 바탕으로 작성

〈표 7-31〉 쿠시로시 임시·비상근 직원 월급여액 분포(157개 직종 조사 결과)

임금 구간	비율
5만 엔 미만	11.5%
5만 엔 이상 10만 엔 미만	7.0%
10만 엔 이상 12만 엔 미만	4.5%
12만 엔 이상 14만 엔 미만	37.6%
14만 엔 이상 16만 엔 미만	31.8%
16만 엔 이상 18만 엔 미만	5.1%
18만 엔 이상	2.5%
합계	100.0%

* 임시·비상근직 실태조사 결과

〈표 7-32〉 쿠시로시 임시·비상근 직원의 노동조합에 대한 관심

구분	비율
가입해서 적극적으로 활동하고 싶다	7.3%
우선 상담이라도 해 보고 싶다	23.4%
현 시점에서는 잘 모르겠다	42.6%
가입할 의사가 없다	23.4%
기타	3.3%
합계	100.0%

* 임시·비상근직 실태조사 결과

4) 최근 일본 정부의 지방공무원법 개정[93]

일본 정부는 총무성 산하에 임시·비상근직 및 임기제 지방공무원의 임용 등의 방향에 관한 검토기구를 구성해 2016년 7월부터 제도개혁을 위한 검토 작업에 들어가 같은 해 12월 보고서를 제출했다. 주요 내용은 다음과 같다.

지자체 비정규공무원은 크게 지방공무원법 적용을 받지 않는 특별직과 동법의 적용을 받는 일반직으로 구분된다. 문제는 특별직이 본래 취지에 맞지 않게 남용되고 있다는 것이다. 특별직은 본래 전문성을 띠고 수비의무를 지니는 등 공공의 이익 보호에 필요한 업무에 제한적으로 채용하기 위해 만들어진 것이나, 실제로는 사무보조원 등이 대규모로 활용되고 있다. 더욱이 특별직 및 임시직은 채용절차가 명확히 규정돼 있지 않다.

일반직 비정규공무원도 서류심사와 면접을 통한 공개채용 절차가 있을 뿐 채용절차가 명확하지 않은 것은 마찬가지다. 그러다 보니 최근 10여년간 지자체들은 인력이 필요할 때마다 특별직 비정규공무원을 채용해 왔다. 일관된 관리체계가 없다 보니 비정규공무원 대다수가 강한 노동자성을 지님에도 각종 수당

---

93) 川西玲子(2017)을 중심으로 정리

이 지급되지 않고 있다. 중앙행정기관 산하 비정규공무원이 일부 수당을 적용받고 있음을 고려하면 차별이 발생하는 셈이다.

이상의 문제들에 관한 정부 대응은 지자체 비정규공무원 가운데 특별직과 임시직을 일반직으로 일원화하고, 특별직 채용은 각종 위원회의 위원이나 고문 역할 등 전문성을 지닌 사례로 제한하며, 임시직 채용은 정규공무원의 육아휴직 등으로 제한하겠다는 것이다. 일반직 비정규공무원의 채용방법·복무규정 등을 마련하고 일부 수당을 지급하도록 하겠다는 계획이다.

5) 개정 지방공무원법의 문제점

정부가 발의한 입법안이 국회를 통과해 2019년 4월 1일부터 시행된다. 그런데 노동조합과 시민사회로부터 "비정규공무원에 대한 차별은 해소하지 않은 채 지자체 구조조정 및 시장화를 촉진하고 쉬운 해고를 가능하게 하는 법 개정"이라는 비판을 받고 있다.

노동조합과 시민·사회단체가 요구한 지방공무원법 17조 개정이 이뤄지지 않았다. 해당 조항은 비정규직공무원 채용을 규정하는 내용을 담고 있다. 동법 22조에 '회계연도임용직원'에 관한 항이 신설됐다. 기존 특별직 및 임시직의 대부분이 일반직 비정규공무원으로 강제로 이행되는데, 새로운 '일반직 비상근 직원'(일반직 비정규공무원)에 관한 구체적인 규정과 문제점은 다음과 같다.

첫째, 특별직과 임시직을 일반직으로 강제이행함에 따라 발생하는 문제들이 있다. 특별직 비정규공무원은 지방공무원법 적용을 받지 않고 노동법의 적용을 받았다. 임시직 및 일반직에 비해 노동조합 조직률도 높았고, 노동조건도 비교적 나은 편이었으나, 이제껏 보장받았던 최소한의 노동권(노동위원회 제소를 통한 분쟁해결 등)마저 상실할 위기에 처하게 됐다. 개정 노동계약법에 따르면 5년 근무 시 무기계약직 전환대상이 되는데, 이를 적용받지 못하게 됐다.

비정규공무원을 조직하고 있는 노동조합들은 법 개정 직후 국제노동기구(ILO)에 일본이 비준하고 있는 87호 협약(결사의 자유 및 단결권 관련) 및 98호

협약(단결권 및 단체교섭권 관련)을 침해했다며 일본 정부를 제소했다.

둘째, 일반직 비정규공무원도 고용불안정성이 커졌다. 기존의 임용기간이 '원칙 1년'이었음에 반해, 개정법은 회계연도임용직원의 임기를 '최장 1년'으로 규정했으며, 객관적인 능력 검증을 거쳐 재임용이 가능하나 1개월간의 '시용(試用) 기간'을 두도록 했다. 호봉제나 정기승급을 적용받지는 못했지만, 매년 재임용(재채용) 절차를 거치지 않고 관행적으로 계약을 갱신하던 것이 불가능하게 됐을 뿐만 아니라, 1년 근무 후에는 1개월간의 공백 기간을 갖도록 돼 고용불안은 물론 소득불안정성마저 커지게 됐다.

셋째, 복무규정을 적용할 때 수비의무 외에도 정치적 행위 제한, 쟁의행위 금지 등의 사항도 지방공무원과 동일하게 적용하도록 했으며, 비정규공무원도 인사평가 대상으로 하되, 구체적인 평가방법은 유연하게 적용하도록 했다. 최근 10여년간 비정규공무원 문제가 사회적으로 대두되고 노동조합을 중심으로 한 문제제기가 이어진 데 따른 대응이기도 하다. 노동조합 활동의 가능성을 원천적으로 봉쇄하겠다는 것에 다름 아니다.

넷째, 기존의 '보수'가 아닌 '급여'를 지급한다는 규정을 마련함으로써 일부 수당을 적용받을 수 있게 했다. 급여수준은 구체적인 직무의 내용과 책임 정도를 고려해 설정하도록 했으나, 이른바 경험가산제도(호봉제)에 대한 규정은 마련하지 않았다. 적용되는 수당은 시간외수당·통근수당·퇴직수당(지급요건에 해당되는 경우)이다. 기말수당(근면수당을 제외한 일시금)은 6개월 이상 근무한 자에 한해 지급을 검토하는 것으로 규정했다. 끝으로 휴가 적용에 대해서는 중앙행정기관의 비정규공무원에 준해 제도를 정비한다고 규정했는데, 중앙행정기관 비정규공무원의 휴가는 현재 대부분 무급이다.

이상에서 살펴본 문제점들은 일본 법원 기존 판례들은 물론 일부 민간부문의 노동관계법상 기준에도 못 미치는 것이다. 2007년 도쿄고등법원은 도쿄도 나카노구 비상근 보육사 부당해고 사건에서 기대권을 인정한 바 있다. 나아가 "공법상 임용관계하의 노동자가 민법상 고용계약에 비해 불리하게 되는 것은 불합리하며 비상근 임용을 계속 반복하게 돼 있는 현행 법·제도의 정비가 필요하다"

고 판시했다. 기존 법원에서도 확인된 바 있는 갱신기대권의 발생 자체를 막겠다는 것이다.

한편 기존 지방자치법은 정규공무원 근무시간의 4분의 3 이상(원칙상 1주간 기준)을 근무하거나 근무의 내용·형태·역할·처우 등을 종합적으로 고려해 비정규공무원에게도 각 지자체가 조례 제정을 통해 각종 수당을 지급할 수 있도록 했다. 그런데 개정법 회계연도임용직원 규정은 근무시간 4분의 3 기준으로부터 후퇴해 주당 38시간45분을 근무하는 풀타임(일본 인사원 규칙에 의해 비정규공무원의 소정근로시간은 1일 7시간45분을 초과할 수 없음)에 대해서만 기말수당 등을 지급할 수 있게 한 데 반해 그 미만의 파트타임 근무자에 대해서는 수당 적용을 제외했다. 이는 각종 수당지급에 관한 기존 판례들은 물론 민간부문에 적용되는 노동계약법 및 파트타임노동법 등에도 위배된다.

개정된 제도하에서도 기본적으로 비정규공무원을 정원 외 인력으로 관리하는 방식은 변함이 없다. 지자체 비정규공무원의 부분적인 처우 개선(일부 수당 적용 등)을 하면서 통합적으로 관리해 필요 시 쉽게 해고할 수 있도록 하겠다는 것이다. 지방공무원법상 임시·비상근직(비정규공무원)은 '보조적인 업무'에 한해 사용할 수 있다고 규정돼 있으나, 총무성은 이를 조직의 관리 및 운영 자체에 관한 업무, 재산압류, 인허가 등의 '권한을 필요로 하는 업무'를 제외한 업무로 협소하게 해석하고 있다.

상기 업무를 현재 비정규공무원이 담당하고 있는 경우에는 기존의 임기제 직원 제도를 확대 적용할 것을 검토중이기도 하다. 일본의 지자체 산하 보육시설, 도서관 등 다수의 공공시설은 이미 지정관리자제도를 통해 민간위탁돼 있다. 지정관리자제도는 일본 내 8만여 개에 이르는 지자체 산하 공공시설에 민간위탁을 의무적으로 적용하는 제도다. 입찰이 아닌 공모방식을 통해 3~5년 단위로 사업자를 선정한다. 사업자 선정은 지자체 산하 의회가 담당한다.

4. 직접고용 비정규직 처우 개선

1) 도쿄도 아라카와구 모델 : 직무급에 의한 실질적 승급

아라카와구 모델은 도쿄도 아라카와구, 치요다구 등의 사례가 해당된다. 도쿄도 아라카와구는 '아라카와구 비상근 직원의 보수 등에 관한 조례 시행규칙' 개정을 통해 임시·비상근직을 대상으로 최소 15년 이상 경력을 전제로 월급여액이 최대 11만 엔 증가하는 직층 구분을 도입했다(〈표 7-33〉 참조). 그러나 이 모델은 각 지자체가 조례 제정을 통해 도입하는 방식으로 널리 확산되지 못했다. 더욱이 아라카와구 도서관과 구의회 사례를 보더라도, 가장 많은 수를 차지하는 일반비상근과 주임비상근 간의 월 임금액 격차가 3만 엔으로 최소한 6년 이상 경력 차이를 고려하면 상승 폭이 매우 낮다.

〈표 7-33〉 도쿄도 아라카와구 임시·비상근 직원 직층 구분

(단위 : 엔)

구분	월급여액	요건	업무
일반비상근	171,300	해당 없음	해당 없음
상급일반비상근	185,500	임용 4년차 정도 능력	고도의 일반비상근 업무
주임비상근	202,100	상급일반비상근 2년차 정도 능력	좌동
상급주임비상근	224,100	주임비상근 4년차 정도 능력	고도의 주임비상근 업무
총괄비상근	250,300	필요에 따름	좌동
상급총괄비상근	283,100	총괄비상근 4년차 정도 능력	고도의 총괄비상근 업무

* 2010년 4월부터 적용
* 아라카와구직원노동조합(2010); 上林陽治(2015)에서 재인용

〈표 7-34〉 도쿄도 아라카와구 임시·비상근 직원 월급여액 예시

(단위 : 엔)

비상근 직원종류	월급여액
도서관주임사무촉탁원	216,500
도서관사무촉탁원	185,500
구의회사무국주임사무촉탁원	202,100
구의회사무국사무촉탁원	171,300

* 아라카와구 비상근 직원의 보수 등에 관한 조례 시행규칙 별표(2010)

2) 인사원 가이드라인에 따른 경험연수에 의한 실질적 승급 모델

일본 인사원은 아라카와구 모델을 참고로 '경험급'으로 불리는 경험연수별 승급 모델을 가이드라인으로 제시했다. 도쿄도 교육위원회, 도쿄도 미나토구, 오사카부 야오시 효고현 가와니시시 등의 사례가 이에 해당한다. 도쿄도 교육위원회 사례를 보면 도립학교 시간강사에 대해 경험연수를 1년 단위로 보다 세분화해 시급을 인상하고 있다(〈표 7-35〉 참조). 이 사례 역시 경력 1년 미만과 12년 이상 간의 최대 시급 차이가 1천 엔 수준에 머무르고 있고, 경험연수가 12년 이상인 경우 승급이 제한된다.

〈표 7-35〉 도쿄도립학교 시간강사 경험연수별 시급(2012년)

(단위 : 엔)

경험등급 구분	기준 경험연수	시급액
1	1년 미만	1,890
2	1년 이상 2년 미만	1,960
3	2년 이상 3년 미만	2,030
4	3년 이상 4년 미만	2,100
5	4년 이상 5년 미만	2,170
6	5년 이상 6년 미만	2,240
7	6년 이상 7년 미만	2,320
8	7년 이상 8년 미만	2,410
9	8년 이상 9년 미만	2,500
10	9년 이상 10년 미만	2,600
11	10년 이상 11년 미만	2,680
12	11년 이상 12년 미만	2,800
13	12년 이상	2,880

* 도쿄도교육위원회규칙 24조 별표3

5. 관제워킹푸어 문제와 지방자치단체 공계약 조례운동

1) 관제워킹푸어 문제

관제(官制)워킹푸어 논의의 문제의식은 중앙정부 및 지방정부가 발주하는 업무가 노동빈곤을 낳고 있다는 것이다. 문제의 핵심은 임시직의 과도한 사용과 민간위탁이다. 임시직의 경우 호봉제가 적용되지 않고 연수입이 200만 엔 미만의 저임금, 그리고 계속사용에 따른 무기계약화를 피하기 위해 휴지기간을 두는 등의 관행에 따라 고용불안이 만연해 있다.

지정관리자제도 등에 의거한 민간위탁 문제도 있다. 대표적인 예가 보육원인데, 민간위탁 보육기관은 관련 사업자인 사회복지법인 등이 아니라 경비회사 등 보육업무와 무관한 민간기업이 운영하는 경우가 빈번하다. 공계약조례운동은 관제워킹푸어 문제에 관련된 핵심적인 운동이다.

2) 공계약조례운동

공계약조례란 경쟁입찰·저가입찰이 만연해 있는 공공사업 발주의 적정화를 위한 조례를 말한다. 지정관리자제도는 시민회관·체육관·공원 등을 중심으로 시설관리부문을 민간위탁하도록 규정하고 있는데, 공계약조례운동의 문제제기는 지방자치법 234조의 최저가입찰제 규정에 초점을 맞추고 있다.

치바현 노다시 등에서 조례 제정이 시작돼 2015년 현재 14개 지자체에서 공계약조례를 제정됐다. 공계약조례운동은 반빈곤 운동의 연장선에서 학계와 시민사회가 주도하는 운동이다. 노동조합 조직화로 이어지지는 못하고 있으나, 관제워킹푸어연구회의 지역별 네트워크 조직 설립이 이어지고 있다. 공계약운동은 중장기적으로 무기고용화·임금개선·조직화 등을 목표로 한다. 현장 및 당사자 운동이 취약하다는 점이 한계로 작용하고 있다.

6. 소결

일본에서는 2000년대 중반 직종·근무지·노동시간 등에 제한을 두는 '한정사원' 제도가 도입됐다. 2000년대 후반 이후 그 비율이 증가하고 있다. 이는 인구고령화에 따른 '인력부족'이라는 노동시장 상황을 배경으로 한다. 기존 정규직(일반직)의 직역 확대와 직위 상승, 글로벌화에 따른 근무지 이동범위 확대로 인해 정규직 충원이 어렵게 되면서 전근·전환배치·정규업무시간에 민감한 여성노동력 활용을 확대하기 위한 방안이다. 제조업부문에서는 인건비 절감을 통한 국내고용 유지를 위해 활용되고 있다. 최근 들어서는 '다양한 정사원' 제도라는 이름으로 정부가 확대를 추진하고 있는 제도다.

2016년 일본노동연구연수기구가 일본 내 5천여 개 기업을 대상으로 실시한 조사 결과 고용에 한정구분을 두고 있는 기업이 35.5%로 나타났다. 기업 규모가 클수록 한정구분 활용도가 높았다. 한정구분 중에서는 직종한정이 가장 많았고 근무지와 노동시간이 그 뒤를 이었다. 공공부문에서는 광의의 공공부문에 해당하는 우편업 등에서 직종한정사원 제도 활용 정도가 높다.

그러나 한정사원 등 다양한 정사원 제도는 기간제(유기계약)를 비롯한 기존 비정규직의 고용안정성 및 노동조건 제고 등으로 이어질 정도로 확대되지 못했다. 이에 따라 2013년 노동계약법 개정을 통해 5년 계속근무 시 무기계약 전환 제도가 마련됐다. 한국 기간제법 사례와 마찬가지로 2018년 최초 전환 시점을 앞두고 계약해지나 단기계약 변경 등의 문제 역시 나타나고 있다. 광의의 공공부문 가운데 노동관계법이 적용되는 공영기업(지방공영기업 포함) 등에서도 나타나는 현상이다.

앞서 살펴본 바와 같이 일본의 중앙행정기관 및 지방자치단체 산하 비정규직 채용은 기본적으로 국가공무원법과 지방공무원법의 규정을 적용받는다. 그런데 상당수 비정규공무원들이 공무원법 적용을 받음으로 인해 노동기준법상 노동권 보호로부터 제외된다. 그럼에도 공무원법상의 애매한 채용 관련 규정 외에 적용 가능한 복무규정이나 급여규정이 존재하지 않았다.

이상과 같은 제도적 차별은 비정규공무원의 지속적인 증가에 의해 심화돼 왔다. 중앙행정기관의 경우 1980년대 이후 정원감축계획에 따라 정규공무원 채용을 줄이며 이를 비정규공무원으로 대체했고, 지자체 또한 중앙정부 예산통제와 지정관리자(민간위탁)제도하에서 지방공무원 정원(각 지자체가 조례로 정하게 돼 있음)을 줄여 나가며 비정규공무원으로 대체해 갔다.

일본의 비정규공무원 확대는 지자체 구조조정을 촉진하고 조정된 업무를 민간위탁 및 파견 활용으로 전환하기 위한 중간 단계 성격을 띤다. 일본의 지자체 비정규공무원 사례는 공공부문의 통일된 인력관리체계 필요성을 보여준다. 반면 현장 비정규직 고용 및 노동실태를 종합적으로 고려하지 않고, 특히 당사자들의 참여와 발언권 보장 없이 행정 주도로 새로운 정책이 추진될 경우 취약계층인 비정규직 노동자들의 노동권이 침해될 수 있음을 드러낸다.

일본의 공공부문 비정규직 사례를 통해 공공서비스 시장화라는 기조를 유지한 채 공공부문 비정규직의 고용불안과 차별 문제를 해결할 수 없다는 점, 처우 개선만큼이나 노동조합 활동 보장 등 노동기본권 확보가 중요하다는 점을 확인할 수 있다.

8장

공공부문 무기계약직 및 비정규직 관련 정책 대안

조돈문

8장

공공부문 무기계약직 및 비정규직 관련 정책 대안

조돈문_한국비정규노동센터

I. 공공부문 무기계약직의 실태

1. 공공부문 고용형태 구성

고용노동부의 공공부문 비정규직 정규직화 가이드라인에 따르면 공공부문 인력은 2016년 말 현재 총 184만 8,553명이며, 이 가운데 정규직은 132만4,715명으로 71.7%, 무기계약직은 21만1,950명으로 11.5%, 기간제와 단시간으로 구성된 직접고용 비정규직은 19만1,233명으로 10.3%, 파견과 용역으로 구성된 간접고용 비정규직은 12만655명으로 6.5%를 점하고 있다(〈표 8-1〉 참조).

여기에는 민간위탁 노동자들이 포함되지 않아 간접고용 비정규직 규모가 과소추산돼 있다.

〈표 8-1〉 공공부문 고용형태별 비중(2016년 말)**

(단위 : 명, %)

기관	총인원	직접고용 정규직	직접고용 무기계약직	직접고용 비정규직	간접고용 비정규직*
중앙행정기관(48곳)	310,982	86.7	6.6	4.3	2.4
자치단체(245곳)	401,647	74.1	13.2	10.1	2.6
공공기관(323곳)	431,760	68.1	5.7	9.3	16.9
지방공기업(143곳)	70,055	65.6	13.5	12.5	8.4
교육기관(76곳)	634,109	65.9	16.4	14.0	3.7
소계	1,848,553	71.7	11.5	10.3	6.5
규모		1,324,715	211,950	191,233	120,655

* 파견·용역 포함, 민간위탁 불포함
** 한국비정규노동센터(2017), 공공부문 비정규직 고용개선시스템, 무기계약직 규모는 고용노동부 자료 참조

2. 공공부문 무기계약직 규모 변화

본 연구의 4장에서 집계한 바에 따르면 공공부문 무기계약직의 규모는 2012년 13만3,562명에서 매년 증가해 2016년에는 20만7,317명으로 55.2% 증가했다(〈표 8-2〉 참조). 매년 기간제 비정규직 중심으로 무기계약직 전환이 꾸준히 진행됐음을 의미한다. 무기계약직 규모가 가장 크게 증가한 부문은 중앙행정기관으로 150.2% 급증했다. 지방자치단체는 증가율이 17.5%로 가장 낮았다. 무기계약직 전환 정책이 추진되고 있음에도 전체 무기계약직 전환 대상자 가운데 실제 전환된 비율은 53%에 그쳤다. 절반 정도는 여전히 전환되지 않은 것으로 나타났다.

〈표 8-2〉 공공기관 유형별 무기계약직 인원 규모 변화*

구분	무기계약직 인원 현황(명)					2012~2016년 증감	
	2012년	2013년	2014년	2015년	2016년	규모 증감	증감률
중앙행정기관	7,287	14,399	15,605	16,872	18,231	10,944	150.2%
지방자치단체	34,629	36,460	37,929	38,880	40,702	6,073	17.5%
공공기관	11,842	15,411	18,866	22,145	23,526	11,684	98.7%
지방공기업	8,437	9,163	9,360	9,903	11,579	3,142	37.2%
교육기관	71,367	86,852	106,044	109,469	113,279	41,912	58.7%
합계	133,562	162,285	187,804	197,269	207,317	73,755	55.2%

* 4장에서 산정한 자료

3. 임금 등 노동조건 차별처우

정규직의 월평균 임금은 444.8만 원인데, 무기계약직의 월평균 임금은 271.8만 원으로 정규직 임금의 61.1%에 머물렀다. 기간제 노동자들의 월평균 임금은 207.8만 원으로 정규직 임금의 46.7%에 불과했다(〈표 8-3〉 참조).

무기계약직 임금 수준이 기간제보다 높은 것은 사실이지만, 정규직 임금 수준보다는 기간제의 임금 수준에 훨씬 가깝다는 점에서 무기계약직 전환에 따른 임금 증가 폭이 매우 제한적 수준이었음을 보여준다.

무기계약직 복지수당 항목을 보면 정규직에게 적용되는 13개 항목 중 4개 정도만 적용받고 있다. 기간제에 비해 2개 항목 정도만 추가됐고, 수당별 금액도 정규직의 50-60% 수준에 그쳤다. 무기계약직 전환 정책이 고용안정성을 유의미하게 강화했지만, 임금 등 노동조건의 개선 수준은 경미했음을 확인할 수 있다.

〈표 8-3〉 공공기관 유형별 고용형태별 임금 현황*

기관 유형	정규직		무기계약직			기간제	
	평균 연봉 (천 원)	평균 근속 (년)	평균 연봉 (천 원)	정규직 대비 (%)	평균 근속 (년)	평균 연봉 (천 원)	정규직 대비 비율
중앙행정기관	52,468	14.1	28,489	54.3%	6.6	21,850	41.6%
지방자치단체	49,572	16.2	36,300	73.2%	10.4	19,136	38.6%
공공기관	66,105	10.2	39,184	59.3%	4.3	36,498	55.2%
지방공기업	47,356	8.6	30,806	65.1%	5.8	22,442	47.4%
교육기관	51,396	18.2	28,306	55.1%	7.4	24,742	48.1%
평균	53,379	13.4	32,617	61.1%	6.9	24,934	46.7%
월임금 (천 원)	4,448	-	2,718	61.1%	-	2,078	46.7%

* 4장에서 산정한 자료

4. 정규직-무기계약직 인력관리체계 분리

무기계약직 노동자들의 59%, 기간제 노동자들의 30%는 동일 직무를 수행하는 정규직 노동자들이 사업장에 존재했다. 하지만 무기계약직 노동자들이 정규직과 동일한 임금체계·승진체계·직군체계에 통합된 비율은 각각 5.3%, 1.2%, 6.4%에 불과했다(〈표 8-4〉 참조). 무기계약직 노동자들은 정규직 노동자들과 분리돼 별도의 인력관리체계로 관리되고 있어, 차별처우가 구조화돼 있을뿐만 아니라 정규직 전환 가능성도 원천적으로 봉쇄돼 있다고 할 수 있다.

〈표 8-4〉 정규직 대비 무기계약직 노동자 인력관리체계*

구분	중앙행정기관	교육기관	지자체	공공기관	지방공기업	전체
동일 임금체계	0.0%	3.1%	3.1%	8.4%	19.8%	5.3%
동일 승진체계	0.0%	.9%	1.5%	0.8%	3.6%	1.2%
동일 직군체계	2.1%	8.3%	2.1%	5.9%	18.0%	6.4%

* 5장에서 산정한 자료

5. 무기계약직 노동자 불만

무기계약직 노동자들은 노동조건에 대해 전반적으로 불만족하고 있었다. 임금과 복리후생, 노동강도 및 숙련 개발 기회 등 거의 모든 항목에서 기간제 노동자들과 같은 수준의 불만족을 드러냈다(〈표 8-5〉 참조). 무기계약직 노동자들과 기간제 노동자들이 차별성을 보인 유일한 항목은 고용안정 만족도였는데, 무기계약직 노동자들이 기간제에 비해 상대적으로 높은 고용안정 만족도를 보였다. 무기계약직 전환이 고용안정성 강화를 제외하면 여타 부문에서 유의미한 노동조건 개선이 없었다는 방증이다.

〈표 8-5〉 노동조건 만족도*

고용형태	일 자체 전반적 만족도	임금 복리후생 만족도	숙련 및 경력 개발 기회 만족도	고용안정 만족도	근로시간과 노동강도 만족도	직장 구성원들에 대한 만족도
기간제	3.16	2.14	2.26	2.04	2.61	3.06
무기계약직	3.19	2.17	2.30	2.88	2.65	2.98
전체	3.18	2.16	2.29	2.72	2.64	3.00
무기계약-기간제	0.03	0.03	0.04	0.84	0.04	-0.08

* 1 전혀 만족하지 않음, 3 보통, 5 매우 만족
* 5장에서 산정한 자료

6. 공공부문 기관 간 무기계약직 임금격차

공공부문 기관 간 무기계약직 임금격차는 매우 컸다. 동일 기관 유형 내 임금 수준 최상위 5개 기관과 최하위 5개 기관의 연봉 평균을 비교하면 최상위 집단 연봉이 최하위 집단 연봉의 2.86배에 달한다. 기관 유형별로 보면 연봉 격차는 공공기관 3.34배, 중앙행정기관 3.31배, 지방자치단체 3.23배로 크게 나타난 반면 교육기관은 1.68배로 연봉 격차가 가장 작았다(〈표 8-6〉 참조). 최상위 1개

기관과 최하위 1개 기관의 연봉 수준을 비교하면 최상위 기관 연봉이 최하위 기관의 4.01배나 된다. 지방자치단체가 5.46배로 가장 높았다. 다음은 중앙행정기관, 지방공기업, 공공기관 순이었다. 교육기관은 2.31배로 가장 낮았다.

전체 공공부문 기관 가운데 최상위 기관은 공공기관 최상위기관으로서 평균 연봉이 7,179.0만 원이고, 최하위 기관은 지방자치단체 최하위 기관으로서 1,261.1만 원이었다. 최상위 기관 임금 수준이 최하위 기관 임금 수준의 5.69배에 달하는 것으로 확인됐다.

〈표 8-6〉 공공기관 유형별 무기계약직 평균 연봉 격차 비교*

(단위 : 천 원)

기관 유형	상·하위 5개 기관 비교			상·하위 1개 기관 비교		
	최상위 5개 기관	최하위 5개 기관	배수	최상위 1개 기관	최하위 1개 기관	배수
중앙행정기관	58,930	17,784.2	3.31	65,130	14,080	4.63
지자체	59,373.2	18,359.2	3.23	68,857	12,611	5.46
공공기관	67,130.2	20,070.2	3.34	71,790	17,736	4.05
지방공기업	53,274.6	18,254.6	2.92	65,414	15,130	4.32
교육기관	36,840.4	21,911.8	1.68	43,845	19,019	2.31
전체 평균**	55,109.68	19,276	2.86	63,007.2	15,715.2	4.01

* 4장에서 산정한 자료
** 전체 평균은 기관 유형별 평균의 단순 평균으로 산정

II. 이명박·박근혜 정부의 무기계약직 전환 정책 실패

1. 무기계약직 전환의 고용안정성 강화 효과

무기계약직 전환 정책 무기계약직 전환 정책은 고용안정성 강화라는 긍정적 효과를 가져왔다.

외환위기 이후 지속된 공공부문 구조조정과 민영화 정책의 결과 공공부문 내 비정규직이 남용되는 동시에 노동조건의 차별처우 문제에 대한 심각성을 인지하게 됐다. 노무현 정부는 2006년 8월 공공부문 비정규직 종합대책을 발표했다. 공공부문 비정규직의 고용불안정성과 차별처우에 따른 양극화 문제를 해결하기 위한 정책 대안으로 기간제를 사용하는 업무 가운데 상시적·지속적 업무를 무기계약직 노동자들이 담당하도록 했다. 이렇게 상시적 업무를 수행하는 직접고용 기간제 노동자들을 선별해 무기계약직으로 전환하는 정책이 시작됐다. 정규직 수준에는 못 미치지만 무기계약직 노동자들의 고용안정성이 상당 정도 강화됐다.

2. 무기계약직 노동조건 개선 부재

무기계약직 전환은 고용안정성 강화를 제외하면 유의미한 노동조건 개선을 수반하지 않았다.

무기계약직 노동자들은 동일직무를 수행하는 정규직 노동자들에 비해 임금 등 노동조건에서 차별처우를 받고 있다. 뿐만 아니라 무기계약직은 정규직과 동일한 임금체계·직군체계·승진체계로 통합되지 않고 별도의 인사관리체계로 관리되고 있다. 차별처우가 구조화돼 단순한 노동조건 개선만으로는 극복될 수 없는 수준으로 고착화하고 있다. 무기계약직과 정규직을 분리해 관리하는 별도 인사관리체계는 무기계약직의 정규직 전환 가능성을 차단하는 '전환 절벽'으로 작동한다. 무기계약직은 기간제는 물론 정규직으로부터도 구분되는 별도의 법적 신분으로 존재하게 됐다. 그런 점에서 '중규직'은 무기계약직이 별도의 카스트로서 지닌 특성을 정확하게 반영하고 있다.

3. 무기계약직·정규직 동일 업무 수행

무기계약직 노동자들은 60% 정도가 정규직과 동일한 업무를 수행하고 있는 것으로 확인됐다.

정규직과 동일한 업무를 수행함에도 무기계약직 노동자의 임금은 정규직 노동의 60% 수준에 불과하다. 동일 업무를 수행하는 정규직과 무기계약직 사이의 임금격차는 무기계약직 노동자들에 대한 차별처우로서 정당화될 수 없다. 동일가치노동 동일임금 원칙을 위배하고 있음을 의미한다.

4. 무기계약직 차별과 정규직 지대

무기계약직과 정규직의 차별처우는 정규직에게 주어지는 특혜다. 생산성 향상에 대한 기여와 무관한 비효율적 지대라 할 수 있다.

정규직 노동자들이 취득하는 지대는 정규직 측의 적극적인 지대추구행위(rent seeking behavior)가 없었다고 하더라도, 정당성을 결여할 뿐만 아니라 노동자들 사이의 불평등을 심화시키는 폐해를 가져온다. 사용자들이 정규직 노동자들에게 지대를 지불하는 이유는 두 가지로 추정할 수 있다.

첫째, 사용자가 정규직에게 지불하는 지대는 정규직이 비정규직 노동자들의 저임금·차별처우와 노동기본권 유린을 묵인·방조한 데 대한 반대급부로서 사용자가 적극적으로 선택한 결과일 수 있다. 이런 경향성은 구조조정과 외주화 과정에서 두드러진다.

둘째, 사용자가 정규직 노동자와 노동조합의 적극적 지대추구행위에 따른 압박에 밀려 지대 지불을 소극적으로 선택했을 수 있다. 정규직과 비정규직의 분할지배를 위해 지대 지불을 적극적으로 선택했을 수도 있다.

사용자가 정규직에게 지불하는 지대는 적극적 혹은 소극적 선택 여부와 무관하게 사용자와 정규직이 비정규직 노동자들의 노무제공에 대해 정당하게 보상하지 않고, 이윤창출에 기여한 몫의 일정 부분을 사용자의 이윤과 정규직의 지대로 공유한다는 것을 뜻한다. 그런 점에서 무기계약직과 정규직의 차별처우를 사용자-정규직의 담합에 기초한 '담합 지대(collusion rent)'라 부를 수 있다. 담합 지대는 생산성 향상 기여분을 초과해 경영감독인과 전문인에게 주어지는 충성 지대(loyalty rent)와 희소성 지대(scarcity rent)처럼 타인이 산출한 잉여가치 일부를 전유하는 간접적 착취의 산물이다.

5. 무기계약직의 노동조건과 불만

무기계약직 노동자들은 모든 노동조건 항목에서 정규직에 비해 차별처우를 받고 있다고 평가하고 있는데, 고용안정성을 제외한 다른 모든 항목에서 기간제 노동자들과 거의 같은 수준의 불만을 표출하고 있다. 무기계약직 노동자들이 기간제 노동자들에 비해 경미하게나마 더 좋은 노동조건을 지니고 있음에도 기간제 노동자들과 동일한 수준의 불만을 표출하는 현상은 두 가지 요인으로 설명할 수 있다.

첫째, 기간제 노동자에 비해 노동조건이 나아졌다 하더라도 무기계약직 전환이 수반하는 노동조건 개선 효과가 고용안정성 강화를 제외하면 경미한 수준에 그침으로써 무기계약직 전환에 따라 상승된 기대 수준에 턱없이 못 미쳤기 때문이다.

둘째, 무기계약직 노동자들은 정규직과 동일한 업무를 수행하고 있음에도 차별처우를 일상적으로 경험했다. 상대적 박탈감을 느끼는 동시에 상대적 공정성 원칙 위배에 분노했다.

6. 무기계약직 전환 정책 부정적 평가

　무기계약직 전환 정책의 정책 효과 평가는 부정적이었다. 무기계약직 노동자들의 높은 불만 수준은 높은 이직 의사로 나타났는데, 이는 소속 기관에 대한 헌신성이 무기계약직 전환으로 향상되지 않았음을 의미한다.
　무기계약직 노동자들이 소속된 기관의 차별처우를 수용한다고 하더라도, 자발적 동의가 결여된 현실적 수용(pragmatic acceptance)이라 할 수 있다. 생산성 향상을 위한 동기 부여를 유발하기 힘든 조건이다. 또한 무기계약직 노동자들은 기간제 노동자들과 마찬가지로 정규직 전환 가능성이 업무 성과가 아니라 업무 성격에 의해 결정된다고 믿고 있어 희망고문 방식의 동기부여조차 기대할 수 없는 것으로 확인됐다.
　무기계약직 전환이 노동자들의 조직에 대한 헌신성을 강화하거나 생산성 향상 기여를 위한 동기를 부여하는 경영효율성 향상 효과를 수반하지 못하고, 높은 수준의 불만으로 생산현장 불안정성을 재생산하고 있다. 그런 점에서 무기계약직 전환 정책은 고용안정성 강화에도 불구하고 전체적 정책 효과는 부정적인 것으로 평가된다.

7. 무기계약직 · 정규직 동일시 관점 거부

　무기계약직 노동자들의 90%는 무기계약직을 정규직으로 간주하는 것에 반대했다. 무기계약직을 '정규직'으로 선전한 정부 입장을 정면으로 반박하고 있다(〈표 5-28〉 참조).

서울시는 무기계약직 차별처우로 인해 "무기계약직은 고용은 보장되지만 정규직과 차별되는 임금체계와 승진·복리후생을 적용받기 때문에 사실상 비정규직"이라고 규정하고, 2017년 8월 산하 투자·출연기관 무기계약직 2,442명에 대해 정규직 전환을 완료하고 인사관리체계 통합을 추진한다고 발표했다(서울특별시 2017; 매일노동뉴스 2018년 1월 2일자). 서울시가 광역 지자체 가운데 비정규직의 무기계약직 전환 추세를 주도해 왔었다[94]는 점에서 무기계약직을 온전한 정규직이 아니라 과도기적 고용형태로 인정한 서울시의 판단은 무기계약직과 기간제 노동자들의 평가와 일치한다.

무기계약직을 과도기적 고용형태로 인정한다면, 무기계약직 전환은 '온전한 정규직 전환'이라는 2단계 조치를 남겨 둔 비정규직의 정규직 전환 정책의 1단계 조치로 볼 수 있다. 이처럼 무기계약직을 정규직으로의 전환과 정규직과의 통합을 지향하는 과도기적 단계임을 분명히 한다면 무기계약직의 만족도과 조직 헌신성은 물론 경영효율성에도 기여하는 긍정적 변화를 기대할 수 있다.

8. 무기계약직 국제적 유례 부재

선진자본주의 국가들에서는 한국처럼 정규직과 동일 업무를 수행하지만 차별처우를 받는 무기계약직 같은 고용형태는 찾기 어렵다. 그것은 정규직과 비정규직이 동일한 단체협약을 적용받고, 직무급적 임금체계하에서 동일직무 동일임금 원칙이 적용되기 때문이다.

영국처럼 사업체 단위로 단체협약이 적용되는 경우 동일 사업체 내의 차별처우는 불가능하다. 독일처럼 업종·광역지역 단위로 단체협약이 적용되는 경우에는 동일노동 동일임금 적용 범위가 훨씬 광범위해 무기계약직 고용형태 같은 차별처우는 더더욱 어렵다.

---

94) 서울시는 광역지자체 가운데 상시적 업무 담당 기간제의 무기계약직 전환에 가장 적극적이었을 뿐만 아니라 간접고용 비정규직의 감축 추세를 선도하는 모범을 보여줬다(지방정부와 좋은 일자리위원회 2014, 2016).

III. 공공부문 가이드라인 자회사 방식의 문제점

1. 공공부문 가이드라인의 자회사 방식

공공부문 비정규직 근로자 정규직 전환 가이드라인(2017년 7월 20일)은 간접고용 비정규직의 정규직 전환 방식 세 유형 가운데 하나로 자회사 정규직 고용 방식을 제시하고 있다(관계부처 합동 2017).

가이드라인은 공공기관과 지방공기업의 파견노동과 용역노동 등 간접고용 비정규직 노동자들의 경우 자회사 방식을 권고하고 있다. 민간위탁 계약관계에 기초해 민간업체에 고용돼 공공부문 행정기관에 노무서비스를 제공하는 노동자들을 자회사 정규직으로 전환하는 방식은 고용안정성을 강화하는 효과를 지니는 것은 분명하다.

2. '자회사 정규직'은 간접고용 비정규직

자회사 정규직 방식은 간접고용 비정규직 고용형태의 한 하위 범주에 불과해 정규직 전환으로 간주될 수 없다.

자회사의 정규직도 사용기관과 고용기관이 일치하지 않기 때문에 제조업 완성차업체의 사내하청 비정규직과 다르지 않은 간접고용 비정규직이다. 고용기관의 노동조건 결정 권한의 한계와 고용기관과 사용기관의 불일치로 인해 사용기관의 사용자 책임·의무 회피 가능성이 상존한다. 그런 점에서 이명박·박근혜 정부가 기간제 노동자의 고용안정성을 강화한 직접고용 무기계약직과 유사하게 민간위탁 간접고용 비정규직의 고용주체를 민간업체에서 공공부문 공공기관·지방공기업의 자회사로 바꿔 고용안정성을 강화한 '간접고용 비정규직 판 무기계약직'이라 할 수 있다.

3. 자회사 방식의 비교 우위 부재

자회사 방식은 상시적 업무의 직접고용 정규직 채용 방식보다 나은 효과를 기대하기 어렵다. 인건비·관리비 절감 효과가 없고, 도리어 자회사의 이윤과 관리비용 증대 등 별도 거래비용을 추가한다는 점에서 원청 직접고용 방식에 비해 비효율적이다. 원청 직접고용 방식을 취할 경우 자회사 방식에 비해 절감되는 거래비용을 노동자 처우 개선에 사용할 수 있다. 이 점은 가이드라인도 인정하고 있다.

자회사 고용 방식은 사용자-고용주 불일치로 인해 고용관계의 불안정성을 내재하고 있는데, KTX 여승무원 사례에서 보듯이 코레일 자회사들이 불법파견 문제로 심각한 노사갈등을 벗어나지 못하는 현실에서 잘 나타난다.

제조업의 경우 위험한 업무를 외주화하는 '위험의 외주화' 현상이 확산돼 있는 반면 서비스부문의 경우 업무 자체가 위험한 것이 아니라 업무를 외주화함으로써 동일체계로 통합된 업무들의 상호 연결성을 약화시켜 존재하지 않던 위험을 발생하게 할 수 있다. 이런 외주화의 위험 생산 효과는 망(network) 산업에서 증폭돼 나타날 수 있다. 스크린도어 관련 사망사고가 업무의 외주화가 이뤄지지 않은 도시철도에서는 발생하지 않았지만 관련 업무의 외주화가 이뤄진 서울 지하철에서 빈번하게 발생했다는 데서도 확인된다(한인임 2017).

4. 자회사 방식과 정규직 이해관계

가이드라인처럼 자회사 방식을 선택하는 것은 정규직 노동자들의 이해관계를 사용기관이 수용했기 때문일 수 있다.

자회사 방식을 선택한 이유로 정규직과 비정규직의 임금격차가 커서 임금수준 동등화를 위한 인건비 부담이 크다는 문제점이 거론되기도 한다. 임금격차가 크다는 현실은 양극화 문제 해소와 동등처우 실현의 절실성을 보여주는 것이라는 점에서 정규직화 반대 사유로 정당화하기 어렵다.

정규직 노동자들과 정규직 노동조합이 비정규직의 정규직 전환을 반대하는 이유는 무엇일까. 비정규직의 고용안정성을 강화하면 자신들의 고용안전판이 사라지고, 동등처우를 실현하기 위해 비정규직의 상당한 임금인상이 요구되며, 그 과정에서 정규직의 임금인상이 억제될 수 있다고 우려하기 때문이다.

사용기관이 정규직의 반대를 이유로 직접고용 정규직 전환 대신 자회사 방식을 선택할 가능성을 배제할 수 없다. 사용기관은 자회사 방식을 선택함으로써 정규직과 충돌하지 않고 노사관계 평화를 유지하는 동시에 비정규직은 물론 무기계약직에 대한 차별처우를 지속할 수 있다. 그런 점에서 자회사 방식은 정규직과 사용자의 담합에 기초한 선택이다. 이런 담합 가능성은 정규직과 비정규직의 임금격차가 큰 기관일수록 높다. 이런 사용자-정규직 담합의 전형을 인천공항에서 찾을 수 있다. 인천공항은 간접고용 비정규직 비율이 86%에 달하고, 간접고용 비정규직의 월평균 임금은 309만 원으로 정규직 월평균 임금 738만 원의 42%에 불과하다. 정규직과 비정규직의 임금수준 격차가 큰 기관에 속한다 (〈표 8-7〉 참조).

〈표 8-7〉 인천공항 정규직과 외주위탁 분야별 인건비 수준 비교(2016년)*

외주하청	평균 인건비		최하위직급 실지급액	
	연(백만 원)	월(만 원)	연(백만 원)	월(만 원)
공항운영	34.6	288	29.4	245
보안방재	33.9	283	29.6	246
환경미화	31.0	258	26.0	210
시설유지	42.6	355	35.5	290
평균	37.1	309	31.4	262
정규직 대비	41.9%	41.9%	74.4%	74.4%
〈정규직〉	평균 인건비		신입사원 초임	
	연(백만 원)	월(만 원)	연(백만 원)	월(만 원)
원청 정규직	88.5	738	42.2	351

* 인천국제공항공사(2017: 10), 배규식(2017), 황선웅(2017)에서 산정함

5. 비정규직 노동자의 상대적 선호도

　비정규직 노동자들은 자회사 방식보다 직접고용 무기계약직을 선호했다. 비정규직 노동자들이 원청의 직접고용 정규직 채용을 비정규직 정규직화 방안 가운데 최우선 순위로 꼽는 것은 당연하다. 원청의 직접고용 정규직 채용이 어려운 경우 비정규직 노동자들 차선책으로 자회사 방식보다 직접고용 무기계약직 방식을 선호하는 것으로 확인됐다(〈표 5-29〉 참조). 간접고용보다 직접고용이 고용안정성에 유리하고, 사용자의 책임 소재가 분명한 데다, 교섭 상대가 노동조건 결정권을 가지고 있기 때문이다.
　비정규직 노동자들이 지향하는 궁극적 고용형태는 원청의 직접고용 정규직 채용이다. 자회사 방식은 직접고용 무기계약직에 비해 '사용자 전환'이라는 또 하나의 절벽이 추가된 이중의 전환 절벽을 거쳐야 한다. 비정규직 노동자들이 자회사 방식에 강한 거부감을 갖는 이유다.

6. 자회사 방식 외국 유례 부재

　외국 사례에서 공공부문 기관이 자회사 노동력을 사용하는 민간부문 사내하청 방식은 유례를 찾기 어렵다.
　구미 국가에서 자회사 사내하청 방식을 찾기 어려운 이유는 자회사의 이윤 등 거래비용만 증대되고 관리체계가 복잡해져 관리 어려움이 커지는 반면 자회사 방식으로 발생하는 긍정적 효과는 없기 때문이다.
　특히 원청 기관과 자회사가 동일한 단체협약의 적용을 받을 경우 동일노동 동일임금 원칙에 따라 자회사 방식으로 인한 임금 절감 효과를 기대할 수 없다. 이런 현상은 특히 독일처럼 단체교섭이 초기업 수준에서 진행돼 단체협약 적용 범위가 넓은 국가에서 확연하다고 하겠다.

IV. 무기계약직 방식 및 자회사 방식의 폐기

1. 무기계약직과 자회사 방식의 장·단점

무기계약직 고용형태와 자회사 방식은 전환 전 비정규직에 비해 고용안정성을 강화한 긍정적 측면을 지닌다.

그러나 정규직과 동일직무를 수행하는 무기계약직 노동자들을 차별처우하는 것은 정당화될 수 없다. 동일가치노동 동일임금 원칙에 위배된다.

2. 무기계약직과 자회사 방식의 카스트제

무기계약직이나 자회사 방식은 기존 정규직과 비정규직 사이에 새로운 고용형태를 구조화하는 것이다.

정규직과 무기계약직 사이, 정규직과 자회사 사이에는 각각 정규직 전환 가능성을 차단하는 고용형태 절벽이 존재한다. 그런 점에서 무기계약직이나 자회사 방식을 포함하는 고용형태 구조는 별도의 위계적 신분들로 분절돼 있는 공공부문의 '신카스트제(neo-caste system)'라 부를 수 있다(〈표 8-8〉 참조).

문재인 정부의 대선공약은 "공공부문 비정규직 제로" 정책이다. 공공부문의 상시적 업무 종사자들이 모두 정규직으로 통합된 체계라 할 수 있다. 반면 이명박·박근혜 정부의 무기계약직 전환 정책과 문재인 정부 가이드라인의 자회사 방식은 4카스트 구조의 공통점을 지닌다. 가이드라인의 차별성은 상시적 업무의 기간제 노동자들을 무기계약직으로 전환해 상시적 업무의 직접고용 기간제를 없애고, 자회사 정규직이라는 새로운 유형의 간접고용 비정규직을 도입하는 것이다.

자회사 방식의 또 다른 문제점은 지속가능성이 취약하다는 점이다. 그것은 문재인 정부 임기가 끝나면 정권교체와 함께 외환위기 이래 역대 정권들이 경영합리화라는 이름으로 추진했듯이 경영성과 평가 방식 변경으로 사용기관이 공동책임을 회피하고 자회사 지분 매각을 통한 민영화나 사업 외주화를 추진할 가능성이 높기 때문이다.

〈표 8-8〉 공공부문 상시업무 고용형태 구조 변화

고용관계	고용형태	김대중 노무현	이명박 박근혜	문재인 정부		고용안정	동등처우
				대선공약*	가이드라인		
직접 고용	정규직	정규직	정규직	정규직	정규직	O	O
	중규직	-	무기계약직	(무기계약직)	무기계약직	O	X
	비정규직	기간제	기간제	-	-	X	X
간접 고용	자회사	-	-	-	자회사 정규직	O	X
	파견용역	파견용역	파견용역	(파견용역)	파견용역	X	X
	외주하청					X	X

* 문재인 정부의 대선공약과 "공공부문 비정규직 제로" 선언은 상시업무의 경우 파견·용역의 직접고용 정규직 전환과 무기계약직의 차별처우 해소를 전제함

3. 무기계약직 및 자회사 방식의 사용 사유 소멸

무기계약직과 자회사 방식의 사용사유는 문재인 정부 대선공약하에서는 정당화되기 어렵다. 공공부문의 사용기관들이 밝힌 비정규직 사용사유에서 정원 증원 어려움(34.1%), 예산상 제약(31.5%), 일시적 수요(30.8%)의 세 가지 사유가 96.4%를 점하는 것으로 확인됐다(〈표 8.9〉 참조).

문재인 정부는 공공부문부터 상시적 업무의 직접고용 정규직 채용 원칙 공약을 집행하기 위해 총정원과 총인건비 규제를 완화하겠다는 입장을 분명히 했다(관계부처 합동 2017). 또한 동일가치노동 동일임금 원칙으로 인해 무기계약직이나 자회사 방식으로 인건비 절감은 불가능하게 되고, 자회사 방식은 가이드라인도 인정하듯이 거래비용만 증대시켜 예산 부족 문제를 악화시킬 수 있다.

일시적 수요는 직무의 성격이 비상시적 업무에 해당해 비정규직 사용이 허용되는 정당한 사용사유다. 무기계약직이나 자회사 정규직을 사용할 사유에 해당되지 않는다. 문재인 정부가 대선공약을 이행하면 공공부문의 상시적 업무에 무기계약직이나 자회사 방식을 사용할 사유는 사라지게 된다.

〈표 8-9〉 공공기관 유형별 비정규직 사용이유(2011년 조사)

(단위 : 명)

구분	예산상 제약	일시적 수요	정원증원 어려움	인건비 절감	고용조정과 해고	기타	전체
중앙행정기관	105	159	354	8	1	23	650
	16.2%	24.5%	54.5%	1.2%	0.2%	3.5%	100.0%
자치단체	34	155	103	1	1	1	295
	11.5%	52.5%	34.9%	0.3%	0.3%	0.3%	100.0%
공공기관	58	130	170	9	3	22	392
	14.8%	33.2%	43.4%	2.3%	0.8%	5.6%	100.0%
초중고	1,072	791	704	25	14	40	2,646
	40.5%	29.9%	26.6%	0.9%	0.5%	1.5%	100.0%
국립학교	17	23	62	0	0	4	106
	16.0%	21.7%	58.5%	0.0%	0.0%	3.8%	100.0%
합계	1,286	1,258	1,393	43	19	90	4,089
	31.5%	30.8%	34.1%	1.1%	0.5%	2.2%	100.0%

4. 민간위탁 및 자회사 방식의 사용사유 소멸

사용기관들은 민간위탁과 관련해 비용절감 및 경영효율(32.0%)과 정원확보 곤란(31.8%) 외에도 전문인력 및 시설활용 사유(24.0%)를 꼽고 있는데(〈표 8-10〉 참조), 그것은 자회사 방식 사용사유가 될 수 없다.

공공부문의 공공기관들과 지방공기업들은 일반적으로 공공성이 강한 서비스를 제공하기 위해 특화된 기관이라는 점에서 업종 혹은 부문 특유의 전문성이 전제돼 있다. 전문인력 및 시설활용 사유는 예외적으로 발생하기 때문에 타당성 여부는 사례별로 검토해야 한다. 전문인력 및 시설활용 사유가 타당성을 갖는 경우라도 자회사 방식은 서비스 내부화에 비해 거래비용 증대로 비교우위를 갖지 못한다.

자회사 설립이 요구되는 예외적 상황이라 하더라도 원거리 고용의 자회사 방식보다는 근거리 고용의 공단 방식이 동일·유사·관련 서비스를 복수의 기관에 제공하며 전문성과 설비활용 효율성을 증진할 수 있다.

〈표 8-10〉 공공기관 유형별 민간위탁 이유(2011년 조사)

(단위 : 명)

구분	비용절감 경영효율화	인사노무관리 용이	정원확보 곤란	전문인력 시설활용	일시적 업무 증가	기타	전체
중앙행정기관	110	20	204	82	7	4	427
	25.8%	4.7%	47.8%	19.2%	1.6%	0.9%	100.0%
자치단체	106	2	58	48	18	3	235
	45.1%	0.9%	24.7%	20.4%	7.7%	1.3%	100.0%
공공기관	156	8	94	66	17	7	348
	44.8%	2.3%	27.0%	19.0%	4.9%	2.0%	100.0%
초중고	726	242	729	637	72	27	2,433
	29.8%	9.9%	30.0%	26.2%	3.0%	1.1%	100.0%
국립학교	29	3	37	11	0	0	80
	36.3%	3.8%	46.3%	13.8%	0.0%	0.0%	100.0%
합계	1,127	275	1,122	844	114	41	3,523
	32.0%	7.8%	31.8%	24.0%	3.2%	1.1%	100.0%

V. 정규직 전환의 단계적 접근 방식 : 2단계 전환 과정

1. 단계적 접근 필요성

문재인 정부가 대선공약을 집행하게 되면 무기계약직과 자회사 방식을 포함한 비정규직의 주요 사용사유들이 소멸되기 때문에 공공부문 상시적 업무에 대해서는 직접고용 정규직 채용 원칙을 추진하는 것이 타당하다.

무기계약직과 자회사 방식 가운데 자회사 방식은 사라지더라도 무기계약직 고용형태는 정부 정책의 산물로 일정 기간 지속될 것으로 예측된다. 그것은 이명박·박근혜 정부의 무기계약직 전환 정책으로 무기계약직이 상당한 규모를 형성하고 있고, 문재인 정부도 대선공약에서 무기계약직 처우 개선을 약속하고 공공부문 가이드라인을 통해 기간제와 파견·용역 비정규직을 온전한 정규직이 아닌 무기계약직으로 전환하는 정책을 밝혀 무기계약직이 양산될 것으로 예측되기 때문이다.

무기계약직이 상당 기간 유의미한 규모의 고용형태로 지속된다면, 무기계약직을 과도기적 고용형태로서 수용하되 정규직 전환의 한 단계로 설정해 2단계의 단계적 접근 전략을 취하는 것이 합리적 선택이라 할 수 있다.

2. 정규직 전환의 2단계와 법·제도 정비 필요성

비정규직 정규직 전환의 2단계 단계적 접근은 비정규직 노동자들이 원청의 직접고용 무기계약직을 거쳐 정규직이 되는 방식이다. 무기계약직을 거치지 않고 비정규직에서 곧바로 원청 직접고용 정규직으로 전환할 수도 있다.

1단계는 비정규직을 직접고용 무기계약직으로 전환하는 단계다. 이명박·박근혜 정부에 이어 문재인 정부도 추진하고 있다. 비정규직을 직접고용 무기계약직으로 전환하는 과정은 직접고용 기간제의 경우 고용안정을 보장하고, 간접고용 비정규직은 직접고용으로 전환하는 것이다.

이명박·박근혜 정부의 전환 정책이 기간제의 무기계약직 전환에 국한된 반면 문재인 정부는 무기계약직 전환 대상에 간접고용 비정규직도 포함했다는 점에서 진일보했다고 평가할 수 있다. 무기계약직 전환 대상자 선별 기준은 상시적 업무 수행 여부다. 가이드라인은 상시적 업무를 연중 9개월 이상 계속되는 업무로서 향후 2년 이상 지속될 것으로 예상되는 업무로 규정하고 있다(관계부처 합동 2017: 6).[95]

2단계는 무기계약직에서 온전한 정규직으로 전환하는 단계다. 2단계에서는 무기계약직과 기존 정규직을 직무체계·임금체계·승진체계 등 인사관리체계에서 통합함으로써 비정규직의 정규직 전환을 완성한다. 정규직 전환 과정의 1단계와 2단계는 예산 및 정원 규제를 완화하는 정책적 개입과 함께 무기계약직의 법적 지위를 보장하는 법·제도 개정을 필요로 한다.

3. 인건비·정원 규제 완화

무기계약직 노동자들의 인건비는 총정원과 함께 기준인건비제 혹은 총액인건비제로 규제된다. 이런 규제를 완화해 무기계약직의 임금인상을 통한 정규직과의 동등처우를 이룰 수 있도록 해야 한다. 이를 위해 별도의 예산으로 분리·운영되는 무기계약직 인건비에 정규직과의 임금격차를 해소하기 위한 임금인상분을 반영한 예산 증액이 요구된다. 공공부문 기관 유형별 무기계약직 인건비 관리 방식 및 개선 방안은 〈표 8-11〉처럼 정리할 수 있다.[96]

---

[95] 문재인 정부는 상시적 업무의 지속성 기준을 기존 4년에서 2년으로 단축했지만, 1년 이상 지속되는 업무를 상시적 업무로 규정할 수 있다는 점(조돈문 2012: 367-372)에서 2년 기준을 점진적으로 1년으로 단축하는 방안을 검토할 필요가 있다.

[96] 무기계약직의 예산 및 정원 규제 현황과 개선방안의 구체적 내용에 대해서는 본 연구 2장 '공공부문 무기계약직 관련 법·제도 분석'을 참조하면 된다.

〈표 8-11〉 공공부문 무기계약직 인건비와 정원 관리 및 인건비 예산*

구분	인건비·정원 관리	인건비 예산	개선방안
중앙행정 기관	인건비에 무기계약직 인건비도 포함	정규직 공무원의 인건비 예산과 무기계약직 인건비 예산이 별도로 분리 운영. 무기계약직 인건비 항목을 사업비성 예산 항목 내에 편성	정규직과의 임금격차 축소 위한 추가 인상분을 인건비에 반영
지방자치 단체	기준인건비에 무기계약직 인건비도 포함	공무원의 기준인건비 예산과 무기계약직 기준인건비 예산 별도로 분리 운영	정규직과의 임금격차 축소 위한 추가 인상분을 기준인건비에 반영, 기준인건비 관리대상에서 무기계약직을 제외
공공 기관	무기계약직 인건비도 총인건비에 포함, 총인건비관리 지표는 무기계약직의 처우수준을 고려 않음	무기계약직 임금체계는 기존 정규직제에 편입하지 않고 별도 체계로 운영	정규직과의 임금격차 축소 위한 추가 인상분을 총인건비에 반영
지방 공기업	무기계약직 인건비는 총인건비에서 제외, 무기계약직 정원을 별도 정원으로 관리(기존 정원개념에 포함된 무기계약직 제외)	무기계약직 임금체계는 기존 정규직제에 편입하지 않고 별도 체계로 운영	정규직과의 임금격차 축소 위한 추가 인상분을 총인건비에 반영
교육 기관	총액인건비는 시·도 교육감 소속 지방공무원, 사립학교 행정직원, 학교회계직원 등 대상별로 나눠 선정	무기계약직 인건비 단가는 전년도의 평균인원과 평균임금을 고려해 결정	교부액 자체의 현실화, 인건비와 사업비·운영비의 재조정을 통한 왜곡된 인건비 구조의 개선

* 2장에서 산정한 자료

4. 무기계약직 노동자 법적 지위 보장

공공부문 무기계약직 노동자들은 비정규직에서 전환됐으나 비정규직은 물론 정규직과도 차별화된 제3의 고용형태로 자리 잡고 있다. 하지만 법적 지위를 제대로 보장받지 못하고 있다. 무기계약직의 법적 지위를 보장하는 입법조치가 요구된다. 물론 공공부문 기관 유형 가운데 일부 기관에서는 무기계약 근로자, 공무직 혹은 교육공무직 등으로 공무원과 차별화된 법적 지위를 부여하는 사례

도 있다. 공공부문 기관 유형별로, 해당 기관 유형 내 기관별로 상당한 편차를 보인다.[97]

중앙행정기관·지방자치단체와 교육기관처럼 정규직 노동자들에게 공무원의 법적 지위를 부여하는 기관들의 경우 서울시와 경기도교육청 같은 일부 선도 기관들처럼 무기계약직 노동자들에게 공무직 혹은 교육공무직의 법적 지위를 부여하는 것이 바람직하다(〈표 8-12〉 참조). 다만 교육기관의 무기계약직 교사의 경우 기간제 교사들이 교육공무원법에서 권한 제한은 주어졌지만 기간제 교원으로 규정돼 있다는 점을 고려해 무기계약 교원으로 명명하는 것이 적절하다고 하겠다. 이렇게 무기계약직 노동자들에게 공무직의 법적 지위를 부여해 직무 수행상 권한과 책임을 분명히 하면 무기계약직 노동자는 업무수행과 관련해 요구되는 권한을 행사할 수 있다. 사용자는 무기계약직 노동자들에게 업무 수행에 따른 책임을 요구할 수 있게 된다. 이것은 사용자와 무기계약직 사이의 효율성과 신분 보장의 교환에 해당되는 호혜의 정책 대안이다.

〈표 8-12〉 공공부문 현행 고용형태별 법적 지위와 무기계약직 법제화 방안*

구분	현행			법제화 방안
	기간제	무기계약직	정규직	무기계약직
중앙행정기관	근로자*	무기계약 근로자	국가공무원	공무직
지방자치단체	근로자	공무직 (일부 지자체)	지방공무원	공무직
공공기관	근로자	근로자	근로자	근로자
지방공기업	근로자	근로자	근로자	근로자
교육기관	교육공무원 (기간제 교원)	없음	교육공무원 (교원)	교육공무원 (무기계약 교원)
	근로자	교육공무직 (일부 교육청)	국가·지방공무원	교육공무직

* 각 칸의 '근로자'는 근로기준법에 정의된 근로자를 의미함. 단, 임기제 공무원은 제외함

---

97) 공공부문 기관별 편차에 대해서는 본 연구 3장 '무기계약직 관련 입법안과 차별개선을 위한 제도개선 방안'을 참조할 것.

VI. 비정규직 정규직 전환 과정과 사회적 대화

1. 사회적 대화의 필요성

무기계약직 전환을 추진하는 과정은 이해당사자·이해관계자들의 이해관계 충돌과 정당한 사유의 반대 가능성을 최소화하기 위해 이해당사자·이해관계자들과 사회적 대화를 통해 진행해야 한다.

모든 무기계약직 노동자들이 잠재적 전환 대상자이지만 구체적으로 누구를 어떤 기준에 따라 어떤 절차를 거쳐 선별하고, 정규직 전환 후 어떻게 처우를 개선하며 정규직의 인사관리체계로 통합할 것인지에 대해서는 사회적 대화가 필요하다. 사회적 대화는 사용기관과 비정규직 노동자·노동조합 등 이해당사자들과 단순 이해관계자인 정규직 노동자·노동조합을 일차적 대상으로 한다.

2. 비정규직 노동자들의 집합적 동의

비정규직 노동자들의 집합적 동의는 필수적이다. 합리적 절차를 통해 비정규직 이해관계가 대변될 수 있도록 하되, 어떠한 의사결정도 비정규직 당사자들의 집합적 동의를 전제해야 한다. 최근 불법파견으로 논란이 된 파리바게뜨 사례에서 보듯이 비정규직 노동자들의 개별적 동의는 상당한 위험을 지니고 있기 때문이다.

고용노동부는 파리바게뜨 협력업체 소속 제빵기사 5,378명을 불법파견으로 판정하고 직접고용하도록 시정명령을 내린 바 있다. 이에 파리바게뜨 측은 협력업체 및 가맹점주들과 함께 원청의 직접고용을 회피하기 위해 합작회사 설립을 추진했다. 5,378명의 제빵기사들을 개별적으로 접촉해 "파리바게뜨에 직접 고용되는 것을 원치 않는다"는 동의서를 받은 것으로 확인됐다(한겨레 2017년

10월 18일자). 비정규직 노동자들의 개별적 동의는 사용자가 고용관계 해지 위협에 무방비로 노출된 비정규직 노동자들의 취약한 입지를 악용해 자발성을 위장한 동의를 강제하는 행위다.

비정규직 노동자들은 노조조직률이 2%밖에 안된다. 노동조합을 통한 집합적 합의 방식은 일반화될 수 없고 예외적으로만 가능하다. 대표성을 지닌 비정규직 노동조합이 조직돼 있으면, 해당 비정규직 노조가 조직된 비정규직 노동자들의 이해관계를 대변할 수 있다. 하지만 비정규직 노동자들이 조직화되지 않은 98%에 대해서는 정규직 노동자들의 이익집단인 정규직 노조가 비정규직 노동자들의 이해관계를 대변하도록 할 수 없기 때문에 별도의 비정규직 이해대변 단위를 구성할 필요가 있다.

비정규직 노동자들은 고용계약의 한시성 혹은 고용관계의 불안정성으로 인해 사업체 간 이동성이 높다. 사업체 단위에서는 사용자 혹은 고용주와 정규직에 대한 역학관계의 종속적 비대칭을 갖는다. 비정규직 협의기구는 초기업적 단위에서 구성하는 것이 적절하다. 정규직 노조의 이익집단 정체성을 고려한다면 적극적인 긍정적 연대를 기대하기 어렵다.

정규직 노조를 대체할 수 있는 시민·사회운동 단위들의 참여가 요구된다. 그런 점에서 비정규직 이해관계를 대변하는 활동 경험을 축적하고 활동의 진정성 및 정책적·실천적 운동 역량이 검증된 비정규직 운동 단위들이 참여하는 것이 바람직하다. 비정규직 노동자들의 고용형태가 다양하고 이해관계가 매우 이질적이라는 점을 고려해야 한다. 다양한 비정규직의 이질적 이해관계들을 대변하기 위해 개별 비정규직 고용형태로부터 상대적 자율성이 일정 정도 필요하다는 점에서 검증된 비정규직 운동단체들의 적극적 역할이 중요하다.

3. 정규직 노동자·노동조합의 의견 수렴

정규직 노동자·노동조합은 비정규직의 정규직 전환 정책과 적대적 이해관계에 있는 이해관계자다. 동의 주체가 아니라 의견수렴 대상에 불과하다.

교육기관 정규직 전환 심의위원회가 2017년 9월 9일 정규직 교사와 전교조의 강력한 반대를 극복하지 못하고 기간제 교사의 정규직화는 물론 영어회화 전문강사와 스포츠강사의 무기계약직 전환을 거부하는 결정을 내린 것으로 분석되고 있다. 동 위원회의 결정은 두 가지 사실을 확인시켜 준다.

첫째는 정규직 노동자·노동조합이 비정규직 정규직 전환 정책에 대한 막강한 파괴력의 거부권력(veto power)을 보유하고 있다는 사실이다. 전교조는 동 위원회의 참여를 거부했을 뿐만 아니라 불참했음에도 정규직 노동자들의 항의로 문재인 정부의 야심 찬 비정규직 정규직 전환 정책에 심대한 타격을 줬다.

둘째는 비정규직과 무기계약직의 정규직 전환을 포함한 비정규직과 무기계약직의 운명을 정규직 노동자들과 정규직 노동조합이 결정하도록 하는 것은 적절하지 않다는 사실이다. 정규직 노동자들과 정규직 노동조합은 대자본·대정부 교섭력과 영향력을 지니며 자신들의 이해관계를 보호·신장했고, 비정규직 문제의 심화에 일정 정도 책임이 있다. 비정규직 규모의 과도한 팽창은 정규직의 고용안정을 위한 안전판을 제공했고, 정규직-비정규직의 임금 등 노동조건 양극화는 정규직에게 생산성 향상 기여분을 초과하는 잉여의 지대로 보상해 줬다. 물론 사용자는 노동력 활용의 극단적 유연성과 인건비 절감에 따른 충분한 이윤을 확보할 수 있었다. 이렇게 사용자와 정규직은 고용불안정성과 저임금이라는 비정규직의 희생이 가져다준 혜택을 공유하며 비정규직 규모 확대와 비정규직-정규직 노동조건 양극화 문제를 확대 재생산했다. 정규직이 비정규직의 정규직 전환 과정에 결정적 영향력을 행사하게 된다면 정규직의 고용안정성과 담합지대를 위한 기존의 비정규직 오·남용 폐해가 지속될 개연성을 배제할 수 없다는 점에서 정규직 노동자·노동조합은 사회적 협의의 대상으로 관여하는 것이 적절하다.

4. 초기업 수준의 사회적 협의

사회적 협의 과정은 사업체 단위가 아니라 산업·업종 수준에서 진행돼야 한다.

사업체 단위에서는 사용자·정규직과 비정규직 사이 역학관계의 극단적 비대칭성으로 인해 비정규직 노동자들이 자신들의 이해관계를 보호·신장하기 어렵다. 비정규직 노동자의 희생을 전제로 한 사용자와 정규직의 담합관계는 비정규직의 정규직 전환과 비정규직 처우 개선을 억압한다. 정규직 노동자들도 사업체 수준을 넘어서면 사용자와의 동일시 정도가 약화하면서 상대적으로 정규직 이기주의를 자제하며 노동시장 상황과 비정규직의 정규직 전환 필요성을 보다 객관적인 관점에서 판단할 개연성이 높아진다.

공공부문 내 기관 간 임금 수준 등 노동조건 편차도 매우 커서 기관 단위로 협의가 진행되고 비정규직의 정규직 전환 방식과 전환 후 노동조건 내용이 결정된다면 기존의 기관 간 임금 등 노동조건 편차는 그대로 재생산된다. 반면 초기업 산업·업종 수준에서 사회적 협의가 진행되면 정규직-비정규직 임금격차는 물론 기관 간 임금격차도 파악해 전환 후 노동조건 개선 과정에 반영할 수 있다.

기관 단위를 초월하는 수준의 협의기구를 수립하고 사회적 협의를 진행하고 초기업 수준의 원칙과 전략을 수립·집행하는 것이 절실하다. 예컨대 정규직 전환 대상 노동자들부터 동일노동 동일임금 원칙을 적용한 다음 동일 업무를 수행하는 기존 정규직으로 확대해 동등처우를 추진하면, 동일가치노동 동일임금 실현에도 큰 진전을 이루는 계기를 확보할 수 있다.

사회적 협의의 우선 과제는 초기업 수준에서 비정규직의 정규직 전환 일반 원칙을 수립하는 것이다. 정규직 전환의 세부적 절차를 초기업 수준 사회적 협의 속에서 진행하되, 비정규직 노동자들의 다수가 조직돼 있는 기관의 경우 비정규직 노동조합이 참여하는 기관 수준의 사회적 협의에 위임할 수 있다.

5. 사회적 대화와 국민적 동의

사회적 대화는 합의가 아니라 협의에 불과하다. 의사결정 주체는 이해당사자들과 이해관계자들의 이해관계를 초월해 결정한다. 국민적 동의를 구해야 한다.

첫째, 사회적 협의 과정에서 이해당사자 및 이해관계자와의 합의가 불가능하다는 점에서 이해당사자 간 합의를 도출하기 위해 노력하되, 사회적 협의의 목표는 합의가 아니라 충분한 의견수렴이 돼야 한다. 사회적 협의는 다양한 이해당사자들과 이해관계자들의 의견을 수렴하는 과정이다. 직접적 이해관계자가 아닌 시민사회와 전문가들의 의견도 참고해 적극적으로 의견을 개진할 수 있도록 해야 한다. 시민사회와 전문가들에게 국민배심원 역할을 맡길 수도 있다. 정규직 전환 정책의 추진주체는 이렇게 충분한 의견수렴 과정을 거치되 중장기적이며 거시적인 관점에서 대선공약인 비정규직 정책의 핵심 원칙, 즉 상시적 업무의 직접고용 정규직 채용 원칙과 동일가치노동 동일임금 원칙에 입각해 정책적 판단과 선택을 해야 한다.

둘째, 사회적 협의는 이해당사자들과 이해관계자들의 의견을 넘어 국민적 동의를 지향해야 한다. 사회적 협의 결과는 이해당사자 및 이해관계자의 의견을 중시하되 이해관계자 수준을 넘어 국민적인 동의와 수용이 가능해야 한다. 현재의 이해당사자·이해관계자뿐만 아니라 미래의 이해당사자·이해관계자도 배려해야 한다. 모든 국민은 잠재적 이해관계자라고 전제하는 것이 바람직하다. 현재의 이해당사자·이해관계자들의 의견을 수렴·반영·조정하는 것도 중요하지만, 미래 이해당사자·이해관계자들의 입장을 반영함으로써 미래 갈등 소지를 최소화하는 효과를 거둘 수 있어야 한다. 그런 점에서 상대적 공정성의 원칙은 비정규직 전환 정책의 추진주체가 사회적 협의 과정에서 견지해야 할 기본적 관점이다. 대통령이 국민과 약속한 대선공약의 비정규직 핵심 원칙도 중시해야 한다.

VII. 정규직의 저항 : 정규직 이기주의와 절차적 공정성

1. 정규직 전환 정책의 목표와 원칙

비정규직의 정규직 전환 정책은 문재인 대통령이 대선공약에서 천명한 비정규직 정책의 목표와 원칙을 중심으로 진행해야 한다.

첫째, 비정규직 정책의 목표는 비정규직 규모를 반감하고 차별처우를 해소하는 것이다.

둘째, 대선공약에서 밝힌 비정규직 정책의 핵심 원칙은 상시적 업무 직접고용 정규직 채용 원칙과 동일가치노동 동일임금 원칙이다. 그에 더해 간접고용 비정규직의 사용자 책임 강화를 통한 간접고용 비정규직 사용 규제와 비정규직 노동자 보호 강화도 추가적인 원칙으로 적시된 바 있다.

셋째, 정책추진 전략은 공공부문이 비정규직의 정규직 전환을 통해 비정규직 정책의 모범사용자 역할을 하는 것이다. 공공부문의 "비정규직 제로화" 정책을 민간부문에 관철하겠다는 전략이다.

2. 정규직 노동자·노동조합의 저항

사회의 민주화와 진보를 가로막는 것은 기득권 세력의 막강한 영향력과 저항이다. 비정규직의 정규직 전환에서 기득권 세력의 저항은 정규직 노동자·노동조합의 반대로 나타나기도 한다.

비정규직의 정규직 전환 정책에 대한 정규직 반대의 위력은 기간제 교사의 정규직화, 영어전문강사와 스포츠강사의 무기계약직화를 부결한 2017년 9월 9일 교육부 정규직 전환 심의위원회 결정에서 확인됐다.

정규직의 비정규직 정규직화 반대는 한편으로는 정당화하기 어려운 정규직

이기주의에 근거하지만 다른 한편으로는 비정규직 노동자들의 취업절차 공정성 결여라는 합리적 문제제기에도 근거해 있다.

3. 정규직 이기주의와 정규직 전환 반대

정규직 노동자들은 자신들의 물질적 이해관계를 위해 비정규직의 정규직 전환에 반대한다. 정규직 이기주의는 개인적 합리성에 기초해 있지만 사회적으로 정당화하기 어렵다.

비정규직의 정규직화는 비정규직이라는 고용안전판 상실로 정규직 노동자들의 고용안정성을 약화시킬 수 있고, 두 배에 달하는 정규직-비정규직 임금격차 완화를 위해 정규직 임금인상을 억압할 수 있다. 또 사용기관의 성과·이윤을 비정규직과 공유해야 한다. 이런 물질적 이해관계에 기초해 정규직 노동자들이 비정규직의 정규직 전환 정책에 반대할 수 있는데, 이는 비정규직의 희생에 기초한 자신의 기득권을 지키려는 적극적인 지대추구행위(rent-seeking behavior)로 사회적 정당성을 얻기 어렵다.

4. 노동조합의 이익집단 성격과 정규직 이기주의

정규직 노동조합은 이익집단으로서 조합원들로부터 정규직 이기주의 실천을 요구받는다. 이익집단 정체성이 클수록 노동조합은 정규직 이기주의에 충실한 비정규직 정규직화 반대 입장을 선택하게 된다.

정규직 노동조합은 이익집단과 계급조직이라는 양면의 정체성을 지니고 있다. 이익집단으로서 노조원인 정규직 노동자들의 이해관계를 대변하고, 계급조직으로서 미조직·비정규직까지 아우르는 전체 노동계급의 이해관계를 대변할 것을 요구받는다. 현대자동차 정규직 노조는 대법원의 불법파견 판결에도 불법파견 비정규직의 정규직 전환에 실질적으로 반대했다. 상급단체인 금속노조의 1사 1조직 방침에 역행하며 비정규직을 노조원으로 수용하는 1사 1조직 방안을 세 차례나 부결시키며 비정규직 가입을 거부했다. 2017년 2월 금속노조 중앙위원회에서 자동차 대리점의 특수고용 비정규직 판매노동자들의 금속노조 가입 신청 승인을 무산시켰다(조돈문 2014; 매일노동뉴스 2017년 2월 22일자). 2018년 5월 30일 금속노조 위원장 전결로 가입이 승인됐다.

현대자동차 정규직 노조는 민주노조운동의 핵심으로서 노동조합 가운데 계급조직 정체성을 상대적으로 많이 지녔다고 할 수 있는데도 조합원들의 물질적 이해관계에 충실한 정규직 이기주의의 벽을 넘어서지 못했다. 이는 정규직 노조들에서 전노협처럼 전체 노동계급을 위해 실천하는 계급조직의 정체성과 비정규직 정규직 전환에 대한 진정성 있는 적극적 지지·실천을 기대하기 어렵게 됐다는 방증이다.[98]

5. 절차적 공정성과 정규직 전환 반대

정규직의 비정규직 정규직 전환 정책 반대가 단순한 정규직 이기주의의 발현이 아니라 공공부문 비정규직 채용절차 공정성의 문제의식처럼 정당화될 수 있는 측면도 있다.

공공부문의 경우 정규직은 강원랜드[99]처럼 청탁과 뇌물로 매관매직하는 사례도 있지만 대체로 엄격한 채용절차를 거친다. 반면 비정규직의 경우 국립 의

---

[98] 전교조의 일부 활동가들은 교육부의 정규직 전환심의위원회 결정에 전교조의 반대 입장이 영향을 미쳤음을 인정하고 전교조 중집 결정을 비판하며 비정규직 정규직 전환에 대한 지지를 선언하기도 했다(전교조현장조합원성명, 2017년 9월 25일). 이처럼 전교조나 현대자동차 정규직노조 내에도 비정규직의 정규직 전환에 찬성하고 비정규직 투쟁에 연대하는 활동가들이 존재하는 것은 사실이나, 다수 노조원들의 정규직 이기주의에 포획된 노동조합의 이익집단 정체성을 뒤집기는 어렵다. 이런 현실은 정규직노조 집행부가 비정규직 조직화와 비정규직 투쟁에 연대하는 활동을 적극적으로 실천했다가 노조원들의 반발로 좌초한 캐리어와 한국지엠 창원공장 사례에서 이미 확인된 바 있다(조돈문 2012: 120-151).
[99] 강원랜드는 2012~2013년 공개채용을 통해 총 518명을 선발·채용했는데 이 가운데 95%에 달하는 493명이 전·현직 국회의원 등 유력 인사들의 청탁과 뇌물로 이뤄진 것으로 확인됐다(한겨레 2017.10.24).

료기관처럼 엄격한 채용절차를 거치기도 하지만 정규직의 입직구에 비해 일반적으로 채용절차가 간소하다. 게다가 투명성이 담보되지 않아 부적절한 임용의 개연성이 상대적으로 더 높은 것이 사실이다. 비정규직의 무기계약직 전환 절차도 별도 시험을 치르는 비율이 30%에 미달해 채용절차의 투명성 결여 의혹을 해소하기 어렵다. 채용절차의 문제점은 공공부문 취업을 준비하는 구직자들의 상대적 공정성에 관한 문제제기를 유발할 수 있다.

Ⅷ. 정규직 전환 대상 비정규직의 선별 방식

1. 사회적 협의 과정

무기계약직 노동자 가운데 정규직 전환 대상자 선별 방식은 사회적 협의를 필요로 한다. 근속연수 기준은 사회적 협의 과정에서 검토할 수 있는 하나의 대안이 될 수 있다. 예시하자면 다음과 같다.

2. 근속연수 중심 선별 방식

무기계약직의 정규직 전환 대상자 선별 기준은 노무제공 당사자의 속성 가운데 하나인 근속연수로 할 수 있다.

비정규직 노동자들의 무기계약직 전환 대상자 선별 기준은 상시적 업무라는 업무의 속성이어서, 정규직 전환 대상자 선별 기준을 노무제공자의 속성으로 설정하면 전체적인 비정규직의 정규적 전환 대상자 선택 과정이 일자리라는 수요 측면과 노무제공자라는 공급 측면을 함께 고려하는 균형을 갖출 수 있다. 비정규직의 정규직 전환 정책이 비정규직 채용절차가 정규직 채용절차에 비해 투명성과 공정성을 결여하고 있다는 비판을 극복하기 위해서도 근속연수 같은 노무제공자 속성 기준이 요구된다.

일정 근속연수를 기준으로 설정해 기준 근속연수를 초과하는 장기 근속자는 정규직 전환을 전제로 별도 평가를 실시하되, 채용절차상 하자나 업무수행 관련 비리에 따른 중징계 등 특별한 하자가 없으면 정규직화하는 방식으로 진행한다. 기준 근속연수에 미달하는 단기 근속자는 소요 근속연수를 충족하면 정규직 전환 절차를 시작할 수 있도록 한다.

3. 근속연수 : 업무수행 능력 평가 결과 반영

노무제공자의 근속은 업무수행 능력의 형성 과정인 동시에 업무수행 능력에 대한 평가 결과를 반영한다. 근속연수는 무기계약직 정규직 전환의 선별 기준으로 적절하다.[100]

상시적 업무 판단 기준 2년은 기간제 사용기간 제한 2년에 상응한다. 상시적 업무 담당자를 무기계약직으로 전환하는 것은 기간제 노동자를 2년 초과해 사용할 경우 무기계약으로 간주하는 것과 같은 효과를 나타낸다.

사용기간 2년은 노동자의 업무수행 능력에 대한 검증 기간에 해당한다. 2년을 초과해 근로하는 것은 업무수행 능력과 성과의 긍정적 평가로 계약기간이 무기계약으로 연장된 것으로 해석할 수 있다.

이와 같이 무기계약직 전환을 위한 기준 근속연수 2년은 해당 무기계약직 노동자의 업무수행 능력에 대한 사후적 검증이 된다. 기준 근속연수 2년을 초과하

---

100) 스웨덴과 독일 등 유럽의 직무급에 기초한 임금체계들이 근속연수에 따라 숙련수준 혹은 임금단계를 상향하는 것은 근속기간이 숙련수준과 그에 따른 업무수행 능력을 향상시킨다는 전제에 기초하고 있다. 스웨덴과 독일의 근속연수에 따른 숙련수준 향상에 대한 보상방식에 대해서는 조돈문(2017)과 이 책 7장 독일 사례를 참조할 것.

는 부분은 기본적 직업능력 형성과 사후적 검증을 완료한 다음 직업능력을 고도화한 과정이라 할 수 있다.

그런 점에서 상시적 업무 판단 기준 근속연수의 2배수 기간, 즉 4년 이상을 근속한 노동자들의 경우 충분한 직업능력 강화와 함께 엄격한 사후적 검증과 평가를 완료했다고 판단해 기존 정규직의 엄격한 채용절차를 갈음하는 것으로 간주할 수 있다.

이런 근속연수 기준에 기초한 정규직 전환 방식은 경력직 공무원 채용절차 혹은 시험 등 별도 절차를 거치는 승진 방식과 크게 다르지 않다.

상시적 업무의 판단 기준 근속연수가 문재인 정부 출범 후 4년에서 2년으로 단축됐듯이 기준 근속연수는 가변적이다. 상시적 업무의 판단 기준 근속연수가 노동계의 상시적 업무 판단 기준인 1년으로 단축될 수도 있다.

실제 2006년 기간제법 제정 이전에는 기간제 사용기간 제한은 1년이었다(조돈문 2012: 209). 기간제 사용기간 제한이 2년에서 1년으로 단축되면 무기계약직 전환 기준 근속연수도 2년에서 1년으로, 정규직 전환 기준 근속연수도 그에 비례해 4년에서 2년으로 단축하는 것이 타당하다.

4. 근속연수 기준의 상대적 공정성

근속연수 기준은 상대적 공정성 원칙에 부합하는 만큼 이를 활용하면 정규직 전환 정책을 사회통합에 기여하는 방식으로 추진할 수 있다.

근속연수 기준이 기존 정규직과 취업준비생 등 이해관계자들의 합리적 반대 사유를 최소화하고 정규직 전환 정책에 대한 사회적 동의를 형성하는 데 유리한 여건을 조성할 수 있다. 민간부문 고용형태 규제 방식과 비교해도 상대적 공정성 원칙에 부합하기 때문에 공공부문의 모범사용자 위상 강화와 비정규직 제로 정책 확산에도 기여한다.

민간부문의 불법파견 비정규직 노동자들에 대해 별도 조건이나 절차 없이 정규직 전환을 강제하는 것은 사용자 불법행위에 대한 징벌적 제재의 성격을 지니기 때문이다.

반면 공공부문 무기계약직은 사용자의 합법적 노동력 사용 방식에 해당할 뿐만 아니라 고용안정 보장을 강화하는 긍정적 측면이 있다는 점에서 근속연수 기준은 무조건적 정규직 전환 같은 징벌적 제재 방식에 비해 사용자와 비정규직·무기계약직 쌍방은 물론 국민 여론도 거부하기 어려운 상대적으로 공정한 타협책이 된다.

5. 비전환 무기계약직의 처우

근속연수 미달 혹은 부정적 평가 결과로 인해 정규직으로 전환되지 않은 비전환 무기계약직 노동자들의 경우 무기계약직 지위를 유지하되 근속연수를 인정하고 임금 수준에 반영하도록 한다.

IX. 인사관리체계 통합 : 정규직 전환의 완성

1. 인사관리체계 통합 방식과 사회적 대화

정규직 전환 후 인사관리체계를 통합하는 방식은 공공부문 가이드라인, 서울시와 광주시 등 지자체들의 정규직 전환 사례들을 참조해 사회적 협의를 거쳐 수립하면 된다.

무기계약직의 정규직 전환 단계는 무기계약직 노동자들이 법제화를 통해 공무직 혹은 교육공무직의 법적 지위를 부여받은 뒤 정규직 전환을 추진한다고 전제한다.[101] 기존 정규직 노동자 가운데 전환 정규직 노동자들과 동일·유사 업무를 수행하는 사례가 있는지 여부에 따라 인사관리체계 통합 방식이 달라진다.

2. 직군체계 통합 방식 : 동일·유사 업무 정규직 존재 여부 기준

해당 기관 내 동일·유사 업무를 수행하는 정규직이 있다면 정규직 직군으로 통합해 기존 정규직과 동일한 임금체계와 승진체계로 통합한다.

동일·유사 업무를 수행하는 정규직이 없으면 별도 직군을 신설해 근속연수를 반영하는 임금체계와 승진체계를 수립한다.

3. 임금체계 통합 과정

현재 임금체계는 정규직의 경우 엄격한 호봉급제로서 기관 간 임금격차가 클 뿐만 아니라 비정규직·무기계약직과 정규직의 임금격차가 두 배 수준에 달한다는 점에서 통합 과정은 단계적·점진적으로 진행하는 것이 바람직하다.

① 기관 간 임금격차를 줄이기 위해 무기계약직 및 정규직 전환 직무들부터 동일·유사 직무들의 임금 수준 격차를 최소화하고 동일가치노동 동일임금 원칙 실현을 지향한다

---

101) 중앙행정기관·지방자치단체와 교육기관처럼 정규직 노동자가 공무원의 법적 지위를 지니고 있는 기관들의 경우 국가·지방 공무원 혹은 교육 공무원의 법적 지위를 부여하는 것도 고려할 수 있다. 다만 공무원의 법적 지위 부여 문제는 법제화에 이르기까지 논의 과정이 지나치게 오래 걸릴 수 있어 전체적인 공공부문의 비정규직 정규직화 정책 자체에 차질을 초래할 수 있다는 점을 고려해 향후 과제로 분류하는 것이 적절하다고 판단된다. 무기계약직의 정규직 전환이 완료되고 전환 정규직과 기존 정규직의 임금 등 노동조건 격차가 해소돼 동일가치노동 동일임금이 실현됐을 때가 전환 정규직에 대한 공무원의 법적 지위 부여를 위한 사회적 협의를 진행하기에 적절한 시점이라 할 수 있다.

② 동일·유사 업무를 수행하는 무기계약직·비정규직과 정규직 간 임금격차의 상당 부분이 무기계약직·비정규직과 정규직 사이의 근속기간·숙련형성에 대한 보상 수준 차이에서 비롯된다. 따라서 무기계약직 및 정규직 전환 노동자들의 근속기간·숙련형성에 대해 정규직과 동등한 수준으로 보상하는 조치부터 단계적으로 실시한다.

③ 기간제와 단시간 및 파견 노동자에 대한 차별처우 금지 원칙과 성별 동일가치노동 동일임금 원칙에도 불구하고 남성-여성 간 임금격차와 정규직-비정규직 간 임금격차가 각각 30%와 50%를 웃돈다. 차별처우 금지 원칙과 동등처우 원칙이 유효한 규제장치가 되지 못하고 있으며, 임금체계 변혁 없이는 동일가치노동 동일임금 원칙을 실현할 수 없음을 의미한다. 동일가치노동 동일임금 원칙을 실현하기 위해 임금교섭 구조 및 내용 수정과 임금체계 조정이 요구된다.

④ 무기계약직과 정규직 전환 노동자들부터 근속기간·숙련형성에 대해 정규직과 동등한 수준으로 보상한다. 각종 수당 등을 정규직과 동등한 수준으로 적용해 정규직과의 임금격차를 최소화하는 동시에 실질적인 산별 수준의 임금교섭 구조를 수립·실천하는 한편 직무급적 요소 도입을 포함한 임금체계 보완·재편을 추진한다.

직무급적 요소를 도입함에 있어 임금체계는 사업장 단위가 아니라 독일 산별교섭을 참조해 광역·업종 단위로 임금표를 수립하고, 현재 정규직-비정규직의 과도한 임금격차를 축소하기 위해 직군·직렬 숫자 및 임금등급 숫자를 최소화하고, 임금등급 간 임금격차도 최소화할 필요가 있다.[102]

---

102) 직무분석에 따른 직무들의 임금등급 범주화 방식 및 직무평가 기준들에 대해서는 이 책 7장의 독일과 영국 사례를 참조할 것.

4. 인사관리체계 통합 방식 : 서울산업진흥원 사례

무기계약직과 비정규직의 정규직 전환 과정과 동일·유사 업무 수행 정규직의 존재 여부에 따라 전환 정규직들이 어떻게 인사관리체계에 통합될 수 있는지는 서울산업진흥원 사례를 참조하면 그 가능성을 확인할 수 있다.

① 서울산업진흥원은 무기계약직을 정규직화하는 한편 청소·시설관리 담당 간접고용 비정규직 노동자들도 직접고용 정규직화했다. 이어 인사관리체계 통합을 추진하고 있다. 청소·시설관리 담당 간접고용 비정규직 출신 노동자들은 동일·유사 업무 수행 정규직 노동자가 없어 별도 직군으로 편재되고, 무기계약직 출신 노동자들은 동일·유사 업무 수행 정규직과 같은 직군으로 통합된다 (〈표 8-13〉 참조).[103]

〈표 8-13〉 비정규직·무기계약직 정규직화와 인사관리체계 통합(서울산업진흥원)*

업무의 성격	정규직 전환 이전			정규직 전환 이후	
	고용형태	직접고용	간접고용	고용형태	직접고용
상시적 업무	정규직	일반직(1~7급)	-	정규직	일반직(1~7급)
		전문직	-		
	무기계약직	무기계약직	-		
	비정규직	-	청소·시설관리		시설서비스직
비상시적 업무	비정규직	기간제	-	비정규직	기간제

* 서울시(2017a, 2017b)

---

103) 서울교통공사의 경우 무기계약직 노동자들을 정규직으로 전환하며 전동차 검수지원과 구내운전 등 안전업무직군은 일반직군으로 통합하고, 일반업무직군 가운데 지하철보안관 직무는 일반직군에 편입하는 한편 운전기사·식당·이용사·매점 등 여타 일반업무직군 직무들은 특수직군으로 통합했다(매일노동뉴스 2018년 1월 2일자).

② 무기계약직 노동자들은 기존 정규직과 동일·유사 업무를 수행하고 있기 때문에 정규직과 동일한 일반직 직군으로 편입돼 동일한 임금체계와 승진체계를 적용받는다. 반면 청소·시설관리 담당 간접고용 비정규직 노동자들은 동일·유사 업무 수행 정규직이 없어 별도 시설서비스직 직군으로 편재됐다. 그럼에도 정규직 전환과 함께 급식보조비·교통보조비·직책수당·자격수당·장기근속수당·시간외근무수당·연차수당·가족수당 등 각종 수당들을 신설해 정규직과의 임금격차를 크게 줄였다.

5. 서울산업진흥원 사례의 함의

서울산업진흥원 사례는 인사관리체계통합 방식뿐만 아니라 비정규직의 정규직 전환 정책 과정에 대한 함의도 크다.

첫째, 서울산업진흥원은 청소·시설관리 담당 간접고용 비정규직 노동자들을 자회사 방식의 간접고용 비정규직이 아니라 사용기관의 직접고용 정규직으로 전환했다.

둘째, 비정규직의 정규직 전환에 대한 단계적 접근은 1단계의 비정규직 무기계약직 전환과 2단계의 무기계약직 정규직 전환이라는 두 단계로 구성되는데, 서울산업진흥원은 추진주체의 정책의지로 무기계약직의 과도기적 고용형태를 거치지 않고 비정규직에서 정규직으로 단번에 전환할 수 있음을 보여줬다.

셋째, 서울산업진흥원은 상시적 업무의 경우 무기계약직 전원을 정규직화하고 간접고용 비정규직도 직접고용 정규직으로 전환함으로써 카스트 분절체제를 해소하고 상시적 업무의 고용형태를 정규직으로 통일했다(〈표 8-8〉 참조). "공공부문 비정규직 제로" 정책의 전형으로서 "노동존중 대한민국"의 가능성을 확인해 준 사례다.

참고문헌
색인(INDEX)

참고문헌

* 강현호. (2012). 공공기관의 무기계약직에 대한 공법적 검토: 도로보수원 및 과적단속원과 관련하여. 성균관법학, 24(2): 85-114.
* 고용노동부. (2011). 공공부문 비정규직 고용개선 대책(2011.11.28.).
* 고용노동부. (2014). 비정규직 종합대책(안): 비정규직 처우개선 및 노동시장 활력제고 방안(2014.12.29.).
* 관계부처 합동(2017). 공공부문 비정규직 근로자 정규직 전환 가이드라인. 2017.7.20.
* 국가인권위원회(2008). 무기계약직 근로자 노동인권상황 실태조사. (국가인권위원회). 2008.11.
* 기획재정부. (2017). 2017년도 공공기관 경영평가편람 수정(안)(2017.8.31.).
* 기획재정부 공공정책국. (2013). 공공기관 비정규직 정규직(무기계약직) 전환 가이드라인(2013.9).
* 김미영, 박종희(2014). 미국의 해고법제(dismissal laws) 하에서 파견고용 관계의 전개, 노동법논총 32, 비교노동법학회
* 김민희(2014). "지방교육행정기관 무기계약직 운영실태 및 개선방안". 『한국자치행정학회보』 28권 2호
* 김병국·김필두. (2013). 지방자치단체 무기계약 근로자 인사관리 방안. 서울: 한국지방행정연구원.
* 김직수. (2017). "무기계약직, '중규직'에서 정규직으로: 신분제적 요소 폐지와 임금체계개편의 기본 방향."무기계약직을 넘어 '진짜 정규직'으로; '공공부문 좋은 일자리 만들기'의 남은 과제 토론회(2017.9.21.) 자료집. 민주노총 전국공공운수노동조합·이정미 국회의원.
* 김진술(2017), 비정규직 차별리스크의 성립과 전망, 인재경영
* 김철. (2015). "지자체 비정규직의 정규직 전환시 제도적 문제점과 대안: 행정자치부의 관련 제도 및 지침 개선을 중심으로," 지자체 비정규직 정규직 전환 활성화 방안 토론회 자료집(2015.10.29.). 전국공공운수노조 주최.
* ＿＿＿. (2016), "공공부문 외주화 부추기는 법·제도의 문제점과 개선방향," 구의역 참사 재발 방지를 위한 정부제도 개선 토론회(2016.7.1.) 자료집, 민주노총 전국공공운수노조·더불어민주당 을지로위원회 주최.
* 김철·남우근·엄진령·이상훈(2017), 「공공부문 비정규직 정책 평가 연구」, 사회공공연구원, 2017. 4.
* 김철·이상훈. (2016). 지방자치단체 무기계약직의 임금실태와 개선방향. 사회공공연구원.
* 김철식·윤애림·이정구·장귀연. (2016). 노동분할시대, 노동조합 임금전략. 전국민주노동조합총연맹.
* 김훈·임상훈·유규창·이희진·진숙경. (2013). 무기계약직 고용관리실태와 개선과제. 한국노동연구원.
* 김훈·정동관·이희진·박형준·표대중·남현우·안성희·김기웅. (2014). 공공부문 비정규직 대책 성과 및 향후 과제. 한국노동연구원.
* 김훈·정동관. (2015). 공공기관 무기계약직 고용관리 실태와 개선과제. 월간 노동리뷰, 2015년 6월호: 67-82. 한국노동연구원.
* 남우근. (2016). 지자체 비정규직 임금실태 연구보고서. 전국민주연합노동조합(2016.5).
* ＿＿＿ (2017a), "공공부문 비정규직 현황 및 정규직화 방향", 한국비정규노동센터, 2017.6.
* ＿＿＿ (2017b), "공공부문 간접고용 정규직화의 쟁점과 과제: 자회사 방식을 중심으로", 한국비정규노동센터. 2017.9.
* 배규식(2017). 새 정부의 공공부문 일자리 정책: 공공부문 비정규직의 정규직화 등. 한국노동연구원. 2017.6.
* 배동산(2012). "비정규직 문제, 교육현장도 예외없다". 『비정규노동』 96호.
* 박용석. (2017). 공공기관운영법 시행 10년의 평가와 과제. 공공기관운영법 시행 10년 평가토론회(2017.4.28.)

자료집.
* 박한준 외(2013). 주요국의 공공기관 관리방식. 한국조세연구원 공공기관연구센터.
* 박해우·최정우. (2014). 지방자치단체 무기계약 근로자의 행정가치 인식에 관한 연구: 지방공무원과의 비교를 중심으로, 지방행정연구, 28(4).
* 서울특별시(2017a). "'노동존중특별시 서울' 2단계 발전 계획", 서울특별시(일자리노동정책관). 2017.8.30.
* 서울특별시(2017b). "서울시 무기계약과 정규직 통합모델 추진: 동일 혼재 업무 및 차별 개선 위한 서울시 모색", 서울특별시, 2017.9.
* 성병창(2012). "학교회계직 인력관리 개선방안". 『한국지방교육연구소 이슈페이퍼』.
* 성재승 외(2008). 공공기관의 운영에 관한 법률 비교법적 연구. 현안분석. 한국법제연구원.
* 안전행정부 공기업과. (2014). 지방공기업 비정규직의 정규직 전환 기준(2014.1).
* 엄진령·이승우. (2014). 국가의 공공부문 비정규직 활용 전략과 운용실태. 이승우 외. 공공부문 간접고용 규율을 위한 법·제도 개선방안 연구, 사회공공연구원.
* 오계택 외(2015). 『중앙행정기관 무기계약직 임금격차 해소방안 연구』 세종: 한국노동연구원.
* 윤애림. (2013). '무기(無期)계약직'의 문제점과 대안: 중앙행정기관 무기계약직의 실태를 중심으로. 민주법학, 53(2013.11): 151-180.
* 윤진호(2006), 「선진국의 보건의료산업 단체교섭에 관한 사례연구」, 『노동사회』 107.
* 이승협(2014a). 독일 미니잡의 고용현황과 특징. 노동리뷰. 2014년 2호
*   (2014b). 고용위기와 일자리 나누기: 독일 폭스바겐 모델을 중심으로. 시민사회와 NGO. 12(1)
*   (2017), "공공부문 비정규직 관련 해외 법제도: 독일 사례", 한국비정규노동센터, 2017.10.
* 이장원·허헌혁·박의경·조동열·이영호·이승민. (2014). 중앙행정기관 무기계약직 임금제도 개선방향. 경제·인문사회연구회 미래사회협동연구총서 14-06-01. 경제·인문사회연구회.
* 이정희(2011), 「하도급노동자 보호법규 및 협약: 영국 NHS와 지방정부를 중심으로」, 『국제노동브리프』 2011년 7월호.
*   (2012), 「영국 공공부문 임금결정의 분권화를 둘러싼 논란」, 『국제노동브리프』 2012년 6월호.
*   (2014), 「영국 사례 통해 본 하청 고용관계 개선방안」, 노사정위 공정노동시장연구위원회 발표문 (2014.6.13.)
* 이영수(2016). 인천국제공항공사 외주화 임금체계의 문제점과 개선방향. 이슈페이퍼, 사회공공연구원. 2016.9.
* 인천국제공항공사(2017). 인천국제공항공사 좋은 일자리 창출 추진현황 보고.
* 장홍근 외(2012). 『중앙행정기관 무기계약직 임금·직무 실태와 개선방안』 세종: 한국노동연구원.
* 전교조현장조합원성명(2017), "전교조 내 또 하나의 목소리: 우리는 비정규직 철폐, 비정규직의 정규직 전환에 찬성합니다", 2017.9.25.
* 정승국·노광표·김혜진. (2014). 직무급과 한국의 노동. 한국노동연구원.
* 정흥준(2016). 미국의 비정규직 노동통계, 비정규노동
* 조돈문(2012), 『비정규직 주체형성과 전략적 선택』, (매일노동뉴스).
*   (2014), "간접고용 비정규직 문제와 현대자동차 불법파견 특별교섭", 시민포럼·민주노총울산투쟁본부 주최 《현대자동차 불법파견 해결을 위한 울산지역 대 토론회》, 평등사회노동교육원. 2014.1.22.
*   (2017). "스웨덴 비정규직의 사용 실태와 행위주체들의 전략: 임시직 사용 방식을 중심으로". 산업노동연구. 23:1.
* 조돈문·남우근·유현경·홍원표(2008), "공공부문 비정규직 문제와 노동조합의 대응전략", 사회공공연구소, 『공공부문 구조조정 대응과 사회공공성 강화를 위한 연구, 제1권』, (서울: 전국공공서비스노동조합).
* 조석주·김병국. (2014). 경상남도 행정지원인력의 효율적 관리방안 연구: 무기계약 근로자를 중심으로. 한국지

방행정연구원.
* 지방정부와좋은일자리위원회(2014). 2014 지방정부 일자리 보고서. (2014.5.15).
* 지방정부와좋은일자리위원회(2016). 지방정부 3년 좋은 일자리를 만들고 있는가: 17개 광역시도, 16개 교육청, 45개 산하기관 일자리 전격 분석. (2016.6.20)
* 채준호 · 신지원(2009), 「영국 물 민영화 및 의료서비스 시장화와 노사관계」, 조성재 · 채준호 · 신지원 · 손영우 · 송태수 · Michael O'Donnell · 전인 · 성시경, 『공공부문 민영화의 쟁점과 노사관계』, 한국노동연구원.
* 한국비정규노동센터(2017). "공공부문 비정규직 제로시대"가 성공하기 위한 조건. 이슈페이퍼, 2017-02. 한국비정규노동센터, 2017.7.
* 한국조세연구원 공공기관정책연구센터. 2010. 주요국의 공공기관 I & II.
* 한인임(2017), 공공부문 위험생산의 작업장 정치: 서울시 지하철 사례를 중심으로. 가톨릭대학교 대학원 사회학과, 석사학위 논문, 2017년 6월.
* 황선웅(2017). 인천공항 비정규직 정규직 전환 진행 상황과 쟁점 점검. 한국비정규노동센터. 2017.8.
* Absenger, Nadine et al. (2016).Leiharbeit und Werkverträge - Das aktuelle Reformvorhaben der Bundesregierung, WSI-Report Nr. 32, 10/2016, Düsseldorf.
* Anderman, S. (2004), "Termination of employment: Whose property rights?," in C. Barnard, S.F. Deakin, and G. S. Morris (eds.), The Future of Labour Law: Liber Amicorum Bob Hepple QC, Oxford: Hart.
* Bach, S. (2010), "Public sector industrial relations: The challenge of modernization," in T. Colling and M. Terry (eds.), Industrial Relations: Theory and Practice, 3th ed., Oxford:Blackwell.
* Bach, S. and D. Winchester(2003), "Industrial relations in the public sector," in P. Edwards (ed.), Industrial Relations: Theory and Practice, 2nd ed,, Oxford: Blackwell.
* Bach, S. and R. Givan(2005), "Union responses to public-private partnerships in the National Health Service," in S. Fernie and D. Metcalf (eds.), British Unions: Resurgence or Decline, London: Routledge.
* Cabinet Office (2010), Supplier Information Note: Withdrawal of Two-Tier Code.
http://interim.cabinetoffice.gov.uk/media/431441/co-supplier-information-note.pdf
* Charko, P. (2013). Management improvement in the Canadian public service, 1999-2010. Canadian Public Administration, 56(1).
* Culter, T. and B. Waine (1998), Managing the Welfare State, Oxford: Berg.
* Department for Business Innovation and Skills (2007), "Employment Rights on the Transfer of an Undertaking: A Guide to the 2006 TUPE Regulations for Employees, Employers and Representatives."
* Deutscher Bundestag. (2013). Antwort der Bundesregierung auf die Kleine Anfrage: Prekäre Beschäftigung in Bundesministerien, nachgelagerten Ämtern und Behörden, Drucksache 17/12248, Berlin.
* Ellguth, Peter & Kohaut, Susanne. (2011). Der Staat als Arbeitgeber : wie unterscheiden sich die Arbeitsbedingungen zwischen öffentlichem Sektor und der Privatwirtschaft?. In: Industrielle Beziehungen : Zeitschrift für Arbeit, Organisation und Management 18(1/2).
* Flynn, N. (1997), Public Sector Management, London: Prentice-Hall.
* Givan, R. K. and S. Bach (2007), "Workforce Responses to the Creeping Privatization of the UK National Health Service,"International Labour and Working-Class History, No. 71
* Gow, J., & Simard, F. (1999). "Where old and new management meet: Temporary staff in the Canadian federal administration" International Review of Administrative Sciences, 65(1).
* Hatton, Erin(2013), The Rise of the Permanent Temp Economy,
* Hebdon R,. & Jalette P. (2007), ─The Restructuring of Municipal Services: A Canada - United States

Comparison II Environment and Planning C: Government and Policy, 26, 1.
* Hefetz, A., & Warner, M. E. (2012). Contracting or public delivery? The importance of service, market, and management characteristics. Journal of Public Administration Research and Theory, 22(2).
* Hohendanner, Christian et al. (2015). Befristete Beschäftigung im öffentlichen Dienst: Entwicklung, Motive und rechtliche Umsetzung. In: IAB Forschungsbericht. No. 12.
* Hyman, R. (2010), "British industrial relations: The European dimension," in T. Colling and M. Terry (eds.), Industrial Relations: Theory and Practice, 3th ed., Oxford: Blackwell.
* Ilcan, S., O'Connor, D., & Oliver, M. (2003). Contract governance and the Canadian public sector. Relations Industrielles/Industrial Relations, 58(4).
* Ilcan, S. (2009). Privatizing Responsibility: Public Sector Reform under Neoliberal Government. Canadian Review of Sociology/Revue Canadienne de Sociologie, 46(3).
* Katz, Lawrence F. & Kreger, Alan B. (2016), The Rise and Nature of Alternative Work Arrangements in the United States, 1995~2015
* Keller, Bernd. (1998). Kontinuitäten und Diskontinuitäten in den Beschäftigungsbeziehungen des öffentlichen Sektors. In: Industrielle Beziehungen, 5(3).
* Keller, Bernd & Werner Nienhuüser (2014). Atypische Beschäftigungsverhältnisse. In: Industrielle Beziehungen, 21(1).
* Keller, Bernd & Hartmut Seifert. (2011). Atypische Beschäftigungsverhältnisse und soziale Risiken: Entwicklung, Strukturen, Regulierung. WISO Diskurs. Friedrich Ebert Stiftung.
* Keller, Bernd & Hartmut Seifert. (2014). Atypische Beschäftigungsverhältnisse im öffentlichen Dienst. In: WSI-Mitteilungen. No. 8/2014.
* Kersley, B., C. Alpin, J. Forth, A. Bryson, H. Bewley, G. Dix, and S. Oxenbridge (2006), Inside the Workplace: Findings from the 2004 Workplace Employee Relations Survey, London: Routledge.
* Kessler, I. and F. Bayliss (1998), Contemporary British Industrial Relations, London: Macmillan.
* Luo, Tian, Mann, Amar & Holden, Richard(2010), The Expanding Role of Temporary Help Services from 1990 to 2008, Monthly Labor. Review.
* Mastracci , Sharon H. and Thompson, James R. (2009), "Who Are the Contingent Workers in Federal Government?", The American Review of Public Administration
* Miranda Dietz, 'Temporary Workers in California are Twice as Likely as Non-Temps to Live in Poverty: Problems with Temporary and Subcontracted Work in California', Table 2 at 22, UC Berkeley Labor Center (2012)
* Morgan, P. and N. Allington (2002), "Has the public sector retained its 'model employer' status?,"Public Money and Management Journal 22 (1)
* Morgan, P. et al. (2000), "Employment insecurity in the public sector," in E. Heery and J. Salmon (eds.), The Insecure Workforce, London: Routledge.
* NHS Staff Council (2011), NHS Terms and Conditions of Service Handbook: Amendment number 24. http://www.nhsemployers.org/SiteCollectionDocuments/AfC_tc_of_service_handbook_fb.pdf
* ONS(2016) Public sector employment, UK: Dec 2016, Office for National Statistics
* Runge, J., Hudson-sharp, N., Rolfe, A.(2017). "Use of Agency Workers in the Public Sector", National Institute of Economic and Social Research.
* Statistisches Bundesamt. (2015). Finanzen und Steuern: Personal des öffentlichen Dienstes. Wiesbaden.

* Prince, M. J. (2000). Banishing Bureaucracy or Hatching a Hybrid? The CanadianFood Inspection Agency and the Politics of Reinventing Government. Governance, 13(2).
Public Service Commission of Canada (PSCC). 2004-2013. Annual Reports.
* PSC (2010). Use of temporary help services in public service organizations a study, Public Service Commission of Canada, Canadian Electronic Library (Firm). (Eds.).
* Thompson, James & Mastracci, Sharon. (2008). The Blended Workforce: Alternative Federal Model. Public Personnel Management. 37(3).
* Unison(2005), Agenda for Change and Private Contractor Staff - England: A UNISON guide. http://www.unison.org.uk/acrobat/B2036.pdf
* ㅤㅤ(2008a), Tackling the Two Tier Workforce: Problems and Issues.
http://www.unison.org.uk/acrobat/PP040308.pdf
* ㅤㅤ(2008b), Organising Guide to Transfers of Employment 2008.
http://www.unison.org.uk/acrobat/PCU_Organising_guide.pdf
* ㅤㅤ(2009), An Introduction to Procurement: A Concise Version of UNISON's Full Procurement Guide.
http://www.unison.org.uk/file/Introduction%20to%20Procurement%20Final.2.pdf
* ㅤㅤ(2011), "Bargaining Support: Withdrawal of Two Tier Codes."
* Unite (2011), Activists briefing: Withdrawal of 'Two-tier Code.'
http://www.unitetheunion.org/pdf/two_tier_workforce_1april11%5B1%5D.pdf
* Vosko, L. Ed. (2006) Precarious Employment: Understanding Labour Market Insecurity in Canada (Montreal and Kingston: McGill-Queen's University Press).
* Warner, Mildred E., and Amir Hefetz (2012). "Insourcing and Outsourcing." Journal of the American Planning Association. 78(3).
* White, M., S. Hill, C. Mills, and D. Smeaton (2004), Managing to Change? British Workplaces and the Future of Work, Basingstoke, UK: Palgrave Macmillan.
* Wills, J. (2009), "Subcontracted employment and its challenge to labour,"Labor Studies Journal 34(4).
* http://www.administration.wv.gov/department-of-administration-employee-information/Documents/DOA%20Handbook-2012a.pdf
* Title 5: Administrative Personnel, Part 316 - TEMPORARY AND TERM EMPLOYMENT, § 316.401 Purpose and duration.
* http://ecfr.gpoaccess.gov/cgi/t/text/text-idx?c=ecfr;sid=ba4f72062107cf10a776572a82b44753;rgn=div5;view=text;node=5%3A1.0.1.2.40;idno=5;cc=ecfr#5:1.0.1.2.40.3

색 인
INDEX

NHS	266, 268~269, 272~273, 275~290
TUPE	279~281

ㄱ

간접고용	5~6, 9, 34, 36~39, 41, 91, 107~108, 132~134, 137, 142, 145, 147~148, 156, 200~201, 206, 209, 213, 215~216, 238, 259, 265~266, 274, 282, 284~285, 290, 296~297, 299, 305, 307~308, 312~313, 315, 319~320, 347~348, 358, 360~362, 367, 375, 384~385
간접고용화	36
감가상각비	39
강제경쟁입찰제도	265
거부권력	372
경미고용	244, 251~254, 260
경제활동부가조사	131
계급조직	376~377
계절고용	311
고용노동부	28, 34, 46, 48, 64, 71, 73, 78, 83, 86, 103, 108~110, 121, 158, 163, 170, 172~173, 185, 216, 227, 347, 248, 370
고용보험	131, 326, 327
고용불안정	76, 260, 292, 338, 352, 372
고충처리	161, 296, 307
공계약조례운동	342
공공기관 경영평가	38~41
공공부문 비정규직 전환 가이드라인	36, 46, 99
공공부문 무기계약직	9, 24~26, 28~31, 34, 36, 38, 48, 58, 73, 75, 77, 103, 107, 111, 152, 155~156, 162~164, 175, 187, 214, 216, 265, 347~348, 368, 380~381
공무직	76~81, 83, 86~87, 90~99, 101~103, 107~108, 121, 160, 162, 169, 173, 176~178, 180, 182~183, 214, 216~218, 228, 368~369, 381
관리규정 표준안	34~35, 38, 48, 52~53, 56, 64, 86, 99, 103

관리운영직군	59, 66~68
관제워킹푸어	333, 342
교부금	51
교섭력	127, 372
교육공무직	77, 83, 91~95, 108, 121, 160, 214, 216~218, 228, 368, 369, 381
교육의제	44
교육훈련	29, 46, 49, 54, 68, 76, 79, 88, 103, 169, 181, 194, 282
국가인권위원회	9, 72, 74, 76, 100, 123, 136, 139, 201
국민계정	266
국민연금	67, 116, 121~122, 131
국세청	172~173, 298~299, 304, 322
근로기준법	24, 49, 68, 74, 100, 225, 369
근로자정규직전환 가이드라인	4, 103, 358
근무평가	64, 72, 75~76, 85, 135~136, 161, 167~169, 180
근무평정	49
기구정원규정	42
기능직 공무원	59, 66~68, 181
기준인건비제	28, 38, 42~44, 49~51, 60, 179, 367
기타공공기관	27, 86~87, 108, 184, 189, 192~194, 210, 236
기획재정부	28, 34, 38, 40, 45, 60, 184, 188

ㄴ

노노갈등	212, 214
노동관계법	72, 131~132, 197, 320, 338, 343
노동기본권 보호	131
노동생산성	39
노동생산성지표	39
노동조합	6, 8, 28, 62~63, 68, 76, 121, 127, 145, 152~154, 162, 169~170, 173, 182~183, 189, 196, 199~201, 208~209, 211~213, 230, 266, 279~280, 282~283, 285, 289~291, 303, 307, 320~321, 327, 329, 332~334, 336~338, 340, 342, 344, 355, 360, 370, 371~373, 375~377
노사교섭	47, 194

ㄷ

단기계약직	307, 313, 314, 317, 319
단순노무인력	25
단시간	24, 72, 78, 81, 83, 91, 107~109, 155~156, 168, 205, 215, 221, 254, 293, 323,

색인 INDEX 395

단일법령	331, 347, 383
	73, 91
담합 지대	355
동일가치노동 동일임금	5, 47, 146, 162, 172, 202, 283, 345, 354, 362~363, 373~375, 382~383

ㄹ

랜드 포뮬라	307

ㅁ

명절상여금	46, 47, 92, 129~130, 158, 170
모성보호	103~104
목표관리제	36, 38
무기계약 전환기준	28
미니잡	244, 251~253
미디잡	244, 251~252
미숙련	254
민간위탁	37, 50, 108, 189, 280~281, 290, 320~321, 331, 339, 342, 344, 348, 358, 364, 365
민간일자리 창출	41
민주노총	121, 173, 182, 212~213

ㅂ

반숙련	254
법인세	39
보수표	56
복리후생	40, 46~47, 67, 87, 129~130, 140, 159, 170~171, 181, 194, 196~198, 206, 351, 357
복지수당	145, 349
복지포인트	46~47, 56, 169, 194, 201
부가가치	39
부당해고구제	103
블라인드 채용	103
비상근직	321~322, 325~337, 340

ㅅ

사업수행효율성지표	39
사전심사제	103

사회경제패널	254, 258
사회적 대화	370, 374, 381
사회적 협의	372~374, 378, 381~382
산재보험	131, 132
상대평가	54
상시·지속 업무	25, 48, 61, 92, 142
상식의 혁명	304
생활임금	47
서울특별시	77, 78, 83, 87, 93, 102, 103, 115, 122, 176, 210, 217
선택적 복지비	129, 130
성과급	61, 62, 158, 161, 177, 197, 198, 211
순금융비용	39
순사업비	39
스포츠강사	7, 84, 372, 375
승급구조	180
승급체계	46, 76
시간선택제	41
시간제	133~134, 224, 239, 243~250, 254, 260, 263, 270, 297, 298~299
시장형	86~87, 184~185, 236
시중노임단가	25
식비	46~47, 92, 169, 226
신공공관리	242~243, 246, 263, 304, 319

ㅇ

안전업무직	204~212, 384
안전행정부	34, 42~43, 45
알리오	110, 116, 185~187, 190~191, 195~196, 198
여성고용	239~240, 250
연공급	62~63, 199, 263
연방공공서비스	309~318
영어회화 전문강사	7, 102, 372
외주용역	37, 204
외주화	25, 37~38, 50~51, 155~156, 188~189, 201, 204, 280, 290, 298, 304, 319, 359, 363
용역	35~38, 46, 76, 83, 108~109, 156, 165, 204, 206, 209, 212~213, 215, 221, 270, 290, 296, 347, 348, 358, 363, 366

위탁집행형	40, 87, 184~185, 236
이용석	25
이중노동시장	280
인건비	28, 38~44, 49~52, 55, 57~60, 65, 68, 91, 168, 174, 179~180, 182, 193, 211~213, 215, 230, 236, 253, 312, 314, 327, 343, 359~360, 363~364, 367~368, 372
인력밴드	58
인력운영 가이드북	35
인사관리	8, 47~48, 54, 56, 64, 66~67, 72, 79, 98, 103, 138, 139, 145~147, 153, 163, 166, 174, 177, 183, 227, 287, 301, 353~354, 357, 367, 370, 381~382, 384~385
인사위원회	46, 49, 53, 96, 98~99, 210, 305~306, 309~313, 315~316
인센티브	43, 50, 147, 195
인트라넷	103
임금분단현상	264
임금체계	24, 29, 35, 36, 41, 47, 55~56, 59~63, 67, 92, 113, 118, 138, 145, 165, 168, 173~174, 181, 183, 188, 194, 200~202, 211, 213, 226, 259, 262, 264, 286~287, 350, 353, 357, 367~368, 379, 373~385
임기제	323, 327, 331, 336, 339, 369
임의고용	291, 292
입법고용	300
입법제외고용	300
잉여가치	355

ㅈ

자본생산성지표	39
자치조직권	44
장기근속수당	75, 158~159, 168, 201, 208, 223, 232, 385
재량권	124~125, 202, 329
전국민의료서비스	268
전국자치단체공무직협의회	177
전노협	377
전환대상	38, 41, 45, 46, 53, 55, 91, 174, 186~188, 201, 206, 337
정근수당	75, 169
주무관	121, 159, 173, 180
준시장형	86, 184~185, 236

준정부기관	27, 39~40, 86~87, 108, 184~185, 192~194, 210, 320
중규직	74, 100, 245, 354, 363
중앙행정기관	24~25, 28, 44, 48, 52~53, 56~57, 60, 63, 66~67, 77~78, 103, 107~114, 121~123, 125~126, 134~139, 162~168, 170~171, 173~183, 215, 245, 320~322, 325~327, 331, 337~338, 343~344, 348~349, 350~352, 364~365, 369, 382
중앙행정기관노동조합협의회	162, 182
지대추구	354~355, 376
지방공무원법	66, 96, 210, 331, 336~337, 339, 343
지방교부세	42
지방자치법	48, 339, 342
지방정부	27, 44, 236, 254~255, 260, 266~268, 270, 279~280, 281, 283, 290, 297, 342
직군	46~47, 59, 61, 63, 66~68, 76, 90, 138, 152, 155~156, 194, 208, 211~212, 214, 218, 220~221, 290, 350, 353, 382, 384~385
직렬	66, 86~88, 103, 188, 212, 214, 220, 383
직무급	35, 36, 38, 61~63, 262, 340, 357, 383
직무급제	36, 38, 61
직무만족도	30
직무체계	29, 145, 300, 301, 367
직업상담원	158, 170, 171, 173, 328
직제	41, 47, 55, 58~59, 73, 75~77, 83, 87, 90~92, 95~96, 173, 211, 368

ㅊ

차별시정제도	36, 99, 100, 104
채용관행	39, 46, 103
초과근무수당	75, 160, 226, 228, 325
초과근무시간	41, 226
총액인건비제	28, 38, 42~44, 49, 51, 367
총인건비관리	40, 42, 368
최저임금	55, 59, 94, 199, 201, 258, 260, 293~294, 331, 335
출자출연기관	108
출장비	46
충성 지대	355

ㅋ

케인스주의	303
클린아이	110, 117, 203

ㅍ

파견   6, 35, 37~39, 46, 76, 109, 165, 212, 215, 239, 244, 256~259, 265, 270~278, 290, 292~298, 300, 302, 305, 307, 312~319, 326, 331, 333, 334, 347, 348, 358, 359, 363, 366, 370, 376, 377, 383

평가지표   39, 40, 54, 64

ㅎ

하도급   35, 265, 279, 281, 283
하르츠법   251, 253
학교회계직   38, 52, 59, 91, 214, 215, 368
한국노총   121, 173, 182
합리화   35, 36, 202, 363
해고무효확인   75
행정안전부   28, 43, 45, 50, 77
행정자치부   28, 49, 96
헬로워크   328
현실적 수용   356
현장직   201
혼합인력모델   300
환경서비스   270
후생노동성   322, 326~328
희소성 지대   355

초판 1쇄 인쇄 2018년 6월 11일
초판 1쇄 발행 2018년 6월 15일

글쓴이 조돈문·정흥준·남우근·김철
펴낸이 박 운·부성현
펴낸곳 ㈜매일노동뉴스

등록 제2008-62호
주소 서울특별시 마포구 양화로10길 20(서교동, 2층)
전화 02-364-6900
팩스 02-364-6901
홈페이지 www.labortoday.co.kr
이메일 book@labortoday.co.kr

ISBN 978-89-97205-42-4
값 18,000원

이 책의 판권은 ㈜매일노동뉴스에 있습니다.
내용의 일부와 전부를 무단 게재하거나 복제하는 것을 금합니다.